I

HISTOIRE

DE LA

VILLE DE GUISE.

HISTOIRE

DE LA VILLE

DE GUISE

ET DE SES ENVIRONS;

DE SES SEIGNEURS, COMTES, DUCS, ETC.,

Par M. l'abbé PÉCHEUR,

ANCIEN VICAIRE DE CETTE VILLE, MEMBRE DE LA SOCIÉTÉ HISTORIQUE DE SOISSONS,
CURÉ DE FONTENOY.

TOME SECOND.

VERVINS.

PAPILLON, IMPRIMEUR ET LITHOGRAPHE,

RUE DES PRÊTRES, N° 26.

1851.

HISTOIRE
DE GUISE.

CHAPITRE VII.

GUISE SOUS LES SEIGNEURS DE LA MAISON DE LORRAINE

DUCS DE GUISE.

(Suite.)

CINQUIÈME RACE.

François de Lorraine succéda à son père dans la possession du titre de duc de Guise et de gouverneur de Champagne et de Brie. Le 12 août 1551, il prêta serment au parlement, en présence du roi, qui y tenait son lit de justice, et fut reçu duc et pair. Ces formalités remplies, il monta en cette qualité ès *hauts siéges* (1). François de Guise s'était

(1) *Cérémonial français*, page 557.

déjà fait remarquer par son courage et sa conduite; aussi Henri II l'honora-t-il toujours d'une bienveillance particulière. Il le fit duc d'Aumale, érigea en 1552 sa terre de Joinville en principauté, et le créa grand-prieur de France.

Le nouveau duc de Guise dut contribuer à l'achèvement de l'église de Saint-Pierre, qui fut évidemment reconstruite peut-être par son père, vers cette époque, c'est-à-dire de 1400 à 1550 (1), alors que le vieil et bel art gothique marchait à grands pas vers cette complète dégénérescence qui signala la fin du xve siècle et le commencement du xvie. Elle appartient au style ogival, que les archéologues appellent tertiaire ou flamboyant. Il suffit pour s'en convaincre de jeter un coup-d'œil sur ses larges fenêtres, où l'on remarque ces lignes prismatiques et ondulées du tympan, qui ressemblent à des flammes, sur les colonnes au sommet desquelles les nervures s'épanouissent, là, où, aux époques brillantes de l'art, régnait dans sa splendeur un merveilleux chapiteau, et enfin sur tout l'ensemble de l'édifice, qui présente tous les caractères de l'époque qu'on a indiquée, moins peut-être ce luxe inouï de la sculpture, qui, dans des édifices plus considérables, signalait encore le talent des architectes. Dépourvue de clocher, obstruée de constructions particulières, resserrée entre la ville, d'où on ne l'aperçoit pas, et le château, qui la domine, l'église de Saint-Pierre offre quelque chose de triste à l'œil. L'intérieur plaît néanmoins par son ensemble et la largeur des nefs. Ses clefs de voûte, où l'on voit les armes des nombreux bienfaiteurs de l'église, et un petit porche de la renaissance daté de 1550, y signalent le nouveau genre d'architecture qui s'introduisit

(1) La voûte de dessus les fonds baptismaux porte la date de 1535. On voit aux diverses clefs de voûte les armes de la maison de Lorraine, celles d'un des cardinaux de Guise et celles de la ville. Celles-ci portent le lion brochant à senestre.

en France sous François Ier avec le goût des lettres grecques et latines. L'église de Saint-Gervais s'est ressentie, comme tant d'autres monuments, du goût dépravé des restaurateurs modernes, qui lui ont infligé la marque indélébile des mutilations et des restaurations de tout genre (1).

L'église de Saint-Médard n'offre rien de remarquable dans sa construction, qui est à peu près toute moderne. Il paraît qu'on y voyait autrefois un sépulcre en pierre blanche « d'une sculpture admirable, » dit un manuscrit; on ne pouvait reprocher à l'artiste « que le défaut de la matière qu'il avait travaillée, laquelle grâce à son art, faisait tort aux plus beaux morceaux sculptés en marbre. C'était l'ouvrage d'un ancien patriote. » Tout ce qu'on sait de la collégiale du château, dont la flèche aiguë contrastait avec la grosse tour dont elle était voisine, c'est qu'elle pouvait contenir environ 360 personnes (2).

Les travaux de la guerre et les soins de l'ambition ne tardèrent pas à arracher le duc de Guise aux intérêts de son duché. La mort de François Ier n'avait pas étouffé les rivalités du roi de France et de l'empereur. Henri II avait ouvert la campagne de 1552 par la prise de Metz, Toul et Verdun, qui avait été suivie de la conquête d'une partie de la Lorraine. Le duc de Guise l'avait suivi avec toute la noblesse dans cette brillante expédition. Le roi ayant appris que les impériaux après s'être emparés de Stenay faisaient le dégât

---

(1) Il y avait sous le *Carnier*, bâtiment adossé à l'église, six boutiques qui, en 1694, rapportaient 54 livres de location. (On appelait charnier ou carnier le lieu dans un cimetière où l'on mettait en pile les ossements des morts. C'est sans doute d'une semblable destination que ce bâtiment a pris et conservé son nom.) Archives de la fabrique, notes de M. Tabary, curé-doyen de Guise.

Une nouvelle restauration entreprise dans le cours de 1849, et non encore terminée, fait espérer que ce monument sera enfin ramené à son état primitif.

(2) Descr. MS. de Guise;—Arch. de la ville;—Notes de M. Tabary, doyen de Guise.

dans le pays, ramena son armée victorieuse en Champagne, menaça le Luxembourg, et après avoir soumis plusieurs places, vint de Sedan et Mézières, par Martigny, Landouzy, Etréaupont et La Flamengrie, emporter Chimay et Trélon, qui furent saccagés et brûlés. Revenu à Etréaupont vers la fin de juillet, Henri II congédia ses troupes harrassées par la fatigue d'une expédition si rapide, et où elles avaient eu à essuyer des pluies continuelles. D'Etréaupont il se rendit à Guise, et prit par La Fère la route si souvent suivie par ses prédécesseurs. Guise put admirer la magnificence de son cortége composé d'officiers de marque et de grands seigneurs: c'étaient le connétable Anne de Montmorency, le maréchal de Saint-André, le duc d'Aumale, l'amiral d'Annebaut, et le duc de Guise, que ses actions mémorables allaient bientôt rendre le premier capitaine de son siècle, et l'homme le plus remarquable de cette maison de Guise qui en peu d'années produisit tant de personnages éminents (1).

Ce fut sans doute lors de son passage à Guise, et peut-être d'après l'inspiration de François de Lorraine, que le roi Henri II conçut le projet d'ajouter encore à l'importance de la place, comme position militaire, en enfermant de murs le quartier de la Haute-Ville qui domine une partie du château du côté du midi. Ce quartier était alors plus peuplé qu'aujourd'hui, on prétend même, ce qui toutefois n'est guère prouvé, que la ville, à cette époque, était « en grande partie assise en cet endroit. » On travailla à la nouvelle cité, non-seulement sous le règne de Henri II, mais encore sous celui de son successeur. Cependant, malgré les sommes con-

---

(1) Lelong, p. 110; *ex pigur*, liv. 2 ; — *Hist. de France*.

sidérables qu'on y avait déjà employées, on renonça dans la suite à cette entreprise. On voit encore à la Haute-Ville des vestiges de rues projetées tracées au cordeau, « des restes antiques de fortifications démolies, » et le fossé profond qui devait entourer le nouveau quartier (1).

L'empereur, exaspéré des pertes qu'il avait éprouvées, reprit bientôt l'offensive. Le 15 septembre, il passa le Rhin à la tête de 80,000 hommes et marcha droit sur Metz, qu'il fit assiéger le 19 octobre par le duc d'Albe. Le duc de Guise, nommé lieutenant-général des trois évêchés, s'y était jeté dès le 17 août avec trois princes du sang et la fleur de la noblesse. La place était en mauvais état: il l'environna d'une enceinte formidable de fortifications. Les faubourgs furent rasés, les églises démolies, les villages voisins incendiés, et toutes les bouches inutiles renvoyées. Il fit même venir le célèbre médecin Ambroise Paré, *avec de bonnes drogues* pour le soulagement des blessés. Le siége fut poussé avec vigueur, mais soutenu avec une résistance invincible. Charles-Quint, retenu à Thionville par ses souffrances, se fit transporter au camp le 16 novembre pour en diriger les opérations. Mais il fut contraint de lever le siége le 1ᵉʳ janvier 1553, après avoir fait tirer contre la ville 14,000 coups de canon et perdu plus de 30,000 hommes (2).

Au lieu de se laisser abattre par l'échec que le duc de Guise lui avait fait éprouver devant Metz, Charles-Quint sentit redoubler sa fureur. Il ordonna à ses bandes dévastatrices de se jeter sur la Picardie. Le comte de Rœux fit une irruption en Thiérache avec 40 compagnies d'infanterie et

---

(1) Lelong, *Description de Guise*; — *Description MS. de Guise*.
(2) *Hist. de France.*

2,000 chevaux. Vervins fut brûlé au point qu'il ne resta debout qu'une seule maison. Marle, Ribemont, Origny, etc., eurent le même sort, avec 800 villages. Tout était la proie des flammes autour de Guise, qui paraît avoir été seul épargné, peut-être parce que l'ennemi n'osa s'arrêter à en faire le siége. Cette expédition barbare fut suivie de rigoureuses mais justes représailles ; deux corps d'armée français réunis à Crécy et à Etréaupont se jetèrent sur le Hainaut et ravagèrent principalement les terres du comte de Rœux, auteur des atrocités commises en Thiérache (1). La guerre continua avec des succès divers pendant l'année 1556, et une trêve fut conclue pour cinq ans.

Henri II n'était pas tellement occupé des soins de la guerre qu'il oubliât entièrement l'administration de ses états. Il essayait par une suite d'édits et d'ordonnances de ramener le bon ordre et de régler surtout l'administration de la justice. Dès 1552, il avait rendu une ordonnance par laquelle il établissait différents siéges présidiaux, entre autres celui de Laon, qui devait embrasser dans sa juridiction la duché-pairie de Guise, quoique de tout temps il eût entré dans les prérogatives des pairs de France d'être, *avec leurs hommes, vassaux et subjets*, exempts de toutes les juridictions inférieures et de ne ressortir qu'en *cour de parlement*.

Cette disposition souleva de vives contestations entre les officiers du duché de Guise et les juges présidiaux de Laon, ceux-ci voulant, en conséquence de l'ordonnance du roi, étendre leur juridiction sur *les hommes, vassaux et subjets de François de Lorraine, pair de France, et son duché de Guise*

---

(1) Lelong, p. 444 et suiv.

et appartenances, et les juges de la *duché-pairie* interjetant appel pour continuer à ressortir immédiatement du parlement, le duc de Guise usa de tout son crédit pour appuyer les réclamations de ses officiers, et obtint un édit daté du mois de février 1553, portant en substance: « Qu'en considération de ses grands services et surtout de la belle défense de Metz, ses hoirs et successeurs, leurs hommes, vassaux, ressortiront tant en matière civile que criminelle, immédiatement du parlement, et seront, comme par le passé, exempts de toutes les autres cours et juridictions, même des ressorts des juges et magistrats présidiaux du siége de Laon. Qu'à ceux-ci sont interdits toute cour, juridiction et connoissance, aussi bien sur le duc que sur son duché, et aux parties de faire aucune poursuite, si ce n'est en cour de parlement, sous peine de perdition de cause et d'être poursuivis comme ayant porté atteinte auxdits commandemens, ordonnances et défenses. Enfin, que si c'est par inadvertance ou autrement que le duché de Guise a été mis dans le ressort du siége de Laon, il y est dérogé par ces présentes. » Cet édit n'en resta pas moins deux siècles sans être mis à exécution(1).

La réformation des coutumes commença aussi de s'opérer sous le règne de Henri II. Les coutumes étaient nombreuses en France. Ce ne fut guère qu'au xve siècle qu'elles ont été écrites, ensuite revues et enregistrées au parlement depuis la loi expresse de Charles VII et de ses trois successeurs. La rédaction des coutumes de Vermandois eut lieu à Reims, au mois d'octobre 1556, en présence des états de la pro-

---

(1) *Lettres de déclaration* en faveur du duché de Guise; — Anselme, tom. 3, p. 478 et suiv.; — *Hist. de Laon*, par Devismes, tom. 2, notes; — *Manuel hist.*, par le même; — *Ordonnances des rois de France*.

vince. L'assemblée se tint le 3 novembre au palais archiépiscopal. Elle était nombreuse et brillante, quoique la plupart des grands seigneurs y fussent représentés par des délégués. Le cardinal de Lorraine, archevêque de Reims, était représenté par son vicaire-général; le cardinal de Guise, par Jean Pussot, abbé du Mont-d'Or; Robert de Coucy, abbé commendataire de Foigny, Bohéries et Saint-Michel, et les religieux de ces couvents, étaient représentés par Delamer, bailli du Laonnais. Nicol Boquillon, licencié ès-lois, lieutenant du bailli de Guise, et Jean de Navarre, procureur fiscal du duché, représentèrent, dans l'ordre du clergé, le doyen, les chanoines et chapitre de Saint-Gervais de Guise, Jean de Folembray, abbé de Clairfontaine et ses religieux, les curés de Macquigny, d'Etreux, de Montreuil, de Saint-Germain et de Lesquielles; dans l'ordre de la noblesse, le duc de Guise; dans l'ordre du tiers-état, *les manans et habitans* de Guise.

Il y eut dans l'assemblée de Reims de vives et intéressantes discussions sur plusieurs articles concernant les droits du roi et des seigneurs de Guise. Ainsi le bailli de Marle soutint, en ce qui le concernait, ceux du duc de Guise et du roi de Navarre, comme hauts justiciers, contre un article des anciens cahiers des coutumes, qui attribuait au roi, par la coutume générale de Vermandois, le droit de prévention en toutes matières criminelles et de délit sur leurs vassaux et sujets *hauts justiciers, bas et moyens*, en disant que ses seigneurs l'avaient toujours contesté. Les états approuvèrent cette raison et déclarèrent que cet article ne passerait pas pour coutume; mais ils se montrèrent moins faciles sur le premier article de la coutume générale, qui attribuait au roi la connaissance en première instance, par prévention et concurrence avec les seigneurs hauts justiciers de la prévôté foraine de Laon, de toutes matières possessoires, de toutes lettres obligatoires, contrats, testaments et autres instruments passés par-devant les notaires royaux sous le scel royal du bailliage de Vermandois. Le bailli de Marle fit en vain observer que la juridiction des seigneurs étant patrimoniale, puisqu'elle leur avait été octroyée par le roi lors de l'érection des fiefs, les juges royaux ne devaient pas avoir connaissance sur leurs sujets en première instance, des contrats passés par eux devant les notaires royaux, et que s'ils avaient été ajournés devant eux, on devait les renvoyer devant les juges de la justice seigneuriale; l'article fut adopté. Il en fut de même de celui qui concernait le droit féodal de quint et de requint (1). Selon cet article, dans les contrats où il n'y a point de somme déboursée, comme dans une donation pure et simple, pour récompense ou échange de fiefs mouvants, soit d'un ou de plusieurs seigneurs, on ne devait point de quint ni de requint, mais seulement le droit de relief. Le bailli de Marle ne le laissa pas passer néanmoins, sans contestation, s'appuyant de l'ancienne coutume qui admettait en effet le droit de quint et non celui de relief en toute espèce de donations pures et simples ou rémunératoires et dans les contrats d'échange, et invoquant la prescription en faveur des deux princes de Navarre et de Guise, qui avaient toujours perçu de temps immé-

---

(1) Le droit de *quint* était la cinquième partie de la somme à laquelle montait l'achat principal, celui de *requint* était la cinquième partie du *quint* et le 25° du total. Ainsi le quint et le requint d'une somme de 10,000 livres était 2,400 livres. (Buridan, *Coutumes de Ribemont*, art. 10 et 11.)

morial, le quint sur les contrats en question. Tout ce qu'il pût obtenir fut que l'article passât sans préjudicier aux droits de ces seigneurs.

Quand on en vint à la discussion des coutumes particulières de Ribemont, lesquelles régissaient le duché de Guise, la discussion porta principalement sur le premier article ainsi conçu : « Le roi notre sire, son prévôt et ses officiers audit lieu, ont droit de prévention sur tous les seigneurs et sujets de ladite prévôté. » En effet il fut *débattu et empêché* au nom du duc de Guise, par Flavigny, bailli de Guise, qui soutint qu'il ne devait pas passer pour coutume, car quoique les officiers du roi au siége de Ribemont eussent prétendu que la coutume du pays avait toujours attribué ce droit au monarque, le duc de Guise et ses prédécesseurs avaient toujours protesté énergiquement contre ces prétentions. Il en apporta pour preuve un procès, alors pendant en cour de parlement sur ce sujet, entre le procureur général et le duc. N'osant décider la question, les rédacteurs de la coutume renvoyèrent les parties en ladite cour de parlement au *lendemain les Rois prochainement venant*, afin qu'il en fût ordonné *ce que de raison*; mais en même temps ils voulurent que leurs droits respectifs restassent les mêmes que par le passé jusqu'au jugement définitif (1); c'est-à-dire que le duc de Guise garda ses priviléges. Les événements qui se passèrent en France après l'abdication de Charles-Quint lui fournirent

---

(1) *Coutumes de Ribemont* aux *Coutumes générales de Vermandois*, procès-verbal de la rédaction ;— *Coutumes du bailliage de Vermandois*, rédigées... le 5 novembre 1556, *Édit. de Reims*, 1571, p. 52 et suiv.; — Au procès-verbal, p. 71 ; dans Buridan, p. 3 et 4 du procès-verbal, etc..: — *Statistique de l'Aisne*, tom. 1er, p.117; — Monteil, tom. 4, p. 52.

occasion de monter au comble de la puissance, par les services qu'il fut appelé à rendre à son pays.

Le règne de Philippe II, roi d'Espagne, ne devait pas être plus favorable à la France que celui de son père. Le pape Paul IV ayant contesté à Charles-Quint le droit de transmettre l'empire, et le duc d'Albe, vice-roi de Naples, ayant attaqué les états de l'église, le pontife implora l'appui du roi de France. Une armée, conduite par le duc de Guise, qui avait des prétentions sur le royaume de Naples, comme descendant de René d'Anjou, passa les Alpes en 1557. Le duc traversa l'Italie en vainqueur, mais il alla échouer dans le royaume de Naples contre les maladies, le manque d'argent et l'inconstance des Italiens. Au reste, la nouvelle du désastre de Saint-Quentin le fit rappeler en France, d'où une intrigue de cour et l'appât d'une couronne l'avaient éloigné.

Dès le mois de janvier 1557, l'amiral Gaspard de Coligny avait rompu la trêve dans le nord de la France, par une attaque sur Douai. La Thiérache avait été ravagée du côté de La Capelle et de Rozoy-sur-Serre, par les garnisons d'Avesnes et de Chimay. Enfin, la prise d'un ingénieur envoyé par l'ennemi pour lever le plan des places frontières, qu'on saisit à La Fère, tout, en un mot, indiquait que les hostilités allaient reprendre plus vives que jamais. En effet, Philibert-Emmanuel de Savoie, après avoir menacé Mariembourg et Rocroy, entra en Thiérache au mois de juillet, se dirigeant sur Guise avec une armée nombreuse, dont les détachements brûlèrent La Capelle, Vervins et Saint-Michel. Guise fut menacé d'un siége terrible, car l'armée espagnole campa trois jours sous ses murs et fit mine de commencer les opérations; mais ce n'était là qu'une fausse manœuvre qui cachait de plus vastes desseins, car Emmanuel de Savoie envoya tout-à-coup sa cavalerie légère investir, le 2 août, la place de Saint-Quentin. Coligny, chargé de lui tenir tête, avait eu l'imprudence de s'y renfermer. Des marais et des fondrières alimentés par les eaux de la Somme, rendaient la ville d'assez difficile accès ; mais le prince espérait que la faiblesse de la garnison et le mauvais état des fortifications ne le feraient pas longtemps attendre.

Anne de Montmorency vint au secours de son neveu avec une armée forte de 28,000 hommes qu'on avait rassemblée à Pierrepont ; mais il prit mal ses dispositions, laissa engager une partie de ses troupes dans les marais, se vit enveloppé par l'armée ennemie et fut complètement battu le 10 août 1575. Le connétable, aussi malheureux que brave, le maréchal de Saint-André, et un grand nombre de seigneurs, au nombre desquels se trouva de Wassé, gouverneur de Guise, furent faits prisonniers. Tandis que les débris de l'armée française se réunissaient sous les murs de Laon, Saint-Quentin, quoique défendu par Coligny et d'Andelot, fut emporté d'assaut le 27 août et les portes de la France, ouvertes à l'armée victorieuse (1).

Le gain de la bataille de Saint-Quentin réjouit le roi d'Espagne au point qu'il bâtit, en mémoire de cette fameuse journée, le palais de l'Escurial, mais jeta la France épuisée d'hommes et d'argent, dans la consternation. Heureusement Philippe ne sut pas profiter de sa victoire et lui laissa le temps de se reconnaître. On ordonna de nouvelles levées qui

(1) *Hist. de France* ; — Lelong, p. 420.

se réunirent aux débris de l'armée vaincue, et les garnisons des places frontières furent renforcées. Chacun se rend au poste qui lui est assigné, le comte de Sancerre à Guise, Noailles à Coucy, Bourbillon à La Fère, Lamotte-Rouge à La Capelle, d'Humières à Péronne, Solignac au Câtelet, etc. Enfin le duc de Guise regardé alors comme le seul homme capable de sauver la France est rappelé d'Italie et nommé lieutenant-général du royaume (1).

Après avoir pris Saint-Quentin, Chauny, Ham et Noyon, l'armée d'Espagne était entrée en quartiers d'hiver, mais elle n'y resta pas longtemps en repos, car le duc de Guise ayant pris le commandement des troupes françaises, entra en campagne dès le mois de décembre, sans avoir égard aux difficultés de la saison. Pour obliger l'ennemi à diviser ses forces, il partage son armée en deux corps. L'un sous les ordres du duc de Nevers, file vers le Luxembourg; l'autre, qu'il conduit en personne, s'avance vers La Fère, menace Saint-Quentin, et après avoir trompé l'ennemi par des marches et des contre-marches, va tomber tout-à-coup sur Calais, qui est emporté en huit jours, le 8 janvier 1558. La prise de Thionville, qui eut lieu le 22 juin, porta au plus haut point la réputation militaire de François de Guise. Tant de succès éclatants dont les conséquences étaient immenses pour la France, furent couronnés par le mariage du dauphin avec la jeune et belle Marie Stuart, nièce des princes lorrains, qui rapprocha encore leur maison du trône de France.

Le maréchal de Thermes avait été moins heureux que le

---

(1) *Hist. de France*; — Lelong, p. 423.

duc de Guise, et la funeste journée de Gravelines replongea le royaume dans la situation critique d'où le duc l'avait tirée. Déjà les ennemis se rassemblent de toutes parts aux environs de Guise pour fondre sur la Thiérache et le Laonnais. A cette nouvelle, le duc de Guise quitte le Luxembourg et vient couvrir la Picardie et la Champagne, menacées par les Espagnols. Le 28 juillet, il campa à Pierrepont, où le roi se rendit, après avoir levé trois millions sur le clergé et le peuple. Ses troupes déjà nombreuses s'étaient accrues de corps allemands, des bandes françaises revenues d'Italie, et des débris de Gravelines, et formaient une des plus belles armées que la France eût jamais mises sur pied. Elle s'étendait sur une plaine d'une lieue et demie entre Laon et Marle. Le roi avait son quartier au château de Marchais, qui appartenait au cardinal de Lorraine, frère du duc de Guise. On dit qu'en faisant la revue de si belles troupes, Henri II, entraîné par un vif sentiment d'orgueil, ne put contenir sa joie. Tant d'efforts n'aboutirent pourtant qu'à la paix de Câteau-Cambrésis, conclue au mois d'avril 1559, laquelle n'empêcha pas l'ennemi de désoler la Thiérache par ses incursions (1).

Henri ne survécut pas longtemps à la conclusion de cette paix. Il mourut le 10 juillet, des suites d'une blessure qu'il avait reçue dans un tournoi donné à l'occasion du mariage de sa fille aînée, Elisabeth de France, avec le roi d'Espagne, et dont le duc de Guise avait été l'un des principaux tenants, avec le duc de Nemours, le prince de Ferrare et Montgommery, qui blessa le roi. L'avénement de François II ne fit qu'augmenter le crédit des Guise à la cour. Le jeune monar-

(1) *Hist. de France*; — *Hist. de Laon*; — *Manuel historique*; — Leloug, p. 128; — *Hist. de Vervins*, p. 61; — *Ex Mém. de Belleforest*.

que adorait sa femme Marie Stuart, leur nièce, qui suivait en tout leurs conseils. L'influence des princes lorrains était néanmoins balancée par celle du connétable Anne de Montmorency, et de ses neveux Gaspard de Coligny et d'Andelot, d'une part, et de l'autre, par celle du roi de Navarre et du prince de Condé : Enfin la reine-mère, Catherine de Médécis, songeait à dominer par l'intrigue et la politique toutes les prétentions des différents partis qui s'étaient déjà dessinés. François de Guise représenta le duc de Normandie au sacre du nouveau roi, qui eut lieu en 1560 ; il obtint bientôt la charge de grand-maître de France, et fut établi de nouveau lieutenant-général du royaume. Ce prince et Louis, cardinal de Guise, son frère, devinrent l'âme de toutes les affaires (2).

Ce pouvoir énorme excita bientôt la jalousie des grands, leurs rivaux. La conjuration d'Amboise faillit les perdre ; mais découverte à propos, elle ne fit qu'affermir leur puissance. Les coupables furent punis et le parlement décerna au duc de Guise le titre de *conservateur de la patrie*. Exalté par le succès, François voulait établir en France l'inquisition d'Espagne, mais il rencontra une vive opposition dans la sagesse et la religion éclairée de Michel de L'Hôpital, qui fit attribuer aux évêques la recherche de l'hérésie. Le chancelier eut même assez de pouvoir pour faire assembler, malgré les Guise, les états-généraux. Ces princes obtinrent néanmoins la majorité dans les élections provinciales. Aussi le duc François se décida-t-il à faire un coup d'état, en faisant arrêter le roi de Navarre et le prince de Condé, Coligny et d'Andelot, qui s'étaient déclarés calvinistes, et qui

---

(1) *Hist. de France;* — Lelong, p. 428 ; — Anselme, tom. 3, p. 478 ; — *Diction. de la noblesse.*

ne cachaient plus guère leurs projets de révolution. La mort de François II suspendit l'entière exécution de cette mesure. Le duc de Guise, en sa qualité de grand-maître, fit conduire à Saint-Denis le corps du jeune roi, sans aucune cérémonie.

Sous le règne de François Ier, le protestantisme n'avait fait que des progrès partiels ; ils avaient été assez rapides sous celui de son successeur pour qu'on se crût obligé de lancer des ordonnances afin de les arrêter. On défendit les assemblées nocturnes, les conventicules secrets à l'aide desquels la réformation disséminait ses erreurs. Aidée du relâchement des mœurs et de la discipline ecclésiastique, elle continua d'agiter les esprits et de les pousser à la révolte en les émancipant. Tout ce qu'il y avait de têtes ardentes, de génies audacieux, d'hommes exaltés, mécontents, ambitieux, d'amateurs de nouveautés, embrassait avec enthousiasme la nouvelle religion. Une certaine rigidité extérieure dans les mœurs qu'elle affecta d'abord, et qu'elle démentit bientôt par le débordement de toutes les passions ; la liberté de penser et d'écrire, qu'elle avait proclamée comme un droit inaliénable de l'esprit humain, même en matière de religion, séduisirent les personnes de meilleure foi et les esprits les plus graves. Le peuple se mit à lire la Bible, que chacun pouvait expliquer à sa manière, courut aux prêches chanter les psaumes traduits en français par Marot, et se passionna pour une secte qui avait aboli tout ce qu'il y avait de gênant pour les passions dans l'antique religion de ses pères. Tout le monde, catholiques et protestants, se mit à discuter, à dogmatiser, à intriguer, et bientôt la guerre éclata.

La réforme eut autant de partisans dans les campagnes que dans les villes. Le calvinisme, qui avait paru en 1549 dans le Laonnais, où ses sectateurs avaient trouvé un asile dans le château d'Aulnois, appartenant au comte de Roucy, avait pénétré l'année suivante dans la Thiérache. Georges Magnier paraît en avoir été le premier apôtre dans la contrée. C'était une espèce de fanatique, qui, la Bible à la main, se mit d'abord à parcourir les veillées villageoises, où il faisait des lectures et expliquait la nouvelle doctrine. Son zèle ne pouvant demeurer longtemps secret, il craignit bientôt d'être inquiété; il fallut donc recourir aux réunions clandestines. Elles se tinrent dans des bois écartés et dans certaines maisons de Lemé, où Magnier espérait pouvoir échapper aux recherches de l'autorité, qui veillait sur lui. Or, un soir qu'il présidait une assemblée nombreuse sous un chêne séculaire dans le bois de la Cailleuse, entre Guise et Lemé, la garnison de Guise enveloppa tout-à-coup le prêche en plein vent, et se ruant sur cette troupe sans armes, la dissipa. Magnier, comme chef des paysans réformateurs, fut arrêté, condamné aux galères, et mourut victime de son zèle pour la propagation du nouveau système religieux (1).

Charles IX fut sacré en 1561. François de Guise représenta à cette cérémonie le duc de Guyenne, c'est-à-dire qu'il y joua le principal rôle. Il eut un différend avec le duc de Montpensier au sujet de la préséance. Celui-ci appuyait ses prétentions sur son titre de prince du sang, et le duc de Guise, sur les prérogatives de son duché. François l'emporta, comme son père Claude l'avait emporté aux sacres de François Ier et de Henri II, où l'on avait élevé les mêmes difficultés. La jalousie des nobles qui avaient embrassé le parti de la

---

(1) A. Piette, *Hist. de Foigny*; — *Statistiq. de l'Aisne*, par Brayer, tom. 1, p.229.

réforme éclata sans doute en cette occasion, car ce fut pour montrer la fausseté des projets ambitieux qu'on lui supposait, que le duc prit le parti de quitter la cour aussitôt après le sacre, malgré les instances de la reine-mère et du roi, qui le priaient d'y rester. Il se retira à Guise avec une suite nombreuse, dans laquelle se trouvait l'historien Brantôme, de qui nous tenons cette particularité, en manifestant hautement l'intention « de n'en partir de longtems. » Toutefois il ne demeura pas plus de quinze jours dans la capitale de son duché, où sa présence et celle de tant de gentilshommes ne pouvait manquer de répandre la vie et l'abondance, car le roi et la reine le réclamèrent bientôt. François résista d'abord à leurs prières, prétextant les affaires de sa maison, la résolution qu'il avait prise « de ne vouloir plus tant faire estat de la cour comme il avoit faict, » ajoutant cependant qu'il était toujours prêt à exposer sa vie pour le service du roi, « et de la lui porter lorsqu'il en auroit affaire. » On était alors aux approches de la Fête-Dieu, et le bruit ayant couru que les huguenots avaient dessein d'en troubler les processions « et d'y faire désordres et insolences grandes, » le roi et la reine prirent de nouveau l'alarme et se rendirent à Paris, où ils logèrent en l'abbaye de Saint-Germain-des-Prés, et non au Louvre, parce que le jeune monarque n'avait pas encore fait son entrée solennelle dans sa capitale, selon la coutume des rois ses prédécesseurs. En même temps ils donnèrent avis au duc de Guise des bruits qui circulaient, le priant de venir en toute hâte les rejoindre, « ayant besoing de sa présence plus que de pas un de la France. » Trois courriers arrivèrent à Guise coup sur coup, dans l'espace d'un seul jour. « Si c'estoit pour austre subjet, disait le duc à ceux de sa suite, je ne partirois, mais puisqu'il va de l'honneur de Dieu, je m'y en vays : et qui voudra y entreprendre, j'y mourray, ne pouvant mieux mourir. » En effet, il monta à cheval avec tout son monde, et en deux jours il parcourut la distance qui sépare Guise de Paris. Il arriva de nuit à l'hôtel de Guise, la surveille de la Fête-Dieu. « Que plust à Dieu, dit le naïf Brantôme en parlant de cette marche rapide, fussé-je aussi sain et gaillard qu'alors ! »

Lorsque le lendemain la nouvelle de l'arrivée du duc de Guise se répandit dans Paris, le peuple « s'en esjouit et reprit cœur, » l'allégresse fut universelle; toute la cour, hors la noblesse huguenote du parti du roi de Navarre et du prince de Condé, vint assister à son lever. Le duc, après avoir salué chacun avec cette courtoisie qui lui gagnait tous les cœurs, se mit en devoir d'aller à son tour se présenter au lever du roi, qu'il n'avait pu saluer la veille, à cause de l'heure avancée. Il était monté sur un genet noir, nommé Moret, cheval superbe, couvert d'une grande housse de velours noir brodée d'argent. Lui-même portait un pourpoint et des chausses de satin cramoisi, couleur qu'il avait toujours préférée, dit-on, à cause d'une dame qui la lui avait donnée, une *saye,* une *cappe* de velours noir, *bandées* aussi de satin cramoisi, avec un bonnet également de velours noir, orné d'une plume rouge « fort bien mise, » sorte d'ornement qu'il aimait beaucoup. Il avait au côté une fort belle épée, avec sa dague qu'il avait choisie entre trois qu'on lui avait présentées le matin, en disant que pour l'honneur et le service de Dieu, il se battroit, ce jour-là, fort bien. » C'est en ce magnifique équipage qu'il se rendit au logis du roi, au milieu d'un cortége de trois à quatre cents gentilshommes qu'il surpassait tous en grâce et en dignité.

Aussi, lorsqu'il traversa la ville, le peuple qui l'adorait *s'affoula* autour de lui, avec une si grande presse et en poussant de tels cris de joie, qu'il mit près d'une grande heure pour arriver à Saint-Germain-des-Prés. Il fut reçu avec empressement par le roi et la reine, qui sentaient tout le besoin qu'ils avaient de lui. Sa seule présence avait ramené la sécurité. Les processions de la ville et de la cour « se firent et parachevèrent fort dévotieusement et quiettement (tranquillement). » Il avait pris toutes ses mesures, dès le jour même, d'accord avec les principaux bourgeois; et si les huguenots avaient *branlé* le moins du monde, il est probable qu'il leur eut fait un très-mauvais parti (1). Les guerres de religion qui allaient bientôt éclater furent pour les Guise une nouvelle occasion d'augmenter encore leur immense popularité et d'élever leur puissance au point de balancer celle même du souverain. Charles IX n'étant âgé que de dix ans, on organisa une sorte d'administration supérieure sous la régence de Catherine de Médicis. Le roi de Navarre eut la lieutenance générale, le connétable, le commandement de l'armée, le cardinal de Guise, les finances, et le duc de Guise, la surintendance du palais, c'est-à-dire tous les moyens d'influence possible sur une cour livrée à la débauche la plus effrénée et devenue le centre de toutes les intrigues. Afin d'annihiler la part faite au parti huguenot dans la personne du roi de Navarre, François s'unit étroitement au connétable et au maréchal de Saint-André. Ce *triumvirat* formé pour la défense de la religion menacée s'appuya sur le roi d'Espagne.

---

(1) Brantôme, *Vies des hommes illustres*, tom. 3, p. 217 et suiv.; édit. de 1825.

Ce fut, à n'en point douter, au crédit du cardinal et du duc de Guise que notre ville dut le privilége d'être exemptée pour six ans par Charles IX, la première année de son règne, « de toutes tailles, crues équivalentes, aydes et subsides, pour quelque cause et occasion que ce soit, » à l'exception toutefois du taillon ; des impositions sur les marchandises et denrées, du 8e et du 2e de vin vendus tant en gros qu'en détail, et du droit d'étapes. Le duc fit étendre ce privilége aux villages, paroisses, censes et hameaux du duché et de ses châtellenies du Nouvion et d'Hirson, savoir: Audigny, les censes de Bucquoy et Louvry, Beaurain, Flavigny, Saint-Souplet, Monceau-sur-Oise, Crupilly, Chigny, Englancourt, Marly et Gomont, Erloy, Saint-Algis, Autreppes, Macquigny, les censes de Jonqueuses, Saint-Martin, Gouvion, Mataige et Bretaigne, Proix, Vadencourt, Grougis, Lesquielles et Lainerie, Hannapes, Etreux, Neuville-Dorengt, Oisy, Wassigny, Marigny ; les censes de Bretagne, de Clanlieu; Mennevret, Esquehéries, Leschelles, Baurain-Fossé, (Buironfosse), Fontenel, Papleux, Villers-outre-Guise, Vaux-en-Arrouaise, les censes d'Audigny et Régnicourt, Becquigny et Becquignette, Epinoy, Estaves, la cense de Cessereuil, Rémolieux, Beautreau ; Le Nouvion, Boué-Dergues, Barzy, Hirson, Mondrepuy, Vaciny, Luzoir, Etréaupont, Clairfontaine, Sommeron, Montreuil-lès-Dames, Froidestrées, Sorbais et *appendances*, Neuve-Maison, Rocquigny, Rochefort et Saint-Michel. L'exemption, prolongée sous les règnes suivants, par périodes de six et dix années, fut, dans la suite, restreinte à Guise, Le Nouvion et Hirson, et renouvelée le 8 novembre 1661 pour Guise seulement. Le roi Henri II avait aussi confirmé, par lettres patentes du 13 janvier 1557, l'*octroi* de 2 deniers par lots de vin, que percevait la ville. Il le fut également par ses successeurs à différentes reprises. Henri III y ajouta, en 1587, un droit de 2 sols par chariot et de 1 sol par charrette, lequel fut confirmé par une sentence du bailli de Guise rendue le 26 novembre 1588, en faveur du maire et des échevins de la ville ; et enfin un autre droit de 4 sols par minots de sel qui se débiteraient tant au grenier à sel de Guise que dans les chambres de Vervins et d'Aubenton, qui en dépendaient (1).

Cependant la France se trouvait divisée en deux camps, le parti catholique et le parti protestant, qui avaient chacun à leur tête les hommes les plus éminents de l'époque. On s'attaqua d'abord par des écrits, on tint des conférences, il y eut des disputes publiques, et on finit par en venir aux mains. Un colloque eut lieu à Poissy en présence du roi et de cette cour corrompue et intrigante, qui s'occupait à la fois de religion, de politique et de débauches. Théodore de Bèze, l'un des plus fameux docteurs du parti protestant, qui, sous une apparence de rigidité, cachait des faiblesses qui ne l'empêchaient pas de se récrier contre la corruption de Rome, y avança sur l'eucharistie et sur d'autres points de dogme des erreurs et des blasphèmes qui furent réfutés par le cardinal de Lorraine, frère du duc de Guise. Jean Malo, originaire d'Audigny, près de Guise, et qui avant son apostasie avait été prêtre de Saint-André-des-Arts à Paris, accompagna Théodore de Bèze à cette conférence, avec les plus célèbres théologiens du parti protestant. Le défenseur de la religion catholique, le duc de Guise, put ainsi voir, parmi les

(1) Archives de l'Hôtel de Ville.

docteurs de la religion réformée l'un de ses sujets, né aux portes mêmes de la capitale de son duché (1).

Ces conférences au lieu d'apaiser les esprits, les envenimaient de plus en plus, et les deux partis se dessinant davantage, les troubles augmentèrent. L'affaire de Vassy vint pousser les huguenots à la révolte. Le duc de Guise passant par cette petite ville le 1er mars 1562, les gens de sa suite prirent querelle avec des protestants, qui tenaient leur prêche dans une grange. Le duc ayant voulu apaiser les deux partis fut blessé d'un coup de pierre à la joue. A cette vue ses gens mirent l'épée à la main et fondirent sur les protestants ; soixante d'entre eux furent tués, deux cents environ furent blessés. Cet accident fâcheux que les calvinistes appelèrent le massacre de Vassy et dont ils exagérèrent la portée, devint le signal de la guerre civile, dont la religion fut le prétexte et dont l'ambition des chefs des deux partis fut la véritable cause.

On courut donc aux armes de part et d'autre ; le prince de Condé s'empare d'un grand nombre de places, invoque l'appui d'Elisabeth, livre le Hâvre aux Anglais, et leur promet la restitution de Calais. Le duc de Guise marche contre les protestants, leur enlève Rouen et Bourges, et remporte sur eux, le 19 décembre 1562, la victoire de Dreux, où le prince de Condé tomba en son pouvoir. Guise, nommé lieutenant général du royaume, résolut d'assiéger Orléans, dont la prise devait porter un coup mortel au parti huguenot, qui en avait fait sa place d'armes. Il attaqua cette ville le 5 février 1563 : déjà il avait emporté les faubourgs et la tour du pont, et il

---

(1) Lelong, p. 435 ; — *Hist. des guerres civiles de France*, par Davila, tom. 1er, liv. 2, p. 110.

allait, le 19, donner un assaut général, lorsqu'il fut assassiné la veille au soir, par Poltrot de Meré, gentilhomme calviniste, qui l'attendit au coin d'une haie et lui tira presque à bout portant un coup de pistolet sous l'aisselle, comme il revenait au siége monté sur une mule. Il mourut le 24 février, cinq jours après avoir été frappé. De violents soupçons planèrent sur l'amiral de Coligny, que Poltrot chargea dans son interrogatoire, et devinrent le principe de cette haine atroce qui ne devait s'éteindre que dans le sang de l'amiral. François de Guise ne démentit point en mourant les sentiments religieux qu'il avait professés toute sa vie, et les qualités éminentes qui faisaient l'admiration de toute l'Europe. Il pardonna à son assassin et expira en recommandant à Henri de Joinville, son fils aîné, qui devait continuer le rôle qu'il avait laissé inachevé, d'être fidèle à la religion, à sa patrie et à son roi. Heureux le jeune prince, s'il eut su prendre pour base de sa conduite politique de si sages conseils. On a fait le plus bel éloge du duc de Guise en disant qu'il avait eu toutes les vertus héroïques sans presque aucun vice. Son corps fut porté à Paris, où la pompe funèbre se fit avec une grande magnificence à Notre-Dame. Il fut de là transporté à Joinville, dans le tombeau de ses prédécesseurs. Le pape Pie IV fonda dans l'église collégiale du château de cette ville, le jour de la Toussaint et des Morts, une indulgence plénière, par bref du 20 janvier 1565, en considération des grands services que lui et son père avaient rendus à la religion contre les ennemis de la foi (1).

(1) *Hist. de France*; — *Hist. généalogique* du P. Anselme, tom. 3, p. 478 et suiv.; — Lelong, p. 455; — *Dict. de la noblesse*, art. Guise; — Bayle, *Dict. hist.*, tom. 2, p. 1349 et suiv., art. Guise.

François de Guise avait eu d'Anne d'Est, comtesse de Gisors, fille d'Hercule d'Est II, duc de Ferrare, et de Renée de France, deuxième fille de Louis XII, qu'il avait épousée le 4 septembre 1549, sept enfants, entre autres : Henri Ier, duc de Guise ; Charles, duc de Mayenne ; Louis, deuxième cardinal de Guise, archevêque de Reims ; Catherine, seconde femme de Louis de Bourbon, duc de Montpensier, et un fils naturel nommé Louis de Guise.

L'aîné, Henri de Guise, devint par la mort de son père le chef de sa maison et l'héritier d'un nom déjà si célèbre ; comme lui il réunit les titres de pair, de grand-maître de France, chevalier des ordres du roi, général de ses armées, gouverneur de Champagne et de Brie. Henri était né le 31 décembre 1550, il n'avait donc alors que 13 ans. Prince ambitieux, brave, intrigant, il avait tout ce qu'il faut pour devenir chef de parti. Il était grand, bien fait, de bonne mine. Il aimait les plaisirs et encore plus la domination. Il avait des parents et des alliés dans l'armée, dans l'église, sur le trône, et possédait tout ce qui plaît aux yeux des peuples : des manières affables, une stature superbe, une constitution prodigieuse, comme ses ancêtres. Son armure, qui se voit encore au musée d'artillerie, à Paris, paraît colossale ; le casque seul pèse 20 livres ; celle du duc de Mayenne, qui devint après lui chef de la Ligue ne pèse pas moins de 80 livres. On voit sur la cuirasse de Henri des empreintes de balles. Les Guise étaient comme une race de géants, aussi puissante d'esprit que de corps.

Quoique le crédit de François de Guise eut quelque peu diminué après la mort de François II et le départ de Marie Stuart, Henri était regardé par tous les catholiques comme l'héritier de ses grandes destinées. Pendant la minorité de Charles IX, la cour continua à se livrer à toutes les intrigues de l'ambition. Le crédit des Guise y excitait de vives jalousies, et pour les narguer, on ménagea, on soutint même les huguenots, qui devinrent plus puissants que jamais. Par l'édit d'Amboise, publié le 19 mars 1563, ils avaient obtenu la liberté de conscience, et plus tard ils reçurent ordre de s'emparer de toutes les places à leur disposition. Jamais commandement ne fut exécuté avec plus de rigueur et de ponctualité. Ils pillèrent les églises, les livrèrent aux flammes et profanèrent d'une manière indigne tout ce qui servait au culte catholique. Les objets d'art les plus précieux ne trouvèrent point grâce à leurs yeux. Ces nouveaux Vandales, qui pourtant prêchaient avec emphase la liberté de conscience, commirent partout les plus horribles excès, les plus affreux massacres. Qu'on s'étonne après cela des représailles cruelles dont les catholiques à leur tour payaient les atrocités commises envers eux par les ennemis de leur foi (1)!

En 1567, les protestants perdirent la bataille de Saint-Denis, mais en revanche, la Thiérache avait été envahie par Guillaume de Nassau, prince d'Orange, à qui Genlis, chef des protestants dans le Vermandois, avait mené 4,000 hommes, et qui pénétra jusqu'à Soissons, après avoir pillé et brûlé Liesse et un grand nombre de villages. Le prince de Condé ayant mis ses troupes en quartier d'hiver sur les rives de l'Aisne et de l'Oise, jusque vers Chauny et Nesle, les garnisons catholiques de Guise et de Saint-Quentin osèrent faire des

---

(1) Les auteurs du XVIIIe siècle mettent, avec une insigne mauvaise foi, sur le compte des catholiques tous les excès commis dans les guerres de religion.

courses sur différents points ; mais la cavalerie qu'il avait à Soissons les surprit et les mit en déroute. Guise avait pour mayeur vers cette époque, Claude Crouste, et pour gouverneur, Antoine de la Garde, seigneur de Tranchillon, dont la femme, Françoise d'Ailly, fille du vidame d'Amiens, fut enterrée en 1569 dans la collégiale du château. A Tranchillon succéda Pierre Loste, seigneur de Leschelle, qui n'a laissé que son nom dans les annales de Guise, et qui fut remplacé par d'Haplaincourt, vers 1582 (1).

L'année 1569 fut fatale au parti protestant. Il perdit la bataille de Jarnac, où périt le prince de Condé. Le jeune duc de Guise déploya un grand courage dans cette célèbre journée ; il se jeta tête baissée dans l'avant-garde ennemie. Il ne se distingua pas moins à Moncontour, où le duc d'Anjou remporta encore la victoire. Les partis ayant paru un instant perdre de leur animosité, on entra en négociations et le traité de Saint-Germain vint terminer cette guerre, le 8 août 1570. Le couronnement de la reine de France, Elisabeth d'Autriche, que Charles IX avait épousée à Mézières, le 26 novembre 1570, et le mariage de Henri de Navarre, depuis Henri IV, avec Marguerite de France, sœur

---

(1) La pierre tombale de Françoise d'Ailly se voit dans l'église Saint-Pierre, où elle aura sans doute été transportée après la révolution. Elle y est représentée en costume du temps avec cette inscription : *Françoise d'Ailli, fille du vidame d'Amiens, épouse de Tranckillon, gouverneur du duché de Guise, trépassée le 27 août 1569.* Cette pierre est dans la nef, vis-à-vis la chaire.—Près de la chapelle Saint-Marcoul, on voit un morceau de tombe sciée, portant ce reste d'inscription : *Antoine de La Garde, seigneur dudit lieu de Tranchillon et ordonné chevalier de l'ordre du roi, gouverneur..... natif du..... 2e jour de juillet 1570.* — On voit aussi au même endroit un autre fragment sur lequel on lit : ..... *Nicolas Longpied, en son vivant prêtre, doyen, chanoine de l'église de Saint-Gervais et Saint-Protais.* — Claude Crouste décéda le 14 août 1571 ; — Dormay, p. 460 ; — Lelong, p. 441 et 542.

du roi, qui eut lieu le 18 août 1572, signalèrent le court intervalle de la paix.

On sortait à peine des fêtes brillantes célébrées à l'occasion de ce mariage, et dont on s'était servi pour attirer les chefs calvinistes à la cour et les endormir dans une fausse sécurité, lorsqu'il fut résolu qu'on mettrait à exécution l'horrible projet qu'on avait formé depuis quelque temps de s'en défaire d'un seul coup. Les conseils secrets se tenaient chez la reine-mère à l'insu du roi, qui semblait céder à l'ascendant de Coligny, et à qui on espérait faire accepter l'exécution du complot dans un moment de fureur et de fanatisme facile à exciter dans un prince soupçonneux et irascible à l'excès. Dans ces conseils les uns étaient d'avis qu'il fallait se défaire à la fois des chefs protestants et des Guise, en épargnant le roi de Navarre et Henri de Condé; et Henri de Guise demandait qu'on enveloppât ces deux princes dans la proscription; mais tous s'accordaient pour un massacre général des protestants. Henri de Guise consentit à en diriger l'exécution et à donner le premier signal.

Le 20 août, un assassin nommé Maurevel, aposté par lui, tira un coup d'arquebuse à Coligny, comme il sortait du Louvre. L'amiral blessé fut transporté en son logis où accoururent bientôt tous les chefs protestants. Le roi lui-même s'y rendit avec la reine-mère et le duc d'Anjou, et lui dit: « Mon père, vous avez la plaie, et moi la perpétuelle douleur. » Cependant une rumeur générale s'élève parmi les protestants, on crie à la trahison, on dit tout haut qu'il faut reprendre les armes. Ces propos sont rapportés au roi par les émissaires de Catherine et des Guise. On lui fait entendre qu'il a tout à craindre pour sa religion, sa couronne et sa vie, qu'il faut prévenir ses ennemis en les frappant par un coup subit et terrible. Le malheureux prince consentit à tout avec une sorte de rage. Les préparatifs ayant été faits d'avance, il ne restait plus qu'à donner le signal. Ce fut la cloche du palais qui le donna par ordre du roi, à une heure du matin, le dimanche 24 août, jour de la Saint-Barthélemy. L'amiral fut égorgé dans sa chambre, et son cadavre, jeté aux pieds du duc de Guise, qui éprouva une sorte de joie féroce à la vue des restes sanglants de celui qu'il regardait comme l'assassin de son père, et à qui il avait voué une haine implacable. Ce massacre dura trois jours à Paris et fut imité presque par toute la France.

Charles IX ne survécut que deux ans à cette horrible boucherie, imputée audacieusement à la religion catholique, et qui n'eut d'autre cause que la fureur d'un roi irrité, la haine d'un chef puissant, l'atroce politique d'une cour débauchée et sanguinaire, le souvenir des excès commis par ceux qui en furent les victimes, et enfin l'exaltation d'une populace ameutée, chez qui la vue du sang est toujours une excitation au meurtre. Henri III fut sacré à Reims, le 11 février 1575, par le cardinal de Guise, évêque de Metz, (Louis de Guise, deuxième du nom, son neveu, destiné à l'archevêché de Reims, n'ayant point encore reçu les ordres,) malgré les réclamations de l'évêque de Soissons, à qui ce droit appartenait pendant la vacance du siége de Reims. Henri de Guise représenta à ce sacre le duc de Guyenne. Deux jours après, Henri III épousa Louise de Vaudemont, princesse de Lorraine (1).

---

(1) *Hist. de France*; — Anselme, *Hist. généalogique*; — *Dict. de la noblesse*.

Au lieu de ménager les calvinistes, comme on le lui conseillait, le nouveau roi se déclara contre eux, et de nouveau la mésintelligence se mit à la cour. Son frère, le duc d'Alençon, et le roi de Navarre, s'unirent avec le prince de Condé. Ce dernier ayant obtenu de l'électeur Palatin un corps de reitres et de lansquenets, ces Allemands, commandés par Montmorency-Thoré, s'avancèrent à travers la Champagne. Henri de Guise, gouverneur de cette province, les défit le 10 octobre 1575, près de Château-Thierry, sur les bords de la Marne. Il reçut à cette affaire un coup d'arquebuse à la joue, qui lui valut le surnom de *Balafré* (1).

Ce fut cette même année que la duchesse douairière de Guise, Antoinette de Bourbon, sa grand'mère, obtint par son crédit à la cour la réhabilitation de la mémoire de Coucy-Vervins, qui avait eu la tête tranchée en 1549, pour avoir rendu Boulogne au roi d'Angleterre, malgré les bourgeois de cette ville et l'espoir d'un prochain secours. Les lettres délivrées à cet effet furent mises à exécution en présence de Jacques de Coucy, en 1576, et de toute la noblesse du pays, qui avaient déjà assisté, ayant à leur tête François de Proisy, capitaine des nobles de la province, à leur enregistrement au bailliage de Laon. Les princes et seigneurs alliés de la maison de Coucy, comme le roi de Navarre, le cardinal de Bourbon, le duc de Guise, se firent représenter par délégués à cette cérémonie. Jacques de Coucy fit élever dans l'église de Vervins un monument en marbre blanc qui rappelle les qualités et les exploits de son père, mais qui infirmera difficilement le récit d'historiens tels que Dubellay, lequel voit

(1) *Hist. de France*; — Lelong, p. 445; — *Manuel historiq.*

dans la reddition de Boulogne un effet de la lâcheté du sire de Vervins (1).

La défaite partielle des calvinistes près de Château-Thierry fut suivie d'une trêve, puis d'une paix signée le 6 mai 1576, tellement honteuse pour la royauté et tellement avantageuse aux calvinistes et aux princes, c'est-à-dire à la rébellion, qu'elle souleva contre Henri III tous les catholiques du royaume. Ceux-ci, à la vue de tant de faiblesse, s'unirent plus étroitement que jamais, et la Ligue prit naissance. L'idée de cette association formidable fut conçue, dit-on, au château de Marchais, qui appartenait au cardinal de Lorraine. Les plus fervents et les plus fougueux catholiques, avec tout ce qu'il y avait parmi eux d'intrigants et d'ambitieux, y entrèrent comme à l'envi. Elle se développa en peu de temps avec une vitesse incroyable, qu'on peut comparer à la rapidité d'un incendie. Chaque membre de la *Sainte-Union* jurait de se consacrer corps et biens à la défense de la religion catholique, d'obéir aveuglément au chef qu'on choisirait, et de poursuivre à outrance ceux qui auraient faussé leur serment. Le but avoué de l'association était donc la religion, mais le but secret des chefs était l'élévation des princes lorrains sur le trône de France. Les catholiques de Picardie et de Thiérache, animés par les Guise, qui étaient tout-puissants dans ces contrées, furent des premiers à entrer dans la sainte Ligue, qui eut bientôt des partisans dans toute la France. Les ligueurs associaient dans leurs serments les noms du roi et

---

(1) *Hist. de Vervins.* p. 79; — Lelong; — Dubellay; — M. Piette cherche à justifier la conduite de Coucy-Vervins. Le texte de Dubellay sur cette affaire est d'une précision désespérante et porte tous les caractères de la vérité.

celui de la religion, mais en réalité ils reconnaissaient pour chef Henri de Guise.

Effrayé des progrès de la Ligue et de l'audace des huguenots, Henri III convoqua les états à Blois, mais les ligueurs et Henri de Guise y dominèrent tellement que, pour balancer l'influence de ce dernier, il ne trouva d'autre parti à prendre que d'approuver la Ligue et de s'en déclarer le chef. Les Guise étaient trop populaires pour que ce titre apparent pût leur enlever leur autorité.

Ainsi dessinés, les partis continuèrent à s'observer et la guerre ne tarda pas à se rallumer. Les ligueurs en étaient venus à ne plus ménager le roi lui-même. Ils consultèrent le pape pour savoir si on pouvait lui désobéir pour le bien de la religion. Sur la réponse affirmative du chef de l'église, le duc de Guise mit en avant le vieux cardinal de Bourbon, qui lança un manifeste au nom de tous les catholiques de l'Europe. La cour, intimidée par tant d'audace, céda aux ligueurs. Sixte-Quint, de son côté, excommunia le prince de Condé et le roi de Navarre. Condé avait surpris La Fère en 1579 et s'y trouva assiégé, l'année suivante, par le maréchal de Matignon ; le duc d'Epernon, Joyeuse et autres favoris et compagnons de débauches de Henri III, parurent à ce siége en si brillant équipage qu'il fut nommé *le siége de velours*. La garnison se défendit avec valeur et obtint une capitulation honorable. Le duc de Guise arriva vers la fin du siége pour en ravir la gloire au maréchal.

Les années 1579 et 1580 furent signalées dans nos contrées par de grands fléaux. Un tremblement de terre se fit sentir à Soissons, Laon, Chauny, et jusque dans la Thiérache, dans le courant de la semaine de Pâques 1579, et le mercredi de la Pentecôte eut lieu un ouragan affreux qui fut suivi d'une épidémie. Ce fléau, qui avait disparu pendant l'hiver, reparut dans l'été de 1580 avec une nouvelle intensité. Il ravagea Saint-Quentin, Guise et ses environs, et une partie de la Thiérache. On ne voyait partout que cadavres amoncelés par cette peste, qui ne cessa totalement que vers 1581 (1).

Ces malheurs n'empêchèrent pas les états de s'assembler en 1580, et de décider qu'on ferait aux huguenots une guerre sans quartier. Quoique le roi se fût déclaré le chef de la Ligue, elle n'en avait pas moins son action indépendante, d'où il arriva que le royaume se trouva divisé en trois partis qui ne se le cédaient pas en haine et en fureurs : celui des protestants ayant pour chef Henri de Navarre et le prince de Condé; celui des Guisards, qui avaient à leur tête le duc de Guise ; et celui des politiques, qui suivait la fortune du roi et n'était pas le plus puissant. Les Guisards avaient fait de La Fère leur place principale. Guise leur obéissait aveuglément, et son gouverneur d'Haplaincourt (vers 1582), lieutenant de la compagnie de cent hommes d'armes du duc d'Aumale, et qui fut plus tard inhumé dans la collégiale de Saint-Gervais, leur était naturellement tout dévoué. Par un contraste qu'on rencontre souvent dans nos guerres intestines, Lesquielles, qui était alors bien plus important qu'aujourd'hui, et l'un des principaux fiefs du duc de Guise, fut un des boulevards des protestants dans la Thiérache (2).

(1) Colliette, tom. 5, p. 280; — *Hist. de Soissons*, tom. 2, p. 400; — *Manuel historique*, p. 104, et l'*Histoire de Laon*.

(2) La pierre funéraire de d'Haplaincourt se trouve encore dans l'église Saint-Pierre vis-à-vis la chaire. On y lit cette inscription à demi effacée: *Ci gist messire d'Haplaincourt, lieutenant de cent hommes d'armes et gouverneur de la ville et château..........* Ses armes étaient d'azur à la croix d'argent chargée de cinq coquilles de gueules ; — Lelong, p, 512; — Colliette, tom 5, p. 280.

3.

Cependant les affaires du roi prenaient une tournure de plus en plus critique. Le duc d'Anjou était mort le 10 juin 1584, et Henri III n'avait pas d'enfants. Henri de Navarre, son légitime successeur, était calviniste. On remarqua aux funérailles du prince que le duc de Guise, qui se tenait à une fenêtre du parvis Notre-Dame, *étoit tout triste*. Il était le plus proche parent de Henri III, sa maison était nombreuse, riche, puissante, populaire; songeait-il à la faire monter avec lui sur le trône ! Le roi de Navarre battit l'armée royale à Coutras, le 19 octobre 1587, mais le duc de Guise remporta à la tête d'un autre corps, à Vimory et à Auneau, deux victoires signalées sur les Allemands calvinistes qui étaient venus au secours des princes. Henri de Guise fut proclamé le sauveur de la France, tandis que la royauté tombait dans le dernier mépris.

Le supplice de l'infortunée Marie Stuart, nièce des Guise, ordonné par la protestante Elisabeth, augmenta encore la fureur des catholiques. L'insurrection s'organisa à Paris sous le nom des *Seize*, et les ligueurs assemblés à Nancy dictaient des ordres au roi, qui, voulant montrer quelque résistance fit venir des Suisses à Paris. Après avoir tenu conseil à Soissons avec les principaux chefs du parti, le duc de Guise s'était mis en marche vers cette capitale, mais l'arrivée de ces troupes le fit rétrograder vers Soissons. Il en repartit le 8 mai 1588. Sur le soir, il monte à cheval avec huit gentilshommes; laissant à Soissons le cardinal de Guise, son frère, et le prince de Joinville, il court la poste toute la nuit, entre à Paris le 9 au matin, au mépris des ordres du roi, et va descendre aux Filles-Repenties, où la reine-mère, qui ne s'attendait guère à son arrivée, le reçut toute tremblante. Un seul trait suffira pour montrer de quelle faveur il jouissait parmi le peuple parisien. Comme il passait dans la rue au milieu des cris de joie, pour aller au Louvre, se *justifier*, disait-il, *devant le roi*, une demoiselle le salua par ces mots: « Prince, puisque tu es ici, nous sommes sauvés (1) ! »

Le duc essaya en effet de se justifier, et Henri III, au lieu de le faire arrêter comme on le lui conseillait, reçut ses excuses. Sa présence à Paris porta au comble l'exaltation des ligueurs, et l'entrée des Suisses mit la ville en pleine révolte. Les rues sont barrées jusqu'au Louvre, les troupes royales sont enveloppées, et le 13 mai, tandis que Catherine se rend à l'hôtel du duc de Guise pour parlementer avec lui, Henri III prend la fuite par les jardins du Louvre et des Tuileries, et se retire à Chartres, abandonnant sa capitale au duc. Celui-ci fut le héros de cette journée populaire appelée *journée des Barricades*, qui fit presque tomber la couronne sur sa tête. Il s'était fait assurer la jouissance de Soissons, il possédait déjà Château-Thierry ; ces terres jointes à son duché de Guise lui constituaient dans cette partie de la France une fortune vraiment colossale, qui lui donnait les moyens de tout oser (2).

Arrivé au comble de la faveur populaire, le duc portait toujours ses prétentions à la couronne qu'il n'avait pas voulu saisir à la journée des Barricades, afin de se la mieux assurer. La crainte qu'avaient les catholiques de voir le calvinisme devenir la religion dominante à l'avènement au trône

---

(1) *Hist. de France* ; — *Manuel historiq.*, p. 105 ; — *Histoire de Soissons*, tom. 2, p. 467 ; — Mezeray ; — Daniel ; — de Thou ; — Lelong, etc ; — *Mém. de la Ligue*, tom. 2, p. 347.

(2) *Ibid.*

de Henri de Navarre, favorisait ces prétentions exorbitantes. La Ligue venait de mettre la dernière main à son traité avec l'Espagne, et Henri s'était déclaré ouvertement chef des ligueurs. Appuyé par le duc de Rethel, le comte de Saint-Pol, et d'autres seigneurs puissants, il commença par s'assurer de presque toutes les villes de Champagne et de Picardie; ensuite il se rendit maître de Verdun. Le roi effrayé de tant d'audace signa le traité de Nemours, lequel irrita les protestants, sans satisfaire les catholiques. Les premiers surprirent Rocroy le 24 décembre 1586, mais Henri de Guise reprit cette ville et battit en différents combats le duc de Bouillon, et son frère Robert de La Marck. Les ligueurs obtinrent encore un autre avantage. La ville de Laon, jusque là fidèle au roi, suivant l'exemple de Guise et de tout son duché, se déclara ouvertement pour eux en 1587 (1).

Le roi convoqua les états généraux à Blois en 1588, pour remédier aux maux causés par la famine et la peste, et aviser aux moyens de contrebalancer la puissance des Guise. Pour mieux tromper ceux-ci, il avait fait à leur parti les plus larges concessions et avait été jusqu'à nommer le duc lieutenant général dans le royaume. Les états s'assemblèrent donc le 16 octobre, et les princes lorrains espéraient bien profiter de cette circonstance solennelle pour mettre la dernière main à leurs projets ambitieux. Ils n'aspiraient à rien moins qu'à faire nommer Henri connétable de France et héritier présomptif de la couronne. Ses partisans, en effet, étaient en majorité dans les états, et il y déploya tout le faste de l'orgueil et de l'indépendance. Parmi ses amis les plus chauds,

---

(1) Lelong, p. 448; — *Hist. de Laon*; — *Manuel hist.*

on remarquait Geoffroi de Billy, abbé de Saint-Vincent de Laon, fils de Prunay de Billy, gouverneur de Guise, et l'un des plus fanatiques ligueurs de Laon (1).

Henri III sentait bien qu'il ne jouerait dans les états qu'un rôle secondaire et qu'il ne pouvait lutter ouvertement contre le duc de Guise, qui était plus roi que lui. Sa haine était arrivée à cette période extrême où elle ne peut s'apaiser que dans une vengeance éclatante. Il prit donc une résolution qui devait d'un seul coup renverser tous les projets de la maison de Guise : celle de se défaire de son chef en pleins états. Henri ne manquait pas de raisons pour justifier son projet, dans ce siècle d'assassinats où le poignard et le poison étaient pour ainsi dire à l'ordre du jour. La perte du duc fut donc résolue. Cependant le secret ne fut pas si bien gardé par les confidents du prince qu'il n'en échappât quelques vagues rumeurs. Le duc fut averti; mais fier de sa puissance, il répondit : *On n'oseroit !* Il ne pouvait croire en effet que le roi, dont il connaissait la faiblesse, pût jamais se porter à une pareille extrémité ; il répondit dans ce sens à un de ses confidents, qui lui écrivait de Provence : Qu'il prit garde de trop approcher du roi. « D'ailleurs, disait-il, en parlant des dangers qu'il pouvait courir, la mort même, quand je la verrois entrer par les fenêtres, ne me feroit pas reculer d'un pas vers la porte pour l'éviter. » La destinée de Henri de Guise était fixée; il devait périr assassiné. Les circonstances de cet événement tragique ont été rapportées diversement par les historiens. En voici le simple récit.

Crillon, mestre de camp du régiment des gardes, s'étant

(1) Lelong, et auteurs cités.

refusé à cette horrible exécution, Lognac, premier gentilhomme de la chambre et capitaine des Quarante-cinq, s'en chargea, promettant de fournir dix-huit ou vingt des plus déterminés de cette compagnie, sur qui il assurait pouvoir compter. Le vendredi 23 décembre, tout étant disposé, le duc entra vers huit heures dans la salle où le roi avait dit la veille qu'il tiendrait son conseil de bonne heure. Il s'approcha de la cheminée, et ayant senti une faiblesse que les uns ont attribuée à une sorte de pressentiment et que les autres ont donnée comme la suite d'une débauche de la nuit, il s'assit près du feu. On lui vint dire que le prince le demandait au Vieux cabinet, quoiqu'il n'y fût pas en réalité, mais dans un autre qui donnait sur le jardin du château. Le duc se leva et passa par un petit corridor qui était à côté de la chambre où se trouvait Lognac, avec sept ou huit de ses Quarante-cinq, les autres étant dans le Vieux cabinet et dans des chambres adjacentes. Le roi les y avait fait entrer fort secrètement, lui-même, avant le jour, et leur avait assigné leurs postes. Tous étaient armés de poignards cachés sous leurs manteaux et n'attendaient que le venue du duc pour le frapper, soit dans la chambre, soit dans le cabinet, au cas qu'il y entrât en défendant sa vie.

Aussitôt qu'il parut, les assassins s'empressent vers lui. Le duc tenant d'une main son chapeau et de l'autre le bout de son manteau qu'il avait retroussé sous le bras gauche, s'avance vers le cabinet, saluant les gentilshommes avec sa courtoisie ordinaire ; ceux-ci font semblant de le suivre par honneur jusqu'à la porte ; mais, comme il levait, avec l'un d'entre eux, la tapisserie et s'abaissait pour entrer, il est tout-à-coup saisi par les bras et par les jambes, et en même temps cinq ou six poignards s'enfoncent dans la nuque du cou et dans la gorge. Il n'eut ni le temps de parler, ni celui de tirer l'épée. Tout ce qu'il put faire fut d'entraîner, par un dernier et puissant effort, ses meurtriers en se débattant, jusqu'à ce qu'il tombât au pied du lit, en disant : Mon Dieu ayez pitié de moi! Puis il jeta un profond soupir et expira. Le cardinal de Guise et l'archevêque de Lyon, qui étaient dans la salle du conseil, s'étant levés à ce bruit, pour courir à son secours, furent arrêtés par les maréchaux d'Aumont et de Retz. On arrêta en même temps dans le château le cardinal de Bourbon, Anne d'Est, mère des Guise, le prince de Joinville, les ducs d'Elbeuf et de Nemours, et plusieurs gentilshommes confidents du duc; et dans la ville, des députés et des ligueurs. Le roi vint contempler le cadavre ensanglanté de son ennemi, et allant aussitôt trouver sa mère, il lui dit : « Le roi de Paris n'est plus, madame, et je règne désormais sur tout le royaume. Fasse le Ciel, ô mon fils, répondit Catherine, alors attaquée de la maladie dont elle mourut, que cette mort au contraire n'anéantisse pas entièrement votre royauté! Ce n'est pas tout que de tailler, il faut savoir coudre et avoir pris ses mesures. » Le cardinal de Guise fut massacré le lendemain; il avait 34 ans et le duc 38.

Telle fut la fin déplorable de Henri de Guise et de son frère. « Loin de servir le roi, dit Feller, l'assassinat d'un héros et d'un prêtre rendirent Henri III exécrable aux yeux de tous les catholiques, sans le rendre plus redoutable. Les hommes qu'il venait de faire mourir étoient adorés, le duc surtout. Auprès de lui, tous les autres princes paroissoient peuple. On vantoit non-seulement la noblesse de sa figure, mais encore la générosité de son cœur, et surtout son grand attachement à la religion catholique, qui était alors dans le plus grand danger, et que le gros de la nation réclamait comme sa plus précieuse propriété. » On fit consumer les corps des deux princes, de peur que les ligueurs ne s'en servissent pour émouvoir le peuple (1).

Henri de Guise avait eu, entre autres enfants, de Catherine de Clèves, comtesse d'Eu, Charles IV de Lorraine, duc de Guise, Louis, cardinal de Guise, troisième du nom, archevêque de Reims, et Claude, duc de Chevreuse. Charles ne faillit pas à l'honneur de sa maison; mais il était alors trop jeune pour être reconnu chef de la Ligue, dont la situation critique demandait une main plus forte et plus expérimentée. Elle mit à sa tête le duc de Mayenne, oncle du jeune duc (2).

Après l'assassinat de Henri III par Jacques Clément, en 1589, la France fut de nouveau livrée à toutes les horreurs de la guerre civile et étrangère. Ce fut un pillage, une tuerie sans interruption. Comme aux plus mauvais jours des Armagnacs et des Bourguignons, chacun est obligé de défendre sa vie. Les bourgs, les villages, les censes même, se transforment en forteresses, s'entourent de remparts et de fossés. Les cimetières servent de retranchements, là où il n'y avait ni maisons fortes, ni château pour se réfugier. On s'enferme dans les églises, on les perce de créneaux, on y ajoute des tourelles et des meurtrières, on y construit même des places d'habitation. Les souvenirs de cette époque désastreuse se retrouvent encore dans les environs de Guise. Les églises de Lesquielles, de Beaurain, de Villers-lès-Guise, de Monceau,

---

(1) *Hist. de France*; — Feller, *Dict. historiq.*; — Lelong, p. 449.
(2) *Hist. généalogiq.* du P. Anselme; — *Dict. de la noblesse*.

etc., ainsi que l'indiquent les tourelles dont elles sont flanquées, servirent à ces usages avec leurs cimetières.

Les habitants des villes, comme au xve siècle, abandonnent le commerce, et ceux des campagnes, la culture des terres pour veiller à la sûreté de leurs jours. C'était en effet une suite non interrompue de combats, d'escarmouches, de prises et de reprises de villages, de châteaux entre les partisans de la Ligue et ceux du roi. Henri IV, après la mort de Henri III, avait envoyé en Picardie le duc de Longueville avec un corps d'armée qui ne put empêcher les ligueurs de remporter quelques avantages dans cette province. Pendant les campagnes de 1589 et 1590, ils prirent Marle, La Fère et Vervins; mais un de leurs partis fut défait près de Mondrepuis, par les royalistes, qui remirent Aubenton sous l'obéissance du roi. A la faveur du duc de Parme, ils conservèrent Soissons et opérèrent la levée du siége de Paris. L'armée du duc fut harcelée jusqu'à Guise, par le roi, qui était toujours en alerte et qui poursuivait sans relâche les ligueurs et leurs partisans. « Mon cousin, écrivait-il le 22 novembre 1590, au duc de Nivernais, alors à Sissonne, durant la grande pluie qu'il faisoit ce soir, j'étois à voir la retraite des ennemys, ils sont allés coucher ce soir à Marle, mais je vous puis bien asseurer que ceulx qui faisoient retraicte ne sont arrivez qu'à une heure de nuict et il y a bien eu des lances mouillées. Ils vont demain coucher à Guyse, qui est cause que nous avons résolu de partir demain et nous trouver au rendez-vous, qui est à 3 lieues d'ici, à Crécy-sur-Serre, à 10 heures du matin, et là avec tous les gens de guerre et harquebusiers à cheval, essayer de donner quelque estrette aux ennemys et faire quelque effet. » L'arrière-garde du duc fut attaquée entre

Guise et Marle le 29, et eut à soutenir une vigoureuse charge de cavalerie dirigée par le roi en personne. L'armée espagnole y éprouva une grosse perte. Après s'être rendus maîtres d'un grand nombre de places, les royalistes surprirent Aubenton le 24 octobre 1591 (1).

Le duc de Parme étant rentré en France le 21 décembre, avec 20,000 Espagnols pour faire lever le siége de Rouen, Mayenne, et le duc de Guise, échappé de sa prison de Tours, allèrent au-devant de lui jusqu'à Guise, où les princes tinrent ensemble des conférences sur la situation de leur parti. Le duc de Parme aspirait à mettre la couronne de France sur la tête de l'infante Isabelle, qui aurait épousé le duc de Guise, et qu'on aurait déclarée reine ; mais la Ligue promettait bien plus qu'elle ne pouvait tenir. Le duc de Parme quitta Guise pour aller s'assurer de La Fère, qu'il se fit donner comme place de sûreté. Après avoir fait lever le siége de Rouen, le général espagnol se retira dans les Pays-Bas (2).

Malgré la mésintelligence qui avait éclaté entre les Guisards et les chefs espagnols, le duc de Mayenne continua de s'appuyer sur l'Espagne. L'abjuration du roi, la reddition de Paris et la rentrée d'une foule de villes sous l'obéissance du souverain légitime ne put lui faire changer de résolution. Pour soutenir son parti chancelant, Mansfeld entra en France pour la seconde fois, et mit le siége devant La Capelle avec 11,000 hommes et 12 pièces de canon, et l'emporta le 9 mai 1594. Biron, qui s'était mis en marche pour secourir

---

(1) Lelong, p. 454; — *Manuel hist.*, p. 408; — *Hist. de Vervins*, p. 84; — *Documents inédits pour servir à l'Hist. de France.*

(2) *Hist. de France*; — Lelong, p. 455.

la place, n'osa attaquer le général espagnol qu'il trouva posté trop avantageusement, et revint par ordre du roi du côté de Guise, pour investir Laon, faire le dégât et couper les vivres aux Espagnols. Le duc de Mayenne ne fut pas moins fâché que le roi lui-même de la prise de La Capelle par les Espagnols, qui n'avaient pas même jugé à propos de lui communiquer les desseins qu'ils avaient formés contre cette place. Il dut en conséquence s'aboucher avec l'archiduc, qui désirait l'engager au service de l'Espagne, et en obtenir la remise des places qui étaient encore dans ses intérêts. Laissant donc à Laon son second fils avec une partie de ses troupes commandées par le colonel Dubourg, et suivi du reste, il se rendit à Guise où il les laissa, ne prenant avec lui qu'une escorte de 60 chevaux pour se rendre auprès de l'archiduc. Il fut conclu dans l'entrevue qu'il eut avec le prince, qu'il agirait de concert avec le comte de Mansfeld pour s'opposer aux progrès du roi. Celui-ci avant d'assiéger Laon, voulut tromper l'ennemi par une marche en avant, et prenant sa route par Saint-Quentin et Crécy, il s'approcha de La Capelle, feignant de vouloir attaquer cette place et combattre l'armée d'Espagne, tandis que le maréchal de Biron s'était tout à coup rabattu sur Laon. Dubourg avait déjà quitté Guise avec ses troupes, et dans la prévision d'un siége était rentré dans cette ville (1).

Laon, comme Reims, Guise et plusieurs places frontières, tenait toujours pour la Ligue. Guise ouvrit même ses portes à l'étranger, qui y mit une forte garnison. Mansfeld s'en fit

---

(1) *Hist. des guerres civiles de France*, par Davila, tom. 3, liv. 14, p. 499 et 501.

comme un point d'appui, d'où il s'élança sur différents points de la Thiérache et du Laonnais, qu'il soumit à la dévastation et au pillage. Après avoir brûlé Sissonne, il poussa jusqu'au château de Neufville, qui avait pour commandant Jean de Proisy, descendant de Jean de Proisy, qui défendit Guise avec tant de valeur contre Luxembourg. Proisy soutint un bon siége dans cette petite place, mais l'attaque fut poussée avec une telle vigueur, qu'il fut obligé de se rendre à discrétion. Une partie de la garnison fut pendue en représailles des courses qu'elle avait faites contre celle de Laon.

Henri IV, qui n'avait pu arriver assez à temps pour sauver La Capelle, tomba sur Guise le 15 mai 1594. Il attaqua les faubourgs, qu'il enleva après une vive résistance. Il y mit le feu et se retira, n'osant, faute d'artillerie, mordre sur le corps de la place. Le roi voulut, sans doute, par cette rigueur, punir la ville de son dévouement acharné à la cause espagnole, qui était aussi celle de son seigneur. De Guise, le prince se replia sur Laon, dont il avait résolu le siége, qu'il commença, en effet, le 16 mai 1594. Le duc de Mayenne, informé de ce projet, s'était rendu à Guise et à La Capelle pour demander du secours à Mansfeld. Celui-ci, à qui il restait encore 9,000 hommes de troupes réglées, ne voulut donner que 200 Napolitains, qui, réunis à quelques compagnies franches, formèrent la garnison de Laon. S'étant lui-même approché de Laon à la faveur de Guise et de La Fère, il fut battu et contraint de se retirer. Le duc de Mayenne et les Espagnols luttèrent quelque temps avec avantage dans les plaines de Laon, contre l'armée royale; mais un grand convoi de 120 chariots, formé dans les environs de Guise, et dont ils avaient grand besoin, ayant été surpris près de Ham, ils ne purent parvenir à dégager Laon, qui capitula le 22 juillet, et ouvrit les portes au roi le 2 août.

Le jeune duc de Guise, malgré tous ces revers, suivait toujours l'inconcevable politique du duc de Mayenne, et différait de se soumettre, mais enfin les bourgeois de Reims, qui tenaient encore pour lui, ayant envoyé des députés au roi, il les prévint et conclut au mois de novembre, avec le roi, un traité par lequel il lui remettait Guise, Reims, Roucy, Montcornet, Fismes et d'autres places, et dans lequel il fut stipulé que dans les faubourgs de ces villes, l'exercice de la religion catholique, apostolique et romaine serait seul permis, ainsi que dans les lieux aux environs desdites villes défendus par l'édit de 1577. Guise, abandonné par les Espagnols, rentra facilement dans l'obéissance du roi. Il était temps que le duc fît sa soumission, car la seigneurie de Guise venait d'être accordée par engagement au gouverneur de La Ferté-Milon, Saint-Chamant, par la capitulation en vertu de laquelle il avait rendu le château de cette ville assiégée, par le roi en personne (1).

Ce prince n'eut plus qu'à se louer, dans la suite, de la fidélité du duc de Guise, et c'est avec raison qu'il put dire de lui : « Qu'il faisoit revivre en soy, par sa valeur, la mémoire de la magnanimité de ses ancêtres », car il se distingua plusieurs fois par les faits militaires les plus éclatants. Aux portes de Gray, en Bourgogne, il entreprit avec quinze gentilshommes de couper le chemin à une partie de l'armée du connétable de Castille; il franchit, au milieu d'une grêle

---

(1) *Hist. de France*; — *Hist. de Soissons*, tom. 2, p. 485; — *Manuel historique*, p. 442; — Lelong, p 459 et suiv; — *Traités de paix*, tom. 2, p. 564; — *Bibliothèque de Soissons*.

de mousqueterie et d'arquebusade un ruisseau très-dangereux, et chargea si vivement qu'il mit la cavalerie ennemie en déroute, tua un grand nombre de soldats et fit beaucoup de prisonniers. Un des capitaines de la ville étant sorti, en lui criant par raillerie : *A moi, armes dorées,* Charles fondit sur lui l'épée à la main, le tua sur la place et revint triomphant, au milieu de la fumée des mousquets et des canons. Le roi fut si charmé de ce trait de bravoure qu'il l'embrassa publiquement et lui témoigna l'estime qu'il avait conçue pour lui. Au reste, il lui montra quelle confiance il avait en sa soumission en le nommant gouverneur de Provence, avec la qualité d'amiral du Levant, le 22 octobre 1594. Charles montra qu'il la méritait ; il enleva aux Espagnols l'importante ville de Marseille qu'il rendit au roi, en 1596. Ce prince le fit chevalier de ses ordres. En échange de ces dignités, le duc de Guise s'était démis de la charge de grand-maître qu'il avait eue en survivance de son père. Il épousa en 1611 Henriette-Catherine de Joyeuse, veuve du duc de Montpensier, et fille unique du maréchal de Joyeuse. On prétend que la fameuse duchesse de Montpensier, sa tante, s'était éprise pour lui d'un amour que les liens du sang devaient lui faire réprouver (1).

Guise trouva en 1597 l'occasion de signaler comme son seigneur la sincérité de son retour au parti du roi. La garnison de Cambrai, nombreuse et bien aguerrie, faisait des courses sur les terres de France et poussait des partis jusque dans la Thiérache ; celle de Guise, qui avait à sa tête le chevalier du

---

(1) *Triomphe de Guise,* par le P. de Verdun, minime, préface ; — *Dict. de la noblesse,* art. Guise.

Peschier, se mit en devoir de lui résister. Les Espagnols attaqués avec vigueur furent défaits. Depuis cette déroute ils n'osèrent plus aventurer de nouvelles entreprises (1).

La paix conclue à Vervins en 1598, entre la France et l'Espagne, mit fin aux hostilités, et le royaume put enfin respirer après ces longues et déplorables guerres, qui l'avaient réduit aux extrémités de la misère. Tandis que Charles de Guise combattait au service du roi, son oncle, le duc de Mayenne, rentré dans la vie privée, s'éloignait de plus en plus des affaires politiques. Il habitait à Soissons un splendide hôtel qu'il avait fait construire dans la rue de Guise, à laquelle son séjour a laissé ce nom.

Deux mois après la publication de la paix de Vervins, mourut Douglas, évêque de Laon, qui eut pour successeur le fameux ligueur Geoffroy de Billy, abbé de Saint-Vincent. Il était fils de Prunay de Billy, gouverneur de Guise pour François Ier, ainsi qu'on l'a vu plus haut, et de Marie de Brichanteau. Geoffroy avait embrassé la vie monastique à Saint-Denis, dont il devint dans la suite grand-prieur. Il fut abbé de Saint-Vincent de Laon, et de Saint-Jean d'Amiens, par la démission de Philippe de Brichanteau, son parent. En 1575, il fut nommé vicaire-général du cardinal Louis (de Guise), en l'abbaye de Saint-Denis. Il assista aux états de Blois en 1576 et 1577. S'étant démis de son prieuré, il fut nommé par le clergé de Vermandois, aux états de 1588, où il se fit remarquer par la hardiesse de son élo-

---

(1) *Manuel du département de l'Aisne*, p; 414 et 427. Nous n'avons pu nous procurer l'ouvrage intitulé *Discours au vrai de la défaite de la garnison de Cambrai, par le chevalier du Peschier, étant en garnison à Guise*. Nous l'avons demandé en vain à la bibliothèque nationale. Il en est fait mention dans le *Manuel*, p. 427.

quence et la fougue de ses opinions. Il se distingua, non-seulement dans son abbaye, mais encore dans toute la ville de Laon par son zèle exagéré pour la sainte Union. C'était un personnage ambitieux, éloquent, hardi, qui composait des livres de dévotion, et cachait, sous un fanatisme affecté, une politique artificieuse. Il était tellement considéré dans la Ligue, qu'il fut un des négociateurs de la paix de Suresne. Il avait promis aux Seize d'engager Laon dans leur parti, et Mayenne avait en lui une grande confiance à cause de l'ascendant qu'il avait dans cette ville. En sa qualité d'abbé de Saint-Vincent, il assista au concile provincial de Reims, en 1583.

Geoffroy de Billy était d'ailleurs un homme passionné pour les biens de la terre, auxquels il avait fait vœu de renoncer, ne cherchant qu'à augmenter son temporel, méprisant les règles du cloître et réduisant ses moines à plaider contre lui pour avoir de quoi vivre. Ayant chassé arbitrairement de la maison un prieur claustral, il fut condamné par arrêt à le rétablir solennellement au son de l'orgue. Tel était le malheur des temps, que le roi, pour récompenser sa défection, crut devoir le nommer à l'évêché de la ville qu'il avait scandalisée par ses écarts. Nommé le 5 mai 1600, il fut sacré le 6 mai 1601 à Sainte-Géneviève de Paris, par le cardinal de Gondi, assisté des évêques de Beauvais et de Boulogne. Il assista, en 1606, au sacre de Louis XIII, et mourut à Anizy le 28 mars 1612. Il fut enseveli dans l'église cathédrale. Guise peut s'honorer de lui avoir donné le jour, car on ne dit pas qu'il ait rien fait de contraire à la dignité épiscopale. C'était, du reste, un homme savant et lettré. Il s'est fait connaître par plusieurs ouvrages de dévotion et par une traduction française de quelques traités espagnols de Vivès et de Lansperge. Pendant son épiscopat il convoqua un synode dans lequel il publia des statuts latins et français où il donne un précis de toute la discipline, tant pour la vie et la conduite des ecclésiastiques, que pour l'administration des sacrements et ce qui regarde la prédication et le règlement des paroisses. Cet ouvrage se distingue par beaucoup d'ordre et de précision (1).

Geoffroi avait six frères, dont deux périrent dans les guerres de religion, Claude à Jarnac, et Louis des suites d'une blessure qu'il avait reçue à la défense de Poitiers; et deux autres plus âgés que lui, qui se distinguèrent par leur science et leur piété. Le premier, Jean de Billy, après avoir été abbé de Saint-Michel-en-Lerme, diocèse de Luçon, se fit Chartreux à Bourg-Fontaine, d'où il fut tiré par le cardinal Charles de Bourbon, pour être prieur d'une abbaye que ce prélat avait fondée en Normandie. Il traduisit dans cette retraite quelques ouvrages d'auteurs ecclésiastiques, composa une exhortation aux œuvres de miséricorde et un traité des sectes et des hérésies. Il mourut vers 1600 (2). Le second, Jacques de Billy, naquit à Guise en 1533. Envoyé de bonne heure à Paris, il quitta cette ville pour aller étudier le droit à Orléans, puis à Poitiers. Il fit le voyage de Lyon et d'Avignon et c'est dans ce voyage qu'il sentit se déclarer en lui le goût pour l'étude de la langue grecque. Il fit ses délices

---

(1) MSS. de dom Grenier, Hommes illustres de Guise. — *Bibliothèq. de la Croix Dumaine*, f° 1er, p. 272; — *Mélanges d'hist. et de littérature* de Marville, tom. 3, p. 298; — Devisme, *Manuel hist.*, p. 191, — Lelong, p. 467 et suiv.; — *Gall. christ. eccl. Laud.*, tom. 9.

(2) Lelong, p. 476, et les auteurs cités ci-dessus. — Selon la *Biographie universelle*, Jacques de Billy, naquit en 1535.

des ouvrages de saint Grégoire de Nazianze, dont il donna une traduction; il resta deux ans à Avignon où il se livra, pour cet effet, à l'étude de l'hébreu, près d'un Juif de cette ville. Il quitta Avignon, rappelé par son frère Jean de Billy, qui voulait se faire Chartreux pour lui résigner Saint-Michel-en-Lerme et ses autres abbayes. Jacques était déjà abbé de Ferrières et possédait d'autres bénéfices, quoiqu'il ne fût encore âgé que de vingt-cinq ans. Il désirait accéder aux désirs de son frère, mais la guerre l'obligea de se retirer à Laon, près de Geoffroy, abbé de Saint-Vincent, et ensuite à Saint-Denis, dont celui-ci était aussi grand-prieur, et enfin à Paris, où il acheva par le secours des cardinaux de Pelvé, de Serlet et Caraffe, son Saint-Grégoire, commencé à Saint-Michel.

Jacques de Billy fut un des plus savants hommes du XVIe siècle. Sa santé depuis longtemps chancelante ne diminuait en rien son ardeur pour l'étude. Critique distingué et l'un des plus forts hellénistes de son temps, il était encore très-versé dans la théologie, le droit civil et canonique, les mathématiques et les langues. Il cultivait les poésies latine et française. Il composa la plus grande partie de ses ouvrages à Saint-Denis, où il demeura longtemps; sa célébrité est surtout fondée sur ses traductions. Il traduisit, du grec en latin, outre les œuvres de saint Grégoire de Nazianze, une partie de celles de saint Isidore de Peluse, de saint Chrysostôme, de saint Basile et de saint Jean Damascène, fit des remarques estimées sur les pères grecs et latins, laissa des traités de piété en prose et en vers, et un ouvrage intitulé: *Nova geometriæ clavis algebra cujus beneficio aperitur immensus matheseos thesaurus et solvuntur plurima proble-*

mata hactènus non soluta. Le savant Huet avait beaucoup d'estime pour sa traduction de saint Grégoire de Nazianze.

Jacques de Billy mourut à l'âge de quarante-sept ans, le jour de Noël 1581, à neuf heures du soir, dans la maison de Gilbert Génebrad, son ami, professeur d'hébreu au collége royal. De Launoy a donné dans son *Histoire du Collége de Navarre* une lettre qu'il avait écrite, en date du XV des calendes de février 1567, au sujet de la fameuse possédée Nicole de Vervins, qui alors mettait en rumeur tout le diocèse de Laon.

La mémoire de Jacques de Billy a été célébrée d'une manière digne de lui et en rapport avec ses talents, par des éloges en hébreu, en grec, en latin et en français, qui furent imprimés par les soins de Jean Chatard, prieur de Fossigny, son secrétaire et son ami, à la suite du catalogue des ouvrages de son maître, qu'il avait composé. Son épitaphe, au rapport de l'abbé de Saint-Léger, se trouvait dans l'église de Saint-Benoît, à Paris; elle était ainsi conçue :

Hic jacet illustri prunœo stammate clarus,
Billius, at longè clarior ipse suo,
Cujus fama volat, virtusque ignara sepulchri,
Cujus docta vigens nescia scripta mori,
Cujus et in cœlis animus per secula grandit,
Ejus hic ad tempus dùm tegit ossa lapis,
Sic tria tanta virum tantum partita sibi sunt,
Mundus, terra, polus, nil miser orcus habet (1).

Cette galerie d'hommes remarquables fournie par la même

---

(1) Auteurs cités plus haut.

ville et la même famille, à ce XVIe siècle si fécond en illustrations de tout genre, est terminée par Dumesnil de Romery, homme de lettres et jurisconsulte qui naquit à Guise, un an avant la mort de Jacques de Billy. Il fit ses études à Louvain, où il fut élève de Juste-Lipse. Il professa la rhétorique à Caen. « Dumesnil, dit N. Lelong, étoit bien fait de sa personne, éloquent, persuasif, ce qui lui attira beaucoup d'auditeurs et de disciples. » L'université le choisit pour recteur, mais son goût pour la jurisprudence le fit sortir de Caen, pour aller exercer à Charleville la charge de juge, que Charles de Gonzague, duc de Nevers, lui avait offerte. Son principal ouvrage est un commentaire sur les *Institutes* ; il laissa aussi quelques poésies latines qui passaient autrefois pour avoir quelque valeur, mais qu'on ne lit plus, aujourd'hui que ce genre de composition est justement abandonné (1).

Benjamin de Brichanteau, qui succéda à Geoffroy de Billy, son oncle, dans le siége épiscopal de Laon où il avait été son coadjuteur avec le titre d'évêque *in partibus* de Philadelphie, fut un des fondateurs du couvent des minimes de Guise, avec le duc Charles et Henriette de Joyeuse, sa femme. Geoffroy avait appelé à Laon ces religieux qu'il affectionnait beaucoup et avait peut-être formé le projet de les établir à Guise, projet que son neveu exécuta. Ce couvent fut bâti en 1613, dans une espèce d'île formée par la rivière d'Oise, en dehors des murs de la ville, dans le faubourg de la Poterne. Pour doter cette fondation, on lui attribua les revenus des léproseries du faubourg Saint-Lazare, de Rumigny, d'Hirson, de Martigny etc., et de presque toutes celles du

---

(1) Lelong, p. 514; — Devisme, *Man. hist.*, p. 231.

duché fondées autrefois par les sires de Guise et devenues inutiles par suite de la disparition de la lèpre. Les minimes de Guise étaient de la province de Paris. Des travaux exécutés en 1842 ont mis à découvert une partie des sépultures de ces religieux, dont les restes ont été transportés à Saint-Médard (1).

La fondation du couvent des minimes fut suivie de l'établissement d'une élection à Guise, en 1612. Quatre-vingt-sept paroisses furent distraites de celle de Laon pour former sa circonscription. Parmi ces quatre-vingt-sept paroisses, les vingt-trois plus proches de Guise suivaient la coutume de Ribemont. C'étaient Beaurain, Bernoville, Colonfay, Dorengt, Aisonville, Faty, Guise, chef-lieu de l'élection, Grougis, Hannape, La Neuville, Landifay, Lavacqueresse, Leschelle, Marly, Noyal, Neuville-lès-Dorengt, Neuvillette, Puisieux, Proix, Proisy, Tupigny et Vadencourt. Les autres suivaient ou la coutume particulière de Saint-Quentin, ou la coutume générale de Vermandois (2).

L'élection de Guise fut ajoutée, en 1614, aux six élections de Soissons, de Crépy, de Château-Thierry, de Clermont, de Laon et de Noyon, qui composaient déjà le bureau des finances de Soissons le 14 juin 1596, établi sous Henri IV, sur la demande du duc de Mayenne à qui ce prince avait donné Soissons comme place de sûreté. L'élection était un tribunal de privilége et d'attribution qui doit son origine à l'établissement des aides. Commis par les généraux des aides, dans chaque département que ceux-ci avaient établis dans le

---

(1) Lelong, p. 311 ; — *Descrip. MS. de Guise.*
(2) *Hist. de Laon*; — *Coutume de Ribemont, aux Coutumes de Vermandois.*

royaume pour la facilité du recouvrement de l'impôt ; les élus ne répondaient qu'à ces généraux qui décidaient souverainement dans tout ce qui concernait cette matière. De ces généraux on forma plus tard des cours supérieures appelées cours des aides, et des élus on forma, sous le nom d'élections, des siéges inférieurs, subordonnés aux premières. Ceux-ci devaient connaître en première instance de tout ce qui concernait les impôts, à l'exclusion des cours des aides.

Chaque siége d'élection était composé d'ordinaire d'un président, d'un lieutenant, de six élus, d'un procureur du roi, d'un greffier, d'un huissier audiencier. L'élection de Guise était de la généralité de Soissons et du gouvernement de Picardie. L'intendant de la généralité, magistrat chargé de veiller à l'administration de la justice, de la police et des finances, et à l'exécution des ordres du roi, était représenté sur divers points de son département par des subdélégués. Cette dernière charge fut créée en 1635. On appelait avant cette époque les subdélégués de l'intendance *commissaires du roi*. L'élection de Guise avait deux subdélégations, Guise et Hirson (1).

D'après la nouvelle division financière, l'établissement des tailles ne se fit plus par diocèse, mais par élections. On fixait d'abord le dénombrement des feux de tout le royaume, d'après la déclaration des commissaires enquêteurs de chaque paroisse, et c'était sur cette base que les conseillers généraux des finances faisaient la répartition. Le roi signait pour chaque élection l'ordonnance de taille qu'elle devait

---

(1) *Hist. de Laon et de Soissons ;* — Lelong ; — *Statist. de l'Aisne*, tom. 1ᵉʳ, p. 205 et 327.

payer. La taille ainsi départie à chaque élection était aussitôt répartie entre les paroisses par les élus; et dans les paroisses elle était répartie par les collecteurs, assesseurs, tailleurs, ou commissaires aux tailles, sur un papier d'assiette que signaient souvent deux notaires et qui était vérifié et arrêté par les élus. Ces formalités remplies, le rôle était exécutoire et la levée de l'impôt commençait.

L'élection de Guise dut sa formation à la trop grande étendue de celle de Laon, le ressort des élections ne devant être, à la rigueur, que de trois lieues de rayon, afin que le justiciable pût venir au chef-lieu et s'en retourner le même jour. L'élection de Guise était la moins étendue de celles qui composaient la généralité de Soissons. On voit que ses officiers remplissaient le plus souvent diverses charges dans les différentes administrations de la ville, la multiplicité des affaires n'étant pas alors aussi grande qu'aujourd'hui. Ainsi, un procureur général au bailliage du duché-pairie était en même temps subdélégué de l'intendance, un conseiller en l'élection était aussi receveur général du duché. Mais si ces offices pouvaient être cumulés, il était interdit de les donner à ferme, comme cela se pratiquait ailleurs. Un édit de 1615, cité par l'avocat général Talon, portait défense à tous officiers-juges, procureurs-fiscaux ou greffiers du duché de Guise, d'être fermiers de ces charges. On sait qu'il y avait des fermiers et même des sous-fermiers des greffes. Il n'y avait guère que ceux des cours souveraines qui fussent soustraits à cet abus. Les propriétaires de ces charges qui étaient du parlement devaient donc les exercer par eux-mêmes (1).

(1) *Dict. des arrêts*, tom. 5, p. 507, nombre 10; — Tardet, tom. 1ᵉʳ, liv. 5, chap. 84; — Lelong. p. 511; — *Descript. MS. de Guise.*

La multitude des juridictions qui exerçaient la justice sur le même territoire continuait à engendrer encore des conflits par les empiétements réciproques de leurs officiers. C'est ainsi que le lieutenant de robe-courte de Ribemont, officier de la justice royale, entreprit sur la justice du duc de Guise en différentes circonstances, et fit même sa résidence en divers lieux sur les terres du duché. Le duc, soutenant ses officiers contre ces usurpations, en appela au parlement pour faire rentrer le lieutenant dans les limites de sa juridiction. En conséquence, le parlement rendit un arrêt, du 11 décembre 1606, par lequel il était enjoint au lieutenant de faire sa résidence à Ribemont, lieu de son institution, et défense à lui de rien entreprendre sur la justice du duc de Guise, si ce n'est en ce qui lui est permis par les ordonnances (1).

Henri IV étant mort assassiné, la couronne était tombée sur la tête de Louis XIII, enfant de neuf ans. Les factions mal assoupies profitèrent de la minorité du jeune roi, pour relever la tête. Le prince de Condé se déclara le chef du nouveau mouvement dont la faveur de Concini, marquis d'Ancre, avait été la cause. On composa avec les révoltés, et on stipula, dans un traité conclu à Sainte-Ménehould, la convocation des états-généraux, qui se réunirent, en effet, en 1614. La noblesse du bailliage de Ribemont y envoya, comme son député, Claude de Flavigny, de cette ancienne famille connue à Guise dès le xi° siècle. Il était fils de Jean de Flavigny, issu lui-même de Noël de Flavigny et de Jeanne de Monceaux. Jean de Flavigny ne peut être que ce seigneur de Flavigny, bailli de Guise, qui, lors de la rédac-

---

(1) Plaidoyers de Corbin, chap. 75 ; — *Dict. des arrêts*, tom. 5, p. 924.

tion des *Coutumes de Ribemont*, défendit les droits de François de Lorraine, duc de Guise. Les états de 1614 ne produisirent qu'un accroissement d'impôts et de nouvelles révoltes des princes et des grands. Le prince de Condé fut arrêté au Louvre le 30 août 1616, et il fut décidé, dans le conseil du roi, qu'on lèverait trois armées. Le duc de Guise, qui avait fait de vains efforts pour négocier un nouvel arrangement, eut le commandement de l'une d'elles, et entrant en campagne avec 12,000 hommes d'infanterie et 2,000 chevaux, il débuta par la prise du château de Richebourg, en Champagne, qu'il fit raser. Après avoir emporté également Douzy et Clamecy, le prince se dirigea vers la Thiérache et vint assiéger Rozoy, qui tenait pour les confédérés (1616).

Le capitaine Camart, qui commandait à Rozoy, n'ayant que 70 hommes de garnison, abandonna la ville pour se retirer dans le château. Le duc de Guise faisait dresser des batteries pour l'y assiéger, lorsqu'il reçut l'avis que les ducs de Vendôme et de Mayenne et le marquis de Cœuvres rassemblaient des troupes à Soissons pour secourir la place. Aussitôt il ordonna au lieutenant général Thémines et aux maréchaux de camp Praslin et la Vieuville, d'aller à la rencontre de l'ennemi avec son avant-garde, tandis que lui-même se mettrait en état de les suivre avec tout le reste de l'armée. Mais les ducs de Mayenne et de Vendôme, après avoir paru disposés à accepter la bataille, se retirèrent à Sissonne, d'où ils se replièrent sur Laon. Camart ayant perdu tout espoir de secours, capitula et sortit avec la dure condition de n'emporter « que la valeur d'un équipage de soldat. » Le duc de Guise alla se présenter ensuite devant Château-Porcien, qui se rendit le 30 mars 1617.

Après cette expédition rapide, Charles de Guise ayant appris qu'un corps de troupes à la solde des princes était logé à Laon, dans le faubourg de Vaux, partit le 1er avril, suivi de Thémines et de Bassompierre, avec un détachement de 400 chevaux et de 100 carabiniers de la compagnie de ses gardes, afin de les surprendre. Arrivé près de Laon, à deux heures du matin, il força les retranchements et poursuivit vivement l'ennemi, qui remonta en désordre dans la ville. Le marquis de Cœuvres, gouverneur de Laon et l'un des chefs de la Ligue, fit tirer quelques volées de coups de canon sur la troupe du duc, qui se retira sans perte, après avoir fait des prisonniers et mis le feu au faubourg. Charles regagna le gros de son armée et alla, le 8 avril 1617, mettre le siége devant Rethel, qui se rendit au premier feu. Il se disposait à aller de là assiéger Mézières, lorsqu'il reçut ordre de la cour de venir s'opposer à l'entrée, dans le royaume, d'un corps de troupes allemandes que le duc de Bouillon envoyait aux princes. Il fut assez heureux pour leur couper le passage, lorsque la mort du maréchal d'Ancre, assassiné le 24 avril 1617, en ôtant tout prétexte à la guerre civile, vint mettre fin à ses succès (1).

Après quelques années de paix intérieure, la France fut de nouveau troublée par les huguenots, qui s'insurgèrent à plusieurs reprises pour obtenir de nouveaux avantages. On répondit à leurs prétentions en revenant sur ce qu'on leur avait déjà accordé. On fut même obligé, après avoir tenté plusieurs voies d'accommodement, de les désarmer pour les réduire. Cette opération difficile ne put s'opérer sans troubles. Ils

---

(1) Lelong, p. 478 et suiv.; — *Hist. de Laon*; — *Dict. de la noblesse.*

étaient nombreux et puissants dans la Thiérache, où le ministre Dumoulin, qui avait élevé Frédérick Maurice de la Tour d'Auvergne, frère de Turenne, et Blondel, son fils, avaient surtout contribué à la propagation de la réforme. A Guise et à Lesquielles, comme à Laon, La Fère et Saint-Quentin, la résistance fut vive et alla jusqu'à l'effusion du sang (1621). Mansfeld, appelé à leur secours par le duc de Bouillon, poussa un parti à travers la Thiérache et le Laonnais, où furent commis de grands ravages. Les maux causés par la guerre n'étaient pas réparés que cette malheureuse contrée eut à souffrir des ravages de la peste, qui la parcourut en tous sens et lui enleva une partie de ses habitants. Enfin, la main puissante de Richelieu mit pour longtemps les réformés à la raison. Le protestantisme a conservé des racines dans la Thiérache, les villages de Lemé et d'Esquehéries en contiennent les principaux débris. Il disparut entièrement de Guise et de Lesquielles où il avait été d'abord fort puissant. Charles de Guise rendit un nouveau service à Louis XIII en gagnant, le 18 octobre 1622, une grande bataille sur l'armée navale des Rochelais protestants (1).

Sur ces entrefaites, la maison de Guise perdit un de ses principaux membres dans la personne de Louis de Lorraine, archevêque de Reims; mais cette perte d'un personnage auquel Guise ne donnait que son nom fut compensée par la naissance du jurisconsulte Jean-Baptiste Buridan, qui reçut le jour dans ses murs. Après avoir quitté sa ville natale pour aller étudier le droit en Allemagne, Buridan vint s'éta-

(1) *Hist. de France*; — Lelong, p 484 et 445 ;— *Manuel historiq.*, 116.

blir à Reims, où il enseigna le droit dans l'université de cette ville, fondée par les soins du cardinal de Lorraine et de Charles, cardinal de Guise. Il fut un des premiers avocats au siége royal et présidial. Professeur de la nation de Picardie, il travailla beaucoup dans une grande affaire qui s'était élevée entre cette nation et celle des Anglais, en 1647. Il fit des commentaires sur les coutumes générales de Vermandois, et sur les coutumes particulières de Ribemont, de Saint-Quentin, de Noyon et de Coucy, qui furent imprimés à Reims en 1630; il en fit d'autres qui furent imprimés en 1665 par les soins de son fils (1).

L'avertissement que Buridan mit en tête de son commentaire sur la coutume de la prévôté de Ribemont, montre qu'il n'avait pas perdu le souvenir de sa patrie. « Le désir que j'ai, dit-il, de donner quelque témoignage de l'affection que je porte à mon pays natal, me convioit de m'arrêter davantage sur l'explication de ces coutumes particulières de cette prévôté de Ribemont, suivant lesquelles le duché de Guise, où j'ai pris ma naissance, se gouverne : mais considérant que les articles desdites coutumes sont pour la plupart conformes à la générale coutume du Vermandois, de laquelle ils ont été extraits (et pour le reste de la prévôtée suivant icelle), j'ai estimé être plus à propos et plus expédient de m'arrêter sur ladite générale, ... te priant (lecteur) d'avoir pour agréable cet échantillon de ma bonne volonté que je t'offre, en attendant l'occasion que je puisse donner davantage au public si je reconnois quelque

---

(1) MSS. de dom Grenier ; — *Coutumes de Vermandois*, édition de 1728 ; — Lelong, *Manuel hist.* ; — *Biograph.* de Feller ; — *Biographie universelle, ancienne et moderne*, — *Hist. de la ville et cité de Reims*, par Marlot, tom. 4, p.514.

bon accueil de ce premier essai et offre. » Cet amour de Buridan pour sa patrie se manifeste encore d'une manière non moins naïve dans sa seconde dédicace adressée aux magistrats de Laon, où il dit : « qu'il se croit obligé par devoir de rendre quelque témoignage de l'affection particulière qu'il a de servir, en sa profession, le lieu de sa naissance, lequel en partie se règle selon les coutumes particulières de la prévôtée de Ribemont (1). »

Buridan dédia son ouvrage au président de Mesmes. Parmi les jurisconsultes, les uns en ont parlé avec dédain, les autres lui ont rendu plus de justice. Prévoyant peut-être les amères critiques que les premiers lui ont adressées, il y répond d'avance par ces paroles : « Quant aux Zoïles et médisans, je les invite à mieux faire, afin de me condamner par leurs propres écrits (2). » Les commentaires de Buridan étaient appréciés de son temps, car plusieurs pièces de vers latins furent adressées à leur occasion aux Laonnais, à ceux de Noyon, de Ribemont, de Saint-Quentin, de Coucy. Nous citerons celle qu'un Guisard nommé Hourlier fit en l'honneur de son compatriote, qu'il avait eu pour professeur.

Guysia, quis primos tibi concedet honores?
Guysius en primus patria jura docet.
Involuta priùs Viromandua jura tenebris
Luce tibi scriptis lucidiora facit.
Si neglecta diù est res tanti plena laboris,

---

(1) *Coutumes du Vermandois*, édit. de 1728, qui renferme aussi les commentaires de Lafons, avocat de Saint-Quentin, les observations de d'Héricourt, et celles de Fourcroy, avocat à Noyon.

(2) Préface datée de Reims, le 15 octobre 1650.

Hæc illi quoniam debita cura fuit
Ergò plus illi, quàm priscis patria debet,
Cum det, quæ ætas prisca negavit, opes
Utile, quod docet, est romani juris alumnis;
At multò liber hic utiliora docet.
Sic professori suo canebat
Ægidius Hourlier, Guysius.

Buridan mourut à Reims en 1633.

Cependant le cardinal de Richelieu commençait à faire peser sur les grands du royaume et sur la reine elle-même le poids de sa puissance. Gaston d'Orléans s'était retiré en Lorraine et conspirait contre la France; Marie de Médicis avait quitté la cour et s'était exilée à Compiègne, où le cardinal la retenait presque prisonnière. Cette princesse cherchait tous les moyens d'échapper à son ennemi et était parvenue à gagner le fils du marquis de Vardes, qui promit de la recevoir à La Capelle. Elle partit donc avec confiance de Compiègne pour se jeter dans cette place, mais le père du marquis ayant eu avis de ce qui se tramait, partit de Paris en poste pour prévenir l'exécution du complot et chassa son fils, qui s'en fut trouver la reine à une lieue de là pour lui conter son malheur (19 juillet 1631). Marie résolut néanmoins de passer outre, étant aussi engagée qu'elle l'était. Elle gagna Avesnes, première ville des Pays-Bas, d'où elle fit savoir son arrivée à l'infante, qui lui envoya des carrosses et vint elle-même la recevoir à Mons (1).

(1) *Mém. de Monglas*, tom. 1er, p. 29; — *Nouvelle collection de Mémoires pour servir à l'hist. de France*, par MM. Michaud et Poujoulat; — Lelong, p. 489; — *Hist. de Vervins*, p. 93.

Le duc de Guise fut enveloppé dans la disgrâce de la reine-mère. L'attachement qu'il avait témoigné pour ses intérêts, joint à l'ombrage que faisait au cardinal la puissance de la maison de Guise, et aux différends qu'il avait eus avec lui touchant l'amirauté du Levant, c'était plus qu'il n'en fallait pour s'attirer l'animadversion du despotique ministre. Le duc fut contraint de se retirer dans son gouvernement de Provence, et de là en Italie où il habita Florence (1).

Après avoir ranimé nos discordes civiles, l'administration impérieuse de Richelieu ouvrit de nouveau nos frontières aux armées étrangères. Justement irrité de la conduite des Espagnols à notre égard, le cardinal résolut de leur déclarer la guerre. A cet effet, il envoya, le 16 mai 1635, à Bruxelles, un héraut d'armes, nommé Jean Gratiolet, de Neufchâtel-sur-Aisne. Gratiolet, après s'être acquitté de sa commission, près du cardinal-infant, gouverneur des Pays-Bas, attacha le 21 la déclaration de guerre à un poteau, à la Rouillie, près d'Etrœungt, et alla à Château-Thierry faire son rapport au roi. La guerre ne fut pas plutôt déclarée que le duché de Guise vit l'ennemi paraître et recommencer ses courses dévastatrices. Le baron du Bec, gouverneur de La Capelle, parvint néanmoins à lui faire repasser la frontière. Il avait déjà pillé Foigny et s'était répandu aux environs de Vervins. Là se bornèrent pour le moment les hostilités de ce côté. Ce fut un bonheur pour le pays, car la peste qui l'avait ravagé dix ans auparavant y avait reparu sur la fin de l'année 1635. Elle parcourut une deuxième fois la Thiérache, qu'elle désola pendant plusieurs mois. Guise, Vervins, Hir-

---

(1) *Hist. de France*; — *Dict. de la noblesse.*

son, La Capelle, en ressentirent les terribles atteintes. Les habitants effrayés se retiraient dans les bois, dans l'espérance de s'y soustraire, mais emportant avec eux les germes de la contagion, beaucoup y trouvèrent une mort qu'ils cherchaient à éviter (1).

Toujours en mouvement, les Espagnols voyant les Français occupés au siége de Dôle, résolurent de faire une diversion puissante du côté de la Picardie, pour les obliger à lever le siége ou à leur abandonner le royaume jusqu'à Paris. Afin d'exécuter ce projet qui ne manquait pas de grandeur, le cardinal-infant mit sur pied une armée de plus de 30,000 hommes dont il donna le commandement au prince Thomas de Savoie, à Jean Werth et Piccolomini. La frontière étant dégarnie de troupes et ravagée par la peste, l'ennemi entra en France où la consternation l'avait précédé; mais, selon la coutume alors dominante dans la stratégie, au lieu de fondre par grandes masses sur les points importants et de frapper des coups décisifs, il s'occupa du siége des places fortes, divisa ses forces et ses munitions, livra des combats partiels et nous donna le temps de respirer. Le 21 juin, un engagement eut lieu près du Câtelet entre les Espagnols et les compagnies de chevau-légers de Guise, soutenus par les garnisons de Péronne et de Bohain. Ceux-ci chargèrent l'ennemi avec vigueur, lui tuèrent 200 hommes, et firent 70 prisonniers, sans perdre un seul homme. Cependant l'armée espagnole parut devant La Capelle. La place était mauvaise et avait pour toute artillerie six canons dont la moitié était démontée. Elle fut battue si rudement que la garnison força le gouver-

(1) Lelong, p. 490 et 401; — Manuel hist.;—Hist. de Vervins, p. 95,

neur du Bec à se rendre par composition le 19 juillet, après sept jours de siége. Il sortit avec deux pièces de canon et tout le bagage. On n'en fit pas moins retomber sur lui la perte de la place et l'invasion de la Picardie (1).

La prise de la Capelle étonna Richelieu sans le déconcerter. Il envoya dans toutes les places des hommes, des poudres et des vivres avec des gouverneurs, la plupart de ceux qui commandaient étant sans expérience et n'ayant jamais vu la guerre; tandis que le comte de Soissons recevait l'ordre d'assembler une armée, et le prince de Condé, celui de lever le siége de Dôle pour venir au secours de la frontière envahie. Après la prise de La Capelle, l'ennemi n'aspirait plus qu'à celle de Guise, « dernière clef de la province de la frontière de Picardie, dont ils avoient besoin soit pour marcher plus avant dans la province, soit pour favoriser leur retraite. » On comprit alors l'importance d'une place qu'on avait depuis longtemps assez négligée. Le roi chercha pour la défendre un homme sur la bravoure duquel il pût compter et son choix tomba sur le comte de Guébriant, à qui il fit donner ordre, le 6 juillet, de s'y jeter avec 6,000 hommes. Quoique cette garnison dût être composée surtout de seize compagnies des gardes dont plusieurs capitaines étaient plus âgés que lui, ceux-ci se mirent volontiers sous ses ordres, à cause de la réputation militaire que le comte s'était faite dans leur corps (2).

Il fallait tout le courage de Guébriant pour ne pas déses-

---

(1) *Hist. de France*; — Lelong, p..; — *Ann. historiq.* par Mauon, p. 49.

(2) *Vie du maréchal de Guébriant*, chap. XII. p. 47 et suiv.; — Bayle, *Dict.*, tom. 2, p. 1549.

pérer de la situation que lui faisaient les ordres du roi. Guise était, comme place de guerre, dans un état déplorable; ses défenses étaient ruinées, les murailles ouvertes en plusieurs endroits, *les citernes rompues*, et presque tout le canon démonté. Le gouverneur, le sieur de Leschelles, était malade et n'avait qu'une poignée de monde. Les bourgeois justement effrayés à l'approche d'une armée si nombreuse et qui n'avait rencontré aucun obstacle sérieux, se disposaient déjà à prendre la fuite avec ce qu'ils avaient de plus précieux. Dans cette extrémité, Guébriant fit bonne contenance. Il commença par raffermir le moral des bourgeois. Les ayant rassemblés, il leur fit « une remontrance pleine de passions et l'accompagna de tant de protestations de mourir pour leur défense, qu'il leur inspira une résolution toute lacédémonienne, de faire chacun de sa poitrine une muraille. » Après avoir ainsi relevé leurs espérances, il leur montra comment il prétendait les réaliser. Aussitôt, il ordonne de réparer les murailles, fait faire de grands retranchements et de nouveaux travaux de défense, et sur son seul crédit, sans qu'il en coûtât rien au roi, il trouva de quoi mettre Guise en état de bien recevoir l'ennemi. Les bourgeois le voyant travailler lui-même aux fortifications avec ses soldats, mirent tous la main à l'œuvre comme à l'envi, et voulurent concourir aux dépenses nécessaires. Ce patriotisme confirma Guébriant dans la confiance qu'il avait conçue de conserver la place.

En envoyant Guébriant à Guise, le roi ne croyait pas la ville en si mauvais état; néanmoins, craignant de compromettre le salut du comte et de ses troupes s'il s'opiniâtrait à la défendre contre des forces si supérieures, il lui avait fait tenir une lettre de cachet par laquelle il lui donnait pouvoir de brûler la ville, s'il se trouvait dans l'impuissance de la conserver. Cet ordre ne servit qu'à échauffer son courage et qu'à lui faire prendre la résolution généreuse de faire pour le service de son pays plus qu'on ne devait attendre de lui dans de si fâcheuses conjonctures. Aussi, comptant sur la résolution de ses troupes et sur *le bon vouloir des Guysiens*, il ne souhaitait rien tant que d'être assiégé pour pouvoir arrêter les progrès de l'ennemi en attendant que le roi fût en état de lui opposer toutes ses forces. Cette gloire lui fut refusée.

Les Espagnols après avoir occupé Etreux, parurent aux environs de Guise le 13 juillet. Comme ils ne voulaient point l'attaquer sans être assurés du succès, de crainte de compromettre la réputation qu'ils avaient acquise par la prise de La Capelle et du Câtelet, dont ils s'exagéraient l'importance, ils mirent deux jours à reconnaître l'état de la place et à examiner la contenance du gouverneur. Mais leurs corps avancés, quoique n'ayant approché qu'à une distance respectueuse de la ville, furent battus dans toutes les escarmouches et ne purent faire qu'un rapport avantageux de la généreuse résolution de Guébriant. Néanmoins, le 16, l'armée descendit en bataille dans la plaine du Rucoy avec vingt-cinq pièces d'artillerie, et le prince Thomas de Savoie poussa sa pointe jusqu'au château de l'Etang. Ces dispositions ne causèrent pas autant d'étonnement au gouverneur que la sommation du prince, qui lui envoya offrir composition par un trompette. Sa réponse fut : « qu'il lui feroit abattre trente brasses de murailles, s'il croyoit abréger le dessein de son siége par un assaut. » Cette bravade ne fut point du goût des Espagnols, qui avaient dessein d'attaquer d'autres places plus fortes et plus voisines de Paris, où ils se vantaient « de vouloir hyverner, sur le fondement de leur premier exploit en Picardie, » et qui ne pouvaient s'arrêter longtemps sous peine de manquer cette belle entreprise.

Ils délogèrent donc le jour même de la réponse de Guébriant à la sommation du prince Thomas et allèrent camper à l'abbaye d'Origny, ayant laissé devant Guise 200 morts et bon nombre de prisonniers. Après cet acte de brave capitaine, Guébriant en fit un autre de bon cavalier, que le roi prisa beaucoup. Le monarque avait promis 2,000 pistoles à celui qui prendrait mort ou vif le capitaine Lorme, gouverneur Espagnol de La Capelle, qui causait des maux infinis sur toute la frontière. Il ne se passait pas de jour qu'il ne fît des prisonniers et du butin, et il venait de défaire 300 chevaux du maréchal de Chaulnes et du sieur de Rambures, lorsque le roi mit sa tête à prix.

Délivré de la crainte d'un siége, le gouverneur de Guise se résolut *d'emporter par galanterie* le prix que le monarque avait promis. Il dressa donc trois embuscades au capitaine Delorme. Les deux premières furent sans succès, mais la troisième lui réussit. Ayant reçu avis par ses coureurs, le 3 septembre, que le capitaine avait mis paître dans les prairies de La Capelle, un grand nombre de vaches qu'il avait enlevées à nos paysans, dans ses incursions, il plaça 150 chevaux dans le bois de Lerzy, et en commanda 15 pour aller enlever les vaches. Lorme ayant vu venir ces derniers, monte à cheval sur-le-champ avec sa compagnie, pousse vers eux et les poursuit, mais ils l'attirent dans le piége où Guébriant l'attendait. Aussitôt celui-ci ordonne le feu et

20 Espagnols sont couchés par terre à la première décharge. Lorme, néanmoins, *rend encore combat*, mais à la fin il fut pris et mené au comte avec 30 prisonniers et son cornette. A la nouvelle de l'engagement, il sortit de l'infanterie de La Capelle pour le soutenir, mais Guébriant qui était sur ses gardes ordonna 20 cavaliers d'élite pour la recevoir. Ceux-ci repoussèrent vigoureusement les fantassins, en tuèrent plusieurs, et firent prisonniers huit Wallons et cinq Espagnols naturels, parmi lesquels se trouvaient un ingénieur et un canonnier. Guébriant revint à Guise avec la bonne prise qu'il avait faite.

Les *Guisiens*, qui lui devaient la conservation de la ville, ne savaient comment lui témoigner leur reconnaissance. « Chacun, au rapport de l'historien de sa vie, l'y regardoit comme le protecteur de sa fortune et rendait grâce à Dieu d'avoir trouvé en lui, avec toutes les qualités d'un excellent gouverneur, celles d'un vrai père de la patrie. » Les bourgeois eussent bien voulu le conserver au milieu d'eux, mais le roi le rappela de Guise, où il paraît avoir été remplacé par le comte de Quincé, qui se distingua dans toutes les guerres de Louis XIII, et le créa en récompense de ses services maréchal de camp en 1637. « Ces bonnes gens, ajoute le même historien, eurent une affliction inconsolable de l'avoir perdu. Ils lui témoignèrent leurs ressentiments par députés et le supplièrent de se souvenir de l'affection qu'il leur avoit portée, cependant que par leurs prières ils tâcheroient d'attirer du Ciel sur lui les bénédictions et les récompenses des bienfaits qu'ils en avoient receus. En effet, ils ont fait des vœux publics pour sa prospérité quand il a vécu, et à présent encore, ils ont tant de zèle pour sa mémoire qu'ils ne cessent de prier pour le repos de son âme, ni de publier ses grandes actions et ses vertus (1). »

Cette reconnaissance de Guise pour l'éminent service que lui avait rendu Guébriant, dut être d'autant plus vive qu'il avait échappé à un plus grand danger, à la ruine qui s'étendit sur presque toute la Picardie. D'Origny, les Espagnols après avoir forcé Bohain, s'étaient mis en marche sur Pontoise, d'où la terreur se répandit à Paris, au grand étonnement du cardinal. Tout fut au pillage jusqu'à sept lieues de la capitale. Ribemont, la Ferté-sur-Perron, Villers-le-Sec sont désolés, ainsi que Clairfontaine et Saint-Michel sur la fin de juillet. Le 25 de ce mois, Hirson attaqué par un détachement de 300 fantassins et 400 chevaux se défendit. Ses habitants frappés de la peste, s'étaient enfuis dans les bois ; il n'y avait dans le château que 300 hommes de garnison aux ordres de Christophe Carruel, capitaine au régiment de Guise. Carruel se défendit en homme de cœur et ne sortit de la place que par une capitulation honorable et après avoir résisté jusqu'au 15 août, c'est-à-dire pendant vingt jours à des forces supérieures. Les Espagnols ayant pris Roye et Corbie, le roi et le cardinal exaspérés de ce nouvel échec firent faire le procès au baron du Bec, gouverneur de La Capelle, à Saint-Léger, gouverneur du Câtelet, et à Soyaucourt, gouverneur de Corbie, qui furent condamnés à la peine capitale et à la confiscation de leurs biens : mais ceux-ci redoutant la colère du cardinal s'étaient déjà retirés en lieu de sûreté.) Enfin, une armée rassemblée à la hâte à

---

(1) *Vie du maréchal de Guébriant*, chap. XIII, p. 20 et suiv.; — Lelong ; — Serres, tom. 9.

Compiègne, passa l'Oise, reprit Roye et Corbie et refoula l'ennemi en Flandre (1).

La guerre qui se fit l'année suivante commença dès le mois de janvier (1637) par des courses sur la frontière et ne donna lieu à aucun engagement important. La Borde-Boichard, lieutenant-colonel des milices de Thiérache, fit le dégât jusqu'aux faubourgs du Câteau. La Rente, capitaine des chevau-légers de la garnison de Guise, voulut se signaler aussi par quelques exploits. Etant sorti de la ville le 22 janvier avec 90 hommes seulement, il rencontra 40 cavaliers qui escortaient un convoi destiné à Landrecies ; les attaqua, en tua sept et poursuivit le reste jusqu'aux portes du Câteau : 60 cavaliers sortis de cette ville pour charger les nôtres à leur tour, vinrent tomber dans une embuscade dressée par la Rente, qui en tua plusieurs, fit des prisonniers et dissipa le reste de la troupe (2).

Enfin, l'armée française étant rentrée en campagne, poursuivit le cours de ses premiers succès en reprenant la plupart des places conquises par les Espagnols les années précédentes. Les châteaux de Bohain, d'Etreux, de la Lobiette, le Câteau et Landrecies sont rendus. Turenne prélude à de plus brillants exploits en enlevant de son côté plusieurs forts de la Thiérache et du duché de Guise. Le 1er juin, il attaque celui d'Hirson avec 1,200 hommes d'infanterie et six canons et le force de capituler le 12. La garnison espagnole se retire à La Capelle qui fut assiégée par

---

(1) *Mém. de Montglas*, p. 45 et suiv.; — Lelong, p. 490; — *Hist. de Guébriant*, chap. XIII, p. 20 et 24 ; — *Man. historiq.*, p. 113; — *Hist. de Vervins*, p. 97.

(2) Lelong, p. 492; — Gassion, tom. 1er ; — *Hist. de Vervins*, p. 97.

le cardinal de la Valette et dont la reddition fit lever le siége de Maubeuge, que Turenne défendit avec cette habileté et ce courage qu'il devait déployer dans la suite avec tant d'éclat (1).

A ces divers succès ne se mêla qu'un seul revers qu'on peut attribuer autant à la valeur qu'à l'imprudence. Le nouveau gouverneur de Landrecies ayant chargé un capitaine nommé Duhamel de conduire d'Estrades à Guise avec un escadron de 100 chevaux de la garnison, celui-ci aperçut une quarantaine de cavaliers ennemis en deçà des bois à peu de distance de la ville. Ne suivant que l'impulsion de son ardeur; Duhamel s'élance à leur poursuite, s'engage imprudemment dans les bois, et tombe dans une embuscade de 600 chevaux et de 1,200 mousquetaires. En présence d'un pareil danger, il n'y avait qu'un parti à prendre, celui de la fuite, Duhamel le prit en effet, mais il fut suivi l'épée dans les reins et eut grand'peine à regagner Landrecies avec d'Estrades et dix de ses gens seulement, le reste étant tombé au pouvoir de l'ennemi (2).

La déroute de Duhamel fut le prélude des nouvelles incursions qui eurent lieu en Thiérache en 1638, où une partie du pays fut désolée par le fer et par le feu. La reprise du Câtelet et des représailles en Hainault furent nos seules compensations de ce côté, en cette année qui naître Louis XIV. La suivante ne fut guère ni plus décisive, ni plus heureuse; elle fut de plus marquée dans les annales de Guise par un acci-

---

(1) *Mémoires de Montglas*, tom. 1er p. 55; — Lelong, p. 492; — *Hist. de Vervins*, p. 97; — *Hist. de Turenne*.

(2) Lelong, p. 493 et 494.

dent déplorable : le 6 juin, un effroyable incendie y consuma 200 maisons. Ce désastre dont la cause est restée inconnue doit être attribué sans doute à la construction des habitations, bâties presque toutes en bois à cette époque. L'année 1640, les avantages furent du côté de la France. Après la prise de Chimay, les Français ayant parcouru le Hainaut, un de leurs corps de 800 hommes fut écrasé dans la Faigne, le 28 novembre ; mais en revanche, la garnison de Guise battit le 3 décembre, près des villages d'Iron et d'Esquehéries, la garnison espagnole d'Avesnes, qui s'était avancée trop avant dans ces quartiers couverts de bois (1).

Tandis que le duché de Guise était ainsi travaillé sans relâche par la guerre, Charles de Guise était toujours retenu en exil par la politique de Richelieu ; il mourut à Cuna, dans le Siennois, le 30 septembre 1640, avec la réputation d'un prince aussi vertueux que brave. Il avait eu entre autres enfants, de Henriette de Joyeuse, Henri de Lorraine, Louis de Lorraine, et Marie, dite mademoiselle de Guise (2).

Henri, deuxième du nom, duc de Guise, comte d'Eu et prince de Joinville, pair de France, était né à Blois le 4 avril 1614. Destiné à l'église dès sa naissance, pourvu de quatre abbayes étant encore au berceau, il fut à quinze ans archevêque de Reims. Il eût heureusement une invincible répugnance pour la vocation qu'on lui avait faite, refusa d'apprendre la théologie, afficha partout le costume et les manières de la cour et mena une vie toute séculière. Si l'on en croit Tallemand des Réaux, il porta l'immoralité jusqu'à

---

(1) Lelong, ibid.; — Matton, *Annuaire historiq.*, p. 40, *ex Gazette de France*, 1639; — *Ibid.*, p. 60.

(2) *Diction. de la noblesse*; — *Hist. Généalog.* du P. Anselme.

introduire la débauche dans le couvent de Saint-Pierre de Reims, dont sa sœur était abbesse, entretint des liaisons scandaleuses avec la femme de son intendant, et donna au frère de la suivante une prébende de Reims. Mais je veux, dit-il à ce dernier, que tu prennes l'habit de chanoine, car c'est à toi que je donne *la chanoinie*. Le reste de l'anecdote, dit le biographe, soulève le dégoût. Tel était celui qui portait le titre d'archevêque de Reims, le rejeton de cette forte et noble race, qui, protégeant le catholicisme contre la réforme, faisait trembler le roi de France sur son trône et semblait tenir entre ses mains les destinées du pays. « On eut dit que les poignards des Quarante de Henri III avoient épuisé, avec le sang du Balafré, tout ce qu'il y avoit d'énergie dans cette noble famille (1). »

Du reste, avec une âme aussi vile, Henri n'etait point tout à fait dégénéré de ses ancêtres. Il était grand, bien fait, avait la figure belle, l'air martial et était aventureux jusqu'à la folie. Il avait suivi son père en Toscane, où il s'était distingué dans les troupes de l'empereur. S'ennuyant de l'exil et le dernier de ses frères aînés étant mort, il revint à la cour où il remarqua Anne de Gonzague, fille cadette du duc de Nevers, avec laquelle il afficha une liaison publique. Le bruit courut qu'ils étaient mariés, mais ce bruit n'avait rien de sérieux. La disgrâce de son père ne l'empêcha pas de se jeter étourdiment dans la révolte. Après avoir abdiqué son archevêché pour succéder aux grands biens de son père, il se rendit à Sedan pour s'unir au duc de Bouillon et au comte de Soissons contre Richelieu. Ces princes, pour se mettre en état

---

(1) *Gall. Christ. Eccles. Remens*; — *Histoire de Reims*; — *Mémoires du duc de Guise*, préface; — *Collect.* Michaud et Poujoulat.

de se faire craindre, traitèrent avec l'empereur et le roi d'Espagne. Ils coloraient, comme de juste, leur rébellion du prétexte ordinaire du bien public et du rétablissement de la reine-mère, que l'impitoyable ministre tenait toujours exilée. Tandis que le duc de Guise était occupé à lever des troupes à Liége, les rebelles succombèrent au milieu même de leur triomphe par la mort du comte de Soissons. Henri avait mis dans son enseigne une chaise renversée et un chapeau rouge avec ces mots : « *Deposuit potestatem de sede ;* il a renversé les puissants de leur trône. » Le duc de Bouillon forcé dans Sedan ayant été obligé de se soumettre, le duc de Guise, qui s'était retiré à Bruxelles, ne fut point compris dans le traité de capitulation.

Anne de Gonzague n'eut pas plutôt appris la nouvelle échauffourée du duc, qu'elle partit de Nevers en costume d'homme, pour l'aller rejoindre. Elle fut arrêtée, puis relâchée par les ordres du cardinal, qui espérait que toutes ces folies aboutiraient enfin à un mariage dans les formes. En effet, Anne se faisait appeler madame de Guise, tant ses espérances étaient d'accord avec celles du ministre. Mais toujours léger, inconstant et volage, Henri épousa à Bruxelles, le 11 novembre 1641, la comtesse de Bossu, tandis que Anne revenue à la cour épousait de son côté Edouard de Bavière, palatin du Rhin. C'est cette princesse palatine qui joua un rôle si actif dans les intrigues de la fronde. La comtesse de Bossu ne fut pas moins abandonnée à son tour par le duc, pour défaut de formalités dans son mariage (1).

Toutefois, Richelieu ne pouvait laisser impunie la félonie

---

(1) Mém. du duc de Guise, préface; — Tallemand des Réaux; — *Dictionn. de la noblesse;* — Lelong, p. 495 et suiv.; — *Histoire de France.*

du duc de Guise. Il lui fit faire son procès, ses biens furent confisqués, et lui, condamné à avoir la tête tranchée, par arrêt du parlement rendu le 6 septembre 1641; il fut exécuté en effigie le 11 du même mois. En conséquence de cet arrêt, Philippe de la Fons, lieutenant du bailliage de Vermandois, prit au nom du roi possession du duché de Guise réuni au domaine de la couronne. L'année suivante, Louis XIII fit don à Henriette de Joyeuse, duchesse douairière de Guise et mère de Henri, des biens confisqués à son fils, par lettres données à Fontainebleau au mois de février et enregistrées le 2 mars, à condition que les pairies de Guise, de Joinville et d'Eu, et les titres de duché demeureraient éteints, sauf à obtenir de nouvelles lettres d'érection. Quatre ans après, la duchesse douairière réunit au duché de Guise le comté de Ribemont et quelques autres terres que Louis XIII lui avait cédées, en vertu d'un échange par lequel il avait acquis en 1629, de Louise-Marguerite de Lorraine, fille du Balafré et femme de François de Bourbon, prince de Conty, les terres souveraines de Château-Renaud, de Linchamp, etc. Cet échange reçut son exécution par contrat du 2 mai 1646 (1).

Cependant les affaires du roi changèrent de face en 1642, et la Thiérache toujours exposée aux premiers coups de l'ennemi eut à déplorer de nouveaux malheurs. Dom Francisco de Mellos, gouverneur des Pays-Bas, avait repris l'offensive, malgré les deux armées que nous avions en campagne sous le commandement du maréchal de la Guiche et du comte d'Harcourt, qui devaient défendre, le premier le

(1) *Hist. Généalogiq.* du P. Anselme; — *Ordonnances de Louis XIII*, 8e v., coté 5; S. F. 340; — *Diction. de la noblesse*; — *Annuaire historiq.* p. 84.

Vermandois et la Thiérache, l'autre, la Champagne, et s'était rendu maître en peu de temps de la plupart des places enlevées par les Français. La victoire qu'il remporta à Honnecourt sur le maréchal effraya toute la frontière. Celui-ci s'était sauvé au Câtelet et à Saint-Quentin avec les débris de ses troupes qu'il réunit comme il put, tandis que le comte d'Harcourt rassemblait le 2 juin, à Hirson, un corps de cavalerie pour faire diversion dans le Hainaut et venir rassurer les populations effrayées. Mais, Dom Francisco de Mellos ayant contre toute attente subitement tourné vers le Rhin, contre Guébriant qui avait battu l'armée impériale, ne laissant qu'un petit corps de troupes sur l'Escaut aux ordres du général Bec, d'Harcourt alla tâter ce dernier avec sa cavalerie, mais le trouvant bien retranché derrière le fleuve, il se contenta de l'observer et pour achever de nettoyer la contrée, il regagna par Lesquielles son quartier-général de Vervins (1).

La mort de Richelieu arrivée en 1642, fut le signal de la rentrée en France de plusieurs exilés. La duchesse de Guise y revint avec ses enfants (2). Louis XIII eut à peine le temps de respirer après la mort de son impérieux mais indispensable ministre, car il mourut lui-même un an après lui. Ce monarque avait eu pour médecin ordinaire Nicolas-Abraham de la Framboisière, fils d'un chirurgien de Guise. La Framboisière avait été aussi médecin de Henri IV. Après avoir achevé ses humanités, il avait étudié la chirurgie, puis la médecine qu'il professa avec distinction au collège royal dans

(1) *Mém. de Montglas*, p. 119 et 120 ; — Lelong, p. 496 ; — *Hist. de Vervins*.
(2) *Mém. de Montglas*, p. 136.

l'université de Paris. La Framboisière a laissé de nombreux ouvrages sur la médecine et sur d'autres matières concernant sa profession, entre autres, une dissertation sur les eaux minérales du Mont-d'Or, près de Reims. Il mourut en 1650, sept ans après son auguste client (1).

Profitant aussi de la mort de Richelieu, le duc de Guise revint en France où la comtesse de Bossu ne tarda pas à le suivre. Elle était arrivée à Rouen, annonçant l'intention de tuer de sa main son infidèle époux s'il refusait de la reconnaître pour sa femme légitime, mais le crédit de la duchesse douairière de Guise la contraignit de quitter le royaume sans avoir été jusqu'à Paris. Elle mourut dans la misère, triste victime des passions d'un prince intrigant et volage.

A peine de retour à Paris, Henri de Guise avait déjà volé à d'autres amours et s'était attaché au char de la duchesse de Montbazon, pour les beaux yeux de laquelle il tua en duel le comte de Coligny. La duchesse ayant été exilée, elle fut remplacée dans son cœur par une des filles d'honneur de la reine Anne d'Autriche, qui lui fit faire des extravagances indignes d'un homme de son rang ou même doué de quelque sens. Cette fille, au reste, d'une laideur remarquable, n'avait que la coquetterie en partage.

Henri obtint en 1644 des lettres d'abolition et put rentrer en possession de son duché de Guise. Il fit en qualité de volontaire la campagne de cette année et la précédente. Il donna de grandes preuves de courage au siége de Gravelines à la tête de la noblesse qu'il commandait.

Dom Francisco de Mellos fut tout-à-coup arrêté dans le

---

(1) Lelong, p. 844; — Devisme, *Man. historique*.

cours de ses succès. Louis XIV montait sur le trône, et son règne était inauguré par la victoire. Le duc d'Enghien apprend à Amiens que le général espagnol assiége Rocroy. Plus prompt que l'éclair, le jeune prince se met en marche pour sauver la place. Il campe successivement à Péronne, à Guise, à Foigny, à Rumigny et va présenter la bataille au général espagnol, qu'il défait dans les plaines de Rocroy. Il revint par Rumigny et Guise, et entra dans le Hainaut pour tirer parti de cette brillante victoire, qu'il couronna par la prise de Thionville (1).

Malgré les succès de la campagne de 1644, le pays ne jouit pas encore d'une parfaite tranquillité. La famine, l'augmentation des impôts, les courses sur la frontière étaient toujours pour lui les conséquences de la guerre. Un détachement de l'armée du comte de Bucquoy fit une incursion dans le duché de Guise et poussa jusqu'à Landifay, qu'il mit au pillage le 13 avril. C'est au moment d'une incursion semblable que naquit à Bernoville, le 4 septembre, Thomas Durieu. Il vint au monde dans une étable attenante à une tour fortifiée où ses parents s'étaient réfugiés pour se mettre à l'abri de l'ennemi qui ravageait alors les environs de Guise. Durieu reçut sa première éducation chez un de ses oncles maternels et il apprit les éléments de la langue latine auprès d'un prêtre de Péronne, directeur de l'hôpital de cette ville. De Péronne il alla faire son cours d'humanités à Amiens, acheva ses études à Paris sous Germain Gillot, et devint élève de Habert, célèbre théologien. Après avoir professé à son tour la philosophie au collége des Lombards, Durieu fut

---

(1) Deverdun, préface ; — Lelong, p. 498 et suiv. ; — *Hist. de France.*

reçu docteur en Sorbonne, dont il devint ensuite procureur. Nommé, en 1696, principal du collége du Plessis, il s'appliqua avec persévérance à former la jeunesse à la science et à la piété. Quant à lui, il menait la vie la plus austère ; il poussa la charité jusqu'à distribuer aux pauvres toute son argenterie. Il porta l'économie la plus sévère dans le régime du collége du Plessis, où il éteignit 30,000 livres de dettes, sans compter 25,000 livres qu'il consacra à l'embellissement de la chapelle de cet établissement. Son zèle ne s'arrêta pas aux limites du collége et des communautés connues depuis sous son nom : il fut nommé supérieur de plusieurs couvents de filles qu'il gouverna avec la même sagesse et chargé de la direction de personnes de distinction dont il avait gagné la confiance par sa piété et ses lumières. Durieu mourut le 10 avril 1711. Il avait lui-même écrit sa vie jusqu'à cette année. Marin a fait à sa louange une ode latine insérée dans le recueil intitulé *Selecta carmina* (1).

Le duc de Guise fit encore la campagne de 1645 en qualité de volontaire, mais ayant été nommé par le duc d'Orléans son lieutenant-général en Flandre, il ne put se résoudre à quitter mademoiselle de Pons, pour laquelle il continuait à faire des folies qui le rendaient la fable de toute la cour. Vers la fin de 1646, il partit pour l'Italie afin d'obtenir les dispenses nécessaires pour son mariage avec cette fille, qui, disait-on, deviendrait à la fin le *Pont-au-Change*. En effet, tandis qu'il avait laissé à mademoiselle de Pons un train complet pour nourrir sa vanité, il avait eu dessein en passant par la Provence d'épouser mademoiselle d'Aletz.

(1) Lelong.

Le pape ayant résisté à toutes les sollicitations du prince amoureux, il se préparait à revenir à Paris où mademoiselle de Pons le rappelait, quand la révolution de Naples vint lui inspirer tout-à-coup d'autres pensées. Les Napolitains révoltés pour secouer le joug de l'Espagne avaient mis à leur tête Mazaniello, qui fut bientôt assassiné par ses complices. Sur ces entrefaites, un gentilhomme de la chambre du duc de Guise ayant rencontré à Rome des mariniers napolitains, apprit d'eux ce qui s'était passé à Naples, et comprit sur-le-champ tout le parti que son maître pourrait tirer de cet événement, pour peu qu'il voulût s'en mêler. Il leur dit donc qu'il y avait à Rome un prince de la maison d'Anjou qui avait autrefois régné sur eux, et les conduisant au duc de Guise, ceux-ci se jetèrent à ses pieds, lui demandant sa protection pour leur patrie. Le duc les reçut avec bonté et leur assura qu'il était prêt à tout sacrifier pour eux et leurs compatriotes.

Après avoir obtenu de Mazarin, qui, comprenant toute la folie de l'entreprise, n'avait pas jugé à propos de s'y opposer, l'autorisation de se mettre à la tête des rebelles, le duc de Guise partit sans suite et sans bruit et entra à Naples qu'il trouva dépourvue de troupes et de munitions. L'issue de cette entreprise fut ce qu'elle devait être. Le duc en raconte fort au long, toutes les circonstances dans ses *Mémoires*, sans oublier les plaisirs auxquels il se livra dans la voluptueuse Naples, ni les nouvelles intrigues qu'il noua avec les belles et ardentes Napolitaines. Il était parti de Rome le 13 décembre 1647, et le 6 avril 1648, il était prisonnier de l'Espagne. L'expédition ne dura guère plus de trois mois. Mademoiselle de Pons, à qui il avait fait part de ses projets, se croyant déjà reine de Naples, commit des extravagances telles, qu'on la fit renfermer au couvent des filles de Sainte-Marie. Le duc en écrivit à la reine-mère et au ministre, mais ses lettres étaient arrivées à Paris avec la nouvelle de sa captivité. Cette affaire fut terminée, comme elle avait été commencée, par le ridicule.

Henri de Guise courut de grands dangers dans sa captivité, car il fut question de se défaire de lui pour se délivrer de toute appréhension au sujet des affaires de Naples. Pour sauver sa tête il proposa de se donner à l'Espagne et de se mettre à la tête du parti qu'il s'imaginait avoir en France. Cela lui valut d'être transféré en Espagne et d'être délivré en 1652, ainsi qu'on le verra dans la suite (1).

Tandis que le duc de Guise échouait ainsi dans son entreprise de Naples, son duché allait devenir de nouveau le théâtre de la guerre. Le mécontentement des grands contre Mazarin avait éclaté et donné lieu à la Fronde. Guise est de nouveau menacé par l'archiduc, qui parut le 27 mai 1647 devant Landrecies, lequel se rendit le 18 juillet. Heureusement l'archiduc fut obligé d'aller secourir La Bassée, ce qui l'empêcha de pousser sa pointe sur Guise, qui échappa ainsi à un siége presque certain (2). Aubenton fut moins heureux. Le vidame d'Amiens s'étant présenté devant ce bourg, le 12 octobre 1648, tout se préparait pour une sérieuse défense. On voyait l'avocat Millet insulter le vidame du haut des murailles, lorsqu'à la prière de l'abbé de Bucilly, le vaillant Roger de Villelongue qui fut tué près d'Effry par

---

(1) *Mém. du duc de Guise*; — *Le triomphe de Guise*, par le P. Deverdun, préface.

(2) *Mémoires de Montglas*, p. 479; — Lelong, p. 502 et 151.

Roquepine, gouverneur de La Capelle, les habitants consentirent à livrer passage au vidame, à condition qu'on respecterait leur vie et leurs propriétés ; mais au mépris de la parole donnée, Aubenton fut saccagé avec ses environs. Le prince de Condé reprocha au vidame sa barbarie en termes si vifs que celui-ci en mourut de chagrin. On dit même que le prince avait poussé la vivacité jusqu'à lui donner de son gant dans la figure.

Condé n'en attira pas moins à son tour sur cette contrée, où il était aimé depuis la bataille de Rocroy, la guerre civile et étrangère par sa révolte contre la cour. Peu de jours après le sac d'Aubenton, c'est-à-dire le 30 octobre, la garnison de Guise, qui n'avait pas de repos, rencontra au gravier de Romery les garnisons d'Avesnes, du Quesnoy et de Landrecies, qui s'étaient réunies pour venir piller dans le duché de Guise. Jean-Pierre de Montfort, vicomte de Villette, lieutenant-colonel au régiment de Guise, qui avait été nommé l'année précédente lieutenant de roi à Guise, ne dut pas manquer une si belle occasion de signaler ce courage dont il donna bientôt des preuves éclatantes.

En 1649, l'armée espagnole de l'archiduc Léopold entra en France du côté de Guise ; mais laissant la ville à gauche, elle s'avança vers Laon qu'elle n'osa pas attaquer. Le duc d'Harcourt était venu se loger au Câteau dans l'espoir d'attirer les Espagnols au combat ; mais voyant ses provocations inutiles, il marcha résolument contre eux, défit un corps considérable de Lorrains, sous le canon de Valenciennes, prit Maubeuge et Condé et parvint à faire arriver un grand convoi qu'il avait fait préparer à Guise. Il avait détaché Villequier avec 300 chevaux et 300 mousquetaires pour le protéger dans sa marche. Le convoi partit de Guise sous les ordres de Plessis-Bellièvre. L'arrière-garde fut attaquée dans un défilé entre Sommery et Valerspot, mais le commandant du convoi soutint l'attaque avec résolution et put continuer sa route. Chargé de nouveau à la sortie du défilé par un corps plus nombreux, le convoi eut à essuyer une attaque plus vive que la première, mais Villequier soutenu par Quincé et par Roncherolles vola à son secours, parvint à le dégager et poursuivit l'ennemi l'épée dans les reins jusque sous les murs du Quesnoy (1).

L'entrée de l'archiduc en France avait eu pour résultat la conclusion d'un traité de paix entre la cour et les chefs de la Fronde, mais les troubles recommencèrent bientôt dans tout le royaume. Les princes de Condé, de Conti et de Longueville ayant été enfermés à Vincennes, l'exaspération de leurs amis fut portée à son comble : on courut aux armes. Les Espagnols, de leur côté, voulant profiter des désordres de la France, se mirent en campagne dès le printemps de 1650, pour venir se joindre aux rebelles. Ils rassemblent leurs troupes de toutes parts et l'archiduc se jette de nouveau sur nos frontières avec une armée considérable qui se grossit de tous les partisans des princes et des ennemis de Mazarin. Le maréchal de Turenne ayant formé un corps d'armée avec les débris des régiments des princes qui avaient été cassés, vint se joindre aux ennemis de la France, selon le traité passé avec la duchesse de Longueville.

Turenne se saisit en passant d'Hirson et d'Aubenton, ensuite ayant opéré sa jonction avec l'armée d'Espagne, tous

---

(1) *Mém. de Mont...*, p. 179 ; — Lelong, 509 ; — *Man. historiq.*

les corps réunis côtoyèrent la frontière afin d'inquiéter à la fois toutes les places voisines, puis s'approchèrent de Guise le 5 juin, jour de la Pentecôte, mais il fallut pour lors renoncer à en faire le siége. Le marquis d'Hocquincourt, gouverneur de Péronne et depuis maréchal de France, après avoir harcelé l'armée des coalisés, s'étant jeté dans la place menacée avec 3 à 4,000 hommes, ils n'osèrent l'attaquer. Mais les projets de l'ennemi n'étaient qu'ajournés ; il se retira à Origny où il passa l'Oise, et commença par s'assurer des places qui auraient pu l'inquiéter dans ses opérations autour de Guise. Ribemont est emporté et pillé, le Câtelet se rend le 14 mai, après quoi, à la nouvelle que d'Hocquincourt s'est éloigné de Guise par suite de différends qu'il avait eus avec le gouverneur Bridieu, à propos du commandement de la place que celui-là prétendait lui appartenir en sa qualité de lieutenant-général, tandis que celui-ci élevait les mêmes prétentions quoiqu'il ne fût que maréchal de camp, ils résolurent de faire le siége de Guise (1).

Les impériaux prirent sur-le-champ leurs mesures pour mettre leur projet à exécution. Tous les corps expéditionnaires reçoivent ordre de se réunir au gros de l'armée, et le 15 un détachement de cavalerie se montre à Vadencourt pour reconnaître le passage et voir si le pont était rompu ou gardé. Le lendemain 16, l'armée passait l'Oise à Vadencourt et à Lesquielles, et paraissait vers les huit heures du matin sur les hauteurs de Guise, où elle prit successivement ses positions pour faire un siége dans toutes les formes (2).

(1) *Mém. de Montglas ;* — Lelong.
(2) *Ibid.*, p. 230 et et suiv. ; — Lelong, p. 509 et suiv.; — *Hist. de France sous le règne de Louis XIV*, par Larrey, tom. 2, p. 151.

Cette armée était composée des différents corps fournis par l'Espagne et par les princes coalisés, et était commandée par des généraux expérimentés qui avaient figuré dans les campagnes précédentes. Les uns l'ont fait monter à 25,000 hommes, les autres à 35,000, et quelques-uns, comme le maréchal du Plessis-Praslin dans ses *Mémoires*,, à plus de 40,000. Les Lorrains, au nombre de 10,000, étaient commandés par le comte de Ligny-Ville, le baron de Clinchant et le chevalier de Fauge; le corps des Flamands, par le comte de Fuensaldagne, lequel avait été battu à Lens avec l'archiduc par le grand Condé, et était généralissime des armées d'Espagne; celui des Espagnols, par dom Estevan de Gamarrhe; celui des Allemands impériaux, par le marquis de Sfondrate, et enfin les troupes françaises engagées dans la querelle des princes, par le vicomte de Turenne. L'archiduc Léopold avait le commandement général de toutes ces forces, et assista au siége en personne (1).

La place de Guise ne paraissait pas répondre à un pareil déploiement de forces; elle était néanmoins pour le temps, dans un état de défense assez supportable, et regardée comme l'une des premières du pays. Elle-même, avant cette époque si glorieuse de son histoire, « étoit, au dire de Gérard Mercator, toute fière de son beau et fort chasteau, comme bouleverd et défence contre ceux de Lucembourg (2). » Le corps de la place était fermé de murailles flanquées de quelques restes de tourelles conservées des

---

(1) *Le triomphe de Guise*, 1650, par le P. Deverdun; — *Hist. de Turenne*, tom. 1er, liv. 3, p. 203; — Lelong, *siége de Guise*; — *Hist. de Louis XIV*, par Limiers, liv. 3, p. 178 et suiv.

(2) *Atlas* de Gérard Mercator, *Picardie et Champagne*, édit. d'Amsterdam, 1630.

anciennes fortifications, de plusieurs bastions, et environné au midi par les eaux de la rivière et par un fossé plein d'eau qu'elle alimentait. Les divers canaux de l'Oise formaient même en plusieurs endroits, avec les rochers sur lesquels étaient élevés les remparts, comme autant de points de défense.

Quant à l'ensemble de la ville, il présentait à peu près le même aspect qu'aujourd'hui. Affectant la forme triangulaire, elle était découpée par trois rues principales, dont l'une n'était que le prolongement de l'autre : la rue Chanteraine resserrée entre un bras de la rivière et le château, s'allongeait au pied du roc et se terminait à la porte et au faubourg du même nom. C'est là qu'aboutissaient les chemins de Laon, de Saint-Quentin, de La Fère et de Vervins. La porte Chanteraine était couverte d'une demi-lune percée d'une seconde porte et défendue par le bastion Saint-André. Dans la rue Chanteraine se trouvait *l'auditoire de la justice* et le lieu destiné aux assemblées municipales. La rue de la Ville descendait au midi vers la porte aux Poissons, à l'endroit où est aujourd'hui le Petit-Pont. Sur cette porte était la grosse horloge de la ville. Ces deux rues formant un angle, se réunissaient à la petite place du Tocquet (ainsi nommée d'un tourniquet qui y était placé pour empêcher le passage des voitures), d'où partaient en outre la rue du Château aujourd'hui à peu près détruite, et celle de la Poterne.

De la porte aux Poissons, on entrait dans l'autre partie de la ville longtemps appelée improprement le Grand-Faubourg, qui comprenait la place militaire pouvant contenir 4,000 hommes en bataille. Cette place, longée d'un côté par la rue du Grand-Pont, était terminée de l'autre par la porte de la Prée, ainsi nommée parce qu'elle donnait sur la prairie et autrefois la principale de la ville, qui s'étendait à ce qu'on prétend beaucoup de ce côté avant le xv° siècle, et alors fermée pour la facilité de la garde et de la défense. On remarquait sur la place d'Armes, la halle au blé et une grande croix de grès d'un seul jet, haute d'environ vingt-quatre pieds. A la rue du Grand-Pont attenait la rue de la Buse. Ce quartier, autrefois découpé de plusieurs petites rues, forme aujourd'hui la place militaire de la Buse, où se trouvent des écuries pour les chevaux de la garnison, lesquelles ont remplacé l'ancien logement des arquebusiers qui lui a laissé ce nom. La porte du Grand-Pont donnait dans un faubourg qui forme comme une seconde ville ; il se divisait en deux autres, dont les rues se rencontrent sur la place de Saint-Médard : le faubourg de Saint-Médard ou de Villers, sur le chemin de La Capelle, et celui de Saint-Lazare ou de Flandre, sur le chemin de Landrecies. On les confond quelquefois sous le nom de faubourg de Flandre (1).

Mais la partie vraiment susceptible de défense était le château, tant à cause de sa situation sur une montagne escarpée coupée presque à pic du côté de la ville qu'il domine d'environ cent cinquante pieds, qu'à cause de l'irrégularité de ses fortifications construites à différentes époques du côté où il est accessible. Le château de Guise passa jusqu'à la révolution pour une place des mieux fortifiées, et pour imprenable. Cette réputation était fondée sur six siéges vigoureux qu'il soutint dans l'espace de deux cents ans et dans lesquels il n'avait compté

---

(1) *Description*, MS. de *Guise*; — Lelong, p. 340 ; — Notes communiquées ; — *Le triomphe de Guise*, par le P. Deverdun.

qu'une seule reddition. Défendu au nord par un simple mur à angles saillants, élevé sur des rochers et flanqué *de quelques réduits et une manière de pâté*, il était fortifié, du côté de la campagne, par un glacis *roide et spacieux*, de fossés profonds, de chemins couverts avec banquettes et épaulements, d'une fausse braye et d'une demi-lune en terre, le tout bien frésé et palissadé (1). Quant au corps de la place, il avait pour défense trois bastions à orillons, et une grande demi-lune en pierre, qui semble en faire partie, et d'autres ouvrages à flancs-bas de moindre importance. On pouvait l'incommoder par les montagnes voisines et surtout par les hauteurs du Mont-Marlot et de la Haute-Ville (2).

Le château était, comme aujourd'hui, ouvert par deux portes, l'une pratiquée dans la demi-lune en pierre, appelée porte de Secours, qui donnait du côté de la France, et celle de la Ville dont la communication était couverte par un ouvrage terrassé flanqué d'un demi-bastion qui est joint à la ville par un mur de construction récente. Un autre mur bâti sur le précipice et qu'on regarde comme un chef-d'œuvre de maçonnerie unissait le château à la porte Chanteraine. L'intérieur du château n'en était pas la partie la moins intéressante. On admire encore ses longues et

---

(1) On entend par un ouvrage frésé, celui qui est hérissé horizontalement d'un cordon de pièces de bois dont le bout taillé en pointe sort de deux ou trois pieds; et par un ouvrage palissadé, celui qui est hérissé verticalement de pièces de bois plus fortes et également terminées en pointe.

(2) Les auteurs sont unanimes pour vanter la force du château de Guise. — Voyez Gérard Mercator, *Atlas*; — François Fondeur, *Dict. historiq. des villes*, tom. 2, 2ᵉ part., p 89; — Dom Vaissette, *Géographie historique*, etc.., tom. 2, p. 566; — Busching, *Géographie universelle*, tom. 4, p. 298; — Colliette, tom. 2, p. 195; — *Statistique de l'Aisne*, tom. 1ᵉʳ p. 250; — *Diction. universel géographique*, par Corneille, tom. 2; — *Diction. universel de la France*.

larges voûtes où se réfugiait en temps de guerre la population de la ville. Il contenait, outre la collégiale de Saint-Gervais dont la flèche aiguë contrastait avec la massive tour féodale, le logement du gouverneur, du lieutenant de roi, des officiers et de toute la garnison, des magasins pour un approvisionnement considérable et un grand matériel de guerre, le tout dominé par la grosse tour qui servait à découvrir l'ennemi, à faire des signaux, et pouvait recevoir aux six embrasures de son sommet autant de pièces d'artillerie. Cette tour puissante est percée de crénaux qui n'ont pas moins de vingt-deux pieds de profondeur dans sa partie inférieure et pas moins de dix-huit dans sa partie supérieure. Elle se compose intérieurement d'un rez-de-chaussée et de trois étages. Au premier étage il y avait une chapelle, au second on remarque encore un puits, un four et une vaste cheminée. Au reste, les murailles du fort et ses défenses extérieures, assez mal entretenues, étaient ouvertes en plusieurs endroits; les guerres interminables qu'on avait eues à soutenir sans interruption n'avaient pas permis de mettre nos villes frontières en état de faire une longue résistance.

La garnison de Guise, quoique assez nombreuse, ne paraissait guère en état de soutenir un siége contre une armée de 40,000 hommes, mais elle avait à sa tête un homme de cœur et de résolution. Bridieu, gentilhomme poitevin, avait été élevé depuis l'âge de treize ans à la cour du duc de Guise dont il était page. Le duc, après s'être démis de son archevêché, l'avait fait successivement son écuyer, son capitaine des gardes, gentilhomme de sa chambre et lieutenant-général de ses troupes, et enfin gouverneur de la ville, du château et du duché de Guise. Il lui avait, en outre, obtenu la charge de lieutenant de roi, afin de lui donner le droit de commander avec plein pouvoir. A toutes ces dignités, Bridieu ajouta celle de maréchal de camp qui lui fut donnée par brevet du 29 mars 1649, et dont il exerça les fonctions dans l'étendue de son gouvernement quoique le brevet ne lui eut été délivré qu'en 1675, après le décès du duc d'Alençon, dernier prince de la maison de Guise. Le duc Henri avait tant d'estime pour son adresse et sa valeur, qu'il le choisit pour second dans une rencontre qu'il eut à la place Royale à Paris. Les troupes dont il pouvait disposer au moment du siége montaient à 2,000 hommes et se composaient de 4 à 500 hommes du régiment de Guise, aux ordres du gouverneur commandant en chef de la place en l'absence du duc de Montfort, lieutenant-colonel du régiment; de 3 à 400 hommes du régiment de Clermont, troupes de nouvelles levées, commandées par le comte de Clermont-Tonnerre leur mestre de camp; de la moitié du régiment de Persan, commandée par Dufaux, l'autre moitié ayant passé à l'ennemi avec son chef; de 3 à 400 hommes d'un régiment polonais, commandés par Méliscot; de deux compagnies suisses du régiment de Salis, d'environ 300 hommes, commandés par le sieur de Pestalozzi, et enfin de 60 chevaux de la compagnie d'ordonnance ou des chevau-légers de Guise aux ordres de Mézille et de Clavaux (1).

Voyant leur ville menacée d'un siége à outrance, les bourgeois rappelèrent le courage dont leurs ancêtres avaient donné tant de preuves, en s'offrant avec un dévouement au-dessus de tout éloge, de la défendre à leurs risques et

---

(1) *Le triomphe de Guise;* — Lelong, p. 512.

périls, laissant à la garnison le soin de la conservation du château. Familiarisés avec le spectacle de la guerre qu'ils avaient si souvent vue à leurs portes, exercés au maniement des armes par leurs rapports avec les garnisons qu'ils avaient tant de fois suivies dans les excursions aux frontières, ils avaient naturellement l'humeur guerrière et indépendante, et étaient capables de faire ce qu'ils demandaient. Incontinent, ils choisirent 800 d'entre eux qu'ils jugèrent en état de porter les armes, lesquels furent divisés en douze compagnies qui furent distribuées dans les douze quartiers de la ville. Ces douze compagnies avaient à leur tête autant de capitaines pris parmi les plus notables de la ville ; c'étaient Charles Lefèvre, avocat en l'élection, Nicolas de Martigny, Thomas Desforges, avocat du roi en l'élection et au grenier à sel et lieutenant du maire, Poulain, avocat lui-même au barreau de Guise, Jean Haüy, Antoine de Vives, Lazare Delastre, Antoine Guyard, Jacques Leblonc, Chimai, Jacques Balagny, Jean Loiseau et André Pierrot. La compagnie de la jeunesse prit aussi les armes sous les ordres de Bugnate, son capitaine (1). A ces noms alors si populaires, aujourd'hui si oubliés, se joint celui du brave soldat Fleury, ancien sergent-major du régiment de Navarre, à qui fut dévolu le commandement de quelques milices de la banlieue qui, connaissant son courage, avaient voulu marcher sous ses ordres.

Tandis que la défense s'organisait ainsi dans la ville, l'ennemi couronnait toutes les hauteurs et occupait toutes les positions d'où il pouvait dominer et battre la place. Le

---

(1) La compagnie de la jeunesse avait un drapeau bleu et blanc déposé chez le maire de la ville et qu'on lui délivrait lorsqu'elle prenait les armes. (*Archives.*)

comte de Fuensaldagne avec ses Flamands se range à Flavigny-le-Petit, aux environs de la ferme de l'Etang ; dom Estevan de Gamarrhe avec les Espagnols occupe les hauteurs qui séparent Guise de Vadencourt et celles de Saint-Germain, jusqu'à la route des Pays-Bas ; les Lorrains couvrent celles de la cense de Courcelles et le bois qui les couronnent jusqu'à celui des Agneaux. Les Allemands se placent au-dessus du bois du Fay, sur les hauteurs du faubourg de Villers, jusqu'à la Bussière ; Turenne avec ses Français établit son quartier à la ferme de la Mothe, dans la direction de la porte de Secours. Ainsi les assiégeants forment autour de Guise un cercle complet coupé en deux parties par l'Oise. Afin d'établir des communications entre elles aux deux extrémités, ils jetèrent deux ponts sur la rivière, l'un au-dessus du Clos-Poulain, vers le sud-ouest, et l'autre au nord entre Courcelles et Robé. Il ne fallut pas moins de six jours à cette armée nombreuse, quoique aidée par quelques centaines de paysans de Valenciennes et de Cambrai, pour établir ses lignes qui n'avaient pas moins de cinq lieues d'étendue. La tranchée fut ouverte à trois endroits et les principales batteries furent établies sur le Mont-Marlot, qui n'est séparé du château que par une gorge assez étroite, à la Haute-Ville, derrière le jardin du sieur Hourlier, et à l'extrémité du faubourg Saint-Lazare, derrière la maison d'un nommé d'Avignon. Les deux premières étaient dirigées principalement contre le château, la dernière contre la ville.

Bridieu, pendant ces mouvements de l'ennemi ne restait pas dans l'inaction. Il ne se fut pas plutôt assuré de l'intention des impériaux, qu'il assembla un conseil de guerre composé de tous les officiers de la garnison. Après avoir fait une courte et chaleureuse harangue où il montra la nécessité de conserver au roi une place importante dont la prise pouvait avoir de si funestes conséquences pour le salut de l'état dans les conjonctures où l'on se trouvait, il leur fit entendre qu'il fallait ou la sauver ou s'ensevelir sous ses ruines ; puis tirant son épée il jura qu'il en frapperait le premier qui parlerait de se rendre. Bridieu rencontra de vives sympathies dans le cœur de ces braves officiers, si on en juge par le dévouement avec lequel chacun d'eux fit son devoir durant tout le cours du siége.

Pour montrer que cette résolution hardie n'était pas l'effet d'une ardeur téméraire, le gouverneur se mit à déployer la plus grande activité pour organiser la défense. Les murailles sont réparées, les endroits faibles fortifiés. Le château surtout est pourvu de toutes les provisions nécessaires à un long siége et dont il confie l'administration à Tristan de Muyson, lequel ayant été commissaire des vivres, avait acquis une grande expérience en économie. Tristan qui s'était trouvé par hasard renfermé dans la ville assista le gouverneur de sa personne et de ses conseils. Bridieu se mettant à la hauteur des circonstances, fit brûler, du consentement des bourgeois, les faubourgs de la ville pour empêcher l'ennemi de s'y loger et concentrer davantage la défense. Les divers régiments mirent eux-mêmes le feu à leurs quartiers respectifs, le régiment de Persan aux faubourgs Saint-Lazare et de Villers jusqu'au Grand-Pont, celui de Clermont à la Haute-Ville, les Polonais à Chanteraine et se retirèrent dans le château.

Il ne restait plus au commandant, pour attendre

l'ennemi de pied ferme qu'à distribuer ses forces et qu'à placer son artillerie. Il avait à sa disposition quatorze pièces de canon ; six furent disposées sur la grosse tour et huit sur les bastions et les remparts ; elles ne devaient pas cesser de tirer pendant dix-sept jours. Au régiment de Persan fut confiée la garde de la contrescarpe du château depuis la poterne jusqu'à l'ouvrage à corne du côté de la Haute-Ville. Dans ce dernier ouvrage étaient postés le régiment de Guise et les deux compagnies suisses. Dans la demi-lune en terre était le régiment polonais, celui de Clermont occupa l'espace qui s'étend depuis la demi-lune jusque vers la porte Chanteraine. Ces différents postes du dehors furent mis sous le commandement général du comte de Montfort, en qualité de lieutenant du gouverneur.

Quant à la milice bourgeoise distribuée en ses douze quartiers, elle était avec ses douze capitaines sous les ordres du maire Poulain, de son lieutenant Desforges et du premier échevin Delachasse, officier comme eux en l'élection ; néanmoins on choisit pour les commander un militaire, le comte de Clermont, ayant pour lieutenant le major de la place de la Vérine qui se mit à sa disposition. Quoique les bourgeois eussent la garde des portes et des murailles de la ville, on choisit également dans les différents corps 50 à 60 soldats qu'on leur adjoignit pour les soutenir et fortifier les endroits le plus à la discrétion de l'ennemi. On en fit trois postes dont l'un fut placé à la barrière du Grand-Pont, l'autre à la tour Vautebot et le troisième à la demi-lune de Chanteraine.

Plusieurs avaient d'abord été d'avis qu'on abandonnât la ville pour se défendre dans le château, mais le comte de

Montfort s'y opposa vivement et promit d'y tenir durant huit jours, dut-il y perdre la vie. Cependant on fit retirer dans la forteresse, pour les y mettre en sûreté, tous ceux qui n'avaient pas pris les armes ou qui n'étaient pas employés aux travaux de la défense, avec les femmes, les enfants et ce qu'on avait de plus précieux. L'étendue du château, ses voûtes et les autres bâtiments qu'il renfermait, permirent d'y loger tout ce peuple qu'on distribua par familles dans les divers quartiers, afin d'y établir autant d'ordre que les circonstances le permettaient.

Comme on était encore à ces temps de foi où l'on comptait Dieu pour quelque chose dans les affaires humaines, on redoubla de ferveur et de piété, on implora son secours dans la nécessité pressante où l'on se trouvait. La prière se faisait en commun dans l'église de Saint-Gervais, où l'on avait établi comme une sorte d'adoration perpétuelle. Bridieu lui-même, qui savait allier, chose assez rare dans les gens de guerre, la religion à la bravoure, avait fait vœu de donner à la chapelle du Rosaire de l'église des minimes, une image d'argent représentant la Vierge, si par son intercession, il parvenait à conserver la place.

Les divers mouvements que se donnait le gouverneur ne l'empêchaient pas d'inquiéter déjà l'ennemi par des sorties et des escarmouches. Dès le premier jour du siége, tandis que l'ennemi fortifiait ses lignes, un détachement de cavalerie auquel s'étaient joints tous les citoyens en état de monter à cheval, sortit de la ville, engagea une action derrière le château et revint victorieux, n'ayant eu que deux soldats et un bourgeois blessés. Comme on voulait surtout éloigner l'ennemi de la partie le plus accessible du fort un autre engagement eut lieu dans le même endroit, où les ennemis perdirent un de leurs capitaines nommé Dubois, qui avait été autrefois en garnison à Guise dans le régiment de Sirop, entré depuis au service de Turenne. Il y eut une troisième charge de cavalerie derrière la Haute-Ville où les chevau-légers firent des prodiges de valeur ; Mézilles, leur commandant, habitué à cette guerre de partisans qu'il avait longtemps pratiquée sur nos frontières, eut deux chevaux tués sous lui. Le maréchal-des-logis Clavaux ne s'y distingua pas moins par sa valeur. Deux autres combats s'engagèrent également derrière le faubourg de Villers ; les assiégés n'y perdirent qu'un cavalier tandis que l'ennemi laissa quinze des siens sur la place. Enfin une affaire du même genre eut lieu au Mont-Marlot, au moment où les assiégeants tiraient un boyau pour s'y retrancher et dresser des batteries. L'échevin Baligan, emporté trop loin par son ardeur, tomba dans une embuscade d'où il revint blessé au milieu d'une grêle de mousquetade. C'est ainsi que se passèrent les premiers jours du siège.

Sur le soir du quatrième jour, qui était le 20 juin, il y eut des propositions d'accommodement. Un trompette vint de la part du lieutenant-général de Fauge, qui commandait les Lorrains, offrir aux habitants la neutralité, en considération de la maison de Lorraine. Il était en outre porteur d'une lettre particulière où il reprochait au gouverneur d'avoir mis le feu aux faubourgs qu'il avait, lui, toujours eu dessein de conserver aussi bien que la ville même, et d'avoir si mal entendu le service du duc de Guise. Bridieu donna audience le 21 au trompette lorrain, en présence des bourgeois, qui rejetèrent d'une voix unanime les proposi-

7.

tions du général ennemi, jurèrent qu'ils étaient toujours prêts à sacrifier leurs personnes, leurs biens, leurs familles pour le service du roi et de l'État, et le trompette fut renvoyé aux cris de : Vive le roi !

Cependant, la cour s'était rendue à Compiègne pour se rapprocher du théâtre des opérations, et le roi avait nommé le maréchal du Plessis-Praslin général de l'armée qui se formait dans les environs de Laon. Le cardinal Mazarin vint la voir à La Fère, où il apprit la prise du Câtelet. Ce fut dans cette ville que le ministre reçut des nouvelles du siége de Guise, par de Roquefort, lieutenant de Persan, et Gabriel de Vives, jeune Guisard, qui avaient eu l'adresse de passer, à la faveur d'un déguisement, à travers les lignes ennemies. De Vives revint à Guise porteur d'une lettre de Mazarin par laquelle le cardinal promettait de secourir bientôt la place et de forcer l'ennemi à lever le siége en lui coupant les vivres. De Vives s'étant encore distingué dans la suite par plusieurs belles actions, en fut récompensé par le commandement du château-neuf de Bayonne (1).

Toute la journée du 22 fut consacrée par l'ennemi à battre la ville et le château par un feu bien nourri auquel les assiégés répondirent de leur mieux. Saint-Germain, capitaine des portes du château, et Fleury, commandant de l'artillerie, s'acquittaient admirablement de leurs charges. Ils parcouraient sans cesse les remparts, rétablissant les plates-formes et les gabions, redressant les canons démontés, et faisaient pleuvoir sur l'ennemi une grêle de bombes, de grenades et autres feux d'artifice alors en usage. Enfin les

---

(1) Deverdun, *Triomphe de Guise*; — *Mém. de Montglas*, t. 1er, p. 580 et suiv.; — *Collect. de Mém.*, par Michaud et Poujoulat.

assiégeants croyant avoir assez fait pour jeter la terreur dans la place, un trompette et deux officiers parurent au Grand-Pont pour parlementer et offrir une capitulation honorable ; mais ils reçurent pour réponse, que bourgeois et soldats persistaient dans leur première résolution. Le feu recommença donc de part et d'autre et dura toute la nuit.

Le secours promis par le cardinal ne paraissant point, Bridieu fit mettre une torche allumée sur la tour du château pour servir de signal à l'armée du roi et indiquer l'extrémité où l'on se trouvait. Au point du jour, on s'aperçut que les ennemis avaient poussé leurs tranchées fort avant vers le château et qu'ils étaient parvenus à se loger au bord de la rivière à côté du Grand-Pont, près d'une palissade ruinée. Résolus de faire un suprême effort, ils employèrent la journée à construire un pont de bateaux et se préparèrent à donner l'assaut à la ville.

Guise se trouvait donc menacé du plus grand danger : ce pont une fois franchi sous le feu de la redoute où l'ennemi s'était logé, il n'y avait plus pour défense qu'une simple muraille, et la porte du Grand-Pont était évitée. Il fut sauvé par un trait de courage digne des temps antiques. Il s'agissait de rompre le pont en coupant les cables qui unissaient les bateaux. Le comte de Clermont proposa une récompense à celui des soldats du poste qui oserait tenter cette entreprise hardie, mais aucun ne répondit à l'appel du commandant, lorsqu'un Guisard nommé Pierre Wateau se présenta ; déjà même il se disposait à sauter du haut du Grand-Pont dans la rivière, mais le fils de ce généreux citoyen étant survenu, lui dit : Non, mon père, vous n'exposerez pas des jours si chers à vos enfants! Vivez pour votre famille, vivez pour vos compatriotes ; et il s'offrit de se dévouer pour le salut de sa patrie. Son offre fut acceptée avec une vive reconnaissance. On implore le Ciel pour la réussite de son entreprise, on chante dans toute la ville le *Salve regina*, la prière des grands périls ; Wateau lui-même reçoit l'absolution, embrasse son père, se dépouille de ses habits, saisit un couteau entre les dents, s'élance dans la rivière sous le feu de plus de mille coups de mousquet, et nageant avec vigueur, il va couper les amarres, rompt le pont, pousse l'audace jusqu'à ramener en triomphe au pied de la muraille l'un des bateaux, tandis que les autres s'en vont au courant de l'eau. Ce jeune héros n'avait que vingt ans ; il se nommait Pierre, comme son père, et par sobriquet *Malcontent*. Le roi et le duc de Guise lui accordèrent des lettres-patentes en témoignage de sa bravoure (1). L'action généreuse de Pierre Wateau ne fit que redoubler l'ardeur de l'attaque. Comme la rivière seule séparait les combattants, on fit pleuvoir de chaque côté une grêle de balles. Les assiégeants perdirent dans la chaleur de l'action un grand nombre des leurs, et les assiégés, un brave capitaine du régiment de Guise et un bourgeois nommé Burlot.

Le 24, deux nouvelles batteries furent établies sur la pointe du Mont-Marlot et lancèrent sur la ville et sur le fort une grande quantité de bombes, dont l'une faillit mettre le feu à un magasin au-dessus duquel était logé une partie considérable des femmes et des enfants. Sur les onze heures du soir, la demi-lune qui couvrait la porte Chanteraine fut enlevée, mais bientôt après reprise par les Polonais aidés

---

(1) Deverdun ; — Lelong, 515 ; — *Statistiq. de l'Aisne*, t. 1er, p. 152.

de la milice bourgeoise. La ville était donc serrée de plus en plus ; déjà même les batteries de la Haute-Ville ne tiraient plus qu'à une distance de cinquante à soixante pas de la contrescarpe du château. La consternation commençait à s'y répandre, quoiqu'on vît, dit-on, les boulets se briser contre la grosse tour bâtie en grès et malgré un autre prodige encore plus étonnant. On raconte que le P. François Bazin, minime, disant la messe dans la collégiale, et le Saint-Sacrement étant exposé sur l'autel, un boulet de canon perça la muraille et vint tomber, *à la vue de tous les assistans qui estoient en grand nombre*, au-dessus du tabernacle, sur un dais qui ne pouvait offrir aucune résistance, et y demeura suspendu jusqu'à la fin de la messe.

Bridieu soutenait tout le monde par ses discours et par ses exemples. Il était secondé dans sa noble tâche par un autre religieux du couvent des minimes, le P. François Legrand, qui s'était retiré au château avec trois autres frères. Il encourageait les plus timides par sa contenance pleine de fermeté et par ses exhortations. C'était un homme d'esprit, savant, de bonne mine, d'une taille avantageuse, austère dans ses mœurs et considéré dans toute la ville par ses vertus. C'était, en outre, un de ces caractères ardents et passionnés qui savent prendre sur le peuple un ascendant irrésistible et dont l'éloquence simple, mais pleine de feu et d'enthousiasme, enfanterait des prodiges. On le vit se multiplier pendant le siége : à l'église, il haranguait le peuple et les soldats; sur les remparts, il pansait les blessés, administrait les secours de la religion aux mourants et exhortait tout le monde à sacrifier généreusement sa vie pour le service du roi et le salut de la patrie.

Le P. Legrand était aimé des soldats et des officiers de la garnison. Montfort, qui commandait dans les ouvrages extérieurs, étant monté au château pour commander des vivres, Bridieu, qui l'aperçut au moment où il allait entendre une messe à la collégiale, lui dit : « Mon cousin, allons entendre la messe de ce chanoine qui la va dire dans l'église du château ? » — « C'est fort bien fait à vous, monsieur, répondit Montfort, pour moi je suis bien aise d'entendre celle de mon camarade. » Il apppelait ainsi militairement le P. Legrand, qui la disait en effet tous les jours dans les ouvrages extérieurs, remplissant ainsi, tout à la fois, les fonctions de prêtre et de soldat. Néanmoins, Bridieu qui avait ses desseins insista sur son invitation et Montfort finit par entrer avec lui dans la collégiale. Quand ils y furent, la messe n'étant pas encore commencée, il dit à Montfort : « Mon cher Montfort, j'ai une grâce à vous demander. — Vous n'avez qu'à commander, répondit celui-ci, car je ferai aveuglément tout ce que vous pourrez souhaiter de moi. — Selon toutes les apparences, continua le gouverneur, nous ne pourrons pas soutenir longtemps contre une armée si puissante, n'ayant ni nouvelles de la cour, ni aucune espérance d'être secourus, dans l'état où l'on sait que sont les affaires ; mais, quoi qu'il arrive, il nous faut résoudre à y mourir en braves : et afin que l'un des deux venant à être tué, l'autre ne puisse se rendre par aucun traité qui soit indigne du nom Français et du nom de Guise, mettons-nous à genoux l'un contre l'autre et dans la consécration, faisons serment sur la part que nous prétendons au Ciel, de ne nous rendre l'un et l'autre que la hallebarde ou la pique à la main, et de plutôt répandre jusqu'à la dernière goutte de notre sang et d'être ensevelis sous les ruines de la place, que de tomber vivans entre les mains de nos ennemis. » Montfort répondant à l'appel de son ami, ils firent l'un et l'autre ce serment et se rendirent ensuite chacun à leur poste. Il suffit de citer de pareils traits, ils sont au-dessus de toute louange.

Le 25, les assiégeants dirigèrent leurs batteries contre le boulevard du Mont-Eventé, près du Grand-Faubourg, et y firent une brèche auprès d'un gué qu'ils espéraient pouvoir traverser facilement pour monter ensuite à l'assaut, mais les assiégés s'y retranchèrent si bien, à la faveur de la nuit, qu'ils purent espérer se maintenir encore longtemps dans ce poste.

Cependant la cour ne perdait point de vue le siége de Guise, et l'armée du roi se mettait en mouvement selon les promesses du cardinal. Elle se composait de 18,000 hommes et commença à inquiéter les Espagnols dont elle menaçait les derrières et en leur coupant les vivres. N'osant attaquer leurs lignes ni hasarder le sort d'une bataille, le maréchal du Plessis-Praslin, vint se poster le 26 à deux lieues de Guise, sur le Noirieu, près de Vadencourt, pour les menacer encore de plus près à la faveur de ce ruisseau (1). Les Espagnols informés de sa marche se mirent en devoir de pousser le siége plus vivement que jamais. Tandis que le feu redouble contre les retranchements du Mont-Eventé, ils font une tentative contre le Grand-Pont qui n'eut d'autre résultat que de leur faire perdre beaucoup de monde dont une partie resta ensevelie dans la rivière. De

---

(1) Deverdun; — *Hist. de Louis XIV*, par Limiers, liv. II, p. 178 et suiv.; — Lelong, p. 513.

leur côté, les assiégés eurent à regretter la perte d'un brave citoyen nommé Vignois, greffier en l'élection, lequel fut tué dans cette action meurtrière en combattant vaillamment.

La journée du 27 fut encore plus terrible. Tout étant prêt pour un assaut général, dès minuit deux coups de canon tirés des batteries du faubourg Saint-Lazare, auxquels répondirent deux autres coups partis de celles du Mont-Marlot, donnèrent le signal de l'attaque. 800 fantassins, soutenus de 200 cuirassiers attaquèrent la brèche du Mont-Eventé et se rendent maîtres de ce poste important, malgré les efforts des bourgeois et de 30 soldats qui les appuyaient. Le Grand-Faubourg fut également emporté du côté du Grand-Pont et il fallut battre en retraite par la rue qui y aboutit et par la place d'Armes. Elle se fit en bon ordre jusqu'à la porte aux Poissons, où toutes les troupes se rallièrent et tinrent bon pendant quelque temps. Bridieu averti du danger qu'elles couraient, vole à leur secours et se prépare avec le comte de Clermont à charger l'ennemi l'épée à la main, pour l'obliger à repasser le pont, lorsqu'on vint lui dire que le quartier de Chanteraine et les dehors du château étaient vivement attaqués (1).

Cette nouvelle n'était que trop vraie, car en même temps que les Lorrains avaient donné du côté du Grand-Pont, le comte de Fuensaldagne avec les Flamands-Bourguignons, et dom Estevan de Gamarrhe avec les Espagnols, livraient deux assauts en même temps, l'un à la ville, l'autre au château. La demi-lune de Chanteraine emportée d'abord, avait été

---

(1) Deverdun; — Lelong, p. 313.

reprise, mais les ennemis étant revenus à l'assaut, finirent par s'en rendre maîtres. Pendant l'attaque, une partie des assaillants ayant tourné la demi-lune par des chemins couverts et à la faveur de la maison du Cygne, se glissa dans l'intervalle des deux portes. Les assiégés se voyant surpris se retirèrent à la seconde porte pour la défendre. Il y eut en cet espace resserré une mêlée terrible, ou plutôt une véritable boucherie, au milieu des cris des blessés et des mourants, lorsque tout à coup, un pétard ayant fait sauter la porte, toute l'armée ennemie enfonçant le corps de garde se précipita dans la ville, avec un vacarme épouvantable. Les assiégés battent en retraite et soutenus par le capitaine Laloy, du régiment de Persan, qui, avec 30 à 40 soldats qu'il commandait, avait fait des prodiges de valeur aux portes de Chanteraine, ils se dirigent vers le château, dans le meilleur ordre possible. Laloy défendait le terrain pied à pied et, s'arrêtant de distance en distance, faisait volte-face pour donner aux bourgeois le temps de défiler.

Au moment où ils arrivaient à la place du Tocquet, où la rue de la Cité se réunit à celle de Chanteraine, le comte de Clermont y débouchait également avec les milices qui avaient été repoussées de la porte aux Poissons et dont il protégeait presque seul la retraite, en combattant avec un courage inouï et en faisant autour de lui un carnage effroyable. La réunion de toutes les troupes produisit sur la petite place du Tocquet une extrême confusion. Le comte de Clermont parvint néanmoins à s'y maintenir, afin de protéger les bourgeois, qui attendaient le grand jour pour gagner le château, dans la crainte de laisser les assiégeants entrer avec eux. Il soutint, pendant deux heures, les efforts de l'ennemi dans ce poste périlleux où il n'eût pu tenir longtemps, néanmoins, sans le courage d'un bourgeois nommé Dumangeot, lequel avec ses deux fils Jean et François Dumangeot, fit des efforts désespérés. François, monté avec 50 des plus braves citoyens, sur une fausse-braye qu'il y avait de ce côté-là et qui dominait les rues aboutissant à la place, faisait faire du haut de ce poste un feu si bien nourri qu'il parvint à contenir l'ennemi. Le courage de ces trois citoyens ne se démentit pas le reste du siége. Le père faillit perdre la vue sur les remparts, d'un boulet qui remplit ses yeux de terre. Il est auteur d'un journal de ce siége mémorable dont se servit le P. Deverdun, à qui nous empruntons tous ces détails. La place du Tocquet ayant été enfin évacuée, le comte de Clermont entra au château, où toute la garnison, soldats et bourgeois, se trouva réunie. Ainsi Guise fut-il emporté le 27 juin 1650, après onze jours de siége et d'une opiniâtre défense.

Les Espagnols, après s'être rendus maîtres de la ville, ne s'arrêtèrent pas en si beau chemin. Le jour même ils s'emparent de la contrescarpe du château sous le bastion de la Charbonnière. Ce poste n'avait eu que 80 soldats à opposer à 1,500 assaillants : 600 Espagnols s'y logèrent à l'abri d'un retranchement composé de terre, de sacs de laine et de paniers remplis de terre. Ils se mirent aussitôt en devoir d'ouvrir la tranchée jusqu'au bastion afin d'y pratiquer la mine. Le danger devenant de plus en plus imminent, on tint un conseil de guerre. Bridieu et Montfort furent d'avis qu'il fallait à tout prix déloger l'ennemi de la contrescarpe, sous peine de voir le fort emporté. Le comte de Clermont, exaspéré de ce que ce poste avait été enlevé à son régiment et en son absence, s'offrit de servir comme volontaire en cette occasion et promit à Bridieu de lui rendre bon compte des ennemis et de replacer ses soldats dans leur ancien poste.

Le P. Legrand célébra la messe selon sa coutume dans les ouvrages extérieurs et tous ceux qui devaient être de l'attaque y assistèrent. On rapporte qu'au moment de la consécration, un boulet de canon donnant dans la demi-lune de terre, fit sauter une demi-brique qui vint le frapper entre les épaules, et que le courageux minime demeurant impassible, mit la main sur le calice pour prévenir tout accident et continua la messe avec un sang-froid imperturbable. La messe achevée, Bridieu retourna au château pour faire jouer toute son artillerie pendant l'attaque de la contrescarpe. Afin d'assurer le succès de l'entreprise, Montfort détacha des divers corps de la garnison, 200 hommes d'élite et en forma un détachement qu'il mit aux ordres de Hauy de Ratilly, capitaine au régiment de Guise, auquel il adjoignit Beaulieu et Gillebaud, le premier lieutenant et le second enseigne au même régiment, et deux sergents. Ces derniers furent mis à la tête de 20 et les deux officiers à la tête de 40 mousquetaires. Hauy prit de plus avec lui 40 hallebardiers, et tous, officiers et soldats s'avancèrent avec résolution contre les retranchements ennemis.

Cependant les détonations de l'artillerie se faisaient entendre plus serrées que jamais. Tandis que les batteries du Mont-Marlot tiraient sans relâche, les grenadiers soutenus par huit escadrons de cavalerie, faisaient un feu continuel. A trois ou quatre cents pas de la contrescarpe, il y avait une autre batterie où se trouvaient tous les généraux de l'armée, qui avaient voulu assister à la prise du bastion et qui redoublait ses feux. Si l'attaque fut vive, la défense y répondit; il y eut de part et d'autre des prodiges de valeur. Hauy se jeta au milieu du feu et fut blessé de deux coups de mousquet qui le mirent hors de combat. Le comte de Clermont voyant que la partie était trop inégale et que les nôtres couraient à une mort certaine, sans profit pour la défense, fit avancer le régiment polonais, deux compagnies suisses, cinq compagnies de Persan et la moitié du régiment de Guise pour prendre l'ennemi en flanc et par-derrière ; lui, cependant, après avoir rallié nos soldats découragés, s'élance l'épée à la main suivi de quelques officiers, entraîne le reste de la troupe, tue le commandant espagnol auquel il passa son épée au travers du corps, culbute les défenseurs de la contrescarpe et y replante lui-même son drapeau, puis rentre au château couvert de sang, au milieu des acclamations de tous ceux qui ont été témoins de sa bravoure. Le comte de Montfort et Meliscot, commandant des Polonais, furent blessés dans cette chaude action, un enseigne de Guise et un sergent des Suisses y furent tués. Les ennemis perdirent, selon les uns 60 hommes et 150 selon les autres, sans compter un grand nombre de prisonniers : 120 piques, 200 mousquets et autant d'instruments de pionniers qu'on trouva dans la contrescarpe indiquent assez l'étendue de leur perte. Avant la fin du jour les retranchements des assiégeants étaient détruits et la contrescarpe réparée (1).

Après cette action, l'une des plus brillantes du siége, les généraux ennemis comprirent qu'il ne fallait pas compter

---

(1) Deverdun. — *Hist. de Louis XIV*, par de Limiers, liv. III, p. 178 et suiv. — Lelong, p. 545; — Montglas, année 1654.

sur une prompte reddition du château et que le plus sûr était d'essayer d'y faire brèche par le moyen des mines. Les trois jours suivants furent donc employés à en pratiquer deux du côté de la ville pour faire sauter une partie du fort avec le roc ; mais ces préparatifs ne faisaient que prolonger le siége et augmenter la disette qui se faisait sentir dans le camp, au point qu'il se trouvait à peine assez de pain pour les officiers. Bridieu, en vrai gentilhomme, poussa, dit-on, la courtoisie jusqu'à envoyer des rafraîchissements et des vivres au maréchal de Turenne et aux autres généraux, tant pour leur faire connaître que la place était encore abondamment pourvue, que pour leur épargner les privations causées par la famine qui régnait dans leurs troupes. Celles-ci commençaient à se décourager, tandis que les assiégés au contraire sentaient augmenter leur courage avec leurs sacrifices.

Le maréchal du Plessis-Praslin, conformément aux ordres de la cour, interceptait les vivres qui venaient du côté de la Flandre à l'armée assiégeante et la fatiguait sans relâche par les partis qu'il lançait contre elle de toutes parts. De Brugy, mestre de camp d'un régiment de cavalerie, s'étant détaché avec 1,200 mousquetaires, alla se porter dans les bois entre Guise et Landrecies et y demeura une semaine entière, enlevant les convois, battant les partis ennemis et faisant un grand nombre de prisonniers. Cette entreprise hardie exécutée avec bonheur fut une des causes de la levée du siége. Le maréchal n'eut pas moins de succès. Ayant appris qu'un immense convoi de trois mille charrettes et de trois mille bêtes de somme devait sortir d'Avesnes, tandis que deux autres convois viendraient de Landrecies et de Cambrai, il fit rompre les chemins par des fossés, boucher les défilés et les passages difficiles par des abattis d'arbres et plaça des détachements dans tous les postes avantageux, de sorte que rien ne put lui échapper. Le comte de Grancey, lieutenant-général, se dirigea du côté d'Arras avec 500 mousquetaires et 200 chevaux, le lieutenant-général Rose, Allemand, fit une autre battue avec 1,000 chevaux et 100 dragons. Le lieutenant-général Villequier, à la tête de 800 chevaux et de 60 mousquetaires, et d'Hocquincourt, avec un pareil nombre de fantassins et de cavaliers marchèrent sur Landrecies par deux routes différentes ; enfin, le marquis de La Ferté-Senneterre se mit aussi de la partie avec un gros de 1,200 chevaux et 600 mousquetaires. Ces différents corps tombèrent sur les trois convois et les harcelèrent si bien qu'aucun ne put parvenir à sa destination et qu'ils servirent à alimenter l'armée du maréchal (1).

Les assiégeants n'avaient pas seulement à souffrir des troupes régulières de du Plessis ; l'abbé de Migneux, gentilhomme du pays, avait rassemblé autour de lui un certain nombre de paysans, et après s'être défendu avec eux dans un château pendant quelques jours contre des détachements de l'armée espagnole, il s'était mis à la tête d'une vingtaine de villages dont les habitants étaient toujours à sa disposition. Tantôt ils surprenaient les convois, tantôt ils tombaient à l'improviste sur les fourrageurs ; quelquefois même ils servaient de guides aux corps expéditionnaires de l'armée du roi. Ils contribuaient ainsi à augmenter de plus en plus la disette qui désolait les lignes ennemies.

---

(1) Deverdun ; — *Hist. de Louis XIV*, par de Limiers, liv. III, p. 178 et suiv. ; — Lelong, p. 515 ; — *Mémoires de Montglas*, tom. 1er p. 230 ; — Bayle, *Dict. hist. et critiq.*, tom. 2, p. 1549, et t. 3, p. 2447, art. *Révérend de Bougy*, remarq.

Le 29 eut lieu la prise d'un nouveau convoi, dont toute la gloire revint au maréchal, à cause des dispositions qu'il avait prises sur toute la frontière. Ce convoi se composait de 700 chevaux et de 300 mousquetaires montés sur autant de bêtes de somme chargées de pain et de munitions pour le camp. Après avoir passé l'Oise à Sorbais, il était parvenu à gagner en bon ordre les plaines de La Capelle, mais ayant été aperçu par le guet du clocher de cette place, le gouverneur Roquepine fit tirer le canon pour avertir les Français de l'approche de l'ennemi. A ce signal, Gontery, cornette de la compagnie française des chevau-légers de Mazarin et commandant des compagnies du cardinal Antoine, du maréchal du Plessis, de Milord d'Ibbi et de Reneville, vint faire sa jonction avec celle du gouverneur de La Capelle, réunissant en tout 250 chevaux. Les deux capitaines chargèrent l'escorte avec une telle vigueur sur les deux flancs qu'ils l'obligèrent de quitter les bois de La Capelle à la faveur desquels le convoi opérait sa marche, la menèrent battant pendant deux lieues et enfin la forcèrent d'abandonner les 300 chevaux avec leurs bagages, et les mirent en pleine déroute. Il y eut 150 hommes tués et autant à peu près de prisonniers, au nombre desquels se trouvaient 25 capitaines et lieutenants alfiers réformés, et autres officiers de divers grades. 50,000 rations restèrent au pouvoir des Français. Tous nos officiers s'étaient battus en soldats dans cette affaire ; Gontery avait eu son buffle percé d'un coup de mousquet et le gouverneur de La Capelle y perdit dans la mêlée le chevalier de Roquepine son neveu (1).

(1) *Mém. de du Plessis-Praslin* ; — Lelong, p. 513 ; — Montglas, tom 1er, p. 230.

A la disette qui allait toujours croissant dans le camp ennemi, se joignit la division qui se mit entre les différents corps d'armée, composés de nations diverses, qu'un intérêt passager avait un moment réunies. Bientôt s'élevèrent les murmures, et la désertion prit des proportions telles, que le seul régiment de Turenne, composé de 600 hommes, se trouva réduit à un effectif de 225. Les Français impatients avaient demandé qu'on les menât à la tranchée, mais leurs alliés les Espagnols n'y avaient jamais voulu consentir, de sorte qu'ils étaient tombés dans un découragement qui alla jusqu'à leur faire abandonner leur chef.

Cependant les mines ne devaient pas tarder à jouer et leur explosion menaçait d'être terrible. On en avait pratiqué une dans une cave de la maison de la Hure, dans la rue Chanteraine, et une autre du côté de l'église de Saint-Pierre. Elles furent chargées de quarante-huit tonneaux de poudre, ce qui devait suffire ce semble pour faire sauter le château avec la grosse tour. Tous ceux qui se trouvaient dans son enceinte tremblaient, dans l'attente de l'horrible catastrophe qu'elles ne pouvaient guère manquer de produire, sans néanmoins perdre courage. D'ailleurs Bridieu ne leur laissait aucun repos. Il les faisait travailler sans relâche à élever des retranchements aux endroits où il pouvait prévoir qu'on donnerait l'assaut. Chacun avait ses occupations suivant ses talents ou le genre d'industrie qu'il exerçait. Un charron nommé Bernier, rétablissait l'artillerie démontée, construisait des chevaux de frise et tout ce qu'il croyait propre à arrêter l'ennemi lorsqu'il voudrait monter à l'escalade. Cet homme mérita par son dévouement et son activité que son nom fût inscrit dans les fastes de sa patrie.

Comme il fallait avant tout atténuer autant que possible l'effet des mines, c'est à ce point important qu'on s'attacha tout d'abord. Saint-Germain, capitaine des portes du château, eut la hardiesse de descendre dans le puits destiné à fournir l'eau à la garnison, malgré sa profondeur extraordinaire de niveau avec les eaux de l'Oise, et reconnut la mine. Deux bourgeois, Fleury et Chavenas, essayèrent alors une contre-mine et arrivèrent si près des travailleurs ennemis qu'ils entendirent leurs coups de marteaux, de sorte qu'on put juger facilement de la portée que pourrait avoir l'explosion. Il n'y eut pas jusqu'aux femmes qui ne se livrassent aux plus rudes travaux. Elles avaient à leur tête madame de l'Echelle, dont la famille était fort considérée à la cour, qui leur donnait à toutes l'exemple d'un dévouement au-dessus des forces de leur sexe. Cette générosité des dames de Guise de cette époque fournit à l'historien du siége, le minime Deverdun, l'occasion de faire de leur mérite un éloge aussi naïf que pompeux. « Il faut dire ici, à la gloire des dames de Guise, dit le révérend père, qu'elles ont un je ne sçay quoy de généreux qui pourroit leur mériter le titre d'amazones de la France. Je ne prétends pas parler des qualitez extérieures de leurs personnes, ce n'est pas ce dont il est icy question. Je ne prétends pas parler non plus de leur esprit, quoy qu'il n'y ait rien de plus poly ; mais je parle d'une vertu masle, noble et généreuse qui les accompagne partout, avec une honnesteté si agréable qu'elle leur attire l'estime et l'amour de chacun. C'est assez dire qu'elles savent converser avec honneur et d'une manière irréprochable, parmi les gens de guerre, et que ni les armes ni les armées ne sont capables de les épouvanter. C'est ce qui a paru dès le commencement de ce siége, où elles n'ont donné que des marques de leur constance et de leur générosité. Elles ont eu devant leurs yeux des personnes de leur sexe qui ont été écrasées par les bombes, et une entre les autres dont la teste fut emportée d'un boulet de canon, pendant qu'elle se coëffoit, sans que rien de tout cela ait été capable de les étonner. »

Quoi qu'on puisse dire de l'enthousiasme du père Deverdun sur le courage des dames de Guise, il n'en est pas moins certain que de Fauge, lieutenant du duc de Lorraine, ayant fait offrir des passeports à plusieurs d'entre elles, soit par pure galanterie, soit pour montrer aux assiégés qu'on se porterait aux dernières extrémités au cas que le fort fût pris d'assaut, celles-ci les refusèrent avec une noble fierté, aimant mieux périr avec ses généreux défenseurs, que devoir la vie aux ennemis de leur pays.

Les travaux continuaient donc avec une ardeur incroyable du côté des assiégés, tandis que leur artillerie n'avait pas cessé un moment de tirer avec succès. Carantin, capitaine au régiment de Clermont, qui commandait les batteries du bastion de la Charbonnière, et Tardet, volontaire de celui de Persan, qui dirigeait les autres, ne cessaient de démonter les canons des assiégeants tandis que la garnison écrasait la ville et surtout le quartier des minimes sous une grêle de mousqueterie, de grenades et de toutes sortes de feux d'artifice. Une sortie qui eut lieu sur ces entrefaites fut aussi couronnée d'un plein succès. La gaîté qui fait le fond du caractère français ne l'abandonne jamais, même au milieu des plus grands dangers. Le capitaine Mézilles s'était imaginé de faire travestir pour cette sortie, toute sa troupe tant bien que mal, les uns en Turcs, les autres en Sauvages.

d'autres en Maures, en Espagnols, en Égyptiens, plusieurs en diables. Tandis que ceux-ci s'étaient barbouillés de suie pour mieux représenter les puissances infernales, ceux-là s'étaient couverts de farine, pour l'amour des contrastes. Qui portait le turban, qui le bonnet à la polonaise, qui le chapeau à la juive, qui des cornes avec une barbe et des moustaches à l'espagnole. Les armes et les harnais même des chevaux n'étaient pas moins bizarres. Le marquis de Solies, de Fiennes, de Pont, quelques autres seigneurs de qualité qui s'étaient jetés dans la place au commencement du siége, et les plus braves cavaliers de la bourgeoisie voulurent faire partie de la troupe qui montait bien à 80 chevaux. La porte de Secours et le pont-levis qui l'unissait à la contrescarpe ayant été ruinés par les batteries des ennemis, elle sortit par les casemates et tomba à l'improviste sur les quartiers voisins. Ceux qui les occupaient, surpris ou effrayés à la vue de cette étrange cavalerie qu'ils croient composée de tous les diables de l'enfer se retirèrent en désordre, ne sachant s'ils étaient en état de veille ou de sommeil, et se laissèrent tailler en pièces, sans presque se défendre. On ne leur fit aucun quartier. Les assiégés eurent cinq ou six blessés, mais ils perdirent le marquis de Solies, qui périt victime de son courage.

Tout étant prêt pour faire jouer les mines et faire sauter le château, le comte de Fuensaldagne, doutant peut-être du succès de l'explosion et toujours pressé par le manque de vivres, tenta un dernier effort pour engager le gouverneur à se rendre. Il lui envoya par un trompette une lettre aussi pleine d'estime pour sa valeur que de menaces en cas que la place fût emportée d'assaut. Elle était ainsi conçue :

Monsieur,

Les instances que m'a faites monsieur de Fauge, et l'estime que je fais de vos mérites, me donnent occasion de vous avertir, que les mines esquelles vous savez qu'on a travaillé ces jours-ci, sont prêtes à sauter et faire l'effet que l'expérience vous pourra montrer, si vous ne prenez autre résolution : ce que faisant promptement, pouvez espérer les conditions que votre valeur et de tant de braves soldats comme ceux qui sont à votre charge méritent; mais laissant passer cette occasion et attendant l'exécution des mines, pouvez être assuré qu'il ne sera plus en mon pouvoir de le faire; ainsi c'est à vous de considérer si au service de votre roy et de vostre maistre, il convient pour six heures de détention de plus de sacrifier à l'impétuosité du feu et à la furie militaire tant de vies et honneurs; que en vous donnant cette advertance, je demoureray déchargé, envers Dieu et envers le monde, de tout ce qu'en pourra succéder, et seray cependant,

Monsieur,

Votre affectionné serviteur.

Fvensaldaine.

Du camp, ce 30 juin 1650.

Bridieu après en avoir conféré avec le maire et les échevins, qu'il trouva dans la résolution de s'ensevelir sous les ruines du château plutôt que de se rendre, fit la réponse suivante au général espagnol :

Monseigneur,

Il n'étoit pas besoin de l'avis que vostre excellence a eu la bonté de me donner, à la sollicitation de monsieur de Fauge : l'effet des mines dont je suis menacé ne fera que fortifier la résolution de tous ces messieurs qui sont avec moy, de se bien défendre, puisque la qualité d'hommes d'honneur que vous nous donnez ne se peut conserver que par cette voye-là : si vous avez compassion pour eux, j'en ay de tous ceux que vous exposerez à nous attaquer. Je crois être obligé envers Dieu, d'avoir cette charité pour eux et de vous en donner avis. Cependant, en vostre particulier, je seray bien aise que vous me donniez lieu de vous témoigner que je suis,

Monseigneur,

Votre très-humble serviteur.

De Bridieu.

Du château de Guise, le 30 juin 1650.

Cette réponse pleine de noblesse et de fermeté fut remise au trompette qui avait apporté la lettre du comte, mais avant de renvoyer ce soldat, les officiers voulurent lui faire boire du meilleur vin de la place pour lui prouver qu'on était loin d'être réduit à l'extrémité; puis comme il partait, un des sergents de la garnison se mit à examiner les pieds de son cheval et comme le trompette lui en demandait fièrement la raison, le sergent répondit qu'il regardait s'il était bien ferré pour s'en retourner le lendemain au lieu d'où il était venu.

Toutefois, quelle que fut sa résolution, le gouverneur ne se dissimulait pas la gravité de sa situation et crut devoir donner avis à l'armée du roi du danger que courait la place, si elle ne recevait un prompt secours. Il fit allumer, pendant la nuit, des feux sur la grosse tour et dépêcha au maréchal du Plessis un messager qui eut l'adresse et le bonheur de passer et de repasser à travers les lignes ennemies, mais qui rapporta pour toute réponse, qu'on eût soin de mettre un flambeau sur la tour pour servir de signal lorsque la mine jouerait.

Le lendemain qui était le 1er juillet, un grand mouvement se manifesta dans tous les quartiers des assiégeants, et des troupes en furent détachées de tous côtés, ce qui fit croire à

Bridieu qu'on allait donner l'assaut. Afin de mieux recevoir l'ennemi, il commença par faire rentrer dans l'enceinte bastionnée toutes les troupes cantonnées dans les dehors, à la réserve de 150 hommes seulement qu'il laissa dans un poste important. Après avoir fait une revue générale de ses forces, qui montaient à 1,300 hommes environ, il les divisa en deux corps qu'il plaça aux endroits où les mines devaient faire explosion et où l'on devait présumer que se donnerait l'assaut. Il confia le commandement de l'un à Montfort et se mit lui-même à la tête de l'autre. La milice bourgeoise et la compagnie de la jeunesse composée d'environ 150 hommes sous les ordres de Bugnate fut disposée sur les bastions de la Charbonnière et de l'Alouette, aux courtines et aux demi-lunes qui les séparent. Toutes les portes furent bouchées à l'exception de celles de deux casemates où on laissa de bons corps de garde.

Bridieu semblait se multiplier à l'approche du danger et payait partout de sa personne. Par sa prudence, il entretenait l'union entre les officiers, les soldats et les bourgeois, qui avaient un si grand besoin de faire cause commune. Il distribuait de l'argent aux travailleurs, leur envoyait à ses frais toutes sortes de rafraîchissements, encourageait par de justes éloges ceux qui se distinguaient par quelque action d'éclat, et pour donner à tous l'exemple de la bravoure, il s'exposait de sa personne aux plus grands dangers, paraissant toujours aux endroits les plus exposés. Les mines devant jouer sur le soir, selon toutes les apparences, le P. Legrand, pour soutenir l'ardeur des assiégés et les disposer à vendre chèrement leur vie pour le service du roi, l'honneur de la France et le salut de la ville, fit un discours chaleureux qui entraîna toute la garnison et dont la fin fut couronnée par les cris mille fois répétés de : Vive le roi, qui retentirent dans tout le château. Ensuite, on s'embrasse avec joie, on se fait les derniers adieux ; chacun témoigne par la fermeté de sa contenance que l'événement qui se prépare n'est pas capable de l'effrayer. Le révérend père les dispose à l'absolution, comme des gens près de mourir, puis pour ranimer leurs forces, il leur fit distribuer plusieurs pièces de vin qu'il avait fait transporter du couvent au château. On but à la santé du roi, à celle du gouverneur et de tous les officiers, et du révérend père lui-même, qui, le verre à la main, jura de ne les abandonner jamais et de mourir avec eux sur la brèche pour le service de sa majesté.

Enfin, le moment fatal qui doit décider du sort du château de Guise et de ceux qu'il renferme dans son enceinte est arrivé. Une longue traînée de poudre aboutit aux deux mines ; les assiégés y voient mettre le feu et un frémissement involontaire s'empare de tous les spectateurs. Turenne, pour mieux voir l'effet de l'explosion était monté au clocher des minimes. De leur côté, le comte de Fuensaldagne, Sfondrate, de Gamarrhe, Ligniville, de Clinchant et de Fauge se préparent à donner l'assaut avec 7 à 8,000 hommes, tandis que le reste des troupes se concentre vers la partie du château qui donne sur la campagne, pour attaquer en même temps tous les ouvrages extérieurs. Toup à coup, les deux mines éclatent à la fois, avec une effroyable détonation. Celle de la rue Chanteraine ne produisit presque aucun effet, mais celle qui s'allongeait du côté de la ville, vers l'église Saint-Pierre, ébranla la montagne et tout le château, parut soulever la grosse tour et, emportant une partie du rocher, renversa les retranchements qu'on y avait pratiqués. L'explosion ne fut pas plutôt terminée que Montfort s'écria : Dieu soit loué, grâces à Dieu ! Vive le roi ! Courage, enfants, nous sommes sauvés ! Un long cri de Vive le roi répondit à ces paroles pleines d'un généreux enthousiasme. Bridieu, qu'on avait vu au moment de la détonation à l'endroit le plus dangereux, parut sur la brèche à la tête de tout son monde, une pique à la main, attendant l'ennemi de pied ferme et semblant le provoquer au combat.

Mais quelle ne fut pas sa surprise lorsqu'il vit l'ennemi changer tout à coup de résolution. La bonne contenance des assiégés, le peu d'effet des mines qui, en enlevant une partie du rocher n'avaient fait que rendre l'escarpement plus rapide, lui avaient fait comprendre qu'un assaut pouvait rester sans résultat et qu'il était inutile par conséquent de s'obstiner à prolonger le siége. La retraite fut donc sonnée de toutes parts ; elle se fit en bon ordre et sans bruit, à la vue des assiégés qui, du haut de leurs remparts provoquaient leurs ennemis au combat et ne cessaient de faire entendre le cri mille fois répété de : Vive le roi. La garnison resta néanmoins sous les armes jusqu'au lendemain 2 juillet, et ce ne fut que quand ils virent les lignes abandonnées sur tous les points, que les bourgeois descendirent du château pour éteindre le feu que les Espagnols avaient mis à la ville en se retirant. Trois salves de mousqueterie et une décharge générale de l'artillerie de la place annoncèrent la levée du siége. Le maréchal du Plessis croyant que c'était le signal de l'attaque du fort envoya deux cavaliers en reconnaissance ; ceux-ci voyant les lignes abandonnées se rendirent auprès de Bridieu, et allèrent, par son ordre, donner avis au maréchal de cet heureux événement. L'armée française vint le jour même camper à Guise, tandis que les Espagnols s'étaient retirés à Etreux où ils se retranchèrent. Le marquis d'Hocquincourt ayant voulu donner sur leur arrière-garde, faillit être victime de sa témérité. Le sieur d'Eclinvilliers, mestre de camp d'un régiment de cavalerie, l'un des plus ardents à poursuivre l'ennemi dans sa retraite, courut le même danger. Il fondit avec intrépidité, à la tête de quelques cavaliers seulement, sur un gros de 500 hommes pour délivrer le capitaine Rose qui emporté, lui aussi, par son ardeur s'était jeté au milieu de leurs bataillons. Du Plessis-Praslin, après s'être abouché avec le gouverneur de Guise, lui laissa quelques troupes et des munitions de guerre, et se retira du côté de Ribemont pour y laisser reposer son armée (1).

Les bourgeois étant enfin sortis par les casemates descendirent dans la ville, qu'ils trouvèrent dans un état déplorable. Tandis que le feu éclatait de toutes parts, des traînards s'y livraient encore au pillage. Bugnate, capitaine de la jeunesse, en rentrant dans sa maison qui était en face *de la grande hostellerie de Saint-Martin* à l'entrée du Grand-Faubourg, en trouva quatre installés chez lui, qui mangeaient à sa table et faisaient des paquets des effets qu'ils voulaient emporter. Il leur cria *Qui vive!* et comme ils répondaient *Turenne!* il ajouta *Vive Guise!* A ces mots, l'un d'entre eux se jeta sur lui, mais Bugnate étant parvenu à se dégager, recula quatre pas en arrière et le tua d'un coup de fusil. Profitant de ce mouvement un autre parvint à lui arracher

---

(1) *Mém. de Montglas*, tom. 2, p. 205 et 306; — *Nouv. Collect.*; — *Hist. de Louis XIV*, par Limiers, liv. 3, p. 478; — *Hist. de France sous le règne de Louis XIV*, par Larrey, tom. 9, r. 152; — Doverdun, *Le triomphe de Guise*; — Lelong; — Devismes, *Manuel historiq.*; — *Hist. de Vervins*, par Am. Piette, etc.

un pistolet qu'il avait à sa ceinture, mais le capitaine sortit de la maison, rechargea son arme et la déchargea sur celui qui lui avait enlevé son pistolet, dont il se servit pour tuer le troisième. Le quatrième avait jugé plus prudent de gagner la porte que de s'exposer à une mort certaine.

Un prodige annonça, dit-on, la levée du siége de Guise : Deverdun assure avoir entendu raconter à M. Deschamps, chanoine de la collégiale, et à plusieurs autres personnes, qu'au moment où l'ennemi se préparait à donner l'assaut, un pigeon blanc, symbole de l'ange tutélaire de la ville, parti du côté de la ferme de La Motte, voltigea longtemps au-dessus du château, sans paraître aucunement effrayé des décharges de l'artillerie, ni du tumulte qui régnait dans la place, et vint se reposer au sommet de la lanterne de la tour où il demeura jusqu'à la nuit. Comme on observe tout dans les grandes circonstances où l'on se trouve, on attribua la levée du siége aux différents patrons de la ville, dont les fêtes tombaient en effet à cette époque et dans le même mois. On remarqua enfin que la ville fut délivrée le 2 juillet, jour de la Visitation. Au reste l'un des pères minimes avait presque mis la sainte Vierge dans l'obligation de la sauver. Antoine Masson s'étant rendu à la tente du comte de Fuensaldague pour lui demander des sauve-gardes pour son couvent, lequel se trouvait par sa position exposé à toutes sortes d'avaries, se vit bientôt entouré de plusieurs officiers qui l'accablèrent de questions auxquelles il répondit avec assurance. Mais, ayant témoigné quelle confiance il avait en la protection de la sainte Vierge, pour la conservation de la place, l'un deux lui dit cavalièrement : « Mon père, la sainte Vierge a été jusqu'à présent bien françoise, mais, Dieu merci, la voilà qui commence à être espagnole. » Cette saillie ayant fait rire les assistants, le minime qui ne manquait ni d'esprit ni d'aplomb et qui était fort versé dans les saintes écritures, lui répondit: « Vous vous trompez, monsieur, la Vierge participe plus que personne du monde aux perfections de Dieu, et comme il est immuable par essence, elle vous fera connoître bientôt à vos dépens qu'elle n'est point changée, qu'elle est encore et qu'elle veut toujours être françoise. » L'événement justifia la prévision du révérend père.

Le siége de Guise, l'une des plus importantes opérations de la campagne de 1650, avait duré dix-sept jours. Il coûta aux Espagnols plus de 6,000 hommes et fit le plus grand honneur à la garnison et aux bourgeois, dont le patriotisme fut au-dessus de tout éloge. Guise, effectivement, rendit alors à la France le service le plus signalé. En arrêtant l'ennemi sous ses murs, il avait donné à l'armée royale le temps d'arriver pour neutraliser l'invasion, déconcerté les projets des factieux de l'intérieur, trompé l'espoir de l'Espagne et rassuré enfin les provinces alarmées à l'approche d'une armée considérable commandée par des généraux expérimentés. Le roi, qui était sur le point de partir pour Bordeaux où le mauvais état de ses affaires réclamait sa présence, avait attendu pour entreprendre ce voyage l'issue du siége de Guise, qui pouvait, dans les conjonctures où l'on se trouvait, avoir les plus grandes conséquences. Il partit le lendemain de la retraite des Espagnols. La nouvelle de la levée du siége lui fut donnée par le maréchal du Plessis qui envoya à la cour Dejoui, lieutenant de ses gardes, et par Bridieu, qui dépêcha Montfort, lequel avait été témoin de toutes les particularités de cette belle défense.

Arrivé à Paris, Montfort se rendit au Palais-Royal où était la cour, et fit en présence du roi, de la reine, du cardinal et de Le Tellier le récit de tout ce qui s'était passé à ce siége mémorable. Louis XIV l'écouta avec attention, puis ôtant son gant de la main gauche, il la lui donna à baiser. La reine lui dit : « Montfort, le roi te veut donner sa main à baiser pour te marquer la satisfaction qu'il a de tes services, de ceux de Bridieu et de tous ceux qui ont servi à la défense et au salut de la ville de Guise. » Montfort mit un genou en terre prit la main du jeune roi et la baisa avec respect. Par le conseil du cardinal, il suivit la cour à Fontainebleau pour y attendre les ordres du monarque.

Bridieu ne tarda pas à recevoir la récompense de sa noble conduite. La reine-mère lui écrivit de Fontainebleau, en date du 7 juillet, une lettre qui montre assez l'importance que la cour attachait à la conservation de la place de Guise, et l'estime qu'elle faisait du courage du gouverneur. « La « généreuse résistance que vous avez faite aux ennemis qui « vous ont assiégé, lui disait cette princesse, est si avanta- « geuse à l'État, et la levée du siége, si honteuse pour eux, « que je ne puis différer davantage à vous tesmoigner par « ces lignes de ma main la satisfaction que j'en aye et à quel « point j'estime vostre vertu et vostre courage. Certaine- « ment une action comme celle-là ne peut être ni assez « louée ni trop bien reconnue : assurez-vous que je n'en « perdray jamais le souvenir, et que je n'aurai point l'esprit « content que je vous aye donné des marques de mon « affection qui soient proportionnées au ressentiment que « j'en conserve. »

Le duc d'Orléans, oncle du roi, écrivit à Bridieu dans les

mêmes termes ; mais la lettre du cardinal Mazarin mérite surtout de figurer auprès de celle de la reine. Le gouverneur de Guise dut trouver dans les paroles flatteuses d'un si haut personnage la plus belle récompense que pût alors espérer un gentilhomme.

« La nouvelle joie que j'ay eue d'apprendre l'affront que les
« ennemis ont enfin reçu devant votre place dont ils ont été
« contraints de se retirer, disait le célèbre ministre, non-
« seulement avec honte, mais avec grand préjudice pour le
« dépérissement de leur armée, a esté de beaucoup accrue
« par vostre considération particulière et par la gloire que
« leur entreprise vous a donné lieu d'acquérir : comme j'ai
« toujours eu pour vostre personne une affection égale à l'es-
« time que chacun en doit faire, je ne sçaurois vous exprimer
« combien j'ay esté touché de la part que vous avez à ce grand
« succès ; car, enfin, l'histoire n'apprendra point à la posté-
« rité que Guise a esté sauvée, qu'elle ne dise en mesme temps
« que c'est vous qui l'avez défendue avec tout le courage,
« tout le zèle et la prudence qui estoient à désirer, dans une
« occurrence si pressante et si importante au bien de l'Etat.
« La reine vous en a voulu tesmoigner son ressentiment par
« une lettre de sa main. Pour mon particulier, je vous prie
« d'estre asseuré que quoyque je m'éloigne présentement de
« vous, je ne vous auray pas, ny vos services, moins présens
« à la mémoire; cependant j'ay parlé de la sorte à M. Le Tellier,
« qui est icy, pour ce qui regarde vos intérêts et vos satisfac-
« tions, que vous estimant beaucoup d'ailleurs, je suis asseuré
« qu'il en prendra tout le soin que vous pouvez souhaiter. »

Mazarin en faisant l'éloge de Bridieu ne pouvait sans injustice passer sous silence ceux qui avaient si bien secondé

ses efforts, aussi il ajouta : « Sa majesté est présentement
« informée de quelle manière les habitans de Guise ont si-
« gnalé leur zèle et leur courage en cette rencontre; je leur
« écris en mon particulier pour leur tesmoigner la passion
« avec laquelle je m'employray pour leurs avantages, non-
« seulement en général, mais pour les particuliers, la reine
« désirant estre informée de ceux qui ont le plus perdu, afin
« de leur faire des grâces personnelles qui les en dédomma-
« gent en quelque façon. Je n'ay point été surpris d'appren-
« dre de quelle sorte se sont conduits les officiers du régi-
« ment de Persan dans ce siége, puisque ce sont gens qui
« ont toujours également bien fait partout et de qui on ne doit
« rien attendre de médiocre. Vous les pouvez asseurer de ma
« protection pour tout le corps et pour eux en particulier,
« dont je seray très-aise d'avoir occasion de leur faire rece-
« voir les effets. Sa majesté a ordonné une pension au sieur
« de Faux, qui le commandoit, en attendant qu'elle fasse
« quelque chose de plus solide pour luy. Elle n'oubliera pas
« aussy le sieur de Laloy, le major des Polonois, ni le lieute-
« nant de Salis, et elle fera paroître au marquis de Solies, la
« reconnoissance qu'elle a du service que vous tesmoignez
« qu'il a rendu en cette rencontre. Pour le sieur de Montfort,
« je souhaite de le placer avantageusement; et cette der-
« nière action ajoute encore beaucoup à l'impatience que
« j'en avois. Je me remets du surplus à sa vive voix (1). »

Boucherat, intendant de Picardie et depuis chancelier de

---

(1) Mazarin ajouta en *post-scriptum* : Quand vous aurez raccommodé votre place, si vous venez faire un tour à Paris, vous pourrez vous adresser à M. Le Tellier comme à moy-même, et il vous dira diverses choses dont je l'ai entretenu. À Fontaine-Bleau, le 7 juillet 1650.

France, ajouta son témoignage à celui du cardinal et de la reine ; il avait écrit de Soissons à Bridieu, dès le 3 juillet, pour lui témoigner sa joie du service qu'il avait rendu à l'Etat et lui offrir sa protection. Enfin une lettre de Louis XIV lui-même vint couronner tous ces témoignages. « Les ser-
« vices considérables que vous m'avez rendus dans toutes les
« occasions qui se sont présentées et particulièrement au siége
« de Guise, où la résistance généreuse que vous fistes signala
« votre courage et la gloire de cet Etat, sont des gages de
« vostre zèle et fidélité pour laisser aucun lieu d'en douter :
« aussi, je puis vous dire que j'en suis autant persuadé que
« vous pouvez le désirer : vous le reconnoistrez lorsque j'aurai
« lieu de vous faire paroistre la considération que je fais de
« ceux qui me servent comme vous. C'est ce que je vous
« diray par cette lettre, priant Dieu qu'il vous ait en sa
« sainte garde. »

Cette lettre était datée de Paris le 18 septembre 1651, et le 22 février 1652, le roi lui tenait sa parole en lui faisant expédier un brevet par lequel il le nommait chevalier et commandeur de l'ordre du Saint-Esprit, après lui avoir accordé 2,000 écus de pension sur l'élection de Guise ; mais Bridieu renonça à ce titre honorifique par attachement à la maison de Guise. Le roi ne l'honora pas moins, au mois d'août suivant, de la charge de lieutenant-général de ses armées et l'établit en 1507, *l'un de ses conseillers en ses conseils d'Etat et privé et directeur de ses finances.*

Montfort qui avait si bien secondé Bridieu fut aussi dignement récompensé de sa belle conduite. Il reçut une pension de 2,000 livres sur l'élection de Guise et le titre de maréchal de camp. Ce gentilhomme d'autant plus fier qu'il était moins favorisé de la fortune, renvoya deux fois à la cour le brevet qui le nommait à cette dignité, parce qu'il ne se voyait pas en état d'en soutenir l'éclat, mais le roi lui écrivit lui-même pour le lui faire accepter, avec promesse de lui fournir les moyens de tenir son rang, et le nomma en 1665 chevalier de l'ordre de Saint-Michel. On voyait autrefois au couvent des Cordeliers à Paris, les armes du comte de Montfort avec le collier de cet ordre, ses titres et qualités.

La garnison de Guise n'eut pas seule part aux libéralités du roi. Pour reconnaître les généreux services des bourgeois, Louis XIV accorda des lettres de noblesse au maire Poulain, aux échevins Desforges et Delachasse, ainsi qu'à plusieurs autres habitants de la ville. Ensuite les bourgeois lui ayant représenté que par suite de la position de la ville sur les frontières du Pays-Bas, « ils étoient sujets à plusieurs grandes dépences, dommages, incommoditez, pertes et ruines à cause des garnisons qu'ils souffrent en tous temps, logemens et fournitures aux gens de guerre, courses et incursions des étrangers, » le roi, sur leur demande et afin de leur faciliter les moyens de rétablir leurs maisons et de réparer les pertes qu'ils avaient endurées durant le siége, confirma et prolongea pour vingt ans, par lettres du 10 mars 1651, les anciennes exemptions d'impôts avec affranchissement « de toutes tailles, taillons, crues, aides, subsides, étapes et équivalens, soit pour solde ou entretien des gens de guerre, soit pour tout autre droit. » Il déchargea de nouveau, en 1655, par lettres de cachet données à Fontainebleau, les habitants de la ville et faubourgs de la contribution. Malgré diverses oppositions, ce privilége fut prolongé jusqu'en 1768 et renouvelé encore pour vingt ans à partir du 1er janvier 1770.

Medailles frappées à l'occasion du siége de Guise
1650.

Ces divers priviléges valurent aux Guisards la dénomination de demi-nobles qu'on leur donnait encore avant la révolution. Louis XIV porta la sollicitude jusqu'à ordonner au mois de mars à M. Gamin, intendant de justice en Picardie, de se transporter à Guise, *avec gens à ce connoissans*, pour visiter les ruines des maisons incendiées pendant le siége et évaluer les dommages causés aux propriétaires. Le même mois, à la requête du maire M. Fleury, il accorda à la ville deux foires franches de trois jours qui devaient se tenir aux trois jours suivant le dimanche de la mi-carême, et aux trois jours suivant le premier dimanche des avents. Il augmenta de plus, de deux jours chacune, les deux anciennes foires des mois de mai et de septembre (1).

Non content de ces témoignages particuliers, Louis XIV voulut consacrer la mémoire du siége de Guise par un monument public. Une médaille fut frappée pour en rappeler le souvenir à la postérité. Cette médaille porte d'un côté la ville de Guise sous la figure d'une femme couronnée de tours et appuyée sur le bouclier de ses armes, présentant au dieu Mars une couronne obsidionale. On aperçoit aux pieds de Mars des munitions de guerre et de bouche avec cette légende : *Hispanorum commeatu intercepto* (convoi de vivres enlevé aux Espagnols). L'exergue est *Guisia liberata I Julii. M. D. C. L.* (Guise délivrée le Ier juillet 1650); de l'autre côté la figure de Louis XIV avec ces mots : *Ludovicus XIIII, rex christianissimus* (2). Cependant on ne crut pas pouvoir mieux confier la mémoire de cet événement qu'à la religion,

---

(1) Deverdun et Archives de l'Hôtel de Ville

(2) Médailles des principaux événements du règne de Louis-le-Grand, année 1650.

gardienne des souvenirs. Bridieu, en exécution du vœu qu'il avait fait, donna à l'église des minimes une image d'argent en relief représentant la Vierge. Cette figure était posée sur un piédestal d'ébène garni d'argent. Les armes de Bridieu étaient gravées au pied de la figure. On la portait en procession dans le cloître le premier dimanche de chaque mois (1).

On établit en outre une fête commémorative qu'on devait célébrer à perpétuité le 2 juillet de chaque année et dont l'institution fut approuvée par l'évêque de Laon. L'office se faisait dans la collégiale par le chapitre et tout le clergé séculier de la ville, réunis ; il était suivi d'une procession solennelle où l'on portait le Saint-Sacrement, comme au jour de la Fête-Dieu, et à laquelle assistaient tous les corps ecclésiastiques et laïcs. On y voyait au premier rang le chapitre de Saint-Gervais ayant à sa tête le curé de Saint-Pierre, les séculiers revêtus de chapes, et les minimes, leur croix en tête ; puis venaient les nombreuses confréries de la ville, précédées de leurs bannières et dont tous les membres portaient un flambeau, et enfin le corps des archers sous l'étendard de leur patron saint Sébastien, l'arc et la flèche à la main (2). A la suite des corporations paraissait le

(1) Cette image a été fondue au moment de la révolution et convertie en argenterie par les PP. minimes. Le P. Cavennes, leur supérieur, en eut sa bonne part qu'il distribua dans la suite à ses parents. M. Vandermonde et M. Tayon, de Guise, en ont encore quelques pièces en leur possession.

(2) Il y avait à Guise des confréries de Sainte-Barbe, de Saint-Julien, de Saint-Sébastien, de Saint-Eloi, de Saint-Hubert, de Saint-Nicolas, de Saint-Claude, de Saint-Marcoul, de Saint-Christophe, de Sainte-Anne, de Saint-Louis, de Saint-Blaise, de l'Annonciation, de la Trinité, de N.-D. des Neiges. Ces confréries avaient des biens, des administrateurs et quelquefois des chapelles. Le grand nombre de prêtres habitués qu'il y avait dans la ville leur permettait d'avoir leurs curés. On voit par un compte de l'hôtel de ville que *les chappeaulx de fleurs* pour le jour et fête de Saint-Nicolas coûtaient en 1587, à la confrérie, VII deniers.

gouverneur de la place accompagné du lieutenant du roi, du major, de la noblesse de la ville et des environs, et suivi de ses gardes, le mousqueton sur l'épaule et revêtus de casaques aux armes de sa maison. Le dais était porté du côté droit par les officiers du duché et du côté gauche par le maire et les échevins. L'ordre de la procession avait été réglé de cette manière par le duc de Guise pour éviter toute contestation, et sur une requête que lui présentèrent en 1653, le maire Delachasse, les échevins Delattre et de Martigny, tendant à obtenir rang et préséance sur les officiers du bailliage (1). Tout le cortége traversait ainsi les rues de la ville jonchées de fleurs et décorées de distance en distance de superbes reposoirs, parmi lesquels on remarquait toujours celui qu'on élevait dans la rue Chanteraine, à l'endroit où avaient éclaté les mines. « Cependant, dit Deverdun, on entendoit la symphonie des violons qui estant meslée avec le chant de l'église faisoient d'agréables accords. » Au retour de la procession on chantait la messe d'actions de grâces et le *Te Deum* pour remercier Dieu de la délivrance de la ville. Après midi il y avait une décharge générale de l'artillerie du château et sermon solennel à Saint-Pierre. Des indulgences plénières avaient été accordées par le pape à tous les fidèles qui célébreraient avec dévotion cette fête à la fois religieuse et militaire. La suppression de la fête commémorative porta une première atteinte au souvenir déjà bien affaibli du siége de 1650; on devait lui porter le dernier coup par la destruction des antiques

---

(1) Requête présentée par les maires, lieutenant et échevins, à son altesse Henri de Lorraine, etc... Archives de l'Hôtel de Ville.

remparts de la ville et des vieilles portes Chanteraine et du Grand-Pont, seuls monuments qui pouvaient peut-être sauver de l'oubli les noms de tant de généreux citoyens qu'on avait vus défendre leurs murailles contre une armée de 40,000 hommes et qu'on avait regardés comme les sauveurs de la France qu'ils préservèrent de l'invasion pendant une minorité orageuse (1).

Toutefois, il faut le dire, le nom de Bridieu s'est ravivé dans la mémoire des Guisards. Le portrait de ce courageux gentilhomme ayant été donné à la ville, en 1836, par sa famille, on plaça sur une tourelle octogone qui termine l'angle d'un des bâtiments du château une plaque de marbre sur laquelle on voit ses armes en relief avec cette simple inscription : « *Louis de Bridieu, gouverneur de Guise. Siége de* 1650. » Quant aux noms des officiers municipaux anoblis par Louis XIV, ils sont restés enfouis dans les vieilles et insignifiantes délibérations du corps de ville.

Cependant les Espagnols exaspérés de l'échec qu'ils avaient essuyé devant Guise, ne s'étaient pas contentés de mettre le feu à la ville seulement ; ils brûlèrent encore le château de la Plesnoye à Vadencourt, pour se venger du courage qu'avaient déployé pendant le siége les de La Fons, seigneurs de ce lieu, qui commandaient dans le régiment de Guise. Ils y firent pour 20,000 livres de dégâts. La famille de La Fons, qui

---

(1) Cet acte de destruction a été consommé pendant les années 1847, 1848 et 1849. Quelles que soient les raisons qui l'aient pu motiver, il sera toujours infiniment regrettable, pour l'honneur de la ville, qui se trouve ainsi privée des témoins de son histoire. Il a été reproché au conseil municipal de cette époque par M. de Montalembert dans un discours à la chambre des pairs, où cet orateur le désigna parmi les conseils municipaux *qui renversaient leurs remparts historiques*. Il avait visité la ville et le château quelques années auparavant. On sait que M. de Montalembert joint au talent de l'orateur et de l'écrivain, de grandes connaissances en archéologie.

possédait depuis 1501 le fief de la chambellenie et de la boutellerie de Saint-Quentin, a fourni plusieurs braves militaires. On croit assez généralement que c'est aussi à cette époque qu'il faut rapporter la ruine de Flavigny-le-Grand, qui s'étendait depuis la vallée jusque sur la colline autour de l'église actuelle ; et celle de Montreuil-lès-Guise, dont il ne reste presque plus de traces (1).

Les impériaux n'avaient pas épargné davantage l'abbaye de Bohéries. Ce superbe couvent avait déjà eu beaucoup à souffrir dans les guerres des Anglais et des Bourguignons, pendant les différents sièges que Guise avait eus à soutenir. Pour comble de malheur, les troubles intérieurs s'étaient joints aux difficultés des temps. Pierre Habert II, qui gouverna l'abbaye de 1630 à 1635, avait signalé son administration par de longs et fâcheux débats qu'il eut avec ses religieux et qui lui avaient valu une condamnation en cour de parlement. André Mondin, qui lui avait succédé, n'avait pas mené une conduite plus édifiante et contribua, par ses déprédations, au dépérissement de la maison. Elle possédait une magnifique croix d'or du prix de 12,000 livres indépendamment des pierreries dont elle était ornée ; les moines ayant voulu la vendre, sans doute pour les besoins de la communauté, l'abbé dissipateur osa s'en approprier le prix. Néanmoins il mourut si pauvre qu'il ne laissa pas de quoi se faire

---

(1) L'église de Beaurain avait un four et une cheminée qu'on remarque encore dans le clocher. Elle servait de refuge aux habitants en temps de guerre. Le cimetière était environné de hautes murailles en forme de remparts. — Il y avait encore un curé à Montreuil-lès-Guise en 1639, qui était M. Coustou. De ce village célèbre autrefois dans le pays par ses foires, il ne reste plus qu'un hameau appelé vulgairement Montreux, dépendance de Lesquielles. — Archives de la Ville. Notes de M. Tabary.

enterrer, ce qui accuse plutôt l'excès de ses prodigalités que l'étendue de sa charité. Après lui, Bohéries était tombé dans un état si déplorable que depuis 1540 elle n'avait plus d'abbé régulier. Le siége de Guise acheva sa complète décadence. Les Espagnols qui en avaient fait un hôpital pour leurs malades et leurs blessés en détruisirent les vastes bâtiments. De l'ancienne communauté il ne restait plus que deux religieux, l'un prêtre et l'autre convers, lesquels habitaient au milieu des cloîtres ruinés, couverts de ronces et de buissons, en compagnie des loups et des renards qui descendaient des bois voisins pour exhumer les cadavres des morts nouvellement ensevelis et apaiser de ces affreux débris leur ventre affamé (*iratum ventrem placituri*). Il n'y avait plus ni clôture, ni apparence d'habitation humaine. Ce ne fut que douze ans après le siége, c'est-à-dire en 1662, que Bohéries commença de sortir de ses ruines lorsque l'abbé Armand de Monchi-d'Hocquincourt y introduisit des moines de la stricte observance de Citeaux. Les nouveaux religieux parvinrent à grand peine à rétablir le couvent, qu'ils occupèrent pendant longtemps à la gloire de la religion (*magnâ cum religionis laude*) (1).

Les Français étaient restés à Ribemont jusqu'au 21 juillet; les Espagnols de leur côté n'avaient quitté leur camp d'Etreux que le 17 et continuaient d'exercer leurs ravages dans un pays déjà ruiné. Tandis qu'ils brûlent le château du Sart, en haine de la brillante conduite qu'avait tenue Jean de Récourt à qui il appartenait, puis Etréaupont, Sorbais, Luzoir, etc., le maréchal de Turenne piqué au vif de ce que

---

(1) *Gall. Christ.*, tom. IX. *Eccl. Laud.;* — Lelong.

la garnison de La Capelle avait contribué à la honte qu'il avait reçue devant les remparts de Guise, persuadait à l'archiduc d'attaquer cette place. Celui-ci accédant aux désirs du maréchal, l'investit en effet le 24 juillet vers le soir, et fit ouvrir sur-le-champ la tranchée, laquelle fut poussée si vivement que Roquepine, après s'être défendu pendant treize jours avec une grande valeur, se rendit le 3 août. Un détachement de l'armée espagnole alla le même jour attaquer le château d'Hirson, sous les ordres de dom Francisco de Mello. Les vieux remparts des sires de Guise ne permirent pas au gouverneur Carruel de se défendre au-delà du 29. L'archiduc, après avoir pris La Capelle, se présenta devant Vervins, qui ouvrit ses portes le 7 septembre, et rebroussa chemin vers Marle pour observer l'armée du roi qui se couvrait des marais de Liesse. Cependant Sfondrate avec son détachement attaquait Marle dont le gouverneur de Signier, complétement dépourvu d'artillerie, osa néanmoins se défendre pour donner au maréchal du Plessis le temps de couvrir le Laonnais. Ce brave gentilhomme fut fait prisonnier et le château pris et pillé le 15 août. Enfin, les généraux espagnols marchèrent vers la Champagne avec toutes leurs forces pour soutenir Turenne, qui venait de prendre Rethel et qui ne tarda pas à se saisir de Château-Porcien. Après quelques expéditions de moindre importance, l'armée d'Espagne harrassée de fatigues et de plus en plus affaiblie depuis le siége de Guise, se retira dans la Flandre (1).

---

(1) *Mém. de Montglas*, tom 1, p. 230 et 231; — Lelong, p. 516 et suiv.; — *Hist. de France sous le règne de Louis XIV*, tom. 2, p. 152; — *Hist. de Louis XIV*, par de Limiers, tom. 3, p. 178; — Deverdun, *Triomphe de Guise*; — *Manuel historique*; — *Hist. de Vervins*, par A. Piette, p. 100.

Aux ravages de la guerre succèdent trop souvent ceux de la famine et de la peste. Guise devait encore éprouver ces derniers à la suite de son triomphe. L'armée étrangère et celle qu'on avait mise en campagne pour l'arrêter avaient ruiné tout le pays des environs et une grande partie de la Champagne et de la Picardie, l'armée espagnole pour subsister et l'armée française pour affamer cette dernière. Aussi ces malheureuses provinces offrirent-elles le spectacle de la plus affreuse désolation. Tous les blés avaient été coupés et les habitants tellement dépouillés qu'ils restaient presque nus. Ceux des campagnes quittaient les villages et les hameaux pour aller chercher de quoi vivre dans les villes où ils ne trouvaient personne pour les soulager, parce que les bourgeois n'avaient pas de pain pour eux-mêmes; de sorte qu'on les voyait tomber d'inanition et mourir dans toutes les horreurs de la misère. Des soldats, débris des deux armées, attaqués de diverses maladies erraient çà et là dans les environs de Guise, et s'efforçant aussi d'aller chercher quelque soulagement dans les villes, mouraient de langueur sur les chemins et privés de tous secours spirituels et temporels (1).

Les premières nouvelles de ces malheurs furent portées à Paris par des personnes du pays qui les répandirent en différents endroits de la capitale. La joie qu'y causait aux nombreux partisans du roi la levée du siége de Guise et la retraite des alliés ne leur permit guère de songer aux douleurs de ceux qui avaient contribué à ce double avantage; mais elles parvinrent aux oreilles de Vincent de Paul qui se mit aussitôt

---

(1) *Vie de saint Vincent de Paul*, par un anonyme, tom. 1, liv. 5, p. 480; — *Vie du même*, par Abelly, liv. 2, p. 392.

en devoir de les soulager. Sans calculer si ses ressources pourraient égaler l'excès du mal, cet homme généreux prit sur-le-champ des arrangements avec une femme de qualité, la présidente Herse, qu'il voyait toujours prête à seconder ses vues charitables, et envoya sur les lieux deux de ses missionnaires avec un cheval chargé de vivres et 500 livres en argent. Ceux-ci s'assurèrent bientôt par leurs propres yeux que ce qu'on leur avait raconté était encore bien au-dessous de la réalité. Ils trouvèrent sur les chemins, le long des haies, un si grand nombre de malheureux épuisés de langueur et n'attendant plus que la mort, que leurs provisions ayant été épuisées en un instant, ils coururent aux villes voisines pour s'en procurer d'autres, mais ils les trouvèrent elles-mêmes dans un état aussi déplorable que les campagnes. Effrayés d'une désolation si générale, les deux missionnaires en écrivirent à saint Vincent, lequel n'écoutant que le cri de l'humanité, résolut de faire les derniers efforts pour secourir ces malheureux. Il s'adressa aux dames charitables qu'il s'était adjointes pour ses bonnes œuvres et quelque épuisées qu'elles fussent, soit par les secours déjà envoyés en Lorraine, soit par les dépenses énormes qu'elles faisaient pour soutenir les enfants trouvés, elles répondirent à son appel. A la prière du saint homme, l'archevêque de Paris recommanda à la charité des fidèles les malheureux de la Picardie et de la Champagne, ordonna que les chaires retentissent des cris et des gémissements que poussaient ces deux provinces. On alla jusqu'à faire imprimer et répandre dans le public un extrait de tout ce que les SS. Pères offrent de plus fort et de plus touchant sur la charité, et en peu de temps Vincent de Paul fut en état d'envoyer les premiers secours.

Ils furent portés par seize de ses missionnaires, qu'il fit suivre par quelques sœurs de la charité, véritables anges qui surent, en se conciliant le respect et la vénération dus à leur vertu, dans des contrées livrées aux désordres inséparables de la misère, remplir les devoirs que leur imposait leur mission charitable. Le Vermandois, la Thiérache, une grande partie du Rémois, le Laonnais et le Rethelois étaient surtout frappés par la contagion. Les détails qu'envoyèrent au saint les missionnaires qui s'étaient rendus à Guise, à Laon et à La Fère, peignent l'état affreux, où ces villes étaient réduites. Ce n'étaient partout que cris, que malheureux accablés de maladies hideuses causées par la mauvaise qualité des aliments, toute leur nourriture consistant en des fruits gâtés, des racines d'herbes et du pain de son, dont les chiens n'auraient pas voulu. Ces infortunés pressés par la faim se traînaient à peine; cependant ni les pluies, ni les mauvais chemins ne les empêchaient de se mettre en voyage et de faire plusieurs lieues pour avoir un peu de potage. Mais il n'arrivait que trop souvent qu'ils mouraient sur les chemins où leurs corps restaient privés de sépulture. A Lesquielles, où les missionnaires s'étaient rendus pour visiter les malades, ils avaient trouvé dans une maison une personne morte faute de secours et dont le cadavre avait été à demi rongé par les animaux.

« Nous venons, disaient-ils dans leurs lettres à saint Vincent, de visiter trente-cinq villages du doyenné de Guise, nous y avons trouvé plus de six cents personnes dont la misère est si grande qu'ils se jettent sur les chiens et sur les chevaux, après que les loups en ont fait leur curée! Dans la seule ville de Guise, il y a plus de cinq cents malades retirés en des caves et des trous de cavernes plus propres pour servir de retraite à des bêtes que pour loger des hommes. »

« Il y a un très-grand nombre de pauvres de la Thiérache qui depuis plusieurs semaines n'ont pas mangé de pain, non pas même celui qu'on fait avec du son d'orge et qui est la nourriture des plus riches. Ces malheureux n'ont eu pour vivre que des lézards, des grenouilles et l'herbe des champs. Les plus considérables habitans de quantité de villes ruinées sont dans une honteuse nécessité. Il les faut assister secrètement aussi bien que la pauvre noblesse de la campagne, qui, privée de pain et réduite à coucher sur la paille, a encore honte de mendier ce qui lui est nécessaire pour vivre ; et d'ailleurs à qui pourroit-elle le demander, puisque le malheur de la guerre a mis partout une égalité de misère. »

« Ce qui est plus digne de larmes, ajoutaient les missionnaires, c'est que non-seulement le peuple de ces frontières, n'a ni pain, ni bois, ni linge, ni couverture ; mais qu'il est encore sans pasteurs et sans secours spirituels, parce que la plupart des curés sont morts ou malades et que les églises ont été ruinées et pillées; en sorte que dans le diocèse de Laon il y en a bien cent ou environ, dans lesquelles faute d'ornements on ne peut célébrer la messe. Nous faisons tout ce que nous pouvons pour remédier à ces maux, mais ce travail est infini, et il faut aller et venir sans cesse, exposés au danger des partis et des coureurs, pour assister plus de treize cents malades dont nous sommes chargés dans ce canton (de Guise). »

La misère n'était pas moins horrible dans le Soissonnais et à Saint-Quentin qu'à Guise. Elle y était même telle, « que nous voyons, disaient encore les missionnaires, des hommes manger la terre, brouter l'herbe, arracher l'écorce des arbres, déchirer les haillons dont ils sont couverts pour les avaler : mais, ce qui fait horreur et que nous n'oserions dire, si nous ne l'avions vu, ils se mangent les bras et les mains et meurent en ce désespoir. » Cet état de chose dura près de dix ans, c'est-à-dire jusqu'à la paix des Pyrénées, le mal variant seulement d'intensité et reprenant quelquefois avec plus de force, aux endroits où il paraissait avoir cessé. On peut juger par là de l'immense charité de saint Vincent de Paul qui sut se mettre, malgré d'effroyables difficultés, au niveau des circonstances. La Thiérache, où le mal paraît avoir commencé, en ressentit plus particulièrement les bienfaits. Guise, La Fère, Ribemont, Marle, Vervins, Rozoy, Plomion, Hirson, Aubenton, Montcornet, sans compter une foule de villages, furent secourus et comblèrent l'homme de Dieu de leurs bénédictions (1).

Ces horribles calamités n'arrêtaient pas la fureur de la guerre civile et étrangère et les courses continuaient toujours sur la frontière. Attaqué le 22 octobre par un détachement de 850 hommes parti d'Avesnes, avec trois pièces de canon, Vervins se défendit avec courage, quoique étant dépourvu de troupes et de munitions. La prise de Rethel et un échec qu'il avait essuyé devant cette ville le 15 décembre (1650), firent incliner Turenne vers un accommodement; la retraite de Mazarin et l'élargissement des princes, acheva de l'y déterminer.

---

(1) *Vie de saint Vincent*, par un anonyme, p. 482; — *Vie du même saint*, par Abelly, liv. 2, p. 393 et suiv. — Ces détails sont extraits des lettres et des relations sur les secours accordés aux pauvres de Picardie et de Champagne en 1650 et dans les années suivantes.

Le prince de Condé, au contraire, toujours excité par les Frondeurs, traita avec les Espagnols et résolut de continuer la guerre (1651). Le retour du ministre vint encore augmenter les troubles. Les factions continuèrent à se livrer à une guerre d'intrigues, de chansons et de jeux de mots qu'on avait nommée pour cela *la guerre de la fronde* (1652). Sur ces entrefaites, le roi tomba malade au point qu'on craignit pour ses jours. Les plus célèbres médecins furent appelés pour donner leur avis sur cette maladie. Claude Clément, docteur-médecin, originaire de Guise, qui avait déjà donné le jour à Laframboisière, médecin de Henri IV et de Louis XIII, fut de ce nombre. Clément, qui joignait à une science profonde de son art une grande piété, opina pour la saignée et sut apporter de si bonnes raisons pour soutenir son avis qu'on se détermina à la pratiquer. Ce fut ce qui sauva le jeune monarque. Clément ne survécut pas longtemps à cette heureuse guérison qui devait faire sa gloire. Il tomba lui-même bientôt après dans une maladie de langueur qui le conduisit insensiblement au tombeau. Sa piété ne se démentit pas un instant. Sentant sa fin prochaine, il eut le courage de faire porter à l'église de Saint-Pierre-aux-Bœufs, sa paroisse pour y recevoir l'Eucharistie. Il y expira en 1652, à l'âge de trente-deux ans environ et y fut inhumé. Il avait été nommé médecin du roi, et avait été précepteur des enfants de M. Leroy, conseiller d'état. Colbert l'avait honoré de son estime (1).

Cependant l'archiduc était rentré en campagne par la prise de Gravelines et le blocus de Dunkerque, mais pressé par les

---

(1) Lelong; — *Hist. de Laon*, tom. II, p. 659; — *MS.* de dom Grenier.

princes de venir à leur secours après le combat du faubourg Saint-Antoine, il fit entrer en France, du côté de Guise, le comte de Fuensaldagne. Celui-ci négligeant Guise, alla camper à Crécy-sur-Serre, d'où, filant le long de l'Oise, il menaça Noyon, Compiègne, Chauny, puis attaqua cette dernière place qui ne put faire aucune résistance. Mais trompé par une ruse du cardinal, il s'éloigna, traversa le Laonnais, remonta le cours de l'Aisne, après avoir rejoint les Lorrains à Fismes, et revint au siège de Dunkerque mettant tout à feu et à sang sur sa route (1).

Jalouse de soutenir la réputation qu'elle avait acquise dans ses derniers exploits contre les ennemis de la France, la garnison de Guise avait repris le cours de ses excursions. La garnison espagnole de La Capelle ayant été piller Sommeron, sous les ordres de dom Juan de la Torte, les chevau-légers de Guise, ayant à leur tête l'infatigable Mézille, parvinrent à la surprendre et à lui enlever le butin qu'elle avait fait. S'étant ensuite réunis à la garnison de Saint-Quentin ils allèrent emporter d'assaut le fort du Câtelet qu'ils incendièrent, sans perdre un seul homme (2). Enfin, Bridieu ayant appris que le duc de Lorraine se dirigeait vers les Pays-Bas par la Thiérache, avec les bandes d'aventuriers qu'il avait amenées au secours des princes, et craignant que Vervins ne retombât au pouvoir de l'ennemi, avait envoyé dans cette ville pour soutenir les bourgeois en cas d'attaque, Ravaux de la Rainville et de Lisle, le premier, capitaine, et le second, lieutenant au régiment de Guise, avec 40 hommes du même

---

(1) *Montglas, Mém.*, tom. 1, p. 280.

(2) Hatton, *Annuaire historiq.*, p. 57 ; *ex Gazette de France*, 1652, n° 64.

corps. La Rainville, malgré de mauvaises fortifications, fit toutes ses dispositions pour la défense de la place qui fut en effet assiégée le 2 janvier 1653, par Ferdinand de Solis, le duc de Wurtemberg et le prince de Condé. La Rainville secondé par de Lisle et les bourgeois se défendit en homme de cœur, selon la résolution qu'il avait fait connaître à Bridieu, et reçut même une blessure (1), mais enfin manquant de munitions de guerre et de bouche, il fut obligé de se rendre après quatre jours de siége, mais à des conditions honorables tant pour la ville que pour la garnison. Celle-ci sortit de la place « avec armes et bagages, tambour battant, balles en bouches, et mèches allumées par les deux bouts. » Il avait été de plus stipulé dans un article de la capitulation « qu'il seroit donné bonne escorte à la garnison avec deux chariots pour le bagage, pour aller ladite escorte et chariots avec ladite garnison jusqu'à Guise, par le chemin ordinaire de Vervins à Guise, et que l'escorte et les chariots susdits seroient pareillement renvoyés avec toute assurance et sans fraude et que des ôtages seroient donnés jusqu'au retour. » Vervins ne resta pas longtemps au pouvoir de l'ennemi, car il fut repris par Turenne avant la fin de la campagne. Le maréchal y fit son entrée le 28 janvier. Le cardinal ayant mis bonne garnison à Vervins et confié le commandement de la place à La Rainville, l'armée alla prendre ses quartiers d'hiver à Crécy et à Laon (2).

(1) Malton, *Ass.*, p. 22 et 23; — *Gazette de France*, 1653, n° 15; — Lelong, p. 526; — Piette, *Hist. de Vervins*, p. 105 et suiv. et pièces justificatives, p. 305.

(2) Auteurs cités plus haut; — *Hist. de Vervins*, pièces justificatives, p. 305. Articles de la capitulation accordée au sieur de Rainville, capitaine au régiment de Guise, commandant en la ville de Vervins, pour le roi très-chrétien, par Ferdinand de Solis, maréchal de bataille du roi catholique.

La campagne de 1653 ne commença qu'au mois de juillet. Turenne, après la prise de Rethel, ayant su que les ennemis concentraient leurs troupes à l'Arbre-de-Guise, sur les hauteurs qui séparent Wassigny du Câteau, et aux environs de La Capelle, se mit aussitôt en marche vers Guise; mais ayant appris à Noircourt qu'une partie de l'armée espagnole s'était réunie à Chimay, il s'avança jusqu'à Anor avec la majeure partie de ses forces et campa ensuite avec toute son armée à Saint-Algis, où il arriva le 17 juillet. Le roi vint accompagné du cardinal faire la revue de ses troupes. Parti de Paris le 16, il quittait La Fère le 24 pour aller coucher à Marle, et le lendemain 25 il était à Saint-Algis. Le camp fut levé le 26 et le jeune monarque s'avança avec toute l'armée sur Ribemont pour s'opposer à une nouvelle irruption que les Espagnols campés à Fonsomme au nombre de 30,000 hommes se disposaient à faire en France. Dans les conseils qu'on tint à Ribemont sur la situation des affaires, l'avis unanime fut qu'on devait éviter tout combat décisif, selon l'opinion émise par Turenne, et qu'il fallait confier l'exécution de ce plan à la prudence du maréchal. Le roi quitta Ribemont le 29, alla coucher à Soissons et regagna Compiègne (1).

De Fonsomme l'armée d'Espagne marcha, à la vue des Français, sur la ville de Roye qui ne tint que deux jours. Turenne, fidèle à son plan de campagne, fit défiler ses troupes jusqu'au village de Mayot, passa l'Oise à Acheri et serra les Espagnols de si près qu'il les obligea de repasser la

(1) *Mém. de Montglas*; — Lelong, p. 554; — Matton, *Annuaire*, p. 46; — *Gazette de France* de 1653, n° 96.

Somme. Ils parurent néanmoins devant Guise dont ils essayèrent de former le siége, mais la garnison, ayant reçu un renfort de 1,800 hommes aux ordres du lieutenant général de Beaujeu, déploya d'abord une telle activité, qu'ils ne tardèrent pas à se retirer avec une perte de 200 hommes. Le 6 octobre, Mazarin se rendit à Guise pour conférer de nouveau avec Turenne sur le plan de campagne à suivre contre les Espagnols. Il fut décidé entre le maréchal et le ministre que l'armée resterait en pays ennemi pour y vivre à ses dépens (1).

Les environs de Guise déjà désolés tant de fois dans les dernières campagnes, continuèrent, en 1655, d'être le théâtre de la guerre et du pillage. Les troupes françaises s'étant rassemblées à La Fère au mois de juin, Louis XIV se rendit en cette ville avec son ministre pour y arrêter les opérations de la campagne. Déjà le marquis de Castelnau avait commencé les hostilités en emportant le Bas-Câtelet qu'il avait fait piller et brûler, après avoir passé au fil de l'épée près de 300 Espagnols qui lui avaient opposé une résistance opiniâtre. Le maréchal de Turenne ayant pris le commandement de l'armée s'avança jusque sur les hauteurs de Lesquielles où le maréchal de La Ferté, parti du côté de Laon, vint opérer sa jonction avec lui. Louis XIV vint à Guise et à Lesquielles où l'armée était campée. L'enthousiasme qui se manifesta parmi les soldats à son arrivée au camp, éveilla dans le jeune prince, qui avait à peine dix-sept ans, le sentiment militaire. Il retourna à La Fère pour demander à sa mère la permission de se mettre lui-même à la tête des troupes. La reine après quelques hésitations lui accorda sa demande, mais on ne

(1) Montglas, tom. 2, p. 449; — Lelong, p. 532; — Matton, *Annuaire*, p. 54.

voit pas qu'il ait rien exécuté alors qui pût faire présager ce qu'il devait être dans la suite (1).

Ayant quitté Guise, l'armée alla former le siége de Landrecies. Condé ne fut pas plutôt informé de la marche de son rival qu'il vint, par un mouvement rapide, se poster avec les Espagnols aux portes de Guise, du côté de Vadencourt, au-dessus d'Hannapes et de Vénérolles, le long du Noirieu, pour intercepter les convois qui pouvaient, à la faveur de la place, parvenir à l'armée assiégeante. Ses partis courent bientôt tout le pays, portant partout la désolation, ils poussent même jusqu'à Ribemont, et le roi, qui était revenu à La Fère, fut obligé de quitter cette ville où il n'était plus en sûreté, pour se réfugier à Laon. Du haut des remparts de Guise on pouvait voir tous les mouvements de l'armée de Condé qui, avec un corps d'armée de 2,000 hommes de cavalerie espagnole, parcourait, le 2 juillet, toute la banlieue, se rendant maître des petits forts de Villers-lès-Guise, de Beaurain et du château de l'Étang, comme s'il eut voulu prendre position autour de la ville. Ces mouvements n'avaient fait que presser davantage le siége de Landrecies. La mine ayant déjà fait brèche et un convoi qui venait aux assiégés du côté de Vadencourt ayant été enlevé, le gouverneur capitula et sortit de la place le 13 juillet (2).

Les Espagnols qui ne voulaient pas plus que nous hasarder une affaire décisive, s'étant retirés derrière la Sambre, Louis XIV et le cardinal vinrent de La Fère à Guise le

---

(1) *Mém. de Montglas*, tom. 2, p. 460; — Lelong, p. 342 et suiv.; — Matton, *Annuaire*, p. 42.

(2) Lelong, p. 342; — *Hist. de Vervins*, p. 408; — Matton, *Annuaire*, p. 46 et 49; — *Gazette de France* de 1655, n° 102.

23 juillet. Ils y tinrent, avec le maréchal de Turenne, un conseil de guerre où il fut décidé qu'on continuerait la campagne. En conséquence le roi alla faire à Buironfosse et à Leschelles la revue de son armée, et entra dans le Hainaut avec 35,000 hommes. Après la prise de Maubeuge, les Français ayant quitté la Sambre pour se diriger sur Avesnes et La Capelle, et étant revenus ensuite repasser cette rivière, le roi quitta l'armée à Landrecies le 28 août, et partit de Guise le 29, pour se rendre à La Fère auprès de la reine-mère. L'armée elle-même, après avoir pris et fortifié Condé, rentra en France. Les seuls événements qui signalèrent cette campagne à Guise fut le passage des troupes lorraines de l'armée française (le 23 novembre), qui allèrent camper à Ribemont et à Proisy, et la défection d'un de leurs corps. Le duc François, gagné par la France, avait formé le projet de quitter l'armée d'Espagne avec les troupes qu'il avait sur la Sambre. Fuensaldagne l'ayant commandé pour une entreprise sur Condé, François au lieu d'exécuter ses ordres, se dirigea rapidement sur Landrecies, et passa la forêt de Mormal et la Sambre à Maroilles et à Aimeries. Ce mouvement ayant fait soupçonner son dessein, un colonel irlandais le quitta avec plus de 300 hommes, tandis que deux autres officiers retournaient avec 200 hommes au camp espagnol. Le duc n'en arriva pas moins à Guise le lendemain avec 23 régiments complets. Sa marche avait été si rapide que pendant ces deux jours ses troupes n'avaient pris ni repos ni nourriture. On les dirigea sur l'Aisne où elles prirent leurs quartiers (1).

(1) Lelong, p 542 et suiv.; — Mallon, *Annuaire*, p. 46 et 49; — *Gazette de France* de 1655, n° 102.

Nos armes furent moins heureuses d'abord dans la campagne suivante, mais ensuite Turenne rétablit nos affaires. Pour obliger l'ennemi à diviser ses forces, le maréchal commença par côtoyer la Sambre, puis vint tout à coup investir La Capelle qu'il emporta après neuf jours de siége, le 27 septembre 1656. On rasa depuis cette forteresse qui avait soutenu d'autres siéges mémorables. Turenne conduisit ensuite son armée à Guise où le roi vint le joindre avec Mazarin. Le prince partit de Guise avec l'armée pour aller camper au Quesnoy et empêcher la prise de Saint-Guilain assiégé par le prince de Condé et don Juan d'Autriche, en y jetant un convoi de vivres et de munitions de guerre. Le monarque à son retour honora encore notre ville de sa présence et se rendit à Paris, laissant son armée fourrager dans le Cambrésis jusqu'au mois de novembre (1). Turenne avait formé des desseins sur l'importante place de Cambrai, mais l'activité que déploya le prince de Condé pour secourir cette ville la lui fit manquer. Il fut donc obligé de se replier sur Saint-Quentin. Ayant reçu à Saint-Quentin un renfort de 6,000 hommes, le maréchal vint camper le 12 juin 1657 sur le plateau de Vadencourt et de Tupigny, d'où il alla renforcer les garnisons de Landrecies et de La Capelle, puis il retourna en Flandre pour observer les mouvements de l'armée ennemie qu'il suivait encore lorsqu'elle quitta la Sambre pour surprendre Calais. Les Espagnols ayant échoué dans cette entreprise se replièrent sur Saint-Quentin, et tandis que Turenne qui les observait toujours était à Luzoir le 6 juillet, ils arrivaient au Câtelet le 26, marchaient le lendemain à

---

(1) Lelong, p. 344 et 345 ; — *Hist. de Turenne.*

Fervaques, campaient le 29 à Origny, et laissant toujours la place de Guise, allaient à Englancourt où ils séjournèrent jusqu'au 8 août, et qu'ils quittèrent pour se diriger vers Marienbourg, sans engager aucune action importante.

Les grands avantages que le roi remporta l'année suivante amenèrent enfin la paix des Pyrénées. Conclue le 27 novembre, elle procura à nos frontières du nord ruinées par la guerre et la famine un repos dont la France tout entière avait le plus grand besoin. L'union du Câtelet, de Landrecies, du Quesnoy, d'Avesnes et de quelques autres villes fortes à la couronne recula la frontière de France bien au-delà de Guise, qui avait été jusque-là sur la première ligne, et lui ôta beaucoup de son importance militaire (1). Comme on l'a souvent dû remarquer dans cette histoire, telle était au XIV° et au XVI° siècles, la marche généralement suivie sur les frontières de Picardie par les armées d'invasion. Elles arrivaient sur l'Escaut, le passaient vers l'abbaye du Mont-Saint-Martin, franchissaient le plateau qui sépare les sources de ce fleuve de celles de la Somme, arrivaient à Fervaques et tombaient sur Guise et sur Saint-Quentin. De là, elles descendaient la vallée de l'Oise pour se diriger sur Paris, ou bien elles se rejetaient à droite ou à gauche sur le pays, selon les circonstances. Celles qu'on leur opposait remontaient la vallée de l'Oise, le monarque s'avançait jusqu'à Compiègne, puis jusqu'à La Fère, d'où l'on allait s'appuyer sur Guise et Saint-Quentin. Dans les guerres des impériaux et jusque sous Louis XIV, les frontières de Picardie, entre la mer et Saint-Quentin, étaient le théâtre où se rencontraient les armées belligérantes. Saint-

(1) Lelong, p. 546.

Quentin formait l'extrémité droite de la base d'opérations; elle était soutenue par La Fère et Guise, destinés à garder le passage de l'Oise; cette position garantissait tout le pays au sud de cette rivière. Quelquefois l'ennemi tombait directement sur La Capelle et Guise, par Landrecies et la forêt de Mormal. Le temps qu'il mettait à assiéger ces villes et celles de Saint-Quentin et Péronne, donnait presque toujours aux Français le temps de respirer et de venir arrêter leur marche. L'importance de ces places diminua encore par l'incorporation au royaume, des provinces d'Artois, de Flandre et de Hainaut, surtout après les immenses travaux que Louis XIV fit exécuter par le génie de Vauban aux villes de ses nouvelles conquêtes, dont il fit comme une ceinture de places presque imprenables. Guise, Saint-Quentin et La Fère furent néanmoins conservés comme places de guerre, mais sans recevoir aucune des améliorations introduites dans l'art militaire depuis cette époque (1).

Mazarin ne survécut pas longtemps à la conclusion de la paix, car il mourut en 1661, laissant le gouvernement de l'État entre les mains de Louis XIV, qui sut par le despotisme l'élever au plus haut degré de gloire où il soit jamais parvenu. Les gens de lettres, les savants, les hommes d'État, les généraux illustres dont il s'entoura en firent le plus grand monarque de l'Europe et du monde. Il n'y eut presque pas de ville qui ne contribuât à l'honneur du grand siècle auquel il a laissé son nom, en produisant quelques hommes distingués, ou au moins quelque brave militaire, quelque modeste savant. Guise inscrivit dans ses fastes les noms de Dormay, de Nicostrat de Bara, de Valérien de Flavigny, de Ravechet.

(1) *Statistique de l'Aisne*, par Brayer.

Claude Dormay, homme savant et vertueux, né à Guise, fut chanoine régulier de Saint-Jean-des-Vignes de Soissons, où il fit profession le 21 décembre 1632. Son mérite le fit parvenir successivement à divers emplois. Il fut précepteur de M. Lepelletier, contrôleur des finances, et succéda à Adrien Bertrand dans la principalité du collége de Laon. Entré à Saint-Jean-des-Vignes, il y enseigna la rhétorique, la philosophie et la théologie; et s'appliqua beaucoup à l'étude de l'Écriture sainte et de l'histoire tant sacrée que profane. Dormay se livrait à l'étude avec une ardeur infatigable, et le temps qu'il n'employait point à lire ou à composer, il le consacrait à la prière. Son affabilité et sa douceur le faisaient aimer de toute la communauté, et quoique sur la fin de sa vie il fût devenu si sourd qu'il ne pouvait entendre qu'à l'aide d'un cornet qu'il appliquait à son oreille, il était toujours prêt à répondre avec bienveillance à tous ceux qui venaient le consulter sur des cas de conscience. Son premier ouvrage, qu'il dédia à Louis-le-Grand, et qu'il publia en 1655, est intitulé *Decora Franciæ*. Il y traita à fond du sacre des rois de France. Il se livra à l'étude de l'histoire locale et composa une histoire de Soissons en deux volumes, où il montra de la science et du jugement, mais qui manque d'ordre et de style. Ses ouvrages de théologie et de controverse sont : *Animadversationes in libris præadamitarum, seu exercitatio super versibus 12, 13 et 14, capitis quinti, epistolæ divi Pauli ad Romanos*, et un autre ayant pour titre, *Systema theologicum ex præadamitarum hypothesi*, dédié à M. de Bourlon, évêque de Soissons. Dormay composa, en 1665, le *Propre des Saints* pour l'usage de l'église de Saint-Jean, et enfin une théologie. Paul Moreau, docteur de Sorbonne, archidiacre et grand-vicaire de M. de Bourlon, avait tant d'estime pour le *Traité des sacremens*, de Dormay, qu'il disait souvent que la maison de Saint-Jean devrait le faire imprimer à ses frais parce que c'était un ouvrage achevé. En effet, ces ouvrages accompagnés de résolutions morales étaient goûtés de tous les savants de son temps. Il avait formé le projet de publier une histoire universelle dont on trouva beaucoup de cahiers dans ses papiers et l'*Idée d'un bon curé*. M. Lepoix, curé de Fère-en-Tardenois, mort en odeur de sainteté, devait lui servir de modèle ; mais la mort l'empêcha d'achever ces livres utiles. Dormay ayant consacré toute sa vie à l'étude, à la prière et à la pratique de toutes les vertus, vit approcher sa dernière heure avec calme. Il conserva jusqu'à la fin une patience admirable et une résignation parfaite à la volonté de Dieu, une humilité profonde et une soumission aveugle à la volonté de ses supérieurs. Lorsqu'on lui apporta les derniers sacrements, il fit en présence de toute la communauté, qu'il avait édifiée toute sa vie par la piété et la pureté de sa doctrine, une profession de foi dans laquelle il déclara soumettre à l'autorité de l'église tout ce qu'il avait écrit et enseigné. Il demande pardon à ses supérieurs et à ses frères de tout ce qui aurait pu les scandaliser dans sa conduite, avec une émotion si profonde et une telle expression de sentiment, que toute l'assemblée versa des larmes d'attendrissement. Pendant tout le reste de sa maladie, il ne s'occupa plus que de Dieu et de la mort, à laquelle il s'était disposé toute sa vie. Il mourut à Saint-Jean d'où il n'était jamais sorti, n'ayant pas voulu accepter de bénéfice, le 24 janvier 1671. Il paraît dans l'obitier de l'abbaye avec cet éloge: *Nono calendas februarii obiit D. Claudius Dormay, sacerdos et canonicus hujus ecclesiæ, qui sacras litteras indefesso animo professus est* (1).

Après le nom de Dormay, vient se placer naturellement celui de Nicostrat de Bara, que Guise vit naître deux ans après la mort du premier. Bara fut religieux de la célèbre congrégation de Saint-Maur, qui a rendu d'immenses services aux lettres. Il travailla avec Dom Martianay au tome 3⁵ des *Œuvres de saint Jérome*, et mourut en 1720.

Mais tandis que Guise donnait le jour à ces modestes écrivains, le monde savant perdait, en 1674, Valérien de Flavigny, docteur de Sorbonne, professeur d'Hébreu au collége royal et chanoine de Reims. Flavigny avait justifié ces titres par des ouvrages pleins de chaleur et d'énergie. Profondément versé dans les langues orientales, il attaqua avec ardeur la *Polyglotte* de Lejay, l'accusant d'avoir, par l'infidélité de ses versions, altéré la pureté du texte hébreu. Il était passionné pour la controverse et la discussion; il déféra à la faculté de théologie une thèse où les jésuites avaient prétendu que le système de Copernic était contraire à l'Écriture sainte et condamné à Rome, il fit au contraire l'apologie de la thèse de Louis de Clèves soutenue en 1667, et dans laquelle cet auteur révoquait en doute si l'épiscopat était un sacrement et si la prêtrise devait le précéder dans l'ordre de réception. Non-seulement Valérien de Flavigny était bon théologien, ardent controversiste, mais il était de plus litté—

---

(1) MS. de dom Grenier, *Hommes célèbres de Guise*; — *Hist. de S.-Jean*, par de Lonen, p. 228 et suiv. — Henri Martin, dans son *Hist. de Soissons*, fait naître Dormay à Cuisy-en-Almont. Nous croyons que c'est une erreur. Il y avait à Guise une famille de ce nom. Ainsi, on voit aux archives de la ville des copies des priviléges accordés par François 1ᵉʳ en 1526, collationnés par *Dormay* et Créveau, notaires à Guise.

rateur distingué. Son style vif, souvent caustique et toujours pressant tenait plus de l'impétuosité du jeune homme, au dire de ses appréciateurs, que de la gravité du docteur. L'auteur de l'*Histoire de Laon*, M. Devisme, fait naître Flavigny dans cette ville, où il existe en effet une famille de ce nom (1).

Le duc de Guise était revenu à Paris le 1er octobre 1652, après avoir été pendant quatre ans prisonnier en Espagne. Sa détention ne l'avait pas dégoûté de la vie aventureuse, car, en 1654, il essaya une nouvelle tentative sur le royaume de Naples, laquelle n'eut pas plus de succès que la première. A son retour de cette expédition il parut avec éclat à la cour de France. Ayant été fait grand chambellan, il fut chargé en cette qualité d'aller recevoir la reine Christine de Suède à la frontière. Une fois rentré dans les bonnes grâces du roi, il ne s'occupa plus que de figurer avec honneur dans les fêtes brillantes de la cour, dont il avait la direction par sa charge, et dans lesquelles il était souvent l'un des principaux acteurs. En le voyant avec le prince de Condé, à la tête des cinq quadrilles du fameux carrousel de 1662, les courtisans disaient : « Voilà les héros de l'histoire et du roman. » C'était bien caractériser d'un seul trait ces deux hommes, les plus extraordinaires peut-être, chacun en leur genre, qu'ait produits le XVIIe siècle; car, si la vie du prince de Condé appartient à l'histoire, celle de Henri de Guise ne fut qu'un long roman, où des amours extravagants, des entreprises téméraires, de surprenantes aventures éveillent la curiosité sans intéresser le cœur (2).

(1) Devisme, *Hist. de Laon*, tom. 2, p. 33, et *Manuel historiq.*; — Lelong.

(2) *Mém. de Montglas*, tom. 2, p. 276; — *Mém. de Henri de Guise*, Collect. Michaud et Poujoulat, tom. 7.

Henri de Guise parut s'occuper un instant de ses possessions de Picardie, car il obtint en 1662 des lettres-patentes qui lui accordaient la faculté de rendre l'Oise flottable et navigable depuis sa source jusqu'à Sampigny, par Guise, La Fère et Chauny. On lui concédait à lui et à ses hoirs *le fond* et *le très-fonds* de la rivière et trois perches de terre de longueur de chaque côté, à partir des bords, avec droits de péage fixe. Les travaux s'opérèrent à cet effet de Sampigny à La Fère, et la navigation s'établit, mais les choses restèrent en cours d'exécution. Le roi fit encore au duc une concession non moins importante, celle d'établir des forges et des verreries pour toutes sortes de verres, dans les bois du duché de Guise et à dix lieues aux environs, et de détruire celles qui s'étaient établies sans autorisation (1). Cette espèce de monopole accordé par Louis XIV ne pouvait avoir d'autre but que celui de donner plus d'ensemble au mouvement industriel que son ministre Colbert favorisait de tout son pouvoir et qui devait prendre dans la Thiérache une si grande extension. Bientôt, en effet, ses antiques forêts virent s'élever et prospérer toutes les branches de l'industrie, celles surtout que favorise l'exploitation du bois, comme les forges, les verreries. Ce fut sans doute dans la même intention et peut-être aussi pour fournir à ses prodigalités que le duc de Guise engagea, en 1655, à faculté de rachat perpétuel, à Jean Pétré, seigneur de Sougland, le franc-bois d'Hirson, d'une contenance de 2,800 jalois, moyennant 33,000 livres, en se réservant le droit de

---

(1) Extrait des *Registres du conseil d'etat*. MS. de dom Grenier, paquet 8, n° 5; — *Procès-verbaux de l'assemblée du directoire du département de l'Aisne*. séance du 14 décembre 1790, p. 469.

le retirer moyennant la même somme. Le duc rentra en effet en possession du bois d'Hirson, en 1663, un an après la concession de la navigation de l'Oise. Ce fut son dernier acte important dans son duché de Guise (1).

Henri de Guise mourut le 2 juin 1664, à l'âge de cinquante ans et quelques mois, après être revenu à de meilleurs sentiments. En lui finit la branche masculine de la célèbre maison de Guise, « qui sembloit destinée à périr, du moment que la réconciliation de la royauté et du peuple eut garanti la stabilité du trône et la paix du pays. » Henri a laissé des *Mémoires* qui ont été traduits en plusieurs langues et qu'on peut lire avec plaisir, si non avec une entière confiance (2).

Après la mort de Henri, le duché de Guise passa à son neveu Louis-Joseph de Lorraine, premier du nom, duc de Guise, de Joyeuse et d'Angoulême, pair de France, prince de Joinville, comte d'Aletz et de Penthièvre, né le 7 août 1650, de Louis de Lorraine, duc de Joyeuse, et de Françoise de Valois. Le nouveau duc fit, en 1667, un mariage illustre en épousant Elisabeth d'Orléans, duchesse d'Alençon, cousine-germaine du roi, l'une des princesses les plus accomplies de son temps. Les noces furent célébrées le 17 mars, dans la chapelle du vieux château de Saint-Germain, en présence de Louis XIV et de la reine (3). L'année qui suivit son mariage, le duc accompagna le roi en Franche-Comté et fut à la prise de Dôle où il se distingua par sa

---

(1) L'engagement du bois d'Hirson se fit par acte passé devant Delettres et Letellier, notaires royaux à Guise. — *Thiérache*, p. 59.

(2) *Mém. du duc de Guise, biographie du duc*, par Moreau.

(3) Anselme, *Hist. généalogiq.* — *Dictionn. de la noblesse*.

brillante valeur. Il s'était avancé si loin, qu'il ne fallut rien moins que les ordres du roi pour ralentir son ardeur. Il assista, en février 1668, à la réduction de la province. Ce jeune prince qui donnait de si belles espérances fut enlevé par la petite-vérole, à l'âge de 21 ans. Il mourut à Paris à l'hôtel de Guise, le jeudi 30 juillet 1671, et fut inhumé à Joinville, dans le tombeau de ses ancêtres (1).

Cette mort frappa toute la cour. « Les réflexions que vous faites sur la mort de Monsieur de Guise sont admirables, écrivait madame de Sévigné à sa fille, elles m'ont creusé les yeux dans mon mail, c'est là que je rêve à plaisir (2). » Il n'avait eu de son mariage avec Elisabeth d'Orléans qu'un fils nommé François-Joseph de Lorraine, deuxième du nom, duc d'Alençon, etc., né à Paris le 28 août 1670, quelques mois avant la mort de son père. C'est à l'occasion de sa naissance que madame de Sévigné écrivait encore à sa fille : « Conservez-vous, ma très-chère, songez que la *guisarde beauté* ayant voulu se prévaloir d'une heureuse couche, s'est blessée rudement, et qu'elle a été trois jours prête à mourir : voilà un bel exemple (3). » Le jeune prince reçut à la mort de son père le titre de duc de Guise, qu'il ne porta guère, car il mourut au Luxembourg le 7 mars 1675. Ce fut le dernier duc de Guise proprement dit. Le duché revint à Marie de Lorraine, dite *Mademoiselle de Guise*. Marie, née le 15 août 1615, était le huitième enfant de Charles de Lorraine, et la survivante de sa famille. Cette princesse se distinguait par sa piété, sa bienfaisance et ses hautes qua-

---

(1) Anselme. *Ibid.* — *Hist. de France.*
(2) Lettre du 23 août 1671, aux Rochers.
(3) Lettre du 27 avril 1671.

lités. C'est à elle que le père Deverdun adressa son *Triomphe de Guise,* dont il avait conçu le dessein étant supérieur des minimes (1).

L'extinction de la ligne masculine de la maison de Guise devait, aux termes des anciennes ordonnances, porter atteinte aux prérogatives dont la ville jouissait en qualité de duché-pairie; Louis XIV, par une attention toute spéciale, fondée sans doute sur la considération dont Mlle de Guise jouissait à la cour, et sur le souvenir du siége de 1650, lui conserva son ancien privilége selon lequel « les appellations des sentences et jugemens des officiers du duché devoient être portées directement au parlement, et non dans les juridictions intermédiaires, pendant la vie de la duchesse, nonobstant l'extinction de la pairie. » Cette concession accordée par lettres-patentes données à Versailles le 14 avril 1675, et registrées le 1er avril 1677, fut suivie de la nomination de Jean-Paul de La Fitte de Belleport à la place de gouverneur de Guise, en remplacement de Bridieu. La ville rendit un nouvel hommage à son généreux défenseur en faisant placer ses armes avec celles de Guise dans le mur du bastion du Mont-Eventé. Ces armes avaient été gravées sur deux pierres grises par Nicolas de Boissy, sculpteur à Marbay, au prix de 200 livres, suivant un compte ordonnancé, le 18 novembre 1677, par Clément et Balagny, l'un lieutenant et l'autre échevin représentant la *communauté,* par suite du décès du mayeur Delachasse (2).

(1) *Hist. généalogiq.* du P. Anselme; — *Dictionn. de la noblesse,* etc.

(2) *Ordonnances de Louis XIV;* — Matton, *Ann. historiq.,* p. 81; — Ordonnance du 18 novembre 1677, signée Clément et Balagny (*Archives de l'hôtel de ville.*)

Cependant l'orgueil de Louis XIV, son amour pour les conquêtes, avaient armé contre lui ses voisins, mais il était alors au comble de la prospérité : tout pliait sous ses armes. Dans un voyage qu'il fit en 1670, de Saint-Quentin à Landrecies, avec la reine, le dauphin et la cour, il s'était arrêté le 3 mai aux portes de Guise, à Vadencourt, où fut servi le dîner royal. Il fit en personne la campagne de 1676 à la tête de 50,000 hommes ; il alla prendre Condé, Aire, Bouchain et faire lever le siége de Maëstricht au prince d'Orange ; Guise le vit revenir triomphant après ces rapides conquêtes. C'était la troisième fois qu'il y passait pour se rendre à Saint-Germain. Il y coucha le mercredi 15 juillet, y tint conseil avec ses généraux, et le jeudi 16, vers midi, il était à Saint-Quentin d'où il se rendit à La Fère (1).

En même temps que la victoire couronnait toutes nos entreprises militaires et que les arts et les sciences florissaient de toutes parts en France, on voyait se relever ou s'embellir les monuments de la piété de nos pères. On en créait même de nouveaux. On fondait des hôpitaux, des écoles, des maisons de retraite. Louis XIV et sa cour donnaient l'exemple. Mlle de Guise ne resta pas étrangère au mouvement de son siècle. Henri de Guise avait fondé en 1662 un hôpital de douze lits à Liesse. On sait que la maison de Guise avait fait mettre ses armes dans l'église de ce célèbre pèlerinage à côté de celles de plusieurs princes. Marie de Guise fonda définitivement, en 1680, l'hôpital de Guise qui succéda à l'hôpital établi au xiiie siècle par Jeanne de Châtillon. Il fut

---

(1) Colliette, *Mém. du Vermand.* ; — Matton, *Ann.*, p. 56 et 44. Ces dates sont de Colliette, Matton n'est point d'accord avec cet auteur. — Lelong, p. 557.

d'abord destiné à recevoir les pauvres malades tant de la ville que du duché, les militaires de la garnison, moyennant l'abandon de leur solde et du supplément de solde donné par le roi, et les étrangers passants qui tombaient malades. Les bâtiments de l'ancien hôpital furent abandonnés et le nouvel établissement s'éleva sur l'emplacement de la ferme de la *Grosse-Tête*, du domaine du duché, au faubourg de Flandre. Cet édifice est simple, vaste, bien aéré, et accompagné de beaux jardins. Aux biens de l'ancien hôpital, Mlle de Guise ajouta, outre les terres de la ferme, une rente annuelle non rachetable de 1,470 livres sur le duché, payable en deux termes égaux, indépendamment de celles qu'il avait, selon la fondation, sur les bourgeoisies et le vinage de Guise. Elle porta à trente-deux le nombre des lits qui n'était autrefois que de douze. Il y en eut vingt pour les hommes et douze pour les femmes, distribués dans deux salles terminées par une chapelle.

L'administration de l'hôtel-Dieu fut d'abord confiée au curé de Saint-Pierre, aux officiers du duché et au maire; les notables en furent exclus par suite de l'opposition qu'ils firent au roi au sujet de la vénalité des charges municipales. Quant au service des malades, il ne pouvait être remis en de meilleures mains qu'en celles des sœurs de Saint-Vincent, déjà connues dans la contrée par les services qu'elles avaient rendus au temps de l'épidémie. Sur la demande de Mlle de Guise, le supérieur de cette célèbre congrégation accorda trois filles de sa compagnie, lesquelles devaient être nourries aux frais de l'établissement et avoir pour leur entretien 36 livres chacune (1696). Le nombre des religieuses monta dans la suite à sept, et le revenu à 4,428 livres 13 s. 5 den. Le duc Louis-Henri de Bourbon ne se montra pas moins favorable à la prospérité de l'établissement. Il ajouta à ses revenus en lui donnant des actions sur la compagnie des Indes, et en faisant faire pour les malades des robes de chambre à sa livrée, ainsi que l'avaient pratiqué ses prédécesseurs. Bien plus, comme les anciens titres de l'hôpital avaient été perdus et qu'on n'avait point trouvé après la mort de Mlle de Guise de lettres patentes sur la fondation, enregistrées au parlement, il en obtint en novembre 1739, que le comte de Charolais, tuteur honoraire du prince de Condé, fit enregistrer au parlement le 15 décembre 1742. Les plus riches habitants de Guise, à l'exemple des princes, augmentèrent beaucoup dans la suite le bien des pauvres. En 1719, Anne Marguerite de Martigny, veuve de Thomas Desforges, fonda à perpétuité dans la chapelle de l'hôpital douze messes basses de *requiem*, pour le repos de l'âme de son mari, avec cette clause qui rappelle les anciennes fondations religieuses: qu'on prendrait sur la rente annuelle affectée à ces messes, de quoi faire faire à chaque pauvre malade de l'hôpital une collation composée « de deux verres de vin à chacun, de biscuits ou fruits confits selon la saison (1). »

(1) *Archives de l'Hôtel-Dieu ;* — Description MS. de Guise ; — *Statistique de l'Aisne*, par Brayer, tom. 1er, p. 500 ; — N. Lelong ; — *Quelques mots d'un vandale*, p. 17.

Le 21 avril 1738 et les jours suivants furent des jours de fête pour cet établissement charitable et pour tous les amis des pauvres. Il s'agissait de solenniser la canonisation du bienfaiteur de l'humanité, Vincent de Paul (*). Le 21, à deux heures, au son de toutes les cloches des églises de la ville, le chapitre de Saint-Gervais, accompagné du clergé de Saint-Pierre, des religieux minimes, d'un grand nombre d'enfants revêtus d'aubes ou *habillés en anges*, sous la conduite des frères des écoles chrétiennes, descendait du château processionnellement, se dirigeant vers l'hôtel-Dieu en chantant le *Veni creator*. M. Cauard, doyen du chapitre, fit un discours pathétique sur la fête, puis, pendant l'exposition du saint sacrement, le chanoine Lescarbotte, chapelain de l'hôtel-Dieu, lut le bref de la bulle en français. Cette lecture fut suivie du *Te Deum* et d'un office solennel. Après quoi

(*) Saint Vincent de Paul fut canonisé par le pape Clément XII, le 6 juin 1737.

Mlle de Guise étendit aussi ses inépuisables bienfaits sur les écoles gratuites où l'enfant du peuple vient recevoir cette instruction religieuse et morale qui en fait à la fois un bon citoyen et un bon chrétien. Elle en établit à Guise et dans les différents lieux de son duché, à Hirson, au Nouvion, à Aubenton, à Rumigny. Le R. P. Barré, minime, avait fondé vers le milieu du XVII° siècle l'institut du Sacré-Cœur, dit depuis du Saint Enfant-Jésus. Il n'eut pas plutôt pris naissance que, pressentant les éléments de bien qu'il renfermait, Mlle de Guise lui confia l'éducation des filles dans les écoles de ses terres. La nouvelle communauté s'établit à Guise près de l'église Saint-Pierre, dans la rue du château, dans deux maisons concédées à sœur Anne Geoffroi, sa supérieure, par une personne charitable, par l'entremise de M. Tiberge, abbé de Saint-Sauveur et supérieur du séminaire des Missions étrangères. Cet établissement qui joignit plus tard un pensionnat aux écoles gratuites, fut longtemps le seul en possession de donner à Guise cette éducation sérieuse dont l'illustre Fénelon venait de fournir les préceptes dans son livre *De l'éducation des filles* (1).

eut lieu un feu d'artifice. Le lendemain fut proprement le jour de la fête, dont tout l'office fut célébré par le doyen de Saint-Gervais. Le soir tout le cortège remonta au château en chantant les litanies du saint. Le seul bailli du prince, M. Deleutres, assista en robe à cette cérémonie, les autres corps civils et militaires ayant refusé d'y paraître par suite d'une querelle de préséance. Pendant huit jours consécutifs il y eut office dans la chapelle de l'hôtel-Dieu. Les 23, 24 et 25 juillet 1730, c'est-à-dire, huit ans auparavant, on avait déjà solennisé la béatification de Saint-Vincent de Paul dans le même établissement. Pendant ces trois jours, le chapitre de Saint-Gervais, le curé de Saint-Pierre, les minimes, y étaient venus faire l'office solennel.
(*Note de M. Tabary, doyen de Guise.*)

(1) Contrats de vente du 8 janvier 1712, du 27 décembre 1721 et du 23 avril 1723; — Déclaration sous seing-privé du 14 août 1726, par laquelle M. Tiberge déclare n'avoir été que le prête-nom de la donatrice dudit immeuble et ne rien prétendre à la propriété de deux maisons acquises sous son nom par Anne Geoffroy, probablement alors supérieure des dames institutrices. (*Consultation donnée à Paris par M. Hennequin, avocat.*)

On ne peut guère douter que Marie de Lorraine ait eu aussi une part active à une fondation non moins importante, celle de la maison des frères des écoles chrétiennes à Guise, de cet admirable institut fondé par M. de La Salle. Ce fut une dame de Laon, Mme Maillefer, originaire de Reims, qui conçut la première idée d'établir des écoles gratuites pour les garçons. Pleine de son projet, elle s'associa pour l'exécuter un homme bienfaisant, nommé Niel, qu'elle envoya à Reims à l'abbé de La Salle, son parent. Celui-ci retient Niel et s'échauffe à ses discours, et deux écoles sont fondées à Reims par les libéralités de Mme Maillefer. On y pratiqua l'enseignement simultané, et les résultats de ces premiers essais furent dès l'abord si satisfaisants, que le bruit s'en étant repandu jusqu'à Guise, on y conçut sur-le-champ le désir d'un établissement pareil à ceux de Reims. Sur l'avis qu'on lui en donna, Niel laissant à l'abbé de La Salle le soin des deux établissements qu'il dirigeait, accourut à Guise et l'enrichit d'une école modelée sur celle de Reims. Le succès obtenu à Guise et à Reims fit concevoir à ces deux amis du peuple l'idée d'une vaste corporation se consacrant spécialement à l'instruction populaire gratuite, et des hommes pieux et simples ayant répondu à leur appel, l'*institut des frères de la doctrine chrétienne* fut fondé par M. de La Salle. Guise reçut en 1682 la première colonie de ces humbles religieux, seuls vrais éducateurs du peuple des villes, et son école put s'appeler la première fille de celle de Reims, puisque Rethel et Laon ne vinrent qu'après elle. Grâce au régime révolutionnaire, cette école qui occupait l'emplacement de l'école primaire actuelle, au faubourg de la Poterne, près du couvent des minimes, n'existe plus. Elle a été supprimée par ceux qui se disaient les amis du peuple et les défenseurs de la liberté (1).

Pendant le xviie siècle, les fondations pieuses le disputèrent à celles de bienfaisance, et on put se croire un instant revenu à ces époques où elles avaient une si large part dans la vie des riches du siècle. Saint-Pierre de Guise fut, comme tant d'autres églises, enrichi de nouvelles charges et de nouveaux revenus. Une foule de messes, de saluts, y étaient acquittés presque tous les jours par un nombreux clergé composé de chanoines, de curés, de prêtres habitués. En 1676, Jules Duquesnois et Marguerite de Flavigny y fondaient la chapelle de Saint-Marcou, suivant une inscription qu'on y voit encore. La même année, Marie Bougier, et Jacques de Marolles en 1689, y fondaient aussi des messes. Cette église avait acquis en 1612 une rente annuelle de douze jalois de blé froment, mesure de Guise, payable à la Saint-Remy, sur l'abbaye de Bohéries. Cette rente provenait d'une donation de messire Antoine Blondelle, vicomte de Vadencourt, conseiller au parlement de Paris, en date du 29 février 1612 (2). En 1687, elle produisit une somme de 30 livres, le froment valant à Guise cette année, 50 sols le jalois. L'église de Saint-Pierre avait encore un autre droit, dit de *deniers à Dieu*, sur les adjudications des *fermes* de la ville, des bois du duché, tant en la gruerie de Guise qu'en celle du Nouvion. Ce droit étant de 10 deniers par jalois, lui procura en 1692 une somme de 107 livres 13 sols 10 deniers. Enfin

---

(1) Devisme, *Histoire de Laon*, tom. 2, p. 569 et 570; — *Vie de M. de La Salle*.

(2) On croit que les deux tombes qui se trouvent près du sanctuaire et dont les inscriptions ont été effacées sont celles de la famille Blondelle.

une rente de 150 livres sur la terre de Leschelles, fut affectée en 1728, par l'abbé César Michel, écuyer, seigneur de Leschelles, à des missions qu'il avait fondées à Guise, et qui devaient être données à perpétuité, tous les dix ans, durant six semaines, par les missionnaires de la congrégation de la Mission (1).

C'était généralement sur de semblables donations faites aux églises qu'étaient fondés certains honneurs qu'y recevaient, pendant les offices divins, les gentilshommes seigneurs de paroisse, comme l'encens, l'eau bénite et le droit de préséance, mais il n'était pas rare de voir ces nobles, fiers de leur naissance et de leurs qualités, porter jusque dans le temple les exagérations de leur orgueil et prétendre même y avoir le pas sur les ministres de l'autel. Un édit de 1695 avait réglé les honneurs qui leur étaient dus dans l'église, mais le clergé de Laon n'en fut pas moins inquiété à ce sujet par plusieurs seigneurs, au nombre desquels étaient de Brodart, sieur de Landifay, le vicomte de Marle, Du Fay, seigneur de Puisieux, de Flavigny, vicomte de Renansart, etc. Le différend alla jusqu'au *parlement*, mais l'édit de 1695 fut confirmé par arrêt du 25 mars 1698, lequel ordonnait qu'il serait exécuté dans sa forme et teneur, avec défense aux gentilshommes et seigneurs de paroisse de troubler les clercs dans la réception des honneurs de l'église dus aux ecclésiastiques, par préférence sur les laïcs, pendant le service divin. D'un autre côté, un arrêt du parlement, du 5 juin 1682, avait mis fin aux prétentions de l'abbaye de Bohéries, qui avait voulu étendre la juridiction de son bailliage aux dépens des

---

(1) *Archives de Guise*; — Notes de M. Tabary.

justices voisines. Il y était déclaré que l'abbaye ne peut exercer sa justice que dans l'enceinte du monastère. Ainsi s'annihilaient peu à peu cette multitude de juridictions inférieures qui rendaient si compliquées les formes de la justice (1).

Le successeur de Bridieu dans le gouvernement de Guise paraît être entré en conflit avec les bourgeois, dès les premières années de son gouvernement, au sujet de leurs attributions et droits respectifs et même des élections municipales auxquelles il avait voulu prendre part. Le roi ayant ordonné, par arrêt de son conseil du 31 juillet 1679, que les règlements sur cette matière fussent exécutés, avec défense à Lafitte de ne se mêler de l'élection du mayeur et des échevins, que selon la teneur des arrêts de 1678 et 1679, sans y apporter « aucun trouble ou empêchement même à la liberté des suffrages, » de faire des ordonnances contraires à celles des officiers de police, le gouverneur crut devoir en écrire au roi. La duchesse de Guise de son côté lui présenta également une requête pour soutenir les droits des bourgeois. Le roi pour mettre fin à ces conflits ordonna de nouveau l'exécution des anciens édits, et rendit à Versailles, le 7 juillet 1681, un arrêt par lequel il défendait au gouverneur ou commandant de la ville et château de se mêler directement ou indirectement des élections, nominations et prestations de serment des mayeurs, échevins et capitaines de quartiers. « En cas de guerre seulement, disait l'arrêt, le gouverneur pourra exclure deux des trois élus par les habitans pour faire les fonctions de mayeur et remplir les places de capitaines de quartier qui viendroient à vaquer

_____
(1) *Mém. du clergé*, tom. 5, p. 1492 ; — Mallon, *Annuaire*, p. 40.

pendant le temps de guerre. Le gouverneur pourra assister à l'assemblée des bourgeois qui se tient tous les ans pour l'élection du mayeur et des échevins, mais sans voix délibérative, et choisir dans l'église la place qui lui conviendra. Quant aux affaires de justice et de police, le gouverneur ne devra s'en mêler ni directement, ni indirectement, soit en alléguant des ordonnances contraires à celles des officiers de la justice ordinaire, soit en usant de voies de fait. »

D'un autre coté, les mayeur et échevins étaient obligés de prendre et d'exécuter les ordres du gouverneur en tout ce qui concerne la guerre, la garde, sûreté et conservation de la ville. Ainsi, aucune troupe ne devait entrer dans la ville et les faubourgs sans avoir pris les ordres du gouverneur, lequel conservait l'autorité que lui attribuaient les ordonnances et règlements militaires, le commandement des compagnies de bourgeois, le détachement des soldats du corps de garde, etc. Enfin le roi enjoignait aux mayeur et échevins, officiers de justice et à tous les habitants, de rendre au gouverneur l'honneur et le respect qu'ils lui doivent en cette qualité, avec défense à ces officiers *d'informer, instrumenter, verbaliser* contre sa personne et celle de ses domestiques, sauf recours à sa majesté. Pour couper court à toutes les difficultés qui pourraient encore survenir, le roi déclara *supprimer* les requêtes, mémoires, libelles et autres écrits qui avaient envenimé la discussion, avec défense à qui que ce soit de les garder *à peine de punition*. Quant aux chefs de demandes et accusations des parties, ils furent déclarés *hors de cours et de procès*, sauf aux intéressés à se pourvoir par les voies de droit, si bon leur semble sur les points en litige. L'ardeur qu'avaient mise les bourgeois à défendre leurs priviléges contre l'envahissement de l'autorité militaire, alla se briser plus tard contre l'autorité royale, et malgré leur énergique opposition, ils eurent la douleur de voir rendre vénales les charges municipales jusque là soumises à l'élection, et disparaître ainsi les derniers vestiges des franchises qu'avait accordées à leurs ancêtres Jean de Châtillon (1).

Louis XIV fit suivre ses victoires d'un coup d'état qui avait pour but la gloire de la religion catholique et la tranquillité du royaume, mais qui, en enlevant à ses sujets réformés la liberté de conscience, les mit dans l'alternative ou de renoncer à leurs opinions religieuses ou de s'expatrier. Déjà, en 1663, les calvinistes de la Thiérache avaient vu abattre plusieurs de leurs temples, et un édit du 22 septembre 1664, rendu à la sollicitation de César d'Estrées, évêque de Laon, avait interdit tout exercice de la religion réformée dans les villages de Landouzy, Gercy, Lemé, rue de Bohain, Le Val et Fontaine-lès-Vervins (2). La révocation de l'édit de Nantes eut sa pleine exécution dans la Thiérache, où les protestants avaient conservé des prêches nombreux, et y détermina la fuite des réformés, qui ne purent se résoudre à renoncer à l'exercice public de leur religion. De ce nombre fut Prosper Marchand, né à Guise vers 1675, et qui, après avoir fait ses études à Paris avec beaucoup de succès, fut ensuite placé chez un libraire pour y apprendre le commerce. Passionné dès son enfance pour les livres, Marchand acquit en peu de temps toutes les connaissances nécessaires à son état et fut admis en 1698 dans la corporation des libraires. Il ouvrit

---

(1) *Dictionnaire des arrêts*, tom. 4, p. 833.
(2) Lelong, p. 550; — *Hist. de Vervins*, p. 109.

alors dans la rue Saint-Jacques, sous l'enseigne du Phénix, un magasin qui devint bientôt le rendez-vous des bibliophiles de la capitale et des amis de la littérature. Avide des anecdotes littéraires, il les recueillait avec soin et les transmettait à Jacques Bernard, qui rédigeait alors en Hollande les *Nouvelles de la république des lettres*. Marchand passa lui-même en Hollande, en 1711, pour y professer plus librement sa religion, et s'établit à Amsterdam où il continua quelque temps le commerce de librairie; mais dégoûté de cette profession par le peu de bonne foi de la plupart de ses confrères, il y renonça tout à fait pour se livrer uniquement à l'étude. Sa science ne tarda pas à lui faire une immense réputation qui s'étendit dans toute l'Europe. Il était en correspondance avec tous les savants, qui le consultaient de toutes parts sur des points d'histoire et de bibliographie. L'habitude d'une vie frugale avait fortifié sa santé naturellement robuste; il ne sortait guère de son cabinet, mais il y recevait tous ceux qui avaient recours à ses lumières et il les leur communiquait avec plaisir. Comme éditeur, il rendit de grands services aux lettres par les bonnes éditions qu'il a publiées et enrichies de préfaces, de pièces et de remarques instructives. Marchand a eu part à l'ingénieuse satire *Le chef-d'œuvre d'un inconnu*; il a fourni des notes sur la *Satire Ménippée* et a été pendant vingt-quatre ans l'un des principaux rédacteurs du *Journal littéraire*, imprimé à La Haye.

Les ouvrages de Prosper Marchand sont des catalogues de diverses bibliothèques, dont l'un est recherché des curieux, parce qu'il l'a fait précéder de son nouveau système de bibliographie (*Epitome systematis bibliographici*). Tous les livres y sont divisés en trois classes principales : philosophie, théologie, histoire. Quoique le système de Marchand n'ait point prévalu, on lui doit néanmoins des améliorations importantes dans la catalographie, telles que l'arrangement des livres par ordre de matières, sans distinction de format, l'indication exacte des titres dans les différentes langues, celle des auteurs anonymes, des éditeurs, des imprimeurs, etc. Marchand a fait, de plus, l'*Histoire critique de l'anti-Cotton*, satire composée par César de Plaix, avocat; l'*Histoire de la bible de Sixte-Quint*, insérée dans les *Amœnitates litterariæ* de Schelhorn, avec des remarques pour connaître la véritable édition de 1590 ; l'*Histoire de l'origine et des premiers progrès de l'imprimerie*, ouvrage remarquable par l'érudition et les recherches, mais écrit sans ordre et sans méthode, et dont les erreurs ont été relevées en partie par l'abbé Mercier, prieur de Saint-Léger de Soissons, l'un des plus célèbres bibliographes de son temps ; enfin un *Dictionnaire historique*, ou mémoires critiques et littéraires sur la vie et les ouvrages de divers personnages distingués, particulièrement dans la république des lettres. Ce dictionnaire fait suite à celui de Bayle et de Chaufepied. Marchand le laissa manuscrit, mais il chargea Allamand, son ami et son exécuteur testamentaire, de le revoir et de le publier. Celui-ci passa quatre années à mettre en ordre les notes de Marchand, écrites pour la plupart sur des morceaux de papier, confondues et dispersées, comme les oracles de la Sibylle. On peut voir, dans l'avertissement de l'éditeur, toutes les peines qu'il eut pour ranger ces notes éparses et pour suppléer aux omissions de l'auteur. Cet ouvrage contient, au milieu de faits intéressants et d'anecdotes curieuses, beaucoup d'erreurs, de choses minutieuses, et force emportements contre les abus de l'église romaine. On doit à Marchand une édition avec remarques des *Lettres choisies* de Bayle, et l'édition la plus belle et la plus estimée du *Dictionnaire* de ce fameux critique, sans parler d'une foule d'autres, toutes estimées et recherchées des curieux et des savants. Marchand mourut à La Haye le 14 juin 1756, à l'âge de soixante-dix-huit ans. Il avait légué par son testament le fruit de ses économies à la société des pauvres de La Haye, et sa précieuse bibliothèque ainsi que ses manuscrits à l'université de Leyde (1).

Cependant le duché de Guise avait encore eu à subir de nouveaux changements dans la succession de ses possesseurs. Mlle de Guise était morte en son hôtel à Paris, le 3 mars 1688, à l'âge de soixante-treize ans, emportant les justes regrets des peuples de ses terres dont elle avait su améliorer la condition, par sa munificence, ses aumônes et ses fondations charitables. Par son testament elle avait laissé le duché de Guise, ses terres de Liesse, de Marchais, aux puînés mâles de Charles V, duc de Lorraine, sous cette clause, que celui de ses enfants qui porterait le nom de Guise, recevrait la rente de 35,000 livres qu'elle possédait sur les gabelles du Languedoc. Mais ces dispositions qui tendaient à rendre le duché *masculin*, tandis que de sa nature *il tomboit en quenouille*, ne furent point exécutées. Cette belle succession revint donc naturellement à Anne-Bénédictine, palatine de Bavière, femme de Henri-Jules de Bourbon, prince de Condé, et petite-fille de Catherine de Lorraine, fille elle-même du duc de Mayenne,

---

(1) MS. de dom Grenier; — *Biographie universelle*; — Lacroix du Maine, *Bibliothèque française*; — *Journal des Savants*, 1er vol. de décembre 1775 et avril 1778, p. 248; — *Histoire de l'imprimerie de Prosper Marchand*, par Mercier, abbé de Saint-Léger; — *Dict. historique*, par Marchand; — *Statistique de l'Aisne*; Devisme, *Manuel historique*, p. 311.

chef de la ligue, et descendue par conséquent en ligne directe de Claude de Lorraine, en faveur duquel François Iᵉʳ avait érigé le comté de Guise en duché (1). Le prince à qui elle apportait le nom de Guise, était fils du grand Condé. Né l'année même de la bataille de Rocroy, il eut son père pour maître dans l'art de la guerre. Henri-Jules se distingua par sa belle conduite aux siéges de Tournai, de Dôle, de Besançon, et sauva la vie à son père à Senef en aidant à le replacer sur son cheval. Il prit Limbourg en 1675, après huit jours de tranchée. Il était donc digne d'ajouter le nom de Guise à celui de Condé.

(1) *Hist. généalogique du P. Anselme*; — *Lettres patentes de 1704*, tom. 3, p. 478; — *Noblesse*; — Lelong; — *Description manuscrite de Guise*.

On voit à l'hôtel-Dieu un portrait de Mlle de Guise, fondatrice de cette maison.

CHAPITRE VII.

GUISE SOUS LES SEIGNEURS DE LA MAISON DE CONDÉ.

SIXIÈME RACE.

Une terre qui, comme celle du duché de Guise, pouvait rapporter alors 400,000 livres, valait bien la peine qu'on s'en disputât la possession. Le prince de Condé vit donc contester ses droits par Charlotte-Christine-Françoise de Lorraine, laquelle prétendant qu'il y avait eu un contrat de mariage entre le cardinal de Guise et Charlotte des Essarts dont elle était petite-fille, se donnait comme légitime héritière des biens et des prétentions du cardinal. Mais elle ne put faire admettre ces équivoques réclamations, et la maison de Condé entra en possession du duché de Guise (1). Cependant comme

(1) *Dict. de la Noblesse.*

une des clauses des lettres d'érection données par François Ier portait expressément que le titre de duché-pairie ne pourrait être transmis qu'aux descendants mâles, il était nécessaire qu'une nouvelle érection fît remonter cette grande terre au rang qu'elle avait perdu en passant par les mains de Mlle de Guise. Louis XIV l'accorda par une ordonnance datée de Versailles, au mois de juillet 1704, en faveur de « Henri-Jules de Bourbon, prince de Condé, premier prince du sang, grand-maître de France, et de son épouse Anne de Bavière, avec les mêmes prérogatives et prééminences de duché-pairie de France, avec continuation du ressort du parlement de Paris ; et après leur décès, pour leurs hoirs successeurs mâles et femelles, seigneurs de Guise, à toujours perpétuellement... A foi et hommage de la couronne à cause de la grosse tour du Louvre (1). »

Les mémoires dressés par les intendants du royaume par ordre de Louis XIV pour l'instruction d'un prince destiné à faire le bonheur de la France, le duc de Bourgogne, élève de Fénelon, nous offrent une intéressante statistique de l'élection de Guise et de son duché. On y retrouve ces anciennes formes administratives déjà si loin de nous et à peu près inconnues aux générations nouvelles. L'élection de Guise, comprenant une grande partie de l'ancienne Thiérache, ne comptait guère que trois villes, Guise, Aubenton et Bohain, la première ayant 5,000 âmes, et les deux autres environ 1,000 âmes de population, quatre-vingt-seize bourgs et villages, formant en tout 103 paroisses, 12,232 feux et 764 charrues, et ayant une population de 495,000 habitants.

(1) Anselme, *Ordonnance de Versailles*, tom. 3, p. 478 et suiv.; — Lelong, page 511.

La division administrative n'avait point de rapport avec la division ecclésiastique, l'élection dépendant de trois évêchés différents ; 75 paroisses étaient du diocèse de Laon, 13 de celui de Noyon et 9 de celui de Cambrai. Outre le chapitre de Guise composé d'un doyen et de douze chanoines ayant alors chacun 300 livres de revenus et cinq chapelles, il y avait celui d'Origny-Sainte-Benoîte composé de neuf chanoines tirant chacun 200 livres de leurs prébendes. Mais ce qui faisait l'ornement de l'élection c'étaient les cinq abbayes de Saint-Michel, de Foigny, de Fesmy, d'Origny et de Bohéries. Saint-Michel avait à cette époque (1700), un revenu de 8,000 livres et était à M. de Sève, évêque d'Arras ; Foigny valait 18,000 livres et appartenait à M. de Matignon, ancien évêque de Condom ; Fesmy valait 8,000 livres et appartenait à M. Cognet, curé de Saint-Roch à Paris ; Bohéries rapportait 10,000 livres et était tenue par l'abbé d'Hocquincourt ; enfin Origny produisait à son abbesse, Mme de Roannez, 28,000 livres. Après ces riches abbayes venaient, dans un ordre inférieur, le prieuré de Saint-Jean de Lesquielles, qui rapportait aux religieux de Saint-Vincent de Laon, 1,000 livres, la prévôté de Vénérolles, qui rapportait à ceux de Saint-Médard de Soissons, 1,200 livres ; celui de Tupigny qui valait 1,100 livres à l'abbaye de Coincy. Mais on jugera combien ces antiques et beaux établissements étaient déchus de leur première splendeur quand on saura qu'il n'y avait dans toute l'élection que 50 religieux et 45 religieuses, tandis qu'il y avait 123 ecclésiastiques bénéficiers. Le doyenné de Guise possédait à lui seul 50 paroisses et 39 cures. C'étaient Aisonville, Bernoville, Audigny, Barzy, Beaurain, Flavigny, Boué, Buironfosse, Chigny, Dorengt, Etreux-

Landernat, Faty-et-Wiége, Grougis, Guise, Hannapes, Hauteville, Iron, Lavacqueresse, Leschelles, Le Sourd, Longchamp, Macquigny, Malzy, Marly, Mennevret, Monceau-sur-Oise, Montreux (Montreuil), Neuville-lès-Dorengt, le Nouvion-en-Thiérache, Noyalles, Oisy, Proisy, Puisieux, Esquehéries, Saint-Algis, Saint-Germain, Tupigny, Vénérolles, Verly, Villers-lès-Guise et Vadencourt. Les revenus de la fabrique de Saint-Pierre de Guise étaient de 2,000 et ceux de la cure de 800 livres. Les dîmes étaient très-divisées sur les terroirs de ces paroisses. Ainsi à Hauteville dîmaient les abbesses de Fervaques, et du Sauvoir près Laon; à Iron, l'abbé de Bohéries dont les religieux dîmaient aussi à Aisonville avec ceux de Vermand. A Beaurain, dîmaient les religieux de Prum en Allemagne, avec l'abbé de Fesmy. A Boué, dîmaient le chapitre de Saint-Jean et le prieur de Tupigny ; à Etreux, les religieux de Fesmy, de Bohéries, le chapitre de Saint-Jean et le prieur de Tupigny. Sur Bohéries même, dîmaient Bohéries et Vermand ; à Neuville-lès-Dorengt, les prémontrés de Fesmy, Bohéries, le chapitre de Saint-Jean et le prieur de Tupigny ; à Proix, l'abbé de Bohéries. A Saint-Germain, dont le patronage appartenait à l'abbé de Saint-Vincent, dîmaient l'abbé de Foigny et le prieur de Lesquielles. Originairement les abbayes faisaient rentrer leurs dîmes dans leurs granges ou censes, mais dans la suite l'usage s'était introduit de les vendre aux enchères au moment de la récolte. Il n'y avait guère que les petits décimateurs qui eussent conservé l'ancienne coutume de faire rentrer leurs dîmes en nature (1).

(1) Bref état des principaux bénéfices et des cures du diocèse de Laon, etc. MS. er 1737).

Il n'y avait pas plus d'unité dans le gouvernement militaire que dans la division administrative. Tandis que l'élection était de la généralité de Soissons, elle était sous le rapport militaire, partagée entre les deux gouvernements de Champagne et de Picardie. Guise était avec Ham la seule place forte de la généralité. Son gouvernement militaire embrassait dans sa zône environ 92 paroisses, non compris les fermes et les hameaux.

La conservation des belles forêts, débris de l'ancienne forêt de Thiérache, avait nécessité dans l'élection l'établissement d'une maîtrise particulière à Guise, et de deux grueries, l'une à Aubenton, l'autre à Hirson. Ces administrations n'étaient pas royales, mais elles appartenaient aux héritiers de Marie de Lorraine, au prince de Condé et à la duchesse de Nevers, pour les bois du duché. Tels étaient les revenus financiers que l'élection produisait soit à l'Etat soit au roi : outre 52,580 livres de tailles, les aides montaient à 60,000 livres provenant de la fabrication de la bière dont l'usage était général dans le pays. Les greniers à sel de Guise et d'Aubenton donnaient 112,000 livres. Le premier, reconstitué en 1754, comprit alors dans son ressort 64 paroisses et 29 fermes. Des sept bureaux qu'on appelait de traites foraines, il n'y en avait que deux qui comptassent à la direction de Soissons; les autres, savoir : Guise, Hirson, la Capelle et le Nouvion comptaient à la direction de Saint-Quentin. Le domaine du roi était peu considérable dans l'élection; il consistait dans la seigneurie de La Capelle, partagée entre lui et le sieur de Marfontaine, de la maison de Proisy, qui était engagiste de l'autre moitié, le tout valant 18 à 19,000 livres de revenu; en celles de Bohain et de Beaurevoir, anciens domaines du comte de Ligny, toutes deux engagées au marquis de Mailly, et rapportant 2,500 à 3,000 livres. L'évêque de Noyon possédait encore le péage du pont de pierre de Vadencourt, construit aux dépens du roi.

L'agriculture n'avait encore fait à cette époque que peu de progrès dans les terres froides de la Thiérache, qui ne produisaient guère que du blé, de l'orge et de l'avoine. Les fruits y croissaient en petite quantité et encore étaient-ils d'une qualité médiocre. Les blés se vendaient principalement sur le marché de Guise. Ces précieux détails peuvent servir de base pour l'appréciation du mouvement imprimé depuis à la culture dans ces contrées. Mais si l'agriculture marchait lentement, en revanche l'industrie se développait déjà dans les proportions les plus larges dans les bois de l'élection. Plusieurs forges et fourneaux où se fabriquait du fer exporté sur Reims et Amiens, étaient en activité. On en tirait beaucoup de munitions pour l'artillerie. La fabrication des toiles fines dont le débit se faisait à Saint-Quentin, y avait aussi pris de l'extension, et préludait à celle de matières plus précieuses et plus importantes. Aussi les habitants de l'élection et de la Thiérache passaient-ils déjà pour être industrieux, durs à la fatigue, et propres à la guerre dont ils avaient pris le goût et l'habitude dans les invasions multipliées de leur frontière, et bons surtout pour servir dans la cavalerie.

A Guise, l'industrie consistait principalement dans la fabrication de la bière, du fil, la menuiserie et la serrurerie; les ouvriers de ces deux professions y excellaient et « *s'y faisoient connoître au loin.* » On y exerçait aussi l'art de l'orfévrerie, car on voit en 1625, Nicolas Routier, orfèvre à Guise, fournir à l'église de Saint-Pierre un ciboire en vermeil de 69 livres 16 deniers de métal et de 180 livres de façon. En 1682, Féraud, qui exerçait la même industrie faisait pour la même église, une lampe de chœur de 900 livres. Guise n'avait ni maîtrise, ni jurande, mais seulement un corps des marchands; il possédait aussi, de temps immémorial, un corps de communauté de brasseurs, dont les membres prétendaient avoir exclusivement le droit de vendre de la bière. Elle supportait certaines impositions demandées par le roi aux communautés des arts et métiers, et paya plus de 1,600 livres de taxe pour la guerre de 1740. En 1741, le maire et les échevins obtinrent du parlement, contre les brasseurs, un arrêt portant défense à ceux-ci de faire dans la ville d'autre bière que de la petite. Le corps des marchands se composait de l'inspecteur pour le Soissonnais, de deux jurés, d'un trésorier, de deux gardes et d'un auditeur et examinateur des comptes (1). Le commerce de blé se faisait à la halle aux grains située à l'extrémité de la place d'Armes vers la porte de la Prée. Il y avait à la halle un office de mesureur de grains, créé par un édit du mois de janvier 1569 et supprimé en 1697; on y percevait des droits de mesurage créés le même mois de la même année. La réduction des anciennes mesures de Guise eut lieu en 1758. Une grande partie des blés du pays étaient transportés aux moulins de Flavigny et de La Bussières qui étaient tellement renommés par la beauté de leurs farines qu'on en exportait jusqu'en Normandie (2).

(1) En 1751, étaient: inspecteur, Pemartin; jurés, Carlier et Gosset; trésorier, Gaudion; gardes, Soul'er et Thévenet; auditeur et examinateur des comptes, Lecoint.

(2) Les jours de halle étaient les lundi et vendredi de chaque semaine, et les jours de marché, les lundi, vendredi et samedi. Il y avait des foires de trois jours, le 8 mai et le 14 septembre; —Mém. de M. Samson, intendant; —Etat ecclés. et civil de l'Election de Guise; —MSS. de dom Grenier; — Almanach de Picardie; — Archives de l'hôtel de ville; —Note de M. Lefin, de Beaurain, chanoine de Soissons.

La magistrature de Guise brillait à cette époque de cet éclat modeste que donne la probité et l'amour de la justice. Comme il n'y avait pas de justice royale dans l'élection, les divers officiers qui la composaient étant indépendants les uns des autres et les appellations de leurs jugements ressortissant en tous cas du parlement, avaient contracté une noble indépendance. On distinguait M. Hourlier, président du grenier à sel et de l'élection ; M. Desforges, réunissant à la fois les charges de procureur du roi en l'élection, de procureur-général au bailliage du duché-pairie et de subdélégué de l'intendance ; M. de l'Etang, maître des eaux-et-forêts. M. Delettres, bailli général du prince, administrateur de la justice, paraissait à la tête de tous ces officiers. Sa famille posséda cette charge pendant près d'un siècle ; lui-même jouissait de l'estime publique et de celle des ducs et pairs au parlement. Les gouverneurs qui lui succédèrent dans le même temps étaient toujours des militaires distingués aussi bien que les officiers qu'ils avaient sous eux. Il suffira de nommer MM. de la Fitte, lieutenant-général des gardes et premier brigadier de la maison du roi ; de Brissac, major des gardes ; le comte d'Hautefort, lieutenant-général, appelé au gouvernement de Guise en 1717 (1), et Louis de Brancas, duc de Lauraguais, nommé au même gouvernement le 2 septembre 1758.

A l'éloge de la magistrature doit nécessairement succéder celui de la municipalité. Les habitants avaient acquis par leur belle conduite au siége de 1650, plusieurs beaux priviléges et notamment celui de défendre eux-mêmes la ville et

---

(1) Auteurs cités plus haut ; — Deverdun ; — Matton, *Annuaire historique*, p. 279 ; — M. Michel Delettres, mourut le 15 février 1677. On voit sa tombe dans l'église de Saint-Pierre.

l'affranchissement de taille et de taillon. C'étaient eux qui nommaient le maire et les échevins tous les ans, le lendemain de Pâques, à la *maison de ville*, sous l'autorité du duc, qui avait le droit d'établir et de confirmer ceux qu'il jugeait les plus capables de remplir cette fonction. La municipalité connaissait de tout ce qui regardait la police de la ville. Elle se composait du maire, d'un lieutenant, d'un procureur du roi et syndic des habitants, d'un échevin, d'un receveur, d'un greffier et d'un secrétaire. La charge de maire avait été continuée sous le règne de Louis XIV, à plusieurs reprises, à M. de Martigny, lieutenant-général au bailliage, qui réunissait les suffrages unanimes de ses concitoyens (1). Il eut pour lieutenant M. Ferrand, conseiller du roi en l'élection et au grenier à sel et receveur général du duché. Le sieur Baligan, échevin, était un des plus notables bourgeois et marchands de la ville. Le nom de M. de Lacroix, doyen du chapitre de Saint-Gervais, pourrait être ajouté à cette liste de bons et loyaux citoyens, presque tous successeurs de ces généreux magistrats qui méritèrent d'être ennoblis par Louis XIV, pour leur courage civil et militaire.

Cependant la fortune se lassait de servir ce monarque et les derniers malheurs succédèrent aux plus grandes prospérités. Les éléments eux-mêmes semblèrent se tourner contre nous.

En 1709, un hiver cruel sévit sur la France et fut suivi d'une famine qui désola tout le royaume. Dans la subdélégation de Guise, le blé qui s'était tenu, les années précédentes,

---

(1) On lit sur une même pierre tombale de l'église Saint-Pierre les noms de Jean de Martigny, contrôleur-général du duché de Guise, mort le 15 septembre 1619; de Henri de Marolles, receveur-général au domaine du duché de Guise, mort le 5 mars 1597; et de Claude Warnet, sa femme, morte le 5 septembre 1595.

au prix modéré de 3 livres 5 sous 3 deniers le jalois, s'éleva jusqu'au prix exorbitant de 20 livres. La misère qui en résulta fut telle que, dans la Thiérache, on laissa en friche plus d'un dixième des terres, ce qui n'était pas propre à la faire cesser. Guise avait déjà eu à souffrir, en 1706 et 1707, de vents et d'orages extraordinaires. Ceux du 3 décembre 1707 avaient renversé le clocher de l'église de Saint-Médard, qui était bâti sur la nef (1). Tandis que le froid, la faim et d'autres fléaux désolent le royaume, nos armées, par les désastres qu'elles éprouvent en Allemagne, laissent la Flandre ouverte à l'invasion. Maître de Douai, du Quesnoy, de Bouchain et de la plupart des places de la frontière, le prince Eugène menace à la fois la Picardie, l'Artois, et assiége déjà Landrecies. Mais là s'arrêtèrent ses succès: Guise put admirer de près le grand coup de génie qui sauva la France et la mit en état de faire de nouveau la loi à ses ennemis. Tandis que le prince Eugène, trompé par la marche du duc de Coigny, que Villars envoie inquiéter le siége de Landrecies, rapproche son armée de cette place et se retire vers Guise pour empêcher les courses sur la frontière, le maréchal tombe tout à coup sur les lignes de Denain, enlève les retranchements au moyen d'une fausse alerte et s'empare des magasins de Marchiennes. La prise de Douai, de Bouchain, du Quesnoy, fut le résultat de cette rapide et brillante manœuvre. La Thiérache avait encore eu dans cette campagne sa part des maux de la guerre. Growestein, officier hollandais, y fit une incursion à la tête de 3,000 chevaux, pendant le siége du Quesnoy, et mit

(1) Matton, *Archives de l'Aisne;* — *Généralité de Soissons;* — *Archives de l'hôtel de ville de Guise.*

un grand nombre de villages à contribution. Ayant passé l'Oise à Proisy, le 6 juin 1712, il laissa Guise et se rejeta sur Vervins, Marle, Crécy, qui étaient en mauvais état et dénués de tout moyen de défense. Ces deux villes furent rançonnées et pillées avec une audace qu'expliquaient seuls nos derniers revers. Un des détachements de Growestein, composé de quinze hommes, fut néanmoins enlevé d'une manière assez singulière. Conduits par un berger de Landifay, nommé Hubert, ces quinze pillards s'approchèrent de Courjumelles pour mettre à contribution les fermiers du lieu; mais un de ces derniers, Pourrier de Sansay, ayant appris que ces maraudeurs attendaient dans un bosquet voisin que la nuit fût venue pour exercer, à sa faveur, leurs pilleries, rassembla ses domestiques, leur fit distribuer des armes, et ayant fait investir le bois, vint à bout de les envelopper; il parvint même à force de ruse et d'audace à les conduire à Guise où on les retint prisonniers. Un autre partisan nommé Drongard, porta aussi le fer et le feu dans la Thiérache, dont il était comme le fléau. Passant à Bucilly, il entendit une femme qui faisait réciter cette prière à ses enfants : « Préservez-nous, Seigneur, de Drongard et de sa troupe; » le partisan en fut si touché, qu'entrant dans la chaumière, il donna quelque argent à la pauvre mère et renonça pour toujours à la profession des armes qu'il avait deshonorée par ses brigandages. La paix d'Utrecht conclue en 1713, vint enfin terminer une guerre desastreuse qui, après avoir mis la France à deux doigts de sa ruine, avait fini à son avantage et à sa gloire (1).

(1) *Hist. de France*; — Lelong, p. 567 et suiv.; — *Hist. de Vervins*, p. 113 et suiv.; — *Hist. de Coucy*, p. 288.

Trois ans après la conclusion de cette paix, mourut Louis XIV. Ce grand monarque n'eut pas plutôt les yeux fermés, qu'on vit reprendre avec une nouvelle intensité les intrigues politiques et les dissensions religieuses qu'il avait su contenir par sa fermeté, et que la régence du duc d'Orléans ne pouvait que favoriser. La division était partout, dans l'épiscopat, dans les universités, dans les divers corps de l'État. On était en plein jansénisme. Le rôle important que joua dans ces fameuses querelles un enfant de notre cité nous conduira naturellement à entrer dans quelques détails à ce sujet, en esquissant sa biographie.

Hyacinthe Ravechet naquit à Guise en 1654, de parents d'une fortune médiocre, mais gens de bien, qui lui donnèrent une éducation chrétienne. Pour le préserver de la corruption des écoles et le former à la piété, ils le firent étudier d'abord à Charleville et à Compiègne, dans les célèbres communautés de M. Gillot, puis ils l'envoyèrent à Paris. Reçu bachelier à la fin de sa troisième année de théologie, Ravechet ne tarda pas à se faire remarquer par ses talents, la facilité et la pénétration d'esprit dont il était doué. Successeur de son compatriote Dormay dans le principalat du collége de Laon, il remit la discipline en vigueur dans cet établissement, et devint ensuite précepteur de l'abbé de Pomponne. Ses amis lui ayant conseillé de professer un cours de philosophie et de postuler pour la Sorbonne, il y fut admis, reçut le bonnet de docteur et professa avec distinction. Choisi en 1694, pour accompagner à Rome l'abbé de Pomponne, son élève, en qualité de théologien, il y passa un an avec lui chez le cardinal Janson et se lia d'une amitié assez étroite avec le cardinal Albani, depuis Clément XI, à qui il rendait de fréquentes visites. On tenait des conférences savantes ou exercices publics en présence des cardinaux chez les dominicains, sur la discipline de la pénitence, dans lesquelles ces pères soutenaient fortement la doctrine de Port-Royal, qu'on accusait de jansénisme. Le cardinal semblait, dit-on, goûter alors très-fort cette doctrine pour laquelle il ne cachait pas sa sympathie en présence de Ravechet, à l'approbation duquel il tenait beaucoup.

De retour en France, Ravechet reçut de Louis XIV, à qui on avait fait connaître son mérite et qui l'honora de son estime, une pension de 1,500 livres sur l'abbaye de Saint-Amand. Il fut appelé à Saint-Germain-en-Laye, par les présidents de l'assemblée de 1700, qui voulaient avoir son avis sur les matières qu'on y devait décider. Ravechet s'était rendu si célèbre par sa science et sa doctrine, que des prélats lui offrirent des charges considérables dans leurs églises; l'évêque de Laon voulut même l'élever à la dignité de grand-archidiacre dans son diocèse, mais son goût pour l'étude, la prière, les œuvres secrètes de la charité et une vie pénitente, lui fit constamment repousser les honneurs. Toujours attaché à son élève, il le suivit dans son ambassade à Venise en 1705. Pourvu par M. de Pomponne de la prévôté de Chivres, (diocèse de Soissons) dépendante de Saint-Médard, dont il était abbé, il en distribuait presque tous les revenus aux pauvres et y passait une partie de l'année dans la retraite et la pratique des bonnes œuvres. Lorsque la constitution *Unigenitus*, qui condamnait le *Nouveau testament avec des réflexions morales* du père Quesnel et par conséquent le jansénisme, parut en France, elle rencontra une vive opposition de la part de ceux qui tenaient à ce parti. L'évêque de Laon, Lafare, se trouva, mais pour quelques jours seulement, au nombre des évêques *opposans* à l'acceptation de la bulle (1). On sait que ce prélat, qui se déclara dans la suite ouvertement contre le jansénisme dans son diocèse, mourut à Leschelle, où il fut enterré dans l'église de ce village qu'il avait consacrée. Lorsque la bulle fut portée en Sorbonne par ordre du roi, afin qu'on l'enregistrât, Ravechet qui était sans doute l'un des partisans du livre condamné ne déguisa pas sa pensée sur cette pièce célèbre. L'abbé de Pomponne, en conséquence, lui interdit l'entrée de sa maison. Il n'en fut pas moins élu à l'unanimité syndic de la faculté de Paris, le 1er octobre 1715. Rien ne manquait à Ravechet, au dire de ses admirateurs, pour remplir cette fonction ; probité, érudition, facilité à s'énoncer noblement en latin et en français, douceur, sagesse, coup-d'œil juste et étendu, joint à une habileté consommée dans les affaires et à une réputation qui lui donnait accès près des personnes les plus distinguées de la cour et de la magistrature, telles sont les qualités qu'il apportait à sa nouvelle position. Son syndicat ne dura que dix-huit mois, mais fut pour lui l'occasion de bien des chagrins.

La constitution *Unigenitus* avait été acceptée par la faculté à la pluralité des voix et enregistrée. Pendant près de deux ans il ne s'éleva aucune protestation contre le décret portant enregistrement, appuyé de 500 voix contre 22. Néanmoins Ravechet, soutenu par les opposants, après s'être élevé contre la bulle, fit déclarer par le plus grand nombre des docteurs assemblés le 4 janvier 1716, que le décret du 5 mars 1714,

---

(1) *Hist. ecclésiastique* par Beurion, tom. 9, p. 543.

portant que la faculté avait reçu la constitution, était faux supposé et serait comme tel rayé des registres de la faculté. Il alla plus loin ; il s'entendit avec les mêmes docteurs pour exclure de la faculté ceux qui s'étaient opposés à cette conclusion, poursuivit le projet de son prédécesseur, l'ancien syndic Le Rouge, accusé d'avoir supposé le décret, et fit d'autres démarches de cette nature qu'il couronna par un appel au concile général, qu'il interjeta avec la faculté en adhérant à celui des quatre évêques opposants. Le renversement de la constitution était pour ainsi dire le but unique que Ravechet s'était proposé dans son syndicat et il était tellement déterminé à l'atteindre que, quoiqu'il prévît les suites fâcheuses de cette démarche, il l'aurait faite seul s'il n'eut pas trouvé l'occasion d'unir son appel à celui que vinrent notifier, en pleine faculté, les quatre prélats. Ravechet se déroba aux applaudissements publics que lui donnèrent ceux qui avaient pris son parti et voté dans le sens qu'il avait proposé, c'est-à-dire contre la bulle *Unigenitus*.

Indigné de cette conduite de la faculté, le régent expédia une lettre de cachet qui exilait à Collioure, puis à Lyon, le syndic, principal auteur de cette inconcevable variation; mais sur les remontrances que fit Ravechet, qui craignait que ses ennemis ne le livrassent à l'inquisition d'Avignon, le séjour de Lyon fut remplacé par celui de Saint-Brieux. Les infirmités habituelles du docteur, qui ne pouvaient manquer d'augmenter dans un si long voyage, ne l'empêchèrent pas de se mettre en chemin sans retard. A son arrivée à Rennes, il fut reçu par les bénédictins de Sainte-Mélaine, qui allèrent à sa rencontre et l'introduisirent dans leur maison avec de grandes démonstrations d'estime et de vénération, mais à peine fut-il dans cette ville, qu'il se sentit attaqué d'une rétention d'urine qui le conduisit au tombeau. Il montra au milieu de ses douleurs beaucoup de patience et de résignation. « Il faut souffrir, disait-il, Dieu le veut: c'est par le chemin de la croix et des souffrances qu'il faut aller à lui. » Il demanda bientôt les sacrements, et quelque faible qu'il fut, il voulut recevoir le viatique, en soutane, en surplis et à genoux sur le pavé. Ce fut en ce moment solennel qu'il fit cette profession de foi :

« Je crois toutes les vérités que le Fils de Dieu a révélées à son église dans le sein de laquelle j'ai eu le bonheur d'être baptisé, d'avoir toujours vécu, où je veux mourir et avec laquelle je condamne toutes les erreurs qu'elle condamne et qu'elle condamnera. Je reconnois le souverain pontife, évêque de Rome, pour le successeur de saint Pierre, le premier vicaire de Jésus-Christ, le chef visible de la même église; et le siége apostolique, pour le centre de l'unité dont il n'est jamais permis de se séparer quand même le pape s'écarteroit de la saine doctrine. Je déteste tout esprit de schisme et de division; c'est ce que nous avons expliqué très-clairement dans l'acte d'appel au futur concile général et ce que notre faculté a encore déterminé dans les fameux articles qu'elle a publiés en 1542 contre les erreurs de Luther. Ce sont là mes sentimens présens dans lesquels je veux mourir. En l'abbaye de Sainte-Mélaine, le 15 avril 1717. Signé Ravechet. »

Après l'accomplissement de cet acte qui sentait bien un peu l'hérésie, Ravechet ne parut plus s'occuper que de l'éternité; il répétait fréquemment la prière du vieillard Siméon, « *Nunc dimittis*, etc.... » Mais le 23 avril, veille de sa mort, ayant appris qu'on disait à Paris qu'il avait rétracté ce qu'il avait fait en Sorbonne, il fit venir deux notaires devant lesquels il déclara : « Que non-seulement il n'a pas rétracté ce qu'il a fait, mais au contraire, qu'il le confirme entièrement et y persistera jusqu'à sa mort, aussi bien que dans la profession de foi qu'il a faite et signée de sa main, le 15 du présent mois. » Les notaires dressèrent un acte en forme de cette déclaration, qui fut signée par plusieurs témoins, le malade n'étant plus en état de signer lui-même.

Ravechet mourut le 24 avril 1717, dans les erreurs qu'il avait peut-être admises de bonne foi et dans lesquelles il persévéra jusqu'au dernier moment. Il fut regardé par le parti janséniste comme la première victime de l'appel au futur concile. On exalta beaucoup la capacité qu'il avait, selon ces hérétiques, déployée pendant son syndicat qui, selon l'auteur des *Appelans célèbres*, « a immortalisé son nom et laissé sa mémoire en vénération. » Les religieux de Sainte-Mélaine firent rendre les plus grands honneurs aux dépouilles mortelles de Ravechet; toute la ville de Rennes parut à ses obsèques. Il fut enterré dans le chœur de l'église du couvent.

Dans son assemblée du 8 juillet, la Sorbonne entendit l'éloge de Ravechet de la bouche de M. Quinot, son successeur dans le syndicat de la faculté, et la lecture d'une lettre que le docteur lui avait écrite avant son départ de Paris pour être présentée à la faculté, et à laquelle il joignit la profession de foi qu'il avait faite à ses derniers moments. L'assemblée décida que le tout serait inséré dans ses registres et approuva tout ce que Ravechet avait fait pendant son syndicat et jusqu'au jour de sa mort. Dans une autre réunion, la faculté témoigna sa reconnaissance au docteur Hydeux, l'un de ceux qui avaient le plus appuyé Ravechet dans la suppression du décret d'acceptation de la bulle *Unigenitus*, par une lettre qu'elle l'avait chargé d'écrire en son nom aux religieux de Rennes, pour les remercier de l'accueil qu'ils avaient fait à son syndic. Après en avoir entendu la lecture, elle ordonna que la lettre ne serait envoyée qu'après qu'elle aurait été insérée dans les registres de la faculté, comme une marque de sa vénération pour la memoire « d'un homme auquel elle donne les plus magnifiques éloges. »

Tandis que les adversaires de la bulle rendaient ces honneurs à l'un de leurs plus chauds adeptes, le parti contraire ne faisait pas défaut. La discussion s'échauffait de toutes parts, on se faisait une guerre de libelles; le royaume en était comme inondé! Il en parut un sur Ravechet, intitulé: *Remarques sur la profession de foi de M. Ravechet, syndic de la faculté de théologie de Paris, adressées aux révérends pères bénédictins de la congrégation de Saint-Maur*. Ce libelle fut dénoncé au parlement par le procureur-général, et le parlement le supprima par arrêt du 12 octobre 1717, ordonnant qu'il serait informé contre les auteurs et imprimeurs. « Le public, disait ce magistrat, partageoit avec les religieux de l'abbaye de Sainte-Mélaine leurs regrets, et justifioit par ses sentimens de la plus vive reconnoissance, les soins qu'ils avoient pris de ce savant homme pendant sa maladie. » L'éloge de Ravechet gravé sur le marbre fournit encore le prétexte de sévir sur les cendres « d'un homme d'un mérite si universel et si connu, d'un docteur admiré de son siècle, que la postérité admirera encore davantage et qui étoit digne d'un meilleur temps. » On reconnaîtra encore mieux l'exagération de l'esprit de parti, à la violence du langage dont les jansénistes usaient envers leurs adversaires, qu'aux éloges outrés qu'ils ont prodigués à un homme dont le nom aujourd'hui est à peine connu même dans la ville qui l'a vu naître.

« Ces hommes implacables, dit un libelliste, en parlant des jésuites à qui l'on attribuait ces poursuites contre le syndic, en possession de surprendre la religion du roi, osent donner aux ministres une fausse idée de l'épitaphe de Ravechet. Ils firent plus ; un de leurs disciples plein de la fureur de ses maistres, distribua, sous leur conduite et protection, dans la ville et jusque dans l'église même de Sainte-Mélaine, des vers de sa propre écriture dans lesquels Ravechet, ses hôtes et tous ceux qui leur étoient liés de sentimens, sont traités d'*hérétiques*, de *blasphémateurs*, de *race maudite, insensée* et *perfide*, et où Dieu même est sommé « de lancer ses foudres pour anéantir ce tombeau monstrueux et pestiféré; pour frapper, pour brûler les mânes d'un impie ; pour venger le temple profané. » Ce témoignage rendu à Ravechet est bien différent de celui de l'ancienne Sorbonne et du procureur général qui le regardaient « comme une victime de la vérité et de la justice, comme un homme qui a bien mérité de la patrie, de l'église, de la république chrétienne et de la vérité. » Le tombeau de Ravechet, qui était placé sous la lampe au bas du sanctuaire, n'en fut pas moins enlevé dans la nuit du 11 au 12 juin 1737, par ordre de l'intendant de Bretagne, qui fit ôter le marbre sous lequel « les précieuses cendres de ce grand serviteur de Dieu reposoient depuis vingt ans, » et sur lequel on lisait ces lignes objet de tant de diatribes violentes

D. O. M.

Hìc in spe singulariter à Domino
Constitutus dormit et requiescit
D. D. Hyacintus Ravechet
Præsbyter Laudunensis,
Socius Sorbonicus
Sacræ facultatis parisiensis
Doctor et syndicus.
Dùm Briocas
Heu minùs prosperè, quia nimis
Properè, vir simplex, rectus
Et obediens secederet, morbo
Correptus gravi substitit in
Hoc cœnobio clarissimus hospes :
Ibique post edita pietatis,
Patientiæ et humilitatis
Exempla, post prægustatam
Votis, cogitatione et aviditate
Beatitudinis cœlo maturus
Ecclesiæ sacramentis munitus
Exulere desiit die 24 aprilis
Anno Domini 1717.
Requiescat in pace.

Une autre épitaphe fut consacrée à Ravechet par un avocat de Laon, Jean d'Estrées. Elle est conçue en ces termes :

Non cinis hìc, licet ossa, reconditur ignea virtus
Ossa Ravecheti, minimis igne calent
Doctor egregius, doctorum ritè magister.

Sorbonæ meritò syndicus emicuit.
Summa magisterii narrabunt acta nepotes
Securi; ast hodiè qui silet ille sapit
Sat veri vendex falsique perarduus hostis
Cœlestis sophiæ victima procubuit
Exulis instar Agar ad cœli regna vocatur
Quid superest! Tumuli fiat ut ara locus (1).

Henri-Jules de Bourbon avait précédé Louis XIV dans la tombe. Il était mort à Paris en 1709 et avait eu pour successeur et héritier le prince Louis III de Bourbon, prince de Condé, qui avait épousé, en 1685, mademoiselle de Nantes, Louise-Françoise, fille légitimée de Louis XIV, dont il eut Louis-Henri, prince de Condé. Le duché de Guise passa successivement entre les mains de ces princes sans autre événement remarquable. Seulement la veuve de Henri-Jules de Bourbon, conjointement avec Bénédicte, palatine de Bavière, duchesse de Brunswick, qui prenait aussi le titre de duchesse de Guise, de dame de Ribemont, Aubenton, Hirson et Rumigny, obtinrent à la suite d'une requête du 21 mai 1718, un arrêt important cité par les jurisconsultes concernant la conservation des minutes, pièces et actes des greffiers et notaires de Guise, lesquels, au grand préjudice de ceux qu'ils concernaient, se trouvaient souvent perdus ou dispersés par suite des changements, des décès ou cessions de ces fonctionnaires. Pour obvier à ces inconvénients, l'arrêt ordonna que les procès, informations, procédures, pièces

---

(1) *Appelans célèbres.* Ravechet Hyacinthe; — *Collect. de D. Grenier;* — Lelong; — *Journal de Verdun*, février, mai et juillet 1747; — *Hist. ecclésiastique*, par Henrion, tom. 9, p. 555 et 577.

déposés aux greffes des justices tant ordinaires que de celles des eaux-et-forêts, grueries du duché, du siége de Ribemont et des autres justices des terres de Rumigny, Aubenton et Hirson, qui se trouvaient entre les mains des personnes qui avaient exercé ces charges, de leurs veuves, héritiers ou ayant-cause, fussent remis entre celles de greffiers en exercice pour servir à l'expédition des actes faits au temps des anciens greffiers, dont le profit devait être partagé, pendant l'espace de dix ans seulement, entre ceux-ci ou leurs héritiers et les greffiers en exercice. Quant aux minutes des contrats et autres actes reçus par les notaires du siége royal de Ribemont et des autres justices, qui étaient décédés ou qui avaient quitté leur office, l'arrêt ordonnait que ceux qui seraient restés entre leurs mains ou celles de leurs héritiers fussent également déposés entre celles des notaires alors en charge, qui devaient les porter au bas de leur répertoire. Cette règle si importante pour la conservation des titres devait être observée à l'avenir à chaque changement de greffiers et de notaires, et forma proprement les archives des études et des greffes, telles que nous les voyons aujourd'hui (1).

Le duc Louis III de Bourbon, mort en 1710 à l'âge de quarante-deux ans, avait eu pour héritier Louis-Henri, prince de Condé, dit *Monsieur le duc*. Celui-ci fut chef du conseil de régence et ministre de Louis XV. Il avait épousé mademoiselle de Conty, sa cousine, le 9 juillet 1713, et fut disgracié en 1726. Il obtint en 1734 un arrêt du parlement qui confirmait les droits des ducs de Guise sur la banalité du moulin d'Hirson et mourut en 1740. Son successeur Louis-Joseph

---

(1) *Dictionnaire des Arrêts*, tom. 3, p. 512, nombre 56 *bis*. Art. Greffiers, p. 555, art. Guise.

de Bourbon, prince de Condé, était né en 1736, fut chef de l'armée de Condé pendant les premières années de la République, père du dernier des Condé mort en 1830, et aïeul de l'infortuné duc d'Enghien, fusillé à Vincennes en 1804. Le duc Louis-Joseph ne se contenta pas de jouir paisiblement des revenus du duché de Guise, il y fonda en 1749 un collége sous le nom de Bourbon-Guise où les belles-lettres furent enseignées avec quelque éclat pendant la fin du xviii° siècle. Le 3 juin 1742, Antoine Gardeblé et Jean-Baptiste Laforet, prêtres du diocèse de Reims, furent nommés par le prince pour y remplir les fonctions de régents. Les règlements du collége de Reims avaient servi à la rédaction de ceux du collége de Bourbon-Guise, qui les reproduisaient en grande partie.

Une des plus lourdes charges pour les villes de garnison fut toujours le logement des gens de guerre. Tout en payant aux soldats des droits onéreux, elles avaient à essuyer des tracasseries de tout genre. Ce ne fut guère que vers la fin du xvii° siècle qu'on établit des casernes que réclamaient depuis si longtemps, ce semble, la tranquillité et les mœurs des familles. Un des droits les plus redoutables qui pesât sur les bourgeois était celui qu'on appelait l'*ustensile*, lequel obligeait ces derniers à fournir le feu et les vases nécessaires à la cuisson des aliments, avec place au feu et à la chandelle. Guise avait ordinairement pour garnison, avant 1789, un détachement d'un régiment de cavalerie ou de dragons placé à Laon. En 1729, la ville ayant été obligée par M. Dangervilliers de fournir aux cavaliers du régiment de Gesvres le bois et la chandelle, envoya à la cour M. Delettres, conseiller du roi, président du grenier à sel et maire de la ville, pour y faire à ce sujet d'humbles remontrances de la part des habitants et *communautés*, et obtint le dégrèvement, la décharge de ce droit onéreux. Ce fut sans doute pour compenser ce qu'on enlevait au régiment de Gesvres que la municipalité, dans une requête présentée à M. Dangervilliers, conclut à ce qu'on lui accordât les 8 deniers imposés dans le plat pays pour l'entretien des troupes, ainsi qu'on l'avait toujours pratiqué dans les casernes précédentes pour les régiments de Piémont, les Croates et les autres qui avaient précédé ces derniers dans la garnison de Guise. Ce fut vers ce même temps que le ministre de la guerre d'Argenson fit cesser un autre abus des gens de guerre, qui n'était pas moins criant que ceux qu'on venait de signaler. La garnison avait le droit de prélever une bûche sur chaque voiture de bois qui entrait dans la ville; le major de la place Dufort prétendit exercer ce droit à son profit lorsqu'il n'y aurait pas de troupes. D'Argenson, sur les plaintes qui lui furent adressées à ce sujet, déclara que ce droit n'était toléré qu'en faveur de la garnison ; et, par une lettre du 26 avril 1746, il ordonna à M. Méliand, intendant de la généralité, de faire part à Dufort de cette décision. Le même ministre ordonna également, la même année, que le chauffage de la troupe de Guise lui serait payé par l'extraordinaire des guerres, ce qui fut pratiqué jusqu'en 1772 (1).

Enfin, ce fut sous l'administration de M. Méliand et de M. Desforges, son subdélégué, qu'on songea à pourvoir au logement définitif des troupes de cavalerie. Deux écuries furent construites en 1748, l'une au faubourg de la Poterne

---

(1) *Archives de l'hôtel de ville*; — Monteil, tom. 7, p. 97 et 98; — Règlement relatif aux casernes des gardes françaises, du 3 décembre 1691; — *Ibid*, tom. 8, notes, p. 416.

et l'autre au quartier de la Buse, où l'on établit aussi un manége aux dépens de la ville en 1770 : elles coûtèrent 27,370 livres. Pour acquitter cette somme et payer les dettes dont la ville se trouvait alors chargée, l'on avait établi, par arrêts du 5 octobre 1735 et du 7 mai, un nouvel octroi que la ville posséda jusqu'au 1ᵉʳ février 1747 et dont le roi s'empara depuis pour l'acquit des charges municipales (1). Les octrois des villes étaient depuis longtemps une des principales sources de revenus communaux. Les droits qui se percevaient à Guise furent modifiés en 1737 et restaient ainsi réglés en 1749. On percevait à l'entrée de la ville 6 sols 8 deniers par pièce et 8 sous 4 deniers par muid de vin ; 10 sous par pièce et 12 sous 6 deniers par muid vendu en détail ; 2 sous par chariot, 1 sou par charrette ; 3 deniers par bête de somme entrant dans la ville chargée de marchandises autres que le bois à brûler ; la sixième partie de toute espèce de grains vendus dans la ville par les marchands forains. Au lieu d'une bûche ou d'un fagot, comme autrefois, on prélevait sur toute voiture de bois à brûler 6 sous 6 deniers par chariot ; 4 sous 6 deniers par charrette, 6 deniers par cheval et autre bête de charge. Quand on comprenait le droit de vinage, la ville pouvait lever, au lieu de 4 sous par pièce et de 5 sous par muid de vin qui *se déchargent et avalent* dans les caves des habitants, 5 sous 4 deniers par pièce et 6 sous 8 deniers par muid. Pour l'entrée des viandes on payait 20 sous par bœuf ou vache, 5 sous par veau, 2 sous par mouton et 1 sou par agneau. Le roi modifia de nouveau les droits précédents en permettant aux maire et échevins de ne faire perce-

---

(1) *Almanach de 1734 ; — Archives de l'hôtel de ville.*

voir que 3 sous par chariot, 1 sou 6 deniers par charrette et 6 deniers par bête de charge, tant pour droits d'octroi que pour droit de chaussée; 2 sous par pièce de bière façonnée ou vendue en gros et 4 sous par pièce vendue en détail. Un arrêt du conseil d'État de 1760 et des lettres patentes du roi, de la même année, firent revivre les dispositions de l'arrêt de 1749 pour la perception des droits sur les boissons et les marchandises. Ces détails suffisent pour donner une idée des variations qu'éprouvaient ces impositions et des entraves qu'elles pouvaient mettre au commerce, lequel prenait de son côté les moyens de s'y soustraire. Ainsi pour échapper aux droits de hallage, on vendait les grains en dehors des marchés publics. Aussi le bailliage du duché-pairie fut-il obligé pour obvier à cet abus, de rendre une sentence par laquelle il fut ordonné que les blés, farines et autres grains ne pourraient être achetés et mesurés ailleurs que dans les halles et marchés de la ville, avec défense d'y envoyer aucune montre ni échantillon pour opérer ensuite la vente sur les tas dans les magasins particuliers. Cette sentence prononcée le 12 novembre 1734, fut confirmée par le parlement.

Guise fut visité au milieu des paisibles occupations commerciales et industrielles par une maladie qui y opéra de grands ravages dans le cours des mois de juin et de juillet 1749. Cette épidémie était une fièvre putride maligne, appelée la suette à cause de la sueur abondante qui formait l'un de ses principaux caractères. Un médecin de Guise, Vandermonde, en donna la description dans le *Journal de médecine* (tom. XII, p. 354), de la rédaction duquel il était chargé avec Roux, médecin comme lui de la faculté de Paris (1). Quel-

(1) Dom Grenier, MS.

ques années après, en 1764, un autre fléau, l'inondation, fondit sur la ville, qui fut envahie par les eaux de l'Oise, surtout dans la partie qui forme les faubourgs du nord. Il fallut aller chercher à cheval les vases sacrés à l'autel de la chapelle de l'hôtel-Dieu. Le point que les eaux atteignirent est encore marqué sur le mur de clôture de cet établissement près de la porte qui donne sur une ruelle conduisant à Saint-Médard. Ces deux faits et la déclaration de guerre de 1756, sont les seuls que nous ayons à enregistrer dans les annales de Guise à cette époque. Depuis les premières années du règne de Louis XIV, le fléau de l'invasion avait été éloigné de ces contrées et ce n'était plus guère que par les mouvements qui s'opéraient dans sa garnison et par les déclarations de guerre officielles que Guise apprenait que la guerre n'avait point cessé de faire le malheur des peuples. Celle de 1756 fut publiée par les ordres du commandant de place en trois endroits de la ville, au son de deux tambours, de deux trompettes du corps des volontaires de Flandre, par Carlier-Lejeune, huissier royal et secrétaire de l'hôtel de ville, conduit par un sergent attaché à l'hôtel de ville, à la porte duquel l'ordonnance demeura affichée durant trois jours (1).

Le prince Louis-Joseph de Bourbon s'occupa activement de donner à son duché tout l'éclat dont il était encore susceptible. Il commença par obtenir la mise en vigueur du privilége accordé en 1553 à Claude de Lorraine, par lequel le duché était déclaré ressortir immédiatement du parlement et dont l'exécution avait été suspendue depuis deux siècles ; et bientôt après il parut vouloir se reconstituer à Guise une

(1) *Archives de l'hôtel de ville.*

sorte de puissance féodale. Il obtint de Louis XV par un édit et des lettres patentes en date du mois de juin 1766, la suppression du bailliage de Ribemont et sa translation à Guise même, sous le nom de bailliage ducal général. Excepté les cas royaux, le bailliage de Guise connaissait les appels des justices inférieures qui ressortissaient autrefois du bailliage de Ribemont. Il avait la prévention de la prévôté d'Hirson, laquelle comprenait six paroisses ressortissant par appel à Aubenton. Il renfermait dans l'étendue de son ressort plus de 200 villages. Le bailliage de Guise ayant continué de ressortir du siége présidial de Laon, des différends s'élevèrent entre les officiers des deux siéges, ceux de Laon prétendant que les appels du bailliage royal et ducal de Guise devaient ressortir du présidial de Laon, et ceux de Guise voulant maintenir leurs prérogatives de ne ressortir qu'au parlement. Un édit intervint entre eux et décida que les appels devaient être portés au parlement dans les cas présidiaux. Voici l'édit d'érection du bailliage royal et ducal de Guise (1).

« Louis, par la grâce de Dieu, roi de France et de Navarre, à tous présens, et à venir, salut. Ayant par nos lettres patentes du mois de décembre 1764, uni, en exécution des contrats d'échange des 10 mars 1629 et 2 mai 1646, ratifiés par lettres patentes du 14 mars 1647, registrées le 12 avril 1650, et incorporé à perpétuité au duché de Guise la terre et seigneurie de Ribemont, avec toute justice haute, moyenne et basse y appartenant, pour être ladite justice exercée conjointement avec celle du duché de Guise, au nom de notre très-cher et très-amé cousin, le prince de Condé, ses successeurs et ayant-cause, par les officiers qui seront par eux pourvus, comme justice seigneuriale et patrimoniale ; nous avons ordonné que les appels des justices inférieures ci-devant ressortissantes au bailliage de Ribemont soient portés au bailliage ducal de Guise, soit au cas de l'ordonnance, soit aux cas présidiaux, et

(1) *Manuel historique*, p. 136.

ensuite nuement en notre cour de parlement, fors et excepté les cas royaux dont la connoissance appartiendra aux juges qu'il nous plaira à cet effet établir ; et considérant que le siége qu'il est nécessaire d'établir pour la connoissance des cas royaux ne peut être mieux placé que dans la ville de Guise, chef-lieu du duché, parce qu'étant plus peuplée que Ribemont et moins éloignée du centre du duché, il sera plus commode et moins onéreux aux justiciables d'y aller plaider ; à ces causes et autres à ce nous mouvans, de l'avis de notre conseil, et de notre science certaine, pleine puissance et autorité royale, nous avons, par le présent édit perpétuel et irrévocable, dit, statué et ordonné, disons, statuons et ordonnons, voulons et nous plaît ce qui suit :

Art. 1er. Le bailliage de Ribemont, avec tous les offices dont il est composé, sera et demeurera éteint et supprimé, comme nous l'éteignons et supprimons par le présent édit ; et seront les titulaires desdits offices remboursés des finances desdits offices par notre dit cousin le prince de Condé, suivant la liquidation qui sera faite en notre conseil ; voulons en conséquence que tout exercice de justice y cesse à compter du jour de la publication du présent édit.

Art. 2. Au lieu dudit bailliage, nous avons créé et érigé, créons et érigeons en la ville de Guise un bailliage royal pour avoir la connoissance des cas royaux et matières bénéficiales dans l'étendue du ressort qui formoit ci-devant la prévôté et bailliage de Ribemont.

Art. 3. Les appellations des sentences et jugemens dudit bailliage seront portés nuement et directement en notre cour de parlement.

Art. 4. Pour l'exercice de la justice dudit bailliage nous avons créé et érigé, créons et érigeons en titres d'offices formés, un notre conseiller, lieutenant général, un notre avocal et procureur pour nous, un greffier et un premier huissier audiencier.

Art. 5. Les officiers créés par notre édit jouiront de tous les droits, fonctions, prééminences, prérogatives, honneurs et immunités dont jouissent les pourvus de semblables offices, encore que lesdits droits, fonctions et priviléges ne soient ici particulièrement exprimés. Si ordonnons en mandement à nos amés et féaux conseillers, les gens tenant notre cour de parlement à Paris, que notre édit ils aient à faire lire, publier et registrer, et le contenu en icelui garder et observer selon sa forme et teneur, et ce nonobstant tous édits, déclarations, arrêts, réglemens et autres choses à ce contraires, auxquels nous avons dérogé et dérogeons par le présent édit, aux copies duquel, collationnées par l'un de nos amés et féaux conseillers-secrétaires, voulons que foi soit ajoutée, comme à l'original, car tel est notre plaisir. Et afin que ce soit ferme et stable à toujours, nous y avons fait mettre notre scel.

Donné à Versailles, au mois de mai, l'an de grâce 1766, et de notre règne le 51°. *Signé* LOUIS (1).

(1) Nous croyons faire plaisir au lecteur en donnant ici la nomenclature des diverses administrations de Guise, avec le nom de ceux qui en occupaient les charges en 1754, douze ans avant l'établissement du bailliage royal et ducal.

1° BAILLIAGE.

Bailli-général, De Martigny; — charge de lieutenant, vacante; — avocat et procureur-fiscal général, Desforges des Essarts; — greffier, Magnier; — 24 huissiers audienciers, répandus dans le ressort des 21 paroisses, 10 avocats, 5 notaires, 5 notaires au duché, 4 procureurs; — commissaire à la rédaction du papier terrier du duché, Cocherel de Jarlière; — audiences du bailliage les lundis; vacances le lundi après la Magdeleine, et la rentrée le lundi après le 14 septembre.

2° ÉLECTION.

Président, Warnet; — lieutenant, d'Audigny; — conseillers élus, Clément, Lhotte, Landouzy, (une charge d'élu vacante); — procureur du roi, Pourier; — greffier, Baron; — huissiers audienciers; — audiences du tribunal de l'élection, les mercredis; — vacances le mercredi après le 25 août, rentrée le mercredi après la Saint-Martin.

3° GRENIER A SEL.

Président, Poidevin; — grenetier, Delattre de Tassigny; — contrôleur, Fromage; — procureur du roi par commission, Chevalier; — greffier, Baron; — huissier, Dubois; — audiences les mardis.

TRAITES FORAINES.

Président, Gonet; — procureur du roi par commission, Savouret; — greffier par commission, Magnier; — huissier, Canon.

5° FINANCES DU ROI.
Fermes générales.

Contrôleur-général, de Brunville; — capitaine-général, Delaporte; — receveur des gabelles, Lescarbotte de Beaufort fils; — entreposeur, Marie de Surmont; — receveur des traites, Avignon; — contrôleur, Nicaise; — visiteur, Barbaux; — procureur de la ferme, Mennechet père.

Sous-Fermes.

Directeur des aides, Tannier; — contrôleur des actes, Lecerf.

Recette des Tailles, capitations et vingtièmes.

Desforges des Essarts, pair; — Poitevin de Veyrière, impair; — Lecointe, changeur du roi; — Boudard, commis des biens des religionnaires fugitifs.

EAUX-ET-FORÊTS.
Bailliage général.

Bailli et lieutenant-général des bois, L'Amirault de Cerny; — avocat et procureur fiscal général, Desforges des Essarts; — contrôleur-garde-marteau, Beaufort; —

Cet édit ne fut mis à exécution qu'en 1768, mais la petite ville de Ribemont n'en perdit pas moins un établissement ancien et important d'où elle tirait à peu près tout son lustre, depuis que la race célèbre de ses seigneurs avait disparu avec le moyen âge. Guise ne gagna guère à cette translation qu'une plus grande étendue de ressort, et ne devait posséder le nouveau siége que vingt-trois ans, c'est-à-dire jusqu'en 1791, époque où fut installé le tribunal civil qui succéda au bailliage.

greffier, Magnier; — trésorier de France, receveur-général des domaines de Son Altesse et des deniers provenant des ventes de chênes et bordures, Beaudouin; — receveur des ventes et des bois-taillis et des bois appartenant à la régie du duché, Miger (*).

Gruerie.

Lieutenant, Mennechet, avocat; — procureur fiscal, Desforges des Essarts; — greffier, Magnier; — audiences les vendredis; — vacances le vendredi après la Magdeleine, et rentrée le vendredi après le 24 septembre.

7° Hôtel de Ville.

Maire, Mennechet, avocat; — lieutenant, Gaudion, — procureur du roi et syndic des habitants, Lecerf aîné, avocat; — greffier, Magnier; — secrétaire, Carlier; — audiences les jeudis.

9° État militaire.

Gouverneur de la ville et château, le marquis de Montal, lieutenant-général des armées du roi; — lieutenant du roi, le chevalier de Pradine; — major, Dufaure; — commissaire d'artillerie, de Belcourt; — garde magasin, Dersu; — ingénieur en chef, le chevalier de Beaurepaire; — commissaire des guerres, de Seroux; — commis au trésor provincial, Bourgeois; — exempt de maréchaussée, Beffroy, avec une brigade de 4 cavaliers.

Milice bourgeoise.

16 capitaines de quartiers; — une compagnie de la Jeunesse, capitaine, de Beaudreuil, gentilhomme; — une compagnie d'archers.

Garnison.

Une compagnie d'invalides pour la garde du château, commandant M. de Pertel, et six lieutenants; — corps de volontaires de Flandre, composé de 3 brigades, commandées par MM. de la Morlière, de Bourgmart, de Saint-Marsane.

10° Établissements religieux et de bienfaisance.

Chapitre de Saint-Gervais.

Chanoines prêtres. MM. Constant, doyen, Lefebvre, Mignot, Goulain, Lefèvre, Leproux, procureur, Bombled, Colbert, Tellier, Soyer, Labrusse.

(*) Dans le bailliage général des eaux-et-forêts étaient comprises, outre la gruerie de Guise, les 5 grueries du Nouvion, d'Hirson, de Saint-Michel et d'Aubenton, administrées par un lieutenant, un procureur fiscal et un greffier.

Si Guise fut moins fécond en illustrations dans ce siècle que dans le précédent, il ne fut pas néanmoins tout à fait stérile, car il avait donné le jour en 1712 à Jean-Baptiste Dénisart, qu'un auteur (M. Devisme) fait naître à Iron. Dénisart fut procureur au Châtelet de Paris, et composa un *Dictionnaire de jurisprudence*, qui, par les sept éditions qu'il obtint, forma la gloire littéraire de son auteur. C'est, au dire d'un biographe, le premier livre en ce genre qui se soit fait lire des gens du monde (1). Dénisart mourut en 1766 ; il fut le contemporain du grammairien Duchange, son concitoyen, qui exerça à Laon la noble profession de maître de pension. Ce dernier travaillait à l'histoire de cette ville lorsque la mort l'arrêta en 1782, au milieu de ses travaux (2).

La société d'agriculture fondée en 1761, par arrêt du conseil d'État dans la généralité de Soissons, vint encore mettre en relief d'autres talents du pays. Cette société qui avait pour but le défrichement des terres incultes, la propagation et l'amélioration de la culture du mûrier, de la

Chanoines sous-diacres. MM. Fontaine, Delettres.
Lescarbotte, curé de Saint-Pierre et Saint-Paul, et Gagnoux, vicaire desservant Saint-Médard, et Gildart.

Minimes.
Supérieur, le P. Roylet, 4 religieux.

Hôpital.
Supérieure, sœur Patureau, 7 religieuses.

11° ÉTABLISSEMENTS D'INSTRUCTION.
Collège.
Principal, M. Desmoulins.

Écoles de charité.
Supérieur, frère Claude, 2 religieux.

Sœurs du Sacré cœur de Jésus.
Supérieure, sœur Geoffroy, 3 religieuses.

(1) *Hist. de Laon* et *Manuel du département*, par Devisme ; — Lelong, p. 585.
(2) MSS. de dom Grenier.

vigne, du sycomore, des pommes de terre, des prairies artificielles, était composée de deux bureaux, séants, l'un à Soissons, l'autre à Laon, pour les élections de Laon, de Guise et de Noyon. Les séances du bureau de Laon se tenaient le mardi, dans une salle du couvent des cordeliers. La première eut lieu le 6 novembre 1761, en présence de M. Méliaud, intendant de la province (1). Les membres du bureau pour l'élection de Guise avaient été choisis parmi les hommes les plus distingués de la contrée. C'étaient le marquis d'Hervilly, lieutenant général des armées du roi, seigneur de Leschelles, qui avait déjà établi une fabrique de velours pour donner du travail aux pauvres. De La Fons, seigneur de la Plesnoye et de Vadencourt, de Montaigle, sieur de Le Hérie, Camp-Laurent, commissaire des guerres, et Desmoulins, lieutenant général au bailliage de Guise. Ces hommes recommandables secondant les vœux de la société et s'aidant de l'expérience de tous ceux qui s'occupaient de l'avancement de l'agriculture rendirent un véritable service au pays en propageant l'emploi, comme engrais, de la marne et des cendres noires. La marne était commune en Thiérache, mais l'importante découverte des cendres noires n'avait eu lieu qu'en 1757. Elle fut décisive pour la culture dans la Thiérache dont le sol naturellement froid avait besoin d'être réchauffé pour produire la forte végétation dont il est susceptible. On ne tarda pas à reconnaître les merveilleux effets de cette espèce de révolution opérée dans l'agriculture par ce sel précieux : des terres qui jusque-là n'avaient produit que du seigle, se couvrirent de blé et d'autres céréales de

(1) Lemoine, *Antiquités de Soissons*, et *Hist. de Soissons*, par H. Martin, tom. 2 p. 631.

première classe. A côté des prairies naturelles, on vit de magnifiques prairies artificielles où la variété des céréales se fit admirer, là où le sol depuis des siècles n'avait offert qu'une sorte de production. Tel était l'état de la culture vers le milieu du xviiie siècle dans l'élection de Guise, qu'elle n'acquittait l'impôt qu'avec une grande difficulté et qu'il fallut souvent lui accorder des remises sur ses contributions. On peut donc dire avec certitude que les progrès de l'agriculture en Thiérache et la situation florissante où nous la voyons aujourd'hui, ont eu pour cause première l'emploi des cendres noires, propagé par les membres qui représentaient, dans l'élection de Guise, la société d'Agriculture (1).

En même temps qu'on cherchait les moyens d'encourager l'agriculture, on faisait de nouveaux efforts pour régulariser et favoriser les transactions commerciales entravées souvent par la fraude et la mauvaise foi. Divers édits avaient été rendus sur cette importante matière. Déjà, en 1731, conformément à l'arrêt du conseil du 11 et de l'ordonnance de l'intendant du 26 février, selon lesquels tous les *mulquiniers* devaient rapporter à l'hôtel de ville tous les ourdoirs pour y être mesurés et rendus uniformes, sur le pied de 16 aunes 1/4, mesure de Paris, le maire et les échevins de Guise avaient fait procéder en leur présence à la visite et à la réforme des ourdoirs qui n'étaient pas conformes à cette mesure. On les avait marqués aux quatre coins aux armes de la ville, pour l'application desquelles on avait fait payer, conformément à l'usage pratiqué à Saint-Quentin et ailleurs, 7 sous 6 deniers par ourdoir. En 1770, le contrôleur général

---

(1) *Statistique de l'Aisne*, par M. Brayer, tom. 2, chap. 5; *Agriculture*; — *Hist. de Laon*, tom. 2, p. 150.

s'étant plaint de l'esprit d'indépendance et d'insubordination qui s'était introduit parmi les fabricants et du tort que faisait au commerce leur éloignement à s'astreindre aux lois sur cette matière, par les fraudes qui en étaient la suite, M. Le Pelletier de Morfontaine, successeur de M. de Méliaud dans l'intendance de Soissons, fit défense, par une lettre du 10 février, aux marchands et aux fabricants, de vendre, faire porter, ou recevoir aux bueries, aucune toile de quelque qualité qu'elle fût, ou de quelque fabrique qu'elle vînt, avant qu'elle n'eût été visitée, et qu'elle n'eût reçu l'application des marques de visite dans les bureaux destinés à cet effet, sous peine de confiscation et de 500 livres d'amende. L'intendant ordonnait spécialement aux commis à la marque de Chauny et de Guise, de faire de fréquentes visites aux bueries de Chauny et de Proisy, et de dénoncer les délinquants aux juges des manufactures de Chauny et de Guise, enjoignant en même temps à ces derniers de tenir la main à l'ordonnance qui devait être affichée dans les bureaux de visite des deux villes et dans les bueries de Chauny et de Proisy. Proisy était, à cette époque, renommé dans la généralité, par l'étendue de son commerce de toiles ; une foire franche y fut établie en 1700 pour le favoriser (1).

Le temps n'était pas éloigné où l'échafaudage factice d'un gouvernement désormais incompatible avec les idées nouvelles allait s'écrouler. Le régime féodal, depuis longtemps ébranlé par les coups que lui avait portés le pouvoir absolu, ne devait pas tarder de finir avec lui. Au règne dissipateur et corrompu de Louis XV, avait succédé celui de l'infortuné

---

(1) *Arch. de l'hôtel de ville.*

Louis XVI, qui était monté sur le trône en 1774. Ce prince avait signalé son avénement à la couronne par le rappel de l'ancien parlement exilé par son prédécesseur. Un Guisard, l'avocat Target, exalta cet événement par un discours remarquable qui fut inséré dans les feuilles publiques. Louis XVI, qui n'avait en vue que le bonheur du peuple, espéra opérer avec le temps les réformes importantes que réclamait impérieusement l'état administratif et financier du royaume; mais, contrarié dans ses vues par une cour légère et dissipée, et débordé d'ailleurs par l'opinion publique, il ne sut ni arrêter, ni diriger le mouvement des esprits. Il sembla au contraire le hâter par l'établissement de diverses assemblées qui, en portant les affaires dans le domaine de la discussion publique, montrèrent et la gravité du mal et la difficulté d'y remédier. En conséquence d'un édit du mois de juin 1787, portant création d'une assemblée provinciale dans chaque généralité, d'une assemblée de département dans chaque élection et d'une assemblée municipale dans chaque paroisse, on établit donc dans la généralité de Soissons, une assemblée provinciale du Soissonnais; des assemblées d'élections à Soissons, Laon, Château-Thierry et Guise, et des assemblées municipales dans chaque paroisse. Telles étaient les attributions de ces diverses assemblées qui n'eurent qu'une existence éphémère, mais où se révélèrent les premiers symptômes des réformes de la révolution. L'assemblée municipale subordonnée au roi et à ses représentants dans la province, dépendait, en outre, des assemblées d'élection et par conséquent des assemblées provinciales. Elle était chargée de la répartition de toutes les impositions et levées de deniers dont l'*assiette* devait être faite sur la communauté et même de leur recouvrement. Elle devait veiller et délibérer sur tout ce qui pouvait intéresser la *communauté*, comme la conservation, les réparations et reconstructions des bâtiments qui étaient à sa charge, tels que, églises, presbytères, etc. Elle avait à sa tête un syndic et un greffier rétribués. Les règlements qui devaient régir cette assemblée ont, pour ainsi dire, servi de base à notre loi municipale (1).

L'assemblée d'élection répartissait entre les *communautés*, les impôts ordonnés par le roi ; elle pouvait en lever elle-même, mais avec l'autorisation d'un commissaire nommé par le roi, ou du roi lui-même, si l'impôt dépassait une certaine quotité. L'assemblée d'élection, qui était comme le lien de correspondance entre l'assemblée municipale et l'assemblée provinciale, s'occupait en général de tout ce qui pouvait intéresser exclusivement le territoire de l'élection ou département : elle avait un syndic et un greffier, comme l'assemblée municipale. Quant à l'assemblée provinciale, elle s'occupait de toutes les charges et dépenses de la province, de la répartition des sommes nécessaires aux travaux autorisés, aux demandes d'indemnités ou de décharges faites par les particuliers ; les assemblées municipales ou d'élection recevaient et vérifiaient les comptes des *communautés*. Ainsi ces assemblées annuelles devaient principalement s'occuper de l'assiette et de la répartition des impôts votés par les notables et mettre fin au régime désastreux des fermes. Dans l'intervalle des sessions ou réunion d'assemblée, il y avait un *bureau* ou *commission intermédiaire* dans chaque chef-lieu d'élection, communiquant avec le *bureau* de la généralité.

On appliqua le système d'élection à la composition de ces

(1) *Procès-verbal des séances de l'Assemb. provinciale du Soiss.*, tenue en 1787.

assemblées. Le seigneur et le curé étaient membres nés ou de droit de l'assemblée municipale, qui se composait en outre de six à neuf membres éligibles choisis par la *communauté*, suivant le nombre des feux. Nul ne pouvait être membre des assemblées d'élection et de province s'il n'était membre des assemblées paroissiales. L'assemblée préliminaire de l'élection de Guise eut lieu à Guise le 24 octobre 1787. L'assemblée provinciale s'ouvrit ensuite à Soissons avec une grande pompe. L'élection de Guise y avait envoyé pour l'ordre du clergé, l'abbé Doyen, doyen de la collégiale ; pour l'ordre du tiers-état, M. Viéville, maire de la ville, et pour la noblesse, le marquis d'Hervilly. M. Viéville fit partie du bureau des travaux publics, et l'abbé Doyen, du bureau de l'agriculture, du commerce et du bien public. M. d'Hervilly, président de l'élection de Guise, se distingua dans cette imposante assemblée composée de ce qu'il y avait de plus noble et de plus instruit dans la province, par la présentation de plusieurs projets, fruits de *réflexions sages et judicieuses, de sa sagacité et de l'intérêt vif qu'il portoit au bonheur de ses concitoyens*. L'élection de Laon, se fondant sur ce que l'élection de Guise ne pouvait faire face à ses dépenses, proposa, lors de la formation des arrondissements, de la réunir au terroir de son département, mais cette demande fut rejetée sur ce que l'élection de Laon était déjà la plus forte de toute la généralité et que son étendue deviendrait trop considérable par l'annexion de celle de Guise.

Cette dernière était en effet dans une situation financière assez peu florissante. Elle se trouvait avoir un déficit de 17,098 livres 8 sous 6 deniers sur la contribution représentative de la corvée, qu'elle devait fournir pour l'entretien de ses routes. On proposa à l'assemblée, dans l'intérêt de la province, de couvrir ce déficit par des contributions prélevées, au marc la livre, sur les fonds libres que laisserait à chaque élection l'entretien de ses chemins. Mais en revanche, elle n'eut pas part à la répartition des autres fonds libres attribués aux autres élections par l'assemblée, une partie de ses routes se trouvant en effet déjà entretenues par elles. Néanmoins, elle eut 25,693 livres 3 sous 5 deniers sur la somme versée en commun par chaque élection pour être employée au bien général de la province, en ouvrages neufs sur les routes les plus importantes à terminer. L'élection de Guise, la moins considérable de la province, était traversée par un grand nombre de routes, mais elle manquait de chemins vicinaux, de sorte que les communications particulières y étaient très-difficiles. Neuf ou dix paroisses sur cent étaient seules en position de profiter des grandes voies de communications sur lesquelles encore les travaux étaient d'une exécution vicieuse.

Un projet dont la réalisation était de la dernière importance pour Guise fut proposé à l'assemblée: celui de deux canaux, dont l'un joindrait l'Oise à la Sambre par le Noirieux et qui fut exécuté plus tard, tandis que l'autre partant d'un autre point de l'Oise, ouvrirait une voie de communication dans l'intérieur de l'élection de Clermont, où il était déjà commencé. Ce projet, rédigé par l'ingénieur en chef des ponts-et-chaussées du département de Guise, fut rejeté par l'assemblée, parce qu'on manquait sur un point aussi important, et d'études sérieuses et de moyens pour le mettre à exécution (1). L'élection de Guise payait pour tailles,

---

(1) *Procès-verbal*, p. 444.

impositions accessoires, capitations taillables, 198,873 livres qui ne lui permettaient pas de faire face à ses dépenses. La formation des municipalités n'y avait pas été exempte de difficultés, soit à cause de l'ignorance où l'on était de toute espèce d'organisation bien régulière, soit à cause du trop d'ardeur qu'on mit à entrer dans les voies libérales. Dans presque toutes, les syndics élus ne payaient pas le taux d'impositions prescrit par le règlement du roi. Ici, un hameau de deux feux s'était imaginé de former une municipalité composée de deux membres; là, au contraire, dans une paroisse de 602 feux, le tumulte avait été si grand dans l'assemblée électorale, qu'on en était venu aux mains avant que de se séparer.

Quoi qu'il en soit de ces assemblées et de leur organisation mi-partie libérale et féodale, on peut les regarder comme un acheminement vers les assemblées générales qui allaient bientôt agiter la France. On y avait parlé de réformes et de projets d'économie. Plusieurs grandes questions, dont quelques-unes ne sont pas encore résolues, y furent agitées, comme l'organisation des finances, la répartition plus égale de l'impôt; celles des routes, des canaux, des chemins vicinaux, de la police, de la répression du vagabondage et de l'extinction de la mendicité, du régime municipal, etc. Mais le temps approchait où l'on ne devait plus procéder avec sagesse et lenteur, où les bonnes intentions de Louis XVI seraient méconnues et l'édifice social renversé après une durée de treize siècles. Avec l'année 1789, l'ère des révolutions allait s'ouvrir (1).

(1) *Procès-verbaux de l'Assemblée provinciale du Soissonnois;* — *Statistique de l'Aisne*, tom. 1ᵉʳ, p. 329.

CHAPITRE VIII.

GUISE DEPUIS LA RÉVOLUTION JUSQU'A NOS JOURS.

La révolution française, comme tous les grands bouleversements politiques, eut ses causes éloignées et ses causes immédiates. La liberté de penser, la corruption générale des mœurs, les abus du régime absolu, compteront toujours parmi les premières ; le désordre des finances, la guerre d'Amérique, les prodigalités de la cour, la déplorable affaire du collier, la faiblesse toujours croissante du pouvoir, l'opposition des parlements, la convocation des états-généraux, seront toujours mises au nombre des secondes.

Quelques réformes tentées par Louis XVI, en montrant la bonté de son cœur et la rectitude de son jugement, n'avaient fait qu'exciter dans les esprits le désir d'un changement profond et radical : les temps étaient accomplis.

Deux ans après la tenue de l'assemblée provinciale, les sept bailliages du Vermandois se réunissaient à Laon, au mois de mars (1789), pour élire leurs députés aux états-généraux convoqués par le roi, sur le vœu de la nation. C'étaient ceux de Laon, Chauny, Guise, La Fère et Marle. Les électeurs qui se rendirent à Laon avaient été nommés dans chaque bailliage par les assemblées primaires, ce qui formait par conséquent l'élection à deux degrés. Ils nommèrent à leur tour trois députations composées chacune de quatre membres, dont : un pour la noblesse, un pour le clergé, et deux pour le tiers-état, qui égalait ainsi en nombre les deux premiers. Le nom de M. Viefville des Essarts, ancien avocat au parlement, sortit de l'urne électorale. Il était né à Malzy, en 1744, et exerçait à Guise les fonctions de procureur du roi aux eaux-et-forêts et de subdélégué de l'intendance, lorsqu'il fut choisi pour représenter son pays à l'assemblée constituante. Il descendait d'une ancienne famille de la ville, alliée aux Desforges, qui ont figuré si longtemps dans les affaires municipales de Guise. C'était un homme de talent et qui remplit avec distinction les diverses fonctions politiques et administratives qui lui furent confiées (1).

L'assemblée nationale s'ouvrit à Versailles le 5 mai, aux acclamations de toute la France, qui suivait des yeux ses démarches et ses travaux. Le député Viefville, l'un des membres les plus sérieux de cette assemblée mémorable, prit une part active aux travaux du comité féodal et y traita différentes matières avec talent. Il émit, dit M. Devismo, des opinions généreuses et vraiment libérales sur la gabelle, l'affranchissement progressif des nègres et l'adoucissement actuel de leur sort, sur le pouvoir judiciaire, la propriété

(1) *Manuel historique*; — Matton, *Annuaire*, p. 28.

des biens du clergé, l'organisation de la marine, et sur une foule d'autres questions non moins intéressantes. Guise comme toutes les villes de France applaudissait à toutes les réformes de l'assemblée. Par une déclaration du 14 juillet, la municipalité donna une adhésion pleine et entière aux mesures prises jusque-là par elle, avec assurance de les défendre et de les maintenir de tout son pouvoir ; on arrêta, en outre, que les députés du bailliage seraient priés de présenter aux états-généraux des témoignages de satisfaction pour leur conduite sage et courageuse (1). »

Au milieu de toutes les préoccupations politiques qui agitaient le pays, la disette causée par la stérilité de l'année 1788 et le rude hiver de 1788 à 1789, jetaient parmi le peuple les plus vives appréhensions. Dès le 13 juillet 1788, l'Ile-de-France, la Picardie, le Soissonnais avaient été ravagés par la grêle et avaient perdu une grande partie de leurs récoltes. Dans l'élection de Guise, on avait constaté par le recensement des blés, que la moisson avait rendu moitié moins que dans les années ordinaires, et encore le grain était-il d'une qualité très-inférieure. De toutes parts on commença à se récrier contre la spéculation des accapareurs qui, en effet, avaient déjà enlevé d'énormes quantités de blé vieux pour les faire passer à l'étranger. La loi décrétée par M. Necker arriva trop tard pour s'opposer à cet infâme trafic. Ce fut au milieu des sinistres appréhensions causées par la certitude de la disette prochaine qu'on atteignit l'affreux hiver de 1789. Le froid commença dès le mois de septembre et atteignit bientôt un degré d'intensité inouï.

(1) *Archives de l'hôtel de ville ;* — Devisme, *Manuel historique.*

Jamais pareil deuil ne s'était étendu sur la nature. Les rivières gèlent si profondément que les poissons périssent; les usines s'arrêtent sur les cours d'eaux les plus rapides; on entend les arbres éclater; la semence périt dans le sein de la terre; des malheureux meurent de froid sur les routes ou même jusque dans leur lit. Guise vit se renouveler l'affreuse misère qui l'avait désolé en 1652. Toute l'élection devint la proie du brigandage que le désespoir et la faim y avaient fait organiser, malgré toutes les précautions qu'on put prendre. En exécution d'un arrêt du conseil d'État et des mesures que M. de La Bourdonnaye-Blossac, intendant de Soissons, avait cru devoir y ajouter, dans l'intérêt de la généralité, pour obvier aux accaparements, les subdélégués de chaque élection devaient fournir un état des grains nécessaires à la consommation de la province, afin de n'en laisser exporter que le surplus. Desmoulins et Langlet, procureurs-syndics du bureau intermédiaire de Guise, lancèrent donc une circulaire qui obligeait le maire à fournir un état exact des grains de toute espèce qui se touveraient chez tous les propriétaires, fermiers, marchands, avec une indication des moyens de transport et de débit les plus prompts et les moins dispendieux (30 avril 1789). De son côté la commission intermédiaire dépeignait sans cesse à la commission provinciale de Soissons, l'état déplorable où la misère, l'émeute et l'esprit d'insubordination plongeaient son département, et la pressait d'y mettre fin en y envoyant des blés. Au lieu des subsistances qu'on attendait, on vit arriver à Guise une compagnie de canonniers du régiment d'artillerie de La Fère, et des dragons de la reine envoyés de Laon, qu'on dissémina dans les campagnes pour les contenir. Dès le mois de mai, le maire, M. Viéville, qu'il ne faut pas confondre avec le député, et qui s'intitulait *maire hérédital de Guise*, était obligé de se transporter sur les marchés avec tous ses officiers, pour fixer le prix des grains et surtout du blé. Pour empêcher les troubles qui, trop souvent portaient atteinte à la liberté des transactions, il se faisait accompagner d'une brigade de maréchaussée, et d'un détachement de canonniers. On avait essayé, pour soulager la détresse de l'élection, de faire de Guise un grand marché d'où les grains se seraient écoulés dans le pays; on avait même promis des primes aux blatiers qui l'approvisionneraient, mais la taxe que la municipalité imposait sur le blé apporté à la halle empêcha d'atteindre le but utile qu'on s'était proposé. En effet, lorsqu'on apprit que le blé valait à Guise 12 livres à 12 livres 12 sous le jalois, tandis qu'ailleurs il valait 15 à 16 livres, il y eut une affluence immense des pays environnants, tandis que les marchands ne tardèrent pas à disparaître; aussi, le 6 juillet, le blé était-il remonté à 18 livres 10 sous, et le 10, à 15 livres 10 sous à la halle de Guise.

Ce fut dans ces circonstances difficiles qu'on vit paraître la générosité des vrais citoyens. M. Gueulette, officier municipal, voyant que c'était à la ville de se pourvoir elle-même, s'offrit d'aller à Soissons, le plus grand entrepôt des grains de la province, pour effectuer l'achat de 21 muids et demi de blé destinés à son approvisionnement. Non content de se charger de cette mission difficile, il offrit encore une somme de 100 pistoles de ses propres deniers pour l'acquisition de ces grains que l'exiguité des ressources de la ville eut rendue presque impossible sans cet acte de patriotisme. Ces 21 muids de blé et quelques sacs de riz qu'on distribua aux pauvres calmèrent pour un moment l'effervescence de ces derniers qui menaçaient de soulèvement.

Cette situation précaire dura jusque vers la fin de juin, époque à laquelle la commission intermédiaire, à bout de ressources et d'expédients, demanda avec instance à Soissons un envoi de 40 muids de blé. Rien n'est touchant comme la peinture qu'elle fit à ses correspondants de la détresse de ses administrés. « Il faut absolument, disait-elle, venir au secours d'une province dont aucune expression ne peut rendre la misère, qui n'a besoin que d'un exemple pour être comprise. La majeure partie du peuple est dans une telle détresse que, ne pouvant trouver de blé, elle est obligée de manger les choses les plus viles... Dans certaines communes, le pauvre cherche à assouvir la faim qui le dévore avec les herbes qu'il recueille sur les routes et qu'il fait bouillir. » Les députés du Vermandois, touchés de cette extrême détresse, sollicitèrent du gouvernement des secours en faveur des communes les plus malheureuses, mais le ministre des finances, M. Necker, ne put accorder qu'une somme de 6,000 livres sur laquelle M. Viéville en reçut 3,000 pour le canton de Guise. Quelque minime que fut cette somme, les députés du bailliage n'en reçurent pas moins les plus vifs remerciements de la municipalité, qui les chargea en même temps d'exprimer les mêmes sentiments de gratitude à M. le directeur des finances au nom des officiers municipaux et de leurs concitoyens de Guise, « pour sa bienfaisance toujours active, » et de lui témoigner « l'amour et l'attachement qu'ils ont pour un ministre dont tous les efforts sont constamment dirigés vers le bonheur public. »

Sur ces entrefaites, M. de Blémont, délégué par le comité permanent de l'hôtel de ville de Paris, sous la présidence du maire Bailly, vint à Guise pour faire des acquisitions de blé, lequel s'était maintenu au prix de 15 livres à 15 livres 10 sous, afin de pourvoir à la subsistance des malheureux. Le 20 juillet il en acheta 50 jalois à 15 livres, et le 24 il en fit la distribution aux particuliers. Non content de ce secours, il partit avec M. Viéville pour aller faire d'autres acquisitions aux environs de Marle, mais leurs recherches ayant été sans résultat, ils allèrent jusqu'à Laon, où M. Fouan, procureur du roi en cette ville, leur prêta trois muids de blé qu'ils firent immédiatement diriger sur Guise, qui s'était trouvé complètement dépourvu de grains. Il était temps que ce secours temporaire arrivât pour prévenir une sédition qui menaçait à tout moment d'éclater. De Laon, le maire de Guise et M. de Blémont partirent pour Soissons où ils obtinrent, sur l'exposé qu'ils firent à la commission provinciale de la pénurie où Guise se trouvait, 10 muids de blé à raison de 330 livres le muid. Ces grains furent sur-le-champ expédiés à Guise où ils arrivèrent sans accident, moins les trois muids qu'il avait fallu rendre au procureur du roi à Laon. Les sept autres muids furent exposés sur les marchés de la ville pour y être distribués *très-économiquement suivant les circonstances*. On en avait distribué le 27 juillet une petite portion suffisante à la subsistance des citoyens pendant plusieurs jours. Une lettre écrite par M. Blin de la Chaussée, procureur-syndic de l'assemblée provinciale, en date du 26, montre encore combien était grande l'extrémité où se trouvait la province. « Depuis le recensement des blés qui restent à Soissons, écrivait-il, les 10 muids que vous mènent les voituriers sont précisément ce qui peut vous être fourni, et nous prévoyons que ceux qui restent ne suffiront pas à la subsistance de cette ville jusqu'à la moisson. Faites comme le bureau d'icy; tâchez d'économiser cette petite provision; ainsy, il n'est pas possible d'en voiturer; mais mandez-nous par le messager de la semaine prochaine votre situation, et s'il est possible de vous faire passer quatre à cinq muids, ce dont je doute, on vous le fera savoir. Nous sommes ici dans une alarme cruelle; nous apprenons à l'instant que des brigands fauchent, en vert, le blé dans le département de Crépy; nous venons d'envoyer les hussards qui sont icy en garnison à leur poursuite; il est bon que les habitans des villages se gardent soigneusement et fassent des patrouilles sévères. »

En effet, ces bruits étranges jettent bientôt de nouvelles alarmes dans les esprits et se répandent dans presque toute la France, le même jour, avec la rapidité de l'éclair. Paris, disait-on, est en pleine révolte et le peuple, non content de se soulever, s'était répandu au-dehors de son enceinte pour piller les campagnes; des milliers de brigands nommés *Carabots*, dont on décrit jusqu'au costume, fauchent les blés verts. L'épouvante gagne Soissons, Laon et bientôt Guise. La terreur est à son comble; les paysans effrayés cachent leur argent et ce qu'ils ont de plus précieux, quittent les travaux de la moisson, courent aux armes où s'enfuient dans les villes. Pour s'opposer aux dévastations de ces hordes qu'on croyait partout et qu'on ne voyait nulle part, tout le pays s'était levé en masse; ce fut l'origine des gardes nationales, car une fois qu'on eut pris les armes on se crut appelé à la défense du pays et on ne les quitta plus.

Cette nouvelle milice qui remplaça toutes les anciennes milices bourgeoises s'organisa sur le modèle de celle de Paris, qui s'était formée après la prise de la Bastille (1).

Celle de Guise, qui fut organisée immédiatement et qu'on arma à la hâte de ce qu'on put, eut une cause plus sérieuse et plus immédiate que celle d'un danger imaginaire. Toute l'élection était devenue la proie du brigandage que la faim et la misère y avaient provoqué ; depuis quelque temps s'étaient formés des attroupements d'hommes audacieux qui, à la faveur des circonstances, se portaient à tous les excès. Ces bandes de brigands composées de cinq à six cents personnes, hommes, femmes, enfants, armés de bâtons, de faux, de fourches et même de fusils, attaquaient les propriétés de l'État et celles des particuliers, parcouraient les campagnes en tous sens, tombaient sur les fermes et les châteaux, enlevaient de force et gaspillaient tous les vivres qu'ils pouvaient trouver, débitaient publiquement des marchandises prohibées et maltraitaient les commis préposés à la perception des contributions et des droits. Chemin faisant, ces hordes se grossissaient d'une nuée de pauvres, de paresseux, de gens affamés. Tandis que le gros de la troupe explorait la campagne, le reste stationnait sur les routes pour arrêter et piller les blatiers qui approvisionnaient d'ordinaire les marchés de Guise, Hirson, La Capelle et Vervins. Il fallait pour échapper à ces pillards marcher par troupes capables de leur résister. Malheur à ceux qui étaient soupçonnés d'avoir caché du blé chez eux ; ils devenaient victimes des plus effroyables excès. Malgré les promesses de la

---

(1) M. Fleury, *Etudes révolutionnaires* ; — *Hist. de la révolution*, par M. Thiers ; — *Archives de l'hôtel de ville*.

moisson, le désordre continua pendant le mois d'août et les mois suivants : partout le pillage et l'incendie. Chaque nuit on voyait briller au loin les flammes qui dévoraient les nouvelles récoltes amassées en meules. Le commerce n'existait plus, la contrebande se faisait sur toute la frontière et les exportations avaient repris leur cours. Des marchands de blé sde Vervins et de La Capelle achetaient tout le blé nouveau qu'ils pouvaient, pour le conduire hors de la France et le réimporter ensuite afin de gagner les primes promises à ceux qui feraient entrer des grains dans le royaume (1). Les violences que les paysans irrités commettaient envers ces misérables, enpillant les convois dont ils encombraient les chemins, n'étaient-elles pas comme justifiées par cette infâme spéculation ! Il fallait mettre un terme à de pareils désordres et empêcher qu'ils ne s'introduisissent dans une ville « qui comme Guise, s'étoit de tous temps signalée par son patriotisme éclairé, sa déférence et son respect aux lois de l'État. » L'assemblée générale des habitants se réunit donc le 31 juillet et arrêta par acclamation la formation d'une garde nationale. L'arrêté était ainsi conçu :

1° Sans tirer à conséquence pour l'avenir, il sera formé une garde bourgeoise, sous le nom de milice nationale. 2° Cette milice sera composée de sept compagnies qui feront un service régulier capable de maintenir le bon ordre et d'empêcher dans la ville toute atteinte aux droits et aux lois de l'État. 3° Cette milice subsistera autant que les circonstances l'exigeront. 4° Le service de quiconque y sera appelé sera regardé comme une obligation personnelle, et personne ne pourra s'en dispenser, sans encourir le blâme qui suit l'homme d'une opinion et d'une conduite diamétralement opposées à celles de ses concitoyens. 5° Chacune des sept compagnies sera composée de 30 hommes effectifs, commandés par un capitaine, un lieutenant, deux sergens et quatre caporaux. »

(1) *Études révolutionnaires* par M. Fleury.

Malgré le germe d'indépendance qui perce à travers ces divers articles, l'assemblée pour donner à son arrêté toute la sanction possible, ordonna qu'il fût présenté à l'approbation de M. de Chalain, lieutenant du roi, commandant de la ville et du château, lequel l'approuva en tous points et proclama le même jour les officiers de la nouvelle milice à la tête de leurs compagnies respectives rangées en ordre de bataille sur la place d'Armes. La journée du 31 juillet fut terminée par des réjouissances publiques. M. Necker, ministre alors si populaire, étant rentré à Versailles aux acclamations de la multitude, la municipalité de Guise crut devoir célébrer cet événement. Le soir il y eut feu de joie et illumination, et un *Te Deum* fut chanté le dimanche suivant dans l'église des minimes.

L'organisation de la garde nationale fut complétée par un règlement rédigé par le corps des officiers auquel elle avait donné tout pouvoir à cet effet. Le détail en est curieux en lui-même et montre que ceux qui l'ont composé étaient, comme ils le disent eux-mêmes, dans les préliminaires de ces statuts, « jaloux de donner des preuves constantes de leur patriotisme et de leur amour de l'ordre, » et capables de se montrer à la hauteur des circonstances difficiles que n'annonçait que trop la marche des événements.

RÈGLEMENT DE LA MILICE NATIONALE,
ARRÊTÉ LE 1er AOUT 1789.

ART. 1er. Il sera fait un drapeau aux armes de la ville, avec la légende *Cives focosque tutatur*, partie de blanc, de bleu et de rouge.

ART. 2. Le drapeau sera porté par un officier, grade de lieutenant, dont toutes les fonctions se borneront à ce service.

Art. 3. Il sera établi quatre corps de garde, dont un à chaque porte de la ville, et le quatrième à la barrière et à l'extrémité des faux-bourgs de Flandre et de Villers.

Art. 5. Les premières compagnies fourniront seules le nombre d'hommes nécessaire à la garde des postes. La garde des barrières des faux-bourgs de Flandre et de Villers sera prise exclusivement dans les dernières compagnies.

Art. 6. Il sera commandé chaque jour trois fusiliers par compagnie.

Art. 7. Il sera également commandé chaque jour alternativement un des sergens et deux des caporaux faisant partie des cinq premières compagnies, ainsi qu'un des huit caporaux des dernières compagnies pour la garde des postes, ainsi que celle des barrières.

Art. 8. Un de MM. les capitaines et lieutenans des cinq premières compagnies, commandera, chacun à son tour, la garde tant des portes que des faux-bourgs.

Art. 9. Le nombre des hommes de garde sera réparti entre chaque poste suivant leur importance respective, neuf à la porte du Grand-Pont, cinq à la porte de Chanteraine, cinq à la porte de la Poterne et le reste aux barrières des faux-bourgs.

Art. 10. Le capitaine, ou en son absence le lieutenant de chaque compagnie, donnera exactement, tous les jours à l'heure de la garde montante, le nom des trois fusiliers qui devront être de garde le jour suivant, afin que le sergent puisse les en prévenir à temps.

Art. 11, 12, 13, 14, 15, relatifs à la réunion, à l'inspection et à la distribution de la garde.

Art. 16. Chaque faction sera d'une heure.

Art. 17. Le factionnaire ne quittera ses armes ni son poste pour aucun prétexte et ne causera avec qui que ce soit.

Art. 18. Tous les jours à sept heures et demie du matin, un fusilier de chaque poste sera détaché pour rendre compte à l'officier de ce qui se sera passé au poste, et un sergent portera au commandant de la place tous les renseignemens que l'officier aura réunis.

Tout dans ce règlement portait l'empreinte de la sévérité, de la discipline militaires observées dans les villes de garnisons et des craintes vagues des grands événements qui allaient succéder à ceux qui déjà agitaient profondément les esprits. La garde nationale choisit d'abord ses officiers parmi les bourgeois et parmi les nobles, qu'on devait bientôt exclure de tous les emplois. On en jugera par les nominations suivantes qui rappellent ce qu'il y avait alors d'important dans la ville, comme citoyens. La 1re compagnie avait pour capitaine M. Lecoint, chevalier de Saint-Louis, et pour lieutenant M. Malin; la 2e, pour capitaine M. de Baudreuil, écuyer, pour lieutenant M. de Mainville; la 3e, pour capitaine M. Desforges, écuyer, pour lieutenant M. de Verrières; la 4e, pour capitaine M. Dersu, officier de la maison du roi, pour lieutenant M. Warnet; la 5e, pour capitaine M. Hennequière, pour lieutenant M. de Martigny; la 6e, pour capitaine M. Gueulette, et pour lieutenant M. Jean Gauchet; la 7e, pour capitaine M. Magnier, et pour lieutenant M. Dubois.

Le maire et les officiers municipaux ayant approuvé le règlement, la bénédiction de son drapeau eut lieu le 2 août 1789. Elle fut faite en présence des autorités de la ville, par le révérend père Cavenne, religieux du couvent des minimes, lequel avait embrassé avec ardeur les principes de la révolution. Le nouvel étendard fut remis aux mains de M. Violette de Bretagne, officier du grade de lieutenant. Quatre jours seulement après cette cérémonie, la garde nationale était invitée à ne laisser passer qui que ce soit s'il n'était revêtu de la cocarde nationale de couleur verte, laquelle devait son origine à Camille Desmoulins, jeune Guisard, qui fut appelé le premier apôtre de la révolution et qu'il importe de faire connaître.

Au commencement de nos premiers troubles, Guise

avait vu se fixer à Paris trois jeunes gens à peu près du même âge, que leur destinée semblait attirer vers cette grande ville. C'etaient Camille Desmoulins, Roch Marcandier et Louis-Eustache Lesur, qui nous obligeront de transporter le lecteur sur le vaste théâtre des révolutions où ils furent appelés à jouer un rôle analogue à leur caractère et à leurs talents, mais du plus haut intérêt pour la ville qui les avait vus naître. Deux d'entre eux portèrent leur tête sur l'échafaud, le troisième vient de terminer son honorable carrière au milieu des regrets de ses concitoyens (1).

Camille Desmoulins, qui a inscrit son nom en caractères ineffaçables dans nos fastes révolutionnaires, naquit à Guise le 2 mars 1760. Il était fils de Jean-Benoît-Nicolas Desmoulins, lieutenant général au bailliage, et de Magdelaine Godart, de Wiége. Il avait deux frères dont l'un fut tué au siége de Maëstricht, et l'autre dans la guerre de Vendée. Camille quitta de bonne heure la maison paternelle. Son père, qui jouissait d'une grande considération dans le pays, lui avait obtenu, en 1776, une bourse au collége de Louis-le-Grand, par la protection du chapitre de Laon et l'entremise de M. Viefville des Essarts, son parent. Le collége de Louis-le-Grand fut comme la pépinière des hommes de la révolution; Camille y trouva Robespierre et Fréron. Robespierre jouissait de la même faveur que Camille, et il la devait à M. de Consié, évêque d'Arras, qui lui avait donné sa première éducation. C'est ainsi que beaucoup de révolutionnaires, et ceux-là même qui travaillèrent le plus activement à la ruine de

---

(1) Nous donnerons, en son lieu, la biographie de Louis-Eustache Lesur, mort en 1849.

l'église, avaient été élevés par elle. Mais ils s'efforcèrent en vain d'ensevelir dans l'oubli, par un redoublement d'ingratitude, les obligations qu'ils lui avaient (1).

On croit que Camille Desmoulins contracta, dès le collége, des liaisons avec Fréron et Robespierre, mais ce dernier était plus âgé que lui et d'une autre classe, il paraît donc plus probable que ce ne fut qu'à la sortie du collége et au milieu des agitations politiques que Camille s'attacha à Maximilien; on verra néanmoins plus tard Camille invoquer près de Robespierre le titre de vieux camarade de collége. Desmoulins se distingua dans les concours de l'université et réussit surtout dans les compositions latines, mais ces premiers succès ne pouvaient faire prévoir ce qu'il serait dans la suite. Son intelligence précoce et son étourderie lui eussent mérité à bon droit, disent ses biographes, ce que les jésuites avaient écrit sur leurs registres à l'article Crébillon : *Puer ingeniosus, sed insignis nebulo*, enfant plein d'esprit, mais franc polisson. Camille puisa dans l'étude des auteurs classiques de Rome et d'Athènes, ainsi qu'il l'avoua plus tard dans l'un de ses écrits, l'amour de la république et la haine de la royauté. Il faisait sa lecture habituelle des *Révolutions romaines* de l'abbé de Vertot, dont il usa ou perdit vingt exemplaires. « On avait deviné qu'un jour je serais un vrai Romain, s'écrie-t-il dans une de ses brochures, car à mon baptême on me donna les noms romains de *Lucius-Sulpitius-Camillus!* » Dans le cours même de ses études

(1) Une fois pour toutes, nous avertissons le lecteur que nous avons puisé largement dans la biographie de Camille Desmoulins, par M. Fleury. Nous ne nous consolerons de notre brièveté en ce qui touche le célèbre pamphlétaire, qu'en renvoyant à ce curieux et intéressant ouvrage. M. Fleury avait sous les yeux, en le composant, une notice sur Camille, et sa correspondance, éditées par M. Matton, de Vervins.

Camille laissa voir toute l'exaltation de ses idées démocratiques. Revenu à Guise au temps de ses vacances, il avait été invité à passer quelques jours chez un de ses parents qui donna, en l'honneur du jeune collégien, un dîner où furent invitées les notabilités du pays. Un des convives qui connaissait l'extrême susceptibilité de Camille, à l'endroit des principes républicains qu'il affichait, et qui voulait sans doute amuser la société à ses dépens, l'entreprit sur ce chapitre délicat. Camille lui répondit d'abord avec calme, mais comme il vit que son adversaire, loin de se rendre à ses raisons, l'attaquait avec plus de verve et d'ironie, ce fut une scène de violence. Hors de lui-même, il jeta sa serviette à la tête de son antagoniste, et s'élançant en bondissant sur la table qu'il couvre de débris, il se mit à pérorer comme du haut d'une tribune, au milieu des rires des uns et de la stupéfaction des autres.

Camille au milieu de ces écarts d'une imagination brûlante, ne laissait pas que d'avoir un grand fond de sensibilité. En se séparant de ses maîtres, il éprouva des regrets sincères, mais dans les adieux qu'il leur adressa en vers français, qui furent cités avec éloge dans l'*Année littéraire de* 1784, il ne put s'empêcher de laisser percer ses tendances démocratiques et l'exaltation de ses sentiments. Il disait en parlant de ses jeunes camarades, de leurs relations, de leurs rivalités :

> « Là du patricien la hauteur est bannie
> Et la seule noblesse est celle du génie!
> Tous cultivent les dons qu'en eux le ciel a mis,
> En comptant leurs rivaux ils comptent leurs amis ;
> Leurs talents leur sont chers, leurs succès sont les nôtres,
> Et le laurier d'un seul couronne tous les autres.

> Je vis avec ces Grecs et ces Romains fameux,
> J'étudie une langue immortelle comme eux,
> J'entends plaider encor dans le barreau d'Athènes:
> Aujourd'hui c'est Eschine et demain, Démosthènes.
> Combien de fois avec Plancius et Milon,
> Les yeux mouillés de pleurs j'embrassai Cicéron! »

Annonçant ensuite qu'il va parcourir la carrière du barreau, il s'adresse à l'abbé Bérardier, principal du collége, qu'il chérissait particulièrement.

> « ... J'oserai faire entendre une voix
> Faible, mais qui du moins ne sera pas vendue.
> Désormais, ô ma lyre, à jamais détendue,
> Tu ne charmeras plus mes maux et mon ennui!
> Mais, cher à l'innocence, et du faible l'appui,
> Je pourrai quelquefois goûter ce bien suprême :
> Je ferai des heureux. Eh! qui, dans ce séjour,
> Elevé près de toi, n'en veut faire à son tour,
> Berardier? ce lieu même, où, sur les rives sombres
> Gresset, avant le temps, crut voir errer nos ombres,
> Je l'ai vu sous tes lois, trop tard pour mon bonheur,
> Retracer bien plutôt le séjour enchanteur
> Des bosquets d'Académe ou l'heureux Elysée.
> Que dis-je? près de toi, doucement abusée,
> L'enfance ici se croit sous le toit paternel:
> O Bérardier, reçois cet adieu solennel! »

Desmoulins après sa sortie du collége éprouva chaque année, à l'époque de la fête du respectacle abbé Berardier, le besoin de venir lui renouveler l'hommage de sa reconnaissance. Cependant il fallut laisser le culte léger des muses pour l'étude aride et fastidieuse de la jurisprudence. Camille devait cette condescendance à la volonté de son père, magistrat respectable, qui espérait, sans doute, lui transmettre la charge qu'il exerçait à Guise. Il commença donc son cours de droit, conquit son baccalauréat en septembre 1784, sa licence en mars 1785, et se fit recevoir avocat au parlement de Paris. Abandonné à lui-même dans cette grande ville, centre des arts et des plaisirs, et où fermentaient déjà les éléments de la révolution, il passait sa vie de jeune homme à composer en vers et en prose, à discuter sur les affaires du moment et à se plonger dans la débauche, « prêtant à sa muse, dit Chateaubriand, le langage des lieux où il alloit marchander ses amours. » Dès 1788, il avait écrit une brochure intitulée : *Philosophie du peuple français*, où il faisait déjà un appel aux passions politiques et où il développait même un plan de constitution. Cet ouvrage à peu près inconnu aujourd'hui, ne contribua pas peu à précipiter cette révolution qu'il appelait de tous ses désirs.

Il vint à Guise en 1788, laissant, dit-on, entrevoir son dessein de se porter dans son pays comme candidat aux états-généraux. La lettre qu'il écrivit à son père, le 5 mai 1789, jour même de leur ouverture, et où il lui parle de la procession solennelle dont elle fut accompagnée, ne laisse guère de doute sur ce point, « ce fut hier pour moi un des beaux jours de ma vie. Il aurait fallu être un bien mauvais citoyen pour ne pas prendre part à la fête de ce jour sacré. Je crois que, quand je ne serais venu de Guise à Paris que pour voir cette procession des trois ordres et l'ouverture de nos états-généraux, je n'aurais pas regret de ce pèlerinage; je n'ai eu qu'un chagrin, ça été de ne pas vous voir parmi nos députés. *Un de mes camarades a été plus heureux que moi, c'est de Robespierre, député d'Arras. Il a eu le bon esprit de plaider dans sa province.....* » « Donnez-moi, dit-il dans une autre lettre du 20 septembre 1789, des nouvelles d'Hénin et de Fontaine ; j'ai toujours un peu sur le cœur le tour qu'ils m'ont joué à Laon. » Ces deux amis d'enfance lui ayant sans doute promis leur influence pour appuyer sa candidature contre celle de M. Viefville des Essarts, lui avaient manqué de parole au moment décisif. Il paraît que c'est à cause de cet échec que lui firent éprouver les habitants de Guise, qu'il ne cessa de poursuivre de sa haine et de ses sarcasmes ses compatriotes et sa ville natale, dont il se rappellera pourtant le paisible séjour, au milieu des tristes pressentiments que lui préparait l'avenir.

Tout en regrettant sa candidature perdue, Camille n'en chercha pas moins à se mettre en rapport avec les députés du Vermandois, espérant par leur moyen arriver à d'autres connaissances. « Je n'ai vu qu'à la procession le cousin de Viefville, chez qui j'ai passé trois fois, » écrivait-il encore à son père, « comme nos députés se rengorgeaient! ils avaient *caput intrà nubes*, et avec raison. Je n'ai vu, ni le prince de Condé, ni le prince de Conti. J'allai voir M. Bailly après dîner. Je le trouvai avec les députés de Villers-Cotterêts et de Soissons, tous ravis d'aise et remplis d'un saint zèle. La pensée de leur mission me remplit de respect, et j'étais étonné d'éprouver pour notre M. le curé, un sentiment de vénération dont j'étais si loin à Laon. Je vous en ai voulu beaucoup à vous et à votre gravelle. Pourquoi avoir si peu montré d'empressement pour obtenir un si grand honneur? ça été le premier de mes chagrins. » Après s'être présenté chez Bailly, Camille écrivit à Mirabeau pour se faire admettre au nombre des rédacteurs de *la Gazette de tout ce qui allait se passer aux états-généraux;* puis il entra en relation avec les députés du Dauphiné et de la Bretagne, se fit admettre chez les patriotes et les aristocrates et partout où il pouvait trouver moyen de se mettre en évidence, ou découvrir un aliment à sa vanité. « Bien des gens qui m'entendent ici pérorer, disait-il à son père, s'étonnent qu'on ne m'ait pas nommé député, ce qui me flatte au-delà de toute expression. »

De retour à Paris, Camille Desmoulins se vit bientôt entraîner par la marche rapide des événements politiques sur un théâtre conforme à ses goûts et à son genre de talent. Jeune, vif, bouillant, spirituel, doué d'une imagination féconde, d'une âme ardente et passionnée, il embrassa avec enthousiasme la liberté dont il fit son idole. Agé de vingt-sept ans à l'ouverture des états-généraux, alors qu'on ne rêvait et qu'on ne parlait que réformes, il se fit remarquer par la véhémence de ses motions, et se signala des premiers au club des Cordeliers. Dans *la France libre*, qu'il fit paraître au mois de juin 1789, il s'attaqua avec une sorte de fureur à la noblesse, à la royauté, au clergé, dont il offrit en proie les biens au peuple, joignant à la plus insigne mauvaise foi le langage le plus grossier. Dans cette diatribe, il paraît brûlé par une sorte de fièvre révolutionnaire. Il dénigre, il renverse toutes les institutions, et à leur place il proclame déjà la république. Cette brochure, qu'il eut beaucoup de peine à faire imprimer à cause de son peu de fortune, fut censurée, condamnée par le parlement de Toulouse et brûlée par la main du bourreau. Elle n'en eut pas moins un grand succès, et elle lui valut les suffrages de tous les partisans des idées nouvelles.

Non content d'écrire, Camille agissait. On le voyait partout, dans les clubs, au milieu de la foule, dans toutes les séditions de détails qui déjà agitaient Paris. Il haranguait le peuple partout, mais surtout au Palais-Royal où la tolérance du duc d'Orléans attirait la foule, et qui était devenu comme un *forum*. Il avait une chaise de paille pour tribune et jamais orateur ne fut écouté avec plus d'attention et n'obtint plus de succès. Le 12 juillet fut pour Desmoulins un jour de triomphe. On le vit monté sur une table dans le jardin du palais et environné de la foule du peuple qui s'y était porté à la nouvelle du renvoi de Necker, ministre des finances, donner le signal de ces harangues révolutionnaires qui devaient pousser les masses à de si déplorables excès, et arborer le premier le ruban vert qui servit de signe de ralliement aux patriotes et dont on fit ensuite la cocarde nationale. Il sut parler le langage convenable à la circonstance, il émut, il entraîna. Mais il faut l'entendre raconter lui-même cette scène vraiment dramatique.

« Il était deux heures et demie; je venais de sonder le peuple. Ma colère contre les despotes était tournée en désespoir. Je ne voyais pas les groupes, quoique vivement émus et consternés, assez disposés au soulèvement. Trois jeunes gens me parurent agités d'un plus véhément courage; ils se tenaient par la main, je vis qu'ils étaient venus au Palais-Royal dans le même dessein que moi; quelques citoyens passifs les suivaient : « Messieurs, leur dis-je, voici un commencement d'attroupement civique; il faut qu'un de nous se dévoue et monte sur une table pour haranguer le peuple. » — « Montez-y. » — « J'y consens. » — Aussitôt je fus plutôt porté sur une table que je n'y montai. A peine y étais-je que je me vis entouré d'une foule immense. Voici ma courte harangue que je n'oublierai jamais :

« Citoyens ! il n'y a pas un moment à perdre. J'arrive de Versailles, M. Necker est renvoyé: ce renvoi est le tocsin d'une Saint-Barthélemi de patriotes : ce soir tous les bataillons suisses et allemands sortiront du Champ-de-Mars pour nous égorger. Il ne nous reste qu'une ressource, c'est de courir aux armes et de prendre des cocardes pour nous reconnaître. »

« J'avais les larmes aux yeux, et je parlai avec une action que je ne pourrais retrouver ni peindre. Ma motion fut reçue avec des applaudissements infinis. Je continuai: Quelles couleurs voulez-vous ? — Quelqu'un s'écria : « Choisissez. » — Voulez-vous le vert, couleur de l'espérance, ou le bleu de Cincinnatus, couleur de la liberté d'Amérique et de la démocratie ? » — Des voix s'élevèrent : « Le vert, couleur de l'espérance ! » Alors je m'écriai : Amis ! le signal est donné : voici les espions et les satellites de la police qui me regardent en face. Je ne tomberai pas du moins vivant entre leurs mains. Puis, tirant deux pistolets de ma poche, je dis : Que tous les citoyens m'imitent ! Je descendis étouffé d'embrassements; les uns me pressaient contre leurs cœurs; d'autres me baignaient de leurs larmes: un citoyen de Toulouse craignant pour mes jours, ne voulut jamais m'abandonner. Cependant on m'avait apporté un ruban vert, j'en mis le premier à mon chapeau et j'en distribuai à ceux qui m'environnaient. »

La nature avait refusé à Camille un des principaux moyens de l'action oratoire, il était atteint d'un léger bégaiement, mais la chaleur de son débit, la conviction profonde dont il était pénétré firent passer en un instant dans l'âme de ses auditeurs, les sentiments violents dont il était agité. Il devint dès lors un des orateurs les plus chéris de la multitude à cause de la tournure originale de son esprit et de l'impétuosité naïve de ses saillies. La foule, après avoir adopté avec enthousiasme le signe de ralliement et dépouillé toutes les feuilles des arbres du Palais-Royal, faute de rubans verts, répondit au discours de Camille par le cri : Aux armes! se précipita à grands flots dans les rues, ayant Camille à sa tête, et on porta en triomphe les bustes de Necker et du duc d'Orléans. En peu d'heures, tout Paris se trouve debout, les spectacles, sur la proposition du tribun, sont fermés en signe de deuil, on passe la nuit et le lendemain 13, à se procurer des armes, on pille les boutiques des armuriers, on emporte les canons des Invalides. C'est Camille qui dirige tout, ainsi qu'il s'en vanta lui-même lorsque lui, révolutionnaire exalté, fut accusé de modérantisme, « Moi! un modéré! s'écriat-il alors,... j'ai été révolutionnaire avant vous tous! j'ai été plus... *j'étais un brigand et je m'en fais gloire*, lorsque, dans la nuit du 12 au 13 juillet 1789, moi et le général Danican, nous faisions ouvrir les boutiques d'arquebusiers pour armer les premiers bataillons de sans-culottes. J'avais alors l'audace de la révolution. » Aux Invalides, « le gouverneur ouvre son magasin » écrit-il à son père, « j'y suis descendu sous le dôme, au risque d'étouffer. J'y ai vu, à ce qu'il m'a semblé, au moins cent mille fusils. J'en prends un tout neuf, armé d'une bayonnette, et deux pistolets. »

On a cru longtemps que Camille avait été l'un des héros de la Bastille, parce qu'il avait été le provocateur du mouvement du 14 juillet; mais il n'arriva, ainsi qu'il le raconte luimême à son père, qu'après la prise de la forteresse (1). Il

---

(1) C'est M. Fleury qui a relevé le premier cette erreur dans laquelle la plupart des auteurs et même M. Matton étaient tombés. Voyez la notice de Camille Desmoulins, p. 35.

n'en figura pas moins le lendemain au triomphe du garde-française qui le premier était monté sur la brèche : « Je marchais » dit-il avec sa vanité ordinaire, « l'épée nue avec Target, avec qui je causais. » Le rôle que Camille avait joué au Palais-Royal et la popularité qu'il lui avait acquise, influa sur sa vie entière, et ce sera encore en tribun et en clubiste qu'il plaidera plus tard la cause de l'humanité.

Enflé de ses succès révolutionnaires et des louanges que lui attirait sa brochure de *la France libre*, Camille en prit occasion d'exhaler son ressentiment contre ses compatriotes qui commençaient à s'entretenir de lui d'une manière assez peu avantageuse. « Opposez, » dit-il à son père dans une lettre du 22 septembre 1789, « ces suffrages imprimés et publics d'écrivains que je ne connais point et dont je ne suis pas assez riche pour payer l'encens, aux injures de nos Guisards et à ce que vous appelez l'indignation publique. J'ai peine à croire que j'aie encouru l'indignation de mes chers compatriotes, et il ne peut y avoir que des ignorants, des imbéciles ou des envieux, qui décrient une brochure qui me fait tant d'honneur et qui m'a attiré les compliments les plus flatteurs de la part d'un homme qui ne m'avait jamais loué, de M. Target... Je sais que personne n'est prophète dans son pays, et il ne faut pas affecter d'ouvrir les yeux de ceux que la lumière blesse. Si vous entendez dire du mal de moi, consolez-vous du témoignage que m'ont rendu MM. de Mirabeau, Target, de Robespierre, Gleizal, et plus de deux cents députés..... Les cris de quelques dévotes, de quelques imbéciles, me feraient repentir de ma gloire et de ma vertu! Non! ceux qui vous disent du mal de moi vous trompent; ils se mentent à eux-mêmes, et, au fond de leur cœur, ils voudraient avoir un fils qui me ressemblât. Ils ont l'air de venir vous consoler et il n'y a qu'eux qui vous affligent. On ne dit du mal de moi que celui qu'ils disent. Ce sont les frères de Joseph qui viennent consoler Jacob, dont une bête, disent-ils, a dévoré les membres. Eux-mêmes sont cette bête qui l'a déchiré. Ce que vous me dites de Guise achève de me fixer à Paris, pour lequel je commençais déjà à avoir une forte inclination..... Vous avez manqué de politique quand, l'année dernière, vous n'avez pas voulu venir à Laon et me recommander aux personnes de la campagne qui auraient pu me faire nommer. Je m'en moque aujourd'hui. J'ai écrit mon nom en plus grosses lettres dans l'histoire de la révolution, que celui de tous nos députés de la Picardie ».

Camille quitta l'inoffensive épée qu'il avait promenée dans Paris au triomphe du garde française, pour reprendre la plume, et devint bientôt un des écrivains les plus remarquables qui surgirent pendant les orages de la révolution. Le *Discours de la lanterne aux Parisiens* eut moins de succès que *la France libre*, et lui était en effet inférieur. Il le sentit lui-même ; aussi, ne signa-t-il pas cette brochure. « L'ouvrage de *la Lanterne ne vaut pas l'autre*, » disait-il à son père, « et m'aurait fait décheoir dans l'opinion, si j'y avais mis mon nom. Cependant j'en ai entendu dire du bien, et si le libraire ne me trompe pas, personne n'en dit de mal. » Il finit en effet par se débiter lorsqu'on sut qu'il était de lui. Il en avait puisé la première idée dans l'affreux usage qu'avait pris le peuple de Paris de pendre aux lanternes ceux qu'il appelait ses ennemis : lui-même s'intitula dans son langage cynique et cruel *procureur général de la lanterne*, sorte de fanfaronnade atroce qui consistait dans les mots plus que dans les faits et dont il se faisait un jeu. Imitant le style du palais, il terminait ainsi ses conclusions lorsqu'il avait à dénoncer à la justice du peuple quelque nouveau méfait : « A ces causes et autres à ce nous mouvant, en notre qualité de procureur général de la lanterne, et de notre certaine science, pleine puissance et autorité, nous requérons dans chacun des quatre-vingt-trois départements, la descente comminatoire d'une lanterne au moins. »

Vers la fin d'août 1789, Camille Desmoulins essaya de faire une seconde émeute à propos de la loi du *veto* royal. Ce projet fut arrêté au café de Foy où se trouvaient réunis Loustalot, Marat, Danton, Théroigne de Méricourt et Saint-Hurugues. Camille, comme au 12 juillet, monta sur une table au Palais-Royal, et se mit à pérorer : mais, cette fois, il en fut pour ses frais d'éloquence. La manifestation échoua contre les baïonnettes des gardes nationaux de Lafayette, et Saint-Hurugues fut arrêté. Camille prit sa défense dans une brochure dont il assura à son père « qu'il reçut beaucoup de compliments et qui fit le plus grand honneur à ses principes. » Il fit contre les auteurs de la proposition ayant pour but d'accorder au roi le *veto* absolu, d'autres écrits anonymes d'une telle violence que Malouet demanda plusieurs fois sa mise en accusation, comme provoquant à l'assassinat des députés et au pillage de leurs biens : « Je suis prêt à confondre, dit Malouet à l'assemblée, celui qui oserait combattre ma proposition. — Oui, je l'ose, cria Camille qui se trouvait alors dans les tribunes. On demande en masse la punition de l'insolent, mais Robespierre prit sa défense et cette affaire n'eut pas de suite.

Un morceau extrait du *Discours de la lanterne aux Pari-*

siens et que Camille écrivit à propos du *veto*, donnera aux lecteurs une idée de sa manière comme écrivain, et du théâtre de ses exploits comme orateur révolutionnaire. Il s'agissait de défendre le Palais-Royal. « Le Palais-Royal avait-il donc si grand tort de crier contre les auteurs et fauteurs de pareilles motions ? je sais que la promenade du Palais-Royal est étrangement mêlée, que des filous y *usent fréquemment de la liberté de la presse*, et que maint zélé patriote a perdu plus d'un mouchoir dans la chaleur des motions. Cela n'empêche pas de rendre un témoignage honorable aux promeneurs du lycée et du portique. Ce jardin est le foyer du patriotisme, le rendez-vous de l'élite des patriotes qui ont quitté leurs foyers et leurs provinces pour assister au magnifique spectacle de la révolution de 1789, et n'en être pas spectateurs oisifs. De quel droit priver de suffrages cette foule d'étrangers, de suppléants, de correspondants de leurs provinces ? ils sont Français ; ils ont intérêt à la constitution et droit d'y concourir : combien de Parisiens même ne se soucient pas d'aller dans leurs districts ; il est plus court d'aller au Palais-Royal. On n'a pas besoin de demander la parole à un président, d'attendre son tour pendant deux heures. On propose sa motion. Si elle trouve des partisans, on fait monter l'orateur sur une chaise ; s'il est applaudi, il la rédige ; s'il est sifflé, il s'en va. Ainsi faisaient les Romains, dont le *forum* ne ressemblait pas mal au Palais-Royal. Ils n'allaient point au district demander la parole ; on allait sur la place, on montait sur un banc, sans craindre d'aller à l'Abbaye. Si la motion était bien reçue, on la proposait dans les formes ; alors on l'affichait sur la place, elle y demeurait en placards pendant vingt jours de marché.

Au bout de ce temps, il y avait assemblée générale, tous les citoyens et non pas un seul, donnaient leur sanction. Honnêtes promeneurs du Palais-Royal, ardents promoteurs de tout bien public, vous n'êtes point des pervers et des Catilina comme vous appellent M. de Clermont-Tonnerre et le *Journal de Paris*, que vous ne lisez point. Catilina, s'il m'en souvient, voulait se saisir du *veto* et l'arracher au peuple, à l'exemple de Sylla. Mes bons amis, recevez les plus tendres remerciements de *la Lanterne*. C'est du Palais-Royal que sont partis les généreux citoyens qui ont arraché des prisons de l'Abbaye les gardes françaises détenus pour la bonne cause. C'est du Palais-Royal que sont partis les ordres de fermer les théâtres et de prendre le deuil le 12 juillet. C'est le Palais-Royal qui, depuis six mois, a inondé la France de toutes les brochures qui ont rendu tout le monde, et le soldat même, philosophe. C'est au Palais-Royal que les patriotes, dansant en rond avec la cavalerie, les dragons, les chasseurs, les suisses, les canonniers; les embrassant, les énivrant, prodiguant l'or pour les faire boire à la santé de la nation, ont gagné toute l'armée et déjoué les projets infernaux des véritables Catilina. C'est le Palais-Royal qui a sauvé l'assemblée nationale et les Parisiens ingrats d'un massacre général. Et parce que deux ou trois étourdis, qui eux-mêmes ne veulent pas la mort du pécheur, mais qu'il se convertisse, auront écrit une lettre comminatoire, une lettre qui n'a pas été inutile, le Palais-Royal sera mis en interdit, et on ne pourra plus s'y promener sans être regardé comme un Maury ou un d'Eprémenil! »

« On ne réfléchit pas assez combien ce *veto* était désastreux. Peut-on ne pas voir qu'au moyen du *veto*, en vain nous avions fait chanter un *Te Deum* au clergé pour la perte de ses dîmes ; le clergé et la noblesse conservaient leurs privilèges. Cette fameuse nuit du 4 au 5 août, le roi eut dit : Je la retranche du nombre de mes nuits, je défends qu'on en invoque les décrets, j'annule tout : *veto !* En vain l'assemblée nationale aurait supprimé les fermiers généraux et la gabelle, le roi aurait pu dire : *veto !* Voilà pourquoi M. Freille, avocat des publicains, a défendu le *veto* jusqu'à extinction de voix. Il a bravé l'infamie et a dit comme M. Pincemaille, dans Horace :

Populus me sibilat et mihi plaudo
Ipse domi, nummos simul ac contemplor in arcâ.

Les feuilles de Camille, dévorées par un public avide de nouveautés et d'excitations démagogiques, lui acquirent une réputation immense qui le fit adorer du peuple et rechercher par les membres les plus influents de la constituante. Mirabeau, Pétion, Robespierre furent ses amis. Il forma avec ce dernier des liens étroits et qui devaient être plus durables que l'amitié qui l'unit au plus grand orateur de la révolution, Mirabeau. Il fallait à celui-ci, qui était l'idole du jour, de la gloire, des honneurs et des éloges ; Camille était au contraire avide de bruit, de scandales et de satires. Mirabeau redoutait Camille pour ses terribles pamphlets ; il reconnaissait son mérite et son importance politique. Il l'aima néanmoins jusque-là qu'il le fit venir à Versailles auprès de lui et le logea dans sa propre maison. Camille de son côté avoue qu'il aima Mirabeau « avec idolâtrie et comme une maîtresse. » Ce célèbre orateur le dominait par son talent. « Mirabeau, écrivait-il à Brissot, après la mort du tribun, m'avait fait habiter avec lui sous le même toit, à Versailles.

Il me flattait par son estime ; il me touchait par son amitié : il me maîtrisait par son génie et ses grandes qualités. Je l'aimais avec idolâtrie ; ses amis savaient combien il redoutait ma censure, qui était lue de Marseille et qui le serait de la postérité. On sait que, plus d'une fois, il envoya son secrétaire à une campagne éloignée de deux lieues, me conjurer de retrancher une page, de faire ce sacrifice à l'amitié, à ses grands services, à l'espérance de ceux qu'il pourrait rendre encore. Je ne savais pas que des traîtres, à une distance si immense de lui pour les talents, bientôt nouveaux parvenus à la tribune, nous conduiraient avec plus de perfidie à la ruine de la liberté et me réduiraient à demander pardon à sa grande ombre et à regretter tous les jours ses ressources pour la France dans son génie, et pour la liberté dans son amour pour la gloire. » On pourra du reste se faire une idée de la différence du genre de talent des deux amis, en rapprochant de la fameuse apostrophe de Mirabeau sur le repas donné par les gardes du corps au régiment de Flandre, le récit qu'en fit Camille.

« Le vin échauffe, la musique attendrit, la reine paraît ; dans ses bras est le dauphin ; ce rejeton de tant de rois, cet enfant dont la destinée dans l'avenir est couverte d'un voile impénétrable, est montré aux soldats comme on montre le Saint-Sacrement au peuple ; à côté et devant leurs yeux est Louis XVI, le plus honnête homme de son royaume, un roi à qui sa cour ne peut reprocher que la faiblesse qui vient de la bonté, de la vertu, de la philosophie et de l'amour du peuple, que la faiblesse qui vient du rang, de l'éducation, de la naissance ; un monarque qui avait ouvert les états-généraux avec tant de sécurité et même de joie ; qui s'était livré avec tant de confiance. Toutes ces images frappent les convives. Les idées mal déracinées d'honneur, de roi, de serment se confondent et reprennent leur empire. Il aurait fallu être un Brutus, un Lecointre, un Robespierre pour détourner les yeux de dessus cette longue suite de monarques et ne regarder devant soi que les images de la patrie, de la liberté, de l'égalité...!

Camille savait encore rendre justice au talent aussi bien qu'à la vertu, lors même qu'il les trouvait dans le parti opposé au sien. C'est ce qu'il fit à l'égard de l'abbé Maury, l'adversaire de Mirabeau : « Ma conscience, disait-il, m'oblige à défendre Jean-François Maury. On est forcé d'admirer en lui la logique, le nerf et la précision de son discours. On voit que la nature lui avait fait la tête, comme la poitrine et l'organe, pour le *forum* et les discussions publiques ; et l'on s'étonne qu'il n'ait pas compris que les circonstances l'appelaient au rôle de tribun du peuple, plutôt qu'à celui de prédicateur ordinaire du roi. »

C'était au mois de septembre 1789, que Camille était entré chez Mirabeau. Il est curieux de l'entendre raconter lui-même à son père ses ébats à l'hôtel du grand orateur, et la vie qu'on y menait. « Nous sommes devenus grands amis, du moins m'appelle-t-il son cher ami. A chaque instant il me prend les mains, il me donne des coups de poing ; il va ensuite à l'assemblée, reprend sa dignité en entrant dans le vestibule et fait des merveilles, après quoi il revient dîner avec une excellente compagnie et parfois sa maîtresse, et nous buvons d'excellents vins. Je sens que sa table trop délicate et trop chargée me corrompra. Ses vins de Bordeaux et son marasquin ont leur prix que je cherche vainement à me dissimuler, et j'ai toutes les peines du monde à reprendre ensuite mon austérité républicaine et à détester les aristocrates dont le crime est de tenir à ces excellents dîners. Il semble que je devrais me trouver heureux, en me rappelant ma position à Guise, de me voir le commensal et l'ami de Mirabeau, brûlé par le parlement, et avec la réputation d'excellent citoyen et de bon écrivain... Dans un moment, je trouve la vie une chose délicieuse, et le moment d'après je la trouve presque insupportable, et cela dix fois en un jour. Mirabeau m'attend ce soir. »

On ignore à quel genre de travail il se livrait auprès de son ami. On croit qu'il y remplissait à peu près l'emploi de secrétaire avec des appointements. Il passa, mais bien à tort sans doute, pour avoir composé les discours de ce grand orateur. Le bon accord entre deux amis dont les vues, les idées étaient si différentes, ne fut pas de longue durée, et après avoir passé deux *semaines charmantes* chez Mirabeau, Camille voyant, comme il l'écrit, le 8 octobre, à son père, qu'il ne lui était bon à rien, revint à Paris reprendre son logement de l'hôtel de Pologne, emportant toutefois de Mirabeau l'invitation « de venir passer huit jours avec lui toutes les fois que cela lui ferait plaisir. »

Avec la vie de Paris recommença la dépense. Camille avait un pressant besoin d'argent pour satisfaire son goût pour la table et la débauche, et son père, dont la fortune était médiocre, ne pouvait que l'aider d'une faible pension qu'il lui faisait. Ses ouvrages ne lui apportaient que de minces profits malgré la vogue dont ils jouissaient. Après avoir fait part à son père de la gêne où il se trouvait, il finit par lui découvrir enfin sa misère qu'il attribuait aux friponneries des libraires. Il lui demanda de l'argent pour payer un logement qu'il avait fait meubler et où il voulait se retirer pour s'y livrer plus sérieusement à l'étude. M. Desmoulins ne répondit pas. Cette première lettre fut bientôt suivie d'une seconde où il se plaint amèrement de n'avoir pas reçu de nouvelles de Guise et où il renouvelle une demande de six louis : même silence de la part de M. Desmoulins et nouvelle lettre de Camille. Pour avoir un prétexte d'écrire à son père, il a soin de lui envoyer ses brochures, et pour le toucher, de lui rapporter les louanges qu'elles lui attirent. « Ces éloges ne me sont parvenus que bien tard, lui écrit-il, en date du 8 octobre ; tous ou presque tous m'ont donné un coup d'encensoir ; mais je n'en suis pas plus riche pour cela. Cette célébrité ajoute encore à ma honte naturelle d'exposer mes besoins. Je n'ose même les découvrir à M. Mirabeau. En vérité vous êtes à mon égard d'une injustice extrême ; vous voyez que, malgré mes ennemis et mes calomniateurs, j'ai su me mettre à ma place parmi les écrivains, les patriotes et les hommes à caractère. Grâce au ciel, je n'en ambitionne pas davantage. Il est autour de moi bien peu de personnes à qui je puisse porter envie, mais cela n'empêche pas que je n'aie retiré que douze louis de ma *Lanterne*, qui en a rapporté quarante ou cinquante au libraire ; que je n'aie retiré que trente louis de ma *France libre*, qui a rapporté mille écus au libraire. Le bruit qu'ont fait ces ouvrages m'a attiré sur le corps tous mes créanciers qui ne m'ont rien laissé, parce que je n'ai pas voulu troubler de leurs clameurs la jouissance nouvelle de ma renommée éphémère. Me voilà donc presque sans créanciers, mais aussi sans argent. Je vous en supplie, puisque voilà le moment de toucher vos rentes, puisque le prix du blé se soutient, envoyez-moi six louis. Voilà le roi et l'assemblée nationale à demeure ici, je veux demeurer à Paris, j'abandonne mon ingrat et injuste pays. Je veux profiter de ce moment de réputation pour me mettre dans mes meubles, pour m'immatriculer dans un district; aurez-vous la cruauté de me refuser un lit, une paire de draps? Suis-je sans avoir, sans famille? Est-il vrai que je n'ai ni père, ni mère? Mais, direz-vous, il fallait employer à avoir des meubles ces trente ou quarante louis. Je vous répondrai : il fallait vivre; il fallait payer des dettes que vous m'avez forcé de contracter depuis six ans; car, depuis six ans, je n'ai pas eu le nécessaire. Dites vrai, m'avez-vous jamais acheté des meubles? m'avez-vous jamais mis en état de n'avoir point à payer le loyer exorbitant des chambres garnies? O la mauvaise politique que la vôtre, de m'avoir envoyé deux louis à deux louis, avec lesquels je n'ai jamais pu trouver le secret d'avoir des meubles et un domicile. Et quand je pense que ma fortune a tenu à mon domicile; qu'avec un domicile j'aurais été président, commandant de district, représentant de la commune de Paris; au lieu que je ne suis *qu'un écrivain distingué;* témoignage vivant qu'avec des *vertus* et des *talents*, l'amour du travail et de *grands services rendus*, on peut n'arriver à rien. Mais, chose étonnante! voilà dix ans que je me plains en ces termes, et il m'a été plus facile de *faire une révolution, de bouleverser la France*, que d'obtenir de mon père, une fois pour toutes, une cinquantaine de louis, et qu'il me donnât les mains à commencer un établissement. Quel homme vous êtes! avec tout votre esprit et toutes vos vertus, vous n'avez pas même su me connaître. Vous m'avez éternellement calomnié; vous m'avez appelé éternellement un prodigue, un dissipateur, et je n'étais rien moins que cela. Toute ma vie je n'ai soupiré qu'après un domicile, après un établissement, et après avoir quitté Guise et la maison paternelle, vous n'avez pas voulu que j'eusse à Paris un autre gîte qu'une hôtellerie, et voilà que j'ai trente ans. Vous m'avez toujours dit que j'avais d'autres frères! Oui, mais il y a cette différence que la nature m'avait donné des ailes et que mes frères ne pouvaient sentir comme moi la chaîne des besoins qui me retenait à la terre…. Aidez-moi donc, » dit Camille à son père, après lui avoir raconté l'envahissement du palais de Versailles, « et envoyez-moi un lit, si vous ne pouvez m'en acheter un ici. Est-ce que vous pouvez me refuser un lit ? Je vous ai dit que je ne voulais plus entendre parler de Guise. Votre nullité dans ce pays et à plus forte raison la mienne m'en ont détaché. Faites-donc quelque chose pour moi, pour votre fils aîné. » Et plus loin : « L'heure de la poste étant passée, j'ai rouvert ma lettre pour insister encore sur mes besoins. Tout ce que j'apprends de Guise, par les lettres du cousin Viefville, me confirme dans la pensée de renoncer à ce pays, les antipodes de la philosophie, du patriotisme et de l'égalité. J'ai à Paris une réputation ; on me consulte sur les grandes affaires, on m'invite à dîner; il n'y a faiseur de brochures dont les feuilles se vendent mieux. Il ne me manque qu'un domicile. Je vous en supplie, aidez-moi, envoyez-moi six louis ou un lit. »

Voyant son fils obstiné à vivre loin de sa ville natale où sa sagesse voulait le ramener, M. Desmoulins satisfit à ses désirs et ne répondit plus à ses lettres que par un silence désapprobateur. Celui-ci néanmoins continua de lui faire part de ses succès et de ses espérances, de ses relations avec les hommes les plus considérables de l'époque. Fidèle aux douces habitudes de la famille, Camille avait écrit à la sienne le 31 décembre 1789, pour lui offrir ses souhaits de bonne année. Il recevait de Guise une lettre touchante, en date du 2 janvier 1790, où ce respectable magistrat lui peignait ses alarmes et la situation précaire où le mettait la suppression de son office avec le bailliage de Guise, par suite du nouveau régime administratif voté par l'assemblée. « Au milieu des ruines qui m'entourent, et que l'assemblée nationale semble avoir détachées de mon existence (mon office devenu précaire, mon syndicat qui m'échappe avant le terme), ce qui allége le mal de ma position, c'est l'espoir que mon fils, avec des principes plus modernes et qui me paraissent pourtant bien hardis, sera un des premiers ouvriers de l'arche qui doit sauver ses frères et lui du naufrage de leur père commun. Je vous vois du nombre des élus qui, avec les imprimeurs et les libraires, restez debout au milieu d'une révolution qui met tout par terre. La tâche dont vous vous êtes chargé est immense. On me parle de vos succès, je n'y suis pas insensible, mais les dangers que vous courez m'affectent encore davantage.... »

Camille fit à cette lettre affectueuse, une longue réponse qu'il publia dans les *Révolutions de France et de Brabant*, qui avaient commencé à paraître. Cette réponse, dont il prie les lecteurs de lui pardonner l'insertion dans un journal écrit sous les yeux du public, contient une particularité qui servit à faire un rapprochement lorsque l'auteur du *Vieux Cordelier* partit des prisons du Luxembourg pour aller à la mort.

« Une femme du peuple qui feignait d'être ivre m'a abordé; elle a tiré de son sein un papier où était un nom qu'elle croyait pour moi fort redoutable, et, après quelques propos de halle, m'a dit *de bien prendre garde au Luxembourg*; mais je ne crains ni le Luxembourg, ni les Tuileries. » La prédiction de cette femme n'en devait pas moins recevoir son triste accomplissement.

Camille Desmoulins s'était livré avec ardeur, au sortir du collége, à l'étude des philosophes qui avaient illustré le xviii° siècle; et il mit tout en œuvre pour réaliser leurs théories. C'est à cette fin qu'il se fit rédacteur d'une brochure périodique qu'il intitula *Révolutions de France et de Brabant*, et dont l'idée lui fut suggérée par les commotions politiques qui éclatèrent presque simultanément à Paris et à Bruxelles. Ce journal qu'il enrichit de caricatures, et où il déploya toutes les ressources de son esprit satirique, mit le comble à sa célébrité. Il commença à paraître à la fin de novembre 1789. Dans cette brochure hebdomadaire, et dans d'autres pamphlets quotidiens, il traita successivement toutes les questions à l'ordre du jour, qu'il résolvait toujours dans le sens révolutionnaire. Il ne cessait de pousser le peuple en avant, de lui recommander une allure ferme et courageuse pour parvenir à la conquête de la liberté. Attaquer à outrance la cour, les privilégiés, le clergé, les ennemis de la révolution, stimuler l'enthousiasme et le patriotisme des citoyens, telle était la constante occupation de l'impétueux Camille. L'incertitude du succès, la crainte d'une réaction, un amour aveugle pour la liberté qu'il craignait toujours de voir succomber sous les efforts de ceux qu'il regardait comme ses ennemis, l'état d'exaltation où les événements maintenaient son âme ardente, fermaient pour lors son cœur aux sentiments de l'humanité qui devait reprendre trop tard ses droits sur lui et semblent, sinon justifier, du moins expliquer les mesures révolutionnaires dont il fut le provocateur. La conduite de la cour et la faiblesse de Louis XVI ne secondaient que trop les hardiesses dont il semait ses écrits. Du reste, il avait tout ce qu'il faut à un écrivain pour faire fortune dans un temps de troubles et d'agitations. Il prodiguait à pleines mains le sarcasme et l'injure dans des écrits où trop souvent la folie se mêlait à la raison. Il était dans son style, hardi, naïf, cynique et entraînant, satirique et cruel, énergique et populaire. Il sacrifiait la vérité au plaisir de dire un bon mot. Comme tous les écrivains révolutionnaires, il manque souvent de goût et de convenance. Il était doué d'une exquise sensibilité que les orages de la révolution firent taire trop longtemps. Il avouait qu'il n'avait jamais pu lire Paul et Virginie sans verser des larmes. Il aimait et respectait son père ; on le verra bientôt adorer sa femme, la touchante Lucile Duplessis.

Il eut quelque temps pour collaborateur un de ses compatriotes dont le nom pourtant n'apparaît qu'une seule fois, dans le 50° numéro des *Révolutions de France et de Brabant*, lequel encore est sans importance. C'était Roch Marcandier, qui naquit à Guise en 1767. Son père était chantre dans l'église de Saint-Gervais, et par conséquent sans fortune. Le jeune homme dut son éducation au chapitre de cette collégiale, qui le fit entrer comme boursier au collège de la ville. Marcandier avait du talent ; il quitta sa ville natale et se rendit à Paris où il donna d'abord des leçons de grammaire et d'arithmétique, devint correcteur d'imprimerie et enfin journaliste. Comme Camille Desmoulins, il adopta avec ardeur les idées révolutionnaires, ce qui lui valut la faveur du premier apôtre de la révolution. Celui-ci, qui était l'ami d'enfance de son frère aîné, répétiteur au collége Louis-le-Grand, n'eut pas de peine à lui faire embrasser une carrière où il avait déjà lui-même obtenu tant de succès ; Marcandier devint le secrétaire de celui qui l'avait été de Mirabeau, et travailla sous ses ordres et sous sa direction. Camille lui donnait à faire des articles qu'il retouchait et qu'il prenait sous sa responsabilité, moyennant quoi il le payait et le nourrissait. Il vécut ainsi dans l'obscurité la plus complète jusqu'au moment où il quitta Desmoulins, c'est-à-dire en 1791, où on le retrouvera à l'occasion des attroupements du 17 juillet, au Champ-de-Mars.

L'ardeur et les violences et souvent la mauvaise foi qui présidaient à la rédaction du journal de Camille valurent à ce dernier plusieurs condamnations. Celle qu'il subit au mois de juillet 1790, ne fit qu'augmenter sa popularité. Les Jacobins lui décernèrent les honneurs du triomphe, le jour du grand service célébré pour l'âme des citoyens morts à la prise de la Bastille, où il reçut avec l'ignoble Marat une place d'honneur. Indépendamment de ces démêlés avec la justice, il en eut d'autres non moins sérieux avec quelques-uns de ceux dont il faisait le point de mire de ses attaques. Il fut provoqué en duel par Naudet et Désessarts, de la comédie française. Desmoulins ne manquait pas de courage, mais il ne se piquait pas d'être brave hors de propos, et n'était pas disposé à soutenir ses railleries à coups d'épée. Ce fut à cette occasion qu'il publia cette profession de foi. « On peut braver la mort pour la liberté, pour la patrie; eh ! je me sens la force de passer le cou hors de la litière, et, comme l'orateur romain, de tendre la gorge au glaive d'Antoine ; je me sens la force de mourir sur un échafaud avec un sentiment mêlé de plaisir. Voilà l'espèce de courage que j'ai reçu, non de la nature qui frissonne toujours à cet aspect, mais de la philosophie. Être assassiné par le spadassin qui me provoque, c'est mourir piqué de la tarentule. Il me faudrait passer ma vie au bois de Boulogne, si j'étais obligé de rendre raison à tous ceux à qui ma franchise déplaît. Qu'on m'accuse de lâcheté, si l'on veut, je crains bien que le temps ne soit pas loin où les occasions de périr plus glorieusement et plus utilement ne nous manqueront pas. Alors, l'amour de la patrie me fera retrouver dans mon sein le courage qui me fit monter sur une table au Palais-Royal et prendre le premier la cocarde nationale. » Hélas ! l'infortuné ne prévoyait pas quelles larmes amères il devait verser sur l'échafaud, en présence de cette mort qu'il se faisait fort de braver à l'aide de la seule philosophie !

Doué d'une nature ardente et passionnée, Desmoulins en affichant l'austérité des principes républicains n'en était pas moins un homme de plaisir. Il idolâtrait les arts, la poésie, la musique. Il avait beaucoup vécu dans la société d'une femme-auteur dont les travaux littéraires s'élèvent à plus de quatre-vingts volumes. Lui-même s'était cru poëte. On lui a néanmoins faussement attribué un recueil de poésies pitoyables qu'il désavoua avec indignation, se plaignant des blessures de cette liberté de la presse qu'il avait tant exaltée. « Quelque indulgence que je professe pour la liberté, j'ai senti, disait-il, tout ce qu'elle avait de danger, en voyant mon nom jusqu'à trois fois au bas de cet infâme recueil. » Camille se moqua de ses concitoyens lorsqu'ils voulurent faire l'essai de la frugalité lacédémonienne et joindre l'imitation puérile des mœurs antiques aux excès de la démocratie. L'ex-capucin Chabot, Fabre d'Eglantine se réunissaient souvent avec lui chez Méot, célèbre restaurateur d'alors, et comme il aimait la table, il disait plaisamment : « Je veux aussi proclamer la République, mais que ses festins soient chez Méot. »

Ce fut vers cette époque que le jeune révolutionnaire épousa Mlle Duplessis, qu'il avait rencontrée au Luxembourg, et qu'il aima comme la liberté, c'est-à-dire avec cette passion brûlante qui le dominait. Introduit chez M. Duplessis, fils d'un maréchal-ferrant de village, mais qui avait acquis une honnête aisance dans la place de premier commis au contrôle-général, il s'était bientôt épris de Lucile. Il l'avait vue grandir sous les yeux de sa mère, qui avait elle-même conservé une partie de sa beauté. La jeune fille ne tarda pas à partager les sentiments de Camille, mais la vie orageuse que menait celui-ci, l'exagération de ses principes, son peu de fortune, ne paraissaient pas propres à assurer le bonheur de Lucile, et M. Duplessis refusa dabord de donner son consentement à une union qu'il avait tant de raisons de redouter. Cependant il ne put résister longtemps aux larmes silencieuses de sa fille et il finit par céder. Arrivé au comble du bonheur, Desmoulins écrivit à son père pour le lui faire partager, mais surtout pour lui demander son consentement. « Aujourd'hui 11 décembre (1790), lui disait-il, je me vois enfin au comble de mes vœux. Le bonheur pour moi s'est fait longtemps attendre, mais il est enfin arrivé, et je suis heureux autant qu'on peut l'être sur la terre. Cette charmante Lucile dont je vous ai tant parlé, que j'aime depuis huit ans, enfin ses parents me la donnent, et elle ne me refuse pas. » Puis il peint avec les couleurs les plus vives son ravissement lorsque Lucile et sa mère lui apprirent cette nouvelle, la préférence qu'on lui accorde sur des partis plus riches, la dot de cent mille francs, sans compter dix mille francs d'argenterie, que donne M. Duplessis à sa fille. « De grâce, ajoute-t-il, n'allez pas faire sonner cela trop haut. Soyons modestes dans la prospérité. Envoyez-moi, poste pour poste, votre consentement et celui de ma mère ; faites diligence à Laon pour les dispenses et qu'il n'y ait qu'une seule publication de bans à Guise comme à Paris. Nous pourrons bien nous marier dans huit jours. Il tarde à ma chère Lucile autant qu'à moi qu'on ne puisse plus nous séparer. N'attirez pas la haine de nos envieux par ces nouvelles, et comme moi renfermez votre joie dans votre cœur et épanchez-la tout au plus dans le sein de ma chère mère, de mes frères et sœurs. Je suis maintenant en état de venir à votre secours et c'est là une grande partie de ma joie..... »

M. Desmoulins ne paraît pas avoir partagé l'extrême joie de son fils, car la réponse de Guise se fit attendre, et Camille fut obligé de lui écrire de nouveau le 20 décembre, une lettre pressante pour le conjurer de ne pas retarder son bonheur. M. Duplessis joignit ses instances à celles de son gendre futur, et trois jours après arrivait dans une lettre courte et froide le consentement si désiré. Camille n'avait pas eu moins de peine à obtenir les dispenses du temps de l'avent que le consentement paternel. Repoussé par M. de Floirac, grand-vicaire de l'évêché de Paris, qui lui reprocha d'avoir été la cause de l'incendie de son château et de la perte de la plus grande partie de sa fortune, il essuya le même refus à l'évêché, où il avait fait intervenir des députés. L'abbé Bérardier et le curé de Saint-Sulpice, sa paroisse, parvinrent à lever tous les obstacles. On raconte que quand il s'était présenté à ce dernier, le dialogue suivant s'établit entre eux. Le curé ayant demandé à Desmoulins s'il était catholique, celui-ci qui s'était fait accompagner d'un notaire, répondit qu'il voudrait savoir pourquoi on lui adressait cette question. — Je vous fais cette question parce que si vous n'étiez pas catholique, je ne pourrais vous conférer un sacrement de la religion catholique. — Eh bien! oui, je suis catholique. — Non, monsieur, vous ne l'êtes pas, puisque vous avez dit dans un de vos numéros, que la religion de Mahomet était tout aussi évidente à vos yeux que celle de Jésus-Christ. — Vous lisez donc mes numéros? — Quelquefois. — Vous ne voulez donc pas absolument, monsieur le curé, me marier? — Non, monsieur, jusqu'à ce que vous fassiez une profession de foi de la religion catholique. — Je m'adresserai au comité ecclésiastique pour savoir si ce que j'ai écrit suffit pour que vous mettiez obstacle à mon mariage. — Et le notaire écrivait toutes les réponses de M. le curé, qui furent en effet portées au comité ecclésiastique. Camille revint avec une consultation de Mirabeau où celui-ci établit qu'on ne peut juger la croyance que sur la profession extérieure, et la remit à M. le curé, qui lui dit: Depuis quand M. de Mirabeau est-il un père de l'église? — Ah! ah! Mirabeau, un père de l'église! je lui dirai cela; cela le fera rire. — Je ne puis, monsieur, déférer à une consultation qui d'ailleurs vous condamne, car je ne prétends vous juger que par votre profession de foi extérieure, sur ce que vous avez imprimé. J'exige donc qu'avant de vous marier, vous rétractiez les impiétés que vous avez dites dans vos numéros. — Je ne compte pas faire de nouveaux numéros avant mon mariage. — Ce sera donc après. — Je le promets. — J'exige de plus que vous remplissiez tous les devoirs prescrits quand on se marie et que vous vous confessiez. — Volontiers, monsieur le curé, et ce sera à vous-même (1).

Desmoulins en ayant passé par toutes ces conditions, reçut la bénédiction nuptiale le 29 décembre 1790, des mains de son ancien proviseur, qui lui adressa un discours touchant. Les témoins de Lucile furent Pétion et le comte de Sillery, mari de Mme de Genlis. Ceux de Camille furent Robespierre, Mercier, auteur du *Tableau de Paris*, et Brissot. M. Viefville des Essarts avait signé le contrat comme seul représentant de la famille de Desmoulins. Plusieurs de ses amis, entre autres le poëte Luce de Lancival, de Saint-Gobain, le félicitèrent de son bonheur, mais d'autres s'en montrèrent jaloux. Des journaux recherchèrent la source de la fortune de Duplessis; on attaqua la mère de Lucile dans ce qu'une femme a de plus cher, son honneur. Camille se plaignit amèrement de cette licence extrême de la presse, dans une lettre adressée à son père, et lui montra combien étaient absurdes les accusations portées contre la famille Duplessis, qui, du reste, « n'a fait que rire, disait-il, des calomnies des infâmes aristocrates et m'a conseillé de les mépriser. » Le sage magistrat de Guise fit à son fils une réponse qu'il a dû s'appliquer bien souvent à lui-même. « Je suis bien de l'avis de Mme Duplessis et de sa famille, de mépriser la sanie et la bave du folliculaire d'un jour et sa calomnie éphémère, qui, le lendemain, est remplacée par une autre qui sera égale-

(1) Extrait de l'*Histoire des événemens arrivés sur la paroisse de Saint-Sulpice pendant la révolution*. Ce dialogue est rapporté par plusieurs biographes, et par l'auteur des *Aperçus historiques sur Camille Desmoulins* qui précèdent le *Vieux Cordelier. Collect. de mém. relatifs à la révolution*, p. 4 et 164.

ment oubliée. Ne trouvez-vous pas qu'il aurait pu accommoder ses feuilles de cette épigraphe : *Dat veniam corvis, lacerat*, je ne dis pas *censura*, le mot est trop noble dans l'espèce, mais *morsura columbas.* » C'est ainsi que se tournait contre Camille cette arme redoutable de la presse dont il faisait lui-même un si déplorable usage.

Malgré ces attaques passagères, l'union des deux époux fut parfaite, et leur intérieur était comme le temple du bonheur. Mais Lucile, fière du talent de son mari et subjuguée par l'ascendant de son génie, au lieu d'adoucir ce qu'il y avait en lui de trop ardent, excita encore et soutint une disposition habituelle d'irritation et d'emportement qui devait les conduire à une perte commune. On ne peut nier toutefois que l'ascendant de cette jeune femme et l'effroi qu'il prit de ses propres succès ne l'aient ramené à des sentiments plus doux. « On s'afflige, écrivait-il, de voir l'usage de la lanterne devenir trop fréquent... C'est un grand mal que le peuple se familiarise avec ces jeux..... Les exécutions du peuple sont atroces, alors qu'il envoie le cordon avec autant de facilité que le fait sa hautesse à ceux qu'elle a disgraciés... » Puis il ajoutait (N° 37 des *Révol. de Fr.*) : « M. Marat, vous vous ferez de mauvaises affaires. Cinq à six cents têtes abattues! Vous êtes le dramaturge des journalistes ; les Danaïdes et les Barmécides ne sont rien en comparaison de vos tragédies. Vous égorgeriez tous les personnages de la pièce et jusqu'au souffleur. Vous ignorez donc que le tragique outré devient froid. Pour moi, il y a longtemps que j'ai donné ma démission de *procureur général de la lanterne ;* je pense que cette grande charge, comme la dictature, ne doit durer qu'un jour et quelquefois une heure.

Pardonnez si ma verte jeunesse vous donne des conseils ; mais vous compromettez véritablement vos amis et vous les forcerez à rompre avec vous. »

Mais la fuite de Louis XVI à Varennes et la protestation qu'il avait laissée en partant contre les actes de l'assemblée, excitèrent de nouveau sa haine contre la cour, et il l'exhala par un redoublement de sarcasmes et de provocations. « Je recevrai comme un bienfait, disait Robespierre à la tribune des Jacobins après la fuite du roi, une mort qui m'empêchera d'être témoin de tant de maux. Nous mourrons tous avec toi, s'écria Camille, en se jetant dans les bras de son ami, » et bientôt il courut pour être témoin de la rentrée à Paris de l'infortuné monarque.

Toujours entraîné par la marche ascendante de la révolution, et arrivé au comble de la faveur populaire, Camille prit part à tous les événements, où il joua un rôle plus ou moins actif. Il fut l'un des auteurs des attroupements du 17 juillet, au Champ-de-Mars, où Bailly et Lafayette furent obligés de faire exécuter la loi martiale, et où l'on signa, sur l'autel de la patrie, une pétition dans laquelle on demandait que l'assemblée nationale consultât la nation sur la déchéance du roi. Il harangua le peuple du haut de l'autel et fut obligé de fuir pour n'être pas arrêté. La publication de son journal fut suspendue par ordre de Lafayette. On fit même des perquisitions dans ses bureaux, où l'on ne trouva que Marcandier. La police voulut mettre la main sur le secrétaire de Camille ; mais celui-ci, qui avait dans l'âme autant de courage qu'il avait de force physique, lutta contre les soldats, se défendit à coups de pistolet, et parvint à s'échapper. Il est probable qu'avec la suspension des *Révo-*

lutions de France et de Brabant, se termina la collaboration de Roch Marcandier avec Desmoulins, et que les déplorables catastrophes qui suivirent achevèrent leur séparation. Le bruit courut que Camille avait été assassiné, ou du moins arrêté, mais il avait pris, comme Marat, la précaution de se cacher pour laisser passer l'orage. Ayant quitté la plume après l'apparition du 86° numéro des *Révolutions de France et de Brabant*, il la reprit pour écrire dans le journal de Prudhomme, *la Tribune des patriotes*.

Lorsque tout danger eut cessé, Camille reparut le 21 octobre 1791 à la tribune des Jacobins, par un discours sur le *veto*; et des pertes éprouvées par sa nouvelle famille lui firent reprendre la carrière du barreau. Ayant une fois pris la défense de gens de peu de moralité, ce fut pour Brissot une occasion d'écrire un article assez dur contre son ami, qui ne le lui pardonna pas. Camille, pour se venger, publia à son tour au commencement de 1792 une brochure intitulée : *Brissot démasqué par Camille Desmoulins*, qui fut suivie, en avril 1793, de l'*Histoire de Brissot et des Brissotins*, où il le poursuivit de sa haine et de ses dénonciations, tandis que d'un autre côté il l'attaquait sans relâche aux Jacobins.

Au milieu de ces luttes ardentes, Camille Desmoulins touchait au moment d'être père. M. Desmoulins qui ne cherchait qu'une occasion pour l'attirer hors de Paris lui avait proposé d'acheter la maison de Guise où il était né(1); la naissance prochaine de son fils lui fournit un motif plausible de refus. « Votre maison, la maison natale m'est chère, lui écrivait-il en avril 1792, personne ne connaît mieux que

---

(1) Cette maison, qui a été reconstruite, est celle de M. Leproux, ancien notaire.

moi le plaisir qu'éprouva Ulysse en voyant de loin la fumée d'Ithaque ; mais avec 4,000 francs de rente, qui dans la circonstance présente ne valent guère plus de 2,000 livres de rente, comment pourrais-je acheter une maison de 30,000 livres, surtout quand je vais tout à l'heure avoir un enfant, et que je sens déjà la charge de la paternité par les frais de layette et la tendre sollicitude d'une mère qui, dès à présent, s'inquiète des besoins de son fils et l'aime presque à me rendre jaloux ? »

Ce fils naquit le 6 juillet 1792. Ennemi juré d'un culte dont il avait tant de fois provoqué la destruction, Camille ne voulut point qu'il fût baptisé. Il lui avait donné les noms romains d'Horace-Camille, et le 8 juillet, il se rendit avec lui devant l'officier civil, accompagné de deux de ses amis, Lecointre, de Versailles et Merlin, de Thionville. Ce fut par le nom d'Horace-Camille que s'ouvrit la série des inscriptions républicaines de l'état civil de la municipalité de Paris. « Je souhaite, avait dit M. Desmoulins, en répondant de Guise à la lettre par laquelle il lui annonçait sa naissance, que la révolution, si elle se consomme, lui soit plus heureuse qu'à vous. » L'enfant fut confié à une nourrice de l'Ile-Adam, où était élevé en même temps le fils de Danton.

Cependant tout se préparait à Paris pour une grande insurrection. Les clubs s'agitaient et les plus fameux révolutionnaires se réunissaient en conciliabules secrets pour échauffer les passions, fixer et diriger le mouvement. Camille redouble d'efforts, de concert avec Danton, Marat, Santerre, et tout le comité insurrectionnel, qui fixe et organise la révolte pour le 10 août. Tandis que le 9, la nuit, Danton pérore aux Cordeliers, le signal est donné par une détonation. Camille suivi de Chabot et des Marseillais, au-devant desquels il s'était porté naguère à leur arrivée à Paris, appelle le peuple aux armes, fait sonner le tocsin et s'empare des sections; quatre cents royalistes se rangent autour du roi, et les Suisses, au nombre de neuf cents, se forment en bataille dans la cour des Tuileries. Tout le monde connaît les résultats de cette fameuse journée. Le roi se rendit à l'assemblée avec sa famille, le château fut emporté, et ses défenseurs, massacrés, malgré les efforts héroïques et surhumains du comte d'Hervilly, qui commandait les Tuileries et qui était presque compatriote de Camille, puisqu'il avait sa famille à Leschelles, près de Guise, patrie de ce dernier.

Tandis que Camille, emporté par sa fougue révolutionnaire, soufflait partout le feu de l'insurrection, Lucile était en proie à toutes les agitations de l'inquiétude. « Qu'allons-nous devenir? écrivait-elle dans le livre où elle consigne chaque soir les impressions et les souvenirs de la journée? je n'en puis plus? Camille, ah! mon pauvre Camille, que vas-tu devenir? Je n'ai plus la force de respirer. C'est cette nuit la nuit fatale. Mon Dieu! s'il est vrai que tu existes, sauve donc des hommes qui sont dignes de toi! Nous voulons être libres. O Dieu! qu'il en coûte. Pour comble de malheur, le courage m'abandonne. — Jeudi 9 août. » Toute la journée suivante fut encore pour l'impressionnable et sceptique jeune femme une journée d'angoisses et de cruelles appréhensions.

Dans la soirée du 10 août, Camille s'était emparé de la commune, où il avait organisé une autre magistrature et où Danton vint le rejoindre pour lui annoncer sa nomination au ministère de la justice et lui proposer d'être son secrétaire général. Camille accepta et écrivit à son père une lettre où il laissa percer son orgueil, sa joie, sa tristesse, sa haine de ses compatriotes, et toutes les passions qui l'agitaient. « Me voilà, lui disait-il, logé au palais des Maupeou et des Lamoignon. Malgré toutes vos prophéties que je ne ferais jamais rien, je me vois élevé à ce qui était le dernier échelon de l'élévation d'un homme de notre robe…. La vésicule de vos gens de Guise, si pleins d'envie, de haines, de petites passions, va bien se gonfler de fiel aujourd'hui, à la nouvelle de ce qu'ils vont appeler ma fortune…. De ma fortune, qui n'a fait que me rendre plus mélancolique, plus soucieux, et me faire sentir plus vivement tous les maux de mes concitoyens et toutes les misères humaines. » Puis il donna un souvenir à Mlle Flore Godard, de Wiége, sa parente, qu'il avait aimée autrefois et qu'il rencontra, dit-on, plus tard, lorsqu'il fallut marcher au supplice.

M. Desmoulins ne partagea pas le bonheur de son fils, et il crut devoir lui donner des conseils inspirés par la sagesse du magistrat et la fermeté de l'autorité paternelle. « Je serais bien délicieusement affecté, mon fils, de votre position, lui répondit-il, si vous ne la deviez pas à une crise que je ne vois pas encore finie et dont je redoute toujours les suites. D'après le cri de tout ce qui m'entoure, les événements du 10 août ont indisposé les provinces et l'armée contre les Parisiens et contre le parti dont on vous croit l'un des membres les plus ardents. Dans l'agitation où sont toutes les choses autour de nous, je préférerais vous voir paisible possesseur de mes places et le premier de nos concitoyens dans notre ville natale, plutôt qu'à la tête du ministère d'un grand empire déjà bien miné, bien déchiré, bien dégradé, et qui, bien loin d'être régénéré, sera peut-être d'un moment à l'autre ou démembré ou détruit. »

« Quoi qu'il en soit, mon fils, puisque vous voilà en second au gouvernail remis à M. Danton, votre ami, pour la partie de la justice, distinguez-vous-y par les grandes qualités qui sont propres à cette administration ; joignez à votre popularité connue cet esprit d'intégrité et de modération que vous aurez souvent occasion d'y développer ; dépouillez-vous de celui de parti qui vous y a peut-être élevé, mais qui pourrait ne pas vous y maintenir. Avec la droiture que je vous connais et la modération que je vous prêche, on va loin, même dans le poste le plus scabreux. Faites revenir vos ennemis en vous montrant juste avec eux et facile à oublier leurs torts ; faites-vous le plus d'amis que vous pourrez parmi les gens de bien et consultez toujours le mérite et le talent dans vos choix. »

« Jouissez longtemps de votre nouvelle place, et ma satisfaction sera au comble. Votre mère partage tous mes sentiments sur ce point et me charge de vous en assurer ; elle vous embrasse ainsi que votre sœur. Recevez nos communes félicitations et faites-les agréer à notre chère belle-fille avec toutes les caresses de la plus franche cordialité. »

La position élevée qu'occupait Camille ne manqua pas de lui attirer de nouveaux amis ou de nouveaux flatteurs. Il reçut de Chauny des lettres de félicitation du marquis de Lauraguais et de Fouquier-Tinville, juge à Saint-Quentin, qui veut être son parent, sollicite sa protection et lui demande une place dans les bureaux du ministère de la justice. Le futur accusateur du tribunal révolutionnaire a encore assez d'humanité pour rappeler à son souvenir M. de Viefville, « leur parent commun, dont la position, dit-il, est plus fâcheuse que je ne puis vous l'exprimer. »

Camille ne tarda pas à éprouver les agitations inséparables d'une trop grande élévation, en ces temps de troubles. Il fut accusé, à tort peut-être, d'avoir trempé dans le complot des assassinats du 2 septembre, avec Danton et Fabre d'Eglantine. Ce qu'il y a de certain c'est que sa conduite dans ces affreuses journées n'est pas bien connue. Les uns, et c'est le plus grand nombre, assurent qu'il y prit une part active; les autres, au contraire, s'étayant des paroles d'indulgence et des cris d'humanité que fit entendre plus tard le rédacteur du *Vieux Cordelier*, ne peuvent admettre que l'ami généreux qui arracha l'abbé Legris-Duval au poignard des assassins, que le défenseur d'Arthur Dillon, de l'abbé Maury, et des cent mille suspects détenus en 1793 et 1794, ait trempé dans un complot qui remplit de sang et d'horreur les prisons de Paris. L'auteur des *Aperçus historiques sur Camille Desmoulins*, pour affranchir sa mémoire, prétend que la *Biographie universelle* a puisé cette accusation contre Camille dans la *Biographie moderne*, laquelle n'indique elle-même d'autre source que l'*Histoire générale des crimes de la révolution*, sorte de compilation où les erreurs fourmillent, au dire de ceux même qui la citent. Selon cet auteur, le numéro 19 des *Révolutions de France et de Brabant* expliquerait assez bien le sujet d'une animosité qui poursuivait leur auteur au-delà du tombeau, en faisant peser sur lui une aussi terrible responsabilité. Elle aurait eu son origine dans une querelle d'abonnés entre journalistes, où Camille, selon sa coutume, s'était saisi de l'arme du ridicule qu'il savait si bien manier. « Franc jusqu'à la plus étrange indiscrétion, n'épargnant personne et s'éparguant moins que tout autre, Camille ne cherchait pas de confident ; il parlait tout haut, se vantait du mal comme du bien. Ceux qui l'ont connu savent combien l'effusion du sang le révoltait. Ses plaisanteries étaient cruelles... Mais son cœur valait mieux que ses écrits. » L'auteur du *Tableau de Paris*, qui recueillait beaucoup et croyait pouvoir tout répéter, parle de Camille Desmoulins sans le ménager, et se tait sur les massacres de septembre. Lacretelle, historien grave, lui rend justice. Quoi qu'il en soit, des documents précis manquent pour la pleine justification de Camille, et ceux qui lui sont le plus favorables avouent que, rendu à ses premières fureurs à la suite de la conduite de la cour, et poussé, par le manifeste et l'approche du duc de Brunswick, à reprendre le caractère provocateur que le *procureur de la lanterne* avait déployé sur les débris fumants de la Bastille, il put se considérer comme engagé dans une guerre à mort avec les ennemis de la révolution, et accepter avec Danton la responsabilité d'un épouvantable carnage, dans lequel ces terribles révolutionnaires auraient vu le salut de la liberté et la délivrance du territoire de la République. Ils ajoutent que cette supposition, dont la vraisemblance leur semble ressortir et de l'exaltation particulière de Camille et de l'irritation générale des esprits à cette époque, n'est point inconciliable avec son retour à la modération et à la clémence, en des temps où la République, ivre, pour ainsi dire, du sang de ses ennemis, lui sembla vouloir trop imiter Saturne et ne régner que sur des cadavres. Le soupçon d'avoir trempé dans le complot existe donc tout entier et il n'y a aucune raison positive et directe capable de le détruire (1).

Ainsi poussée par Camille et tant d'autres ennemis fanatiques de l'ancien régime, la révolution poursuivait rapidement son cours. La nuit du 4 août 1789 avait vu tomber tous les titres, tous les droits féodaux, tous les priviléges; les dîmes avaient été supprimées et toutes les prérogatives anéanties. Ce renversement subit de tout l'édifice social en France, en exaltant les passions du moment, laissait après lui les craintes qu'inspire toujours un avenir incertain et que la misère toujours croissante était loin de pouvoir faire cesser. M. Viéville avait cru devoir s'adresser à Mme Necker, pour obtenir quelque soulagement à celle qui sévissait à Guise, et en avait reçu la lettre suivante, qui peint suffisamment la triste situation de nos malheureuses populations. Elle était datée de Versailles, le 14 août 1789.

« J'ai reçu avec reconnaissance, disait la femme du ministre au maire de Guise, la lettre touchante que vous m'avez fait l'honneur de m'écrire. Je voudrais donner une partie de mon sang pour subvenir aux malheurs que cause la disette de grains et pour rétablir dans tous les cœurs le calme, la paix, et ces sentiments de douceur qui ont fait chérir jusqu'à présent la nation française et qui nous ont dévoués à son service. Je vous envoye le discours que M. Necker a prononcé à l'hôtel de ville. Je viens d'écrire à la

---

(1) *Dictionnaire biographique universel*, par une société de gens de lettres; — *Biographie portative des contemporains*; — *La Biographie universelle des contemporains*, par MM. Arnault, Jay, Jouy, etc. Paris, 1822. Il n'est pas même question dans cette dernière des massacres de septembre à l'article de Camille Desmoulins. — *Essais historiques sur Camille Desmoulins*; — *Biographie de Camille Desmoulins*, par M. Fleury.

ferme pour solliciter la grâce des contrebandiers qui ont été mis en prison, et je l'obtiendrai sans doute, s'il n'y a pas à leur reprocher aucune violence. Je voudrais obtenir le pardon de tout homme qui n'a pas versé le sang ; ceux qui ont des torts envers l'État sont bien punis en ne pouvant plus être témoins du bonheur de la France. Je vous conjure d'inspirer cet esprit de bonté et de piété à toutes les personnes qui dépendent de vous (1). »

On ne sera pas étonné que la femme d'un ministre logé à Versailles parle du bonheur de la France à cette époque déplorable, lorsqu'on saura que la municipalité de Guise partageait, au milieu de la détresse générale, l'enthousiasme qu'inspirait la révolution ; bien plus, séduite par l'administration pleine de charlatanisme du ministre Necker, elle lui avait écrit pour lui témoigner, au nom de toute la ville, les sentiments d'attachement et de reconnaissance que méritaient les services rendus à la France par un ministre que l'indignation publique allait bientôt expulser de son sein. Necker lui répondit de Versailles, en date du 13 août (1789) : « Je suis infiniment touché des sentiments que vos concitoyens vous ont chargé de m'exprimer de leur part, et je vous prie de vouloir bien leur en témoigner ma sincère reconnaissance ; » réponse banale du philosophe ministre à l'expression de sentiments aussi pleins d'illusions que de sincérité.

La cherté du blé continuait à être telle à Guise, que tous les moyens semblaient bons pour s'en procurer. On alla jusqu'à y commettre des actes de violences sur des voyageurs

(1) Cette lettre est signée C. de Mur Necker ; — *Archives de l'hôtel de ville.*

qui passaient avec des charges de grains qu'on se partagea sans plus de forme. Pour prévenir le retour de pareils excès si propres à troubler l'ordre et à entraver l'approvisionnement régulier de la ville, la commune, dans son assemblée du 24 août, décréta l'établissement d'un comité provisoire destiné à prendre, de concert avec le lieutenant du roi et la municipalité, les moyens les plus propres à maintenir la tranquillité publique. A cet effet, la ville et les faubourgs furent partagés en neuf districts, qui nommèrent des commissaires pour en faire partie. Ce furent : MM. Corne, chevalier de Saint-Louis, Lagasse, de Baudreuil, de Mainville, Desforges, de Veyrières, Doyen, doyen du chapitre de Saint-Gervais, Dersu, Blin, Carrière, Cardot aîné, Richard, Hennet, avocat, Rossignol, Michel Gernel et François Cordier, Bacquet et Brugnier. Ce comité provisoire devait durer un mois, au bout duquel on devait procéder à une nouvelle nomination en observant de ne réélire chacun des députés qu'après un intervalle d'un mois depuis son dernier service.

Toutes ces mesures relatives à la sûreté de la ville, entraînèrent la dissolution provisoire et bientôt définitive de la compagnie d'archers et de celle de la jeunesse, laquelle fut incorporée dans les sept compagnies de la milice nationale et dont les membres entrèrent, à titre de volontaires, dans les compagnies de leurs districts respectifs. Le chapitre de Saint-Gervais ne voulant pas rester en arrière au milieu de tant d'efforts qui avaient pour objet la tranquillité publique, fit agréer à la municipalité l'offre généreuse de contribuer pour sa part à la garde journalière des portes et des barrières des faubourgs. On devait lui présenter chaque mois un état des hommes de journée qui auraient fait à la place de chacun des chanoines le service militaire, selon l'ordre établi par les règlements (1).

Malgré toutes les précautions prises par la municipalité, la disette amena de nouveaux désordres. Le 7 septembre, le maire, M. Viéville, et les officiers municipaux Leroy et Gonnet, étaient réduits à déclarer que le blé ayant été taxé par le peuple en différents marchés, ils ne pouvaient plus en fixer le prix, *la force ayant prévalu* ; et le 28 du même mois, il leur fallut demander au commandant du régiment d'Orléans-cavalerie, en garnison dans la ville, un détachement de 20 hommes armés en guerre commandé par un officier, pour protéger le passage de cinquante-quatre jalois de blé de semence appartenant à M. Meuret, fermier de l'abbaye de Fémy, avec ordre de repousser la force par la force, au cas que le passage fût entravé. Il fallut user de la même précaution pour maintenir le bon ordre à la halle aux grains, où 15 hommes du même régiment devaient stationner, jusqu'à nouvel ordre, tous les vendredis, jours de marché. Ce déploiement de forces ne put protéger des voitures de blé qui, le 2 novembre, tournaient la ville pour l'éviter et passaient en toute hâte les faubourgs. Comme elles prenaient les chemins qui conduisent à l'étranger, elles furent pillées par les femmes ameutées.

(1) Ces faits résultent de plusieurs délibérations et arrêtés signés: Dubois, Fontaine, avocat, de Martigny, Warnet, Hennet, Dénisart, Fontaine M., Crommelin, Jourdin, Corbier, Baquet, Bouguiet, Cordier, Michel Gernel, Deshaye, Leroux, Marcandier, Cardot, Caplain, Lelong, de Veyrières, Gauchet, de Montguiot, Godart, Richard, Violette de Bretagne, Alin, Desgranges, Carrière, Wanet, Coutier, de Viefville, Ledhuy, Mariage, Mennessier, Dieu, Leproux, Poreaux, Savary, Magnier, Rossignet, J. Clin, Gonnet, Lecoint, Leroy, Boudeur, de Corne.

Tant de moyens mis en œuvre pour maintenir l'ordre faillirent être entièrement paralysés par les dissensions qui éclatèrent sur ces entrefaites, entre le corps municipal et les officiers de la milice nationale, au sujet du comité provisoire que ces derniers voulaient rendre indépendant. Une partie des habitants s'étaient rassemblés chez M. de Baudreuil pour délibérer sur l'établissement d'un magasin de grains destiné à assurer à la ville une quantité de blé toujours suffisante pour la consommation générale. La municipalité considérant les graves inconvénients qui pourraient résulter de cette mesure, la déclara impraticable. Elle craignait avec raison, qu'un pareil amas de grains n'excitât la susceptibilité des campagnes, et que les paysans, frappés de l'idée que les achats de la ville donneraient lieu à une augmentation de prix, ne se livrassent à des violences et peut-être à des tentatives de pillage. Elle avait pour justifier ces craintes l'exemple de ce qui s'était passé à Vadencourt, dont les habitants venaient de s'emparer de force de trente-sept sacs de blé dirigés sur le marché de Landrecies, et contre lesquels il avait fallu envoyer un détachement de 60 hommes pour les contraindre à rendre les sacs enlevés et à livrer le chef de la sédition. Elle imagina un autre expédient contre la disette; il consistait à faire prendre aux rentiers, receveurs et bénéficiers, par dévouement à l'intérêt général, l'engagement de ne percevoir leurs revenus qu'en nature, de sorte que la ville se trouverait approvisionnée par eux, sans avoir besoin de secours étrangers, et pourrait se suffire à elle-même pendant quinze mois. En effet, lorsqu'on verrait la halle dépourvue de grains, on se trouverait dans la nécessité de recourir aux particuliers, soit de la ville, soit des environs pour s'en procurer. Du reste, la municipalité déclara que les capitaines de quartiers lui avaient rendu un véritable service, en l'excluant de leur association et en assumant ainsi sur eux seuls la responsabilité des événements, ce qui la mettrait à l'abri de tout reproche. Toutefois, les officiers municipaux redoutant les suites des mesures proposées, qui, après tout, n'avaient pas été agréées par les habitants de tous les districts, crurent qu'il était de la prudence d'en déférer à l'assemblée nationale elle-même, et d'attendre sa décision.

On commençait à ressentir les tristes effets du bouleversement inopportun opéré sans maturité par cette assemblée, aux troubles qui éclataient de toutes parts et aux difficultés qu'éprouvait la perception des impôts, dont on avait tari d'abord les sources. La lettre qu'écrivit le ministre des finances Necker aux officiers municipaux de Guise, est une preuve sans réplique de la détresse extrême où se trouvait le trésor. « L'assemblée nationale, leur disait-il, vient de rendre deux décrets que le roy a revêtus de sa sanction. L'un concerne la réduction du prix du sel dans les pays de grandes et petites gabelles et la perception des droits ; et l'autre est relatif aux impositions. Les déclarations par lesquelles sa majesté a sanctionné ces décrets vont être affichées dans toutes provinces ; mais j'ay cru à propos de vous en adresser directement quelques exemplaires. Après en avoir fait lecture, vous sentirez combien il est essentiel et pressant que vous concouriez de tout votre pouvoir au rétablissement des barrières et de la perception des droits. Sa majesté a regardé comme une mesure infiniment utile et même nécessaire d'ordonner à trois membres de la ferme générale de se transporter dans les provinces qu'elle leur a désignées pour accélérer, par leur présence, ce rétablissement des barrières, faciliter les dispositions nouvelles que la réduction du prix du sel rend nécessaires, et diriger enfin la conduite des préposés de la ferme générale, dans des circonstances aussi difficiles. M. de Saint-Alphonse a été choisi par sa majesté pour remplir cette mission dans celle des trois divisions qui comprend les provinces de Picardie, du Soissonnois, du Hainault, de l'Artois et du Cambrésis. J'ay prévenu ces fermiers généraux que l'intention du roy étoit que les commandans des provinces, les intendans, les membres de la commission intermédiaire et ceux des municipalités, leur donnassent toutes les facilités et secours dont ils auroient besoin, comme ayant une mission directe et immédiate de sa majesté, et je leur ai recommandé de réclamer les secours et facilités auprès de toutes les personnes révêtues d'un caractère public et d'agir de concert. Vous verrez par ces détails, combien votre concours peut être utile pour rendre efficaces les mesures qui vont être employées pour ramener et rétablir l'ordre dans les perceptions; combien il importe pour la chose publique, et combien enfin il est de votre devoir que vous vous serviez de l'influence que vous donne votre position pour faire connoître à vos concitoyens la nécessité de ne plus mettre d'obstacles à la rentrée des revenus de l'État; faites bien entendre que, sans l'exactitude dans le paiement de ces droits et des impositions, il deviendroit impossible de pourvoir au maintien de l'ordre et de la force publique, d'où dépendent la garantie des propriétés et la sûreté des personnes. Vous chercherez sans doute à les prévenir contre des insinuations mal intentionnées et contre les suggestions de gens pervers qui trouveroient leur intérêt dans la continuation des désordres ; enfin, je vous recommande au nom du roy, je vous recommande au nom de la chose publique, de réunir tous vos efforts pour contribuer, en tout ce qui peut dépendre de vous, au rétablissement de l'ordre et des perceptions ; j'espère que vous me mettrez à portée de faire connoître à sa majesté combien vous êtes attaché aux intérêts de l'État, et de faire valoir auprès d'elle la sagesse des mesures que votre zèle vous aura inspirées (1). »

Pour subvenir aux besoins si pressants de l'État, on avait encore imaginé *la contribution patriotique*, dont l'assemblée nationale, dans un de ses mouvements d'enthousiasme et d'exaltation, avait fait naître l'idée en venant déposer, séance tenante, sur le bureau du président, des bijoux, de l'argent et autres choses précieuses. Pendant trois semaines à partir du 22 novembre, les officiers municipaux de Guise s'établirent en permanence à l'hôtel de ville, les mardi, jeudi et samedi, pour recevoir les déclarations des habitants sur cette contribution imposée par l'assemblée. Quelques jours après le 5 décembre, la loi martiale portée contre les attroupements séditieux était publiée et affichée par la ville, qui fit en conséquence l'acquisition de trois drapeaux, deux rouges et un blanc, « qui devaient être le signal de sa mise à exécution. »

Le peuple n'avait pas tardé à mettre en pratique les idées d'égalité que la révolution lui avait inspirées dès son début. Il avait désormais horreur des priviléges et n'aspirait qu'à les voir tous supprimer. Il fit éclater à Guise ces justes pré-

---

(1) Cette lettre est du 10 octobre 1789. (*Archives de l'hôtel de ville.*)

tentions à cet égard, à propos d'un logement de troupes dont certains privilégiés voulaient encore se faire exempter. M. Viéville traduisit les plaintes qui s'étaient élevées autour de lui sur ce point, dans un rapport du 6 décembre, à l'assemblée nationale, au nom de la municipalité, et où il raconte que des troubles avaient failli éclater si l'on n'y avait fait droit. « Le 30 du mois dernier, disait-il aux représentans du peuple, 104 hussards y compris les officiers sont arrivés en cette ville pour y rester en garnison jusqu'à nouvel ordre. Le peuple prévenu de cette arrivée a prétendu que, d'après les décrets par vous rendus, nosseigneurs, il n'existait nuls priviléges; que celui de logement de troupes notamment était aboli ; qu'en un mot tous les citoyens devaient supporter indistinctement toutes les charges publiques, à raison de leurs facultés.... En conséquence, ce peuple s'est permis de se présenter à l'hôtel de ville en très-grand nombre, et il déclara, sans forme gardée, au corps municipal assemblé, qu'il réclamait l'exécution des décrets, notamment en ce qui concernait le logement des troupes; que le vœu du plus grand nombre des habitans était tel ; qu'il était facile de s'en convaincre par la signature de deux cents habitans apposée au bas d'une requête qu'ils présentèrent sur-le-champ aux officiers municipaux. Le corps municipal instruit de deux de vos décrets, dont l'un porte abolition des priviléges pécuniaires, personnels ou réels, et l'autre déclare qu'il n'y a qu'un seul ordre dans le royaume, n'a pas cru devoir, surtout dans la circonstance, hésiter à *loger* MM. les privilégiés, avec d'autant plus de raison qu'il y avait lieu de craindre, dans le cas contraire, une émotion populaire. M. de Chalain, commandant pour le roy. en cette ville, ainsi que le corps municipal ont donné les premiers l'exemple. En conséquence, ce dernier a établi son logement sur tous les privilégiés indistinctement; une partie de ces derniers l'ont accepté, sans murmure, mais certains ont blâmé et blâmeront encore hautement le corps municipal et se flattent d'en rendre compte au ministère, où ils espèrent, disent-ils, recevoir justice satisfaisante. » Le maire terminait en suppliant l'assemblée de lui faire savoir s'il avait bien ou mal interprété les décrets, afin qu'il pût au besoin rectifier son erreur involontaire.

Ce fut l'évêque de Saint-Flour qui répondit au maire de Guise, au nom du comité des rapports de l'assemblée nationale, dont il était président, par une lettre en date du 10 décembre, où il lui dit : « que c'était avec raison qu'il avait fait loger les ci-devant privilégiés, que toutes les charges publiques devaient être supportées par tous les citoyens indistinctement, à raison de leurs facultés. » A cette époque d'inexpérience et de désorganisation, on avait recours de toutes parts à cette assemblée sur laquelle chacun avait les yeux et qui avait concentré en elle toute la puissance. Les officiers municipaux de Guise lui avaient déjà écrit sur la situation de la ville et les dissentiments qui avaient éclaté entre ses autorités au sujet des grains. L'évêque de Saint-Flour leur avait répondu, en date du 2 du même mois, que le comité avait été d'avis : « qu'attendu que l'on s'occupait sans relâche de la formation des assemblées municipales, il les invitait, jusqu'à ce qu'il fût prononcé définitivement sur cet objet, de concourir au maintien de l'ordre et à la tranquillité publique avec le même zèle qu'ils avaient montré jusqu'alors. »

Malgré l'insistance que le peuple semblait mettre à ramener à l'égalité devant les décrets, les classes privilégiées, on ne pouvait pas se défaire tout d'un coup de l'ascendant qu'elles avaient jusqu'alors exercé sur lui, et les distinctions sociales devaient survivre à l'abolition des formes féodales. De même qu'on avait vu prendre la plupart des officiers de la garde civique dans la noblesse, de même vit-on les notables entrer, par la voie de l'élection, dans les charges municipales, concurremment avec les bourgeois. Le 16 décembre, se tint une assemblée générale de la commune ayant pour objet la nomination de six adjoints au maire, pour procéder à la répartition des impositions ordinaires de l'année 1790, et on vit sortir de l'urne les noms suivants : Louis-Lambert-Denis Desforges des Essarts, conseiller du roi et receveur des impôts de la ville; Joseph Dubois, marchand au faubourg; Mᵉ Nicolas-Eustache Lesur, greffier en l'élection et grenier à sel ; Joseph-Guillaume Fontaine de Montguiot, avocat en parlement et bailliage de Guise ; Jean-François Longuet, laboureur, et Louis Cardot, brasseur, au faubourg de Flandre. Dans la même séance, on nomma également douze notables adjoints pour réformer quelques points de la jurisprudence criminelle, conformément à l'édit du roi du mois d'octobre 1789. Ce furent: le maire Viéville, Desforges des Essarts, Jean-Alexis Magnier, Marie-Jacques Gonnet, Joachim-Nicolas Gulette, Pierre Boudant, Louis-Auguste Leroux, marchand, Pierre-Arnoult Leproux, notaire, Joseph Dubois, marchand, Pierre-Charles Cornu, Etienne-Louis Dersu et Vital Baudouin, lesquels prêtèrent serment de remplir fidèlement leurs fonctions et jurèrent surtout de garder un secret inviolable sur leurs opérations.

Cependant la révolution continuait sa marche rapide et l'assemblée nationale achevait de détruire jusqu'en ses fondements le vieil édifice féodal. Le 2 novembre, elle avait déclaré les biens du clergé à la disposition de l'État, ébranlant ainsi le droit de propriété, tout aussi légitime dans un corps que dans un individu ; et, le 22 décembre, sur la proposition de l'abbé Siéyès, elle décréta une nouvelle division du territoire français, qui entraîna bientôt l'abolition de tout le système administratif. Aux anciennes provinces, généralités, élections, succédèrent quatre-vingt-trois départements, divisés en arrondissements ou districts subdivisés en cantons. Le département eut un conseil administratif de trente-six membres et un directoire exécutif de cinq membres. Le district eut aussi un conseil et un directoire, mais moins nombreux et relevant des premiers. Le canton composé d'un certain nombre de paroisses fut une division électorale et non administrative comme les deux premières. On établit un tribunal criminel pour tout le département, un tribunal civil pour chaque district et un tribunal de paix pour chaque canton. La commune était administrée par un conseil général et une municipalité nommés par le peuple, qui pouvaient seuls requérir la force armée. La vieille province de Thiérache et le duché de Guise allèrent se perdre dans les limites du département de l'Aisne. Le bailliage de Guise était à peine érigé qu'il était déjà supprimé. On voulait, en centralisant ainsi l'action du pouvoir, faire oublier les anciennes formes et fusionner les différentes populations qui composaient la France féodale et qu'on avait vues si longtemps divisées d'intérêts, d'habitudes et de langage. Le département de l'Aisne fut formé de diverses portions de territoires prises sur le Soissonnais, la Picardie, le Laonnais, la Champagne et la Brie. La Thiérache y entra tout entière.

Guise, par suite de l'établissement du nouveau systéme, perdit, outre son titre de duché, son élection, sa subdélégation, son grenier à sel, sa maîtrise des eaux et forêts, sa gruerie, ses traites foraines, son bailliage et autres administrations et tribunaux qui comptaient un si grand nombre de dignitaires et officiers, et enfin son gouvernement de place, c'est-à-dire tout ce qui faisait son importance. Mais Guise portait un nom trop célèbre dans l'histoire, pour qu'on n'essayât pas de l'arracher à l'oubli dans les nouvelles combinaisons administratives et judiciaires. L'assemblée nationale ayant à fixer les limites des départements et à former les districts, recevait de toutes parts des réclamations des villes qui prétendaient au titre de chef-lieu des nouvelles circonscriptions.

Deux villes rivales se disputèrent celui du district formé sur l'ancienne Thiérache, Guise, sa capitale, et Vervins. Dès le 12 janvier 1790, M. Viéville dénonçait à l'assemblée générale de la commune de Guise, les prétentions de Vervins et ses intrigues près de l'assemblée nationale. « Messieurs, disait-il, nous sommes certains que dans ce moment, il existe à l'assemblée nationale différentes réclamations relatives aux districts qui doivent former les arrondissements des *bailliages* (départements et districts). Dans le nombre de ces villes réclamantes, celle de Vervins flattée d'avoir un de ces *bailliages*, en sollicite le succès. A cet effet, trois députés de leur ville se sont rendus, le 8 de ce mois, à Paris : leurs réclamations sont très-vives, et déjà, ils se flattent de la réussite de leur députation. Instruits de leur démarche nous croyons, messieurs, qu'il est de notre devoir de vous en faire part, avec d'autant plus de raison, qu'il nous semble que si la formation d'un *bailliage* à Vervins avait lieu, il ne pourrait que resserrer les limites de celui de notre ville, en rétrécir l'arrondissement et son étendue, et par suite naturelle, il ne pourrait s'établir et se créer qu'au détriment de cette ville et de ses habitans. Il va donc, messieurs, de votre intérêt et de l'intérêt général, de chercher à détruire leur projet. Que faire, messieurs, pour y parvenir? C'est à votre décision, c'est à vos connaissances, c'est à vos lumières que nous nous en rapportons. » On lut à l'appui de ce discours une lettre de M. Viefville, député du bailliage à l'assemblée nationale, du 9 janvier, où sont dénoncées les démarches de la ville de Vervins. Sur-le-champ les citoyens assemblés nommèrent deux députés extraordinaires, le maire lui-même et Jean-Baptiste Saulce, procureur du roi au bailliage, pour aller à Paris faire valoir les droits de la ville auprès de l'assemblée nationale et paralyser les efforts des députés vervinois.

Ces députés s'étant rendus à Paris, s'efforcèrent conjointement avec M. Viefville des Essarts, en déployant un zèle et une activité inconcevables, de justifier la confiance de leurs concitoyens; mais leurs efforts ne furent pas couronnés d'un plein succès. Tout ce qu'ils purent obtenir, fut que le choix des électeurs déciderait entre Guise et sa rivale dans la première assemblée qui devait avoir lieu à Guise. On n'avait jamais douté qu'en tout état de cause, Guise n'eût toujours un bailliage et on n'avait d'abord combattu les prétentions de Vervins, que dans la crainte qu'elles ne nuisissent à son étendue territoriale. Mais il en fut tout autrement, le chef-lieu seul était mis en question pour un bailliage ou district unique qui comprendrait les deux villes. En effet, l'assemblée avait décrété que le département de Vermandois et de Soissonnais, qui prit le nom de département de l'Aisne, serait divisé en six districts dont les chefs-lieux seraient Laon, Soissons, Saint-Quentin, Château-Thierry et *provisoirement* Guise et Chauny; que les établissements du district de Guise pourraient être partagés avec Vervins, que les électeurs du district, lors de leur première assemblée, statueraient définitivement sur le choix des chefs-lieux et sur la réunion ou division des différents établissements résultant de la constitution.

De retour à Guise, MM. Saulce et Viéville, rendirent compte à l'assemblée municipale du 12 février 1790, de leurs démarches à Paris, pour s'opposer à ce qu'ils appelaient les intrigues des députés de Vervins et de tout ce qu'ils avaient fait auprès de l'assemblée nationale et auprès des comités au sein desquels ils avaient été admis avec voix consultative, pour soutenir les intérêts de leur ville et de leurs concitoyens; enfin du décret de l'assemblée qui détruisait, en partie, les prétentions de Vervins. L'assemblée qui ne pouvait douter du succès de l'élection en faveur de Guise, fut si satisfaite de l'heureuse conclusion de cette affaire, qu'on regardait comme capitale pour l'avenir et pour l'honneur de la ville, que des applaudissements unanimes suivirent le rapport de MM. Saulce et Viéville; et que pour leur donner une preuve de la satisfaction de leurs concitoyens et perpétuer le souvenir du service signalé qu'ils venaient de rendre à leur patrie, on arrêta à l'unanimité, sur la proposition de M. Lagasée, que « les remerciements les plus flatteurs seraient faits auxdits députés directs et extraordinaires, qu'il leur serait témoigné combien la commune de Guise est satisfaite de tout ce qu'ils ont fait pour elle, et à quels justes titres ils méritent les applaudissements qui leur ont été donnés en la présente assemblée ; que de toute la séance, sera dressé et inscrit sur le registre aux délibérations le présent acte dont il sera envoyé une expédition authentique à M. Viefville, député direct, une pareille à M. Viéville, maire, et une autre à M. Saulce, en les priant d'accepter chacun cette expédition comme une faible marque des sentiments de gratitude et de reconnaissance que les citoyens de la ville de Guise leur ont voués. » Le procès-verbal où est consigné cette simple et patriotique récompense, porte les signatures suivantes : Duchâteau, Marcandier, Gulette, Desforges des Essarts, Gauchet, Magnier, Bourgeois, Clin, Hennequière, Donnay, Dieu, Rossignol, Richard, Leproux, Lesur, Hennet, Palant, Longuet, Cheneval, Loubry, Jourdin, Dubois, Denizart, Carrière, noms qui semblent offrir déjà l'intérêt qui s'attache aux choses passées.

Tandis que Guise disputait à Vervins le chef-lieu de district, les villes de Soissons et de Laon prétendaient au titre plus important de chef-lieu de département. Les rapports que Guise entretenait avec Soissons comme chef-lieu de l'ancienne généralité firent que ces deux villes s'entendirent facilement ensemble pour se soutenir mutuellement dans leurs prétentions. Soissons fit les premières ouvertures. Ses principaux habitants écrivirent à ceux de Guise afin de les engager à voter pour que Soissons fut déclaré chef-lieu de département, leur promettant de faire tous leurs efforts, pour que Guise fut nommé chef-lieu de district.

« On nous assure, messieurs, écrivait, le 5 février 1790, M. Blin de la Chaussée à l'assemblée intermédiaire de Guise, en lui annonçant que les travaux de l'assemblée provinciale du Soissonnais touchaient à leur fin, on nous assure qu'il est décrété par l'assemblée nationale que votre ville est chef-lieu d'un des six districts dont est composé le département du Soissonnois. Bien des contestations élevées à ce sujet nous paraissent devoir se juger en votre faveur, bien des raisons militent pour nous faire obtenir la préfecture. »

Guise fut sensible à l'intérêt que prenait Soissons à la réussite de cette affaire en sa faveur, et M. Desmoulins, membre du bureau de l'élection de Guise, répondit le 15 février suivant, au nom de ses collègues, à l'assemblée provinciale du Soissonnais, pour l'assurer de leur concours dans l'affaire du chef-lieu. Après avoir remercié l'assemblée de l'intérêt qu'elle prenait pour la fixation du district à Guise. « Nous ne croyons même y répondre, ajoutait-il, que par des effets, en faisant tout ce qui dépendra de nous et de nos compatriotes pour seconder la ville de Soissons et ses représentans dans leurs trop justes vœux pour obtenir le chef-lieu du département. »

Enfin, cinq jours après, une autre lettre arrivait aux membres du bureau de Guise de la part de l'assemblée provinciale. « Nous ne pouvons qu'être très-flattés, disait-elle, des dispositions où vous êtes, ainsi que vos concitoyens, d'employer tous les moyens qui sont en votre pouvoir pour seconder le vœu naturel et trop juste de notre ville d'obtenir le chef-lieu du département. Nous sommes surpris que ce choix ait fait naître des doutes, quand tant de raisons militent en notre faveur (1). »

(1) Ces lettres qui nous ont été communiquées par M. Périn, juge-suppléant au tribunal de Soissons, et membre de la société historique de cette ville, viennent de la collection de M. Fleury, rédacteur du *Journal de l'Aisne* et auteur des *Études révolutionnaires*.

Soissons et Guise devaient succomber pour les mêmes raisons. Tandis que Vervins, comme Laon, fondait ses prétentions sur sa position centrale et représentait que par cette position, *il serait plus à la convenance de ses administrés*. Guise, comme Soissons, représentait la supériorité dont il avait joui jusque-là par les différentes administrations dont il avait été le centre, et rappelait surtout les services signalés qu'il avait rendus à l'État. Mais comme l'élection devait décider entre les deux villes rivales, chacune d'elle mit tout en œuvre pour travailler l'esprit des électeurs et faire pencher la balance de son côté.

D'après le décret du 10 avril, la réunion électorale où devait se décider cette affaire étant fixée à Guise même, on espérait tirer un grand avantage de cette disposition pour peser sur l'élection; aussi, redoutant avec raison les influences locales, la municipalité de Vervins fit-elle tous ses efforts pour la faire changer. Elle s'adressa d'abord à M. Cottin, commissaire du roi, puis à l'assemblée constituante elle-même, à qui elle fit parvenir un mémoire pour l'éclairer sur le choix du chef-lieu, et où elle demandait instamment que l'assemblée des électeurs eût lieu dans un endroit neutre, où ils pussent jouir de toute leur liberté. Quoique appuyé par MM. Ogé et Leleu, de la Ville-aux-Bois, députés du Vermandois, ce mémoire n'eut pas plus de succès que la demande adressée au commissaire du roi. La réunion eut donc lieu à Guise le 4 juin 1790.

Une assemblée du même genre avait déjà eu lieu à Chauny pour y décider une question semblable, et plusieurs Guisards s'y étaient rendus. Le jeune Saint-Just, qui était alors en correspondance avec Camille Desmoulins, et son ami, lui écrivit en effet, le 3 juin, qu'il y avait vu ses compatriotes MM. Saulce, Violette et autres, dont il avait reçu, disait-il, beaucoup de politesses. « Il est inutile, ajoutait-il, de vous dire, car vous n'aimez pas la louange, que votre pays s'énorgueillit de vous. Adieu, mon cher Camille, » disait-il en terminant sa lettre, après lui avoir laissé l'espérance de siéger avec lui dans la prochaine législature, « si vous avez besoin de moi, écrivez-moi. Vos derniers numéros sont pleins d'excellentes choses. Apollon et Minerve ne vous ont pas abandonné. Si vous avez quelque chose à faire dire à vos gens de Guise, je les verrai dans huit jours à Laon où j'irai faire un tour pour affaires particulières. Adieu encore, *gloire, paix et rage patriotique*. Saint-Just. »

Ce que la municipalité de Vervins avait prévu arriva, à ce qu'il paraît. L'assemblée électorale de Guise dura trois jours consécutifs, qui furent employés, dit-on, à gagner soit par influence, soit par menaces et intimidation, les électeurs de la partie du district voisine de Vervins, qui avaient intérêt à ce que le choix tombât sur cette ville. Quoi qu'il en soit, le dépouillement du vote, qui eut lieu le 7 juin, enleva à Guise toutes ses espérances. Irrité de cette déception imprévue, le peuple s'ameuta et, dans le premier mouvement, se porta envers les électeurs de la partie occidentale du district à des actes regrettables de violence qui amenèrent la dissolution immédiate de l'assemblée.

Cependant les bruits les plus sinistres arrivent bientôt à Vervins sur cet événement et se répandent rapidement dans les campagnes voisines de cette partie du district. On dit que le peuple de Guise s'attroupe et se dispose à se livrer aux plus grands excès envers les électeurs et que le drapeau rouge est arboré selon les prescriptions de la loi martiale. Alors le soulèvement devient général, le tocsin retentit de toutes parts, on s'arme de tout ce qu'on peut rencontrer et on se porte en masse sur la ville qui, de son côté, se met en mesure de se défendre. Déjà la municipalité de Vervins, aux premières nouvelles de ce qui se passait, avait envoyé offrir à celle de Guise sa garde nationale pour aider les troupes de la garnison à maintenir l'ordre et à protéger les électeurs. En tout état de cause, la garde nationale de Vervins devait s'arrêter à Beaurain et être prête à se porter sur Guise à tout événement. Il paraît toutefois, que les premiers bruits avaient été semés à dessein pour engager les électeurs de Vervins à se présenter en force à Guise, car il a été certifié depuis par plusieurs électeurs et par le commandant des hussards d'Esterhazy, que ceux de Vervins avaient été bien accueillis et que rien ne justifiait les craintes qu'on avait jetées dans les populations vervinoises.

Le 13 juin 1790, un fort détachement de milice nationale, accompagné de 7 à 8,000 hommes, n'en parut pas moins sur les hauteurs qui séparent Guise de Beaurain. On ne se proposait rien de moins que de mettre le feu à trois ou quatre maisons du faubourg Chanteraine et de celui du Grand-Pont, de porter également l'incendie à Lesquielles pour faire diversion, inquiéter la ville, et de profiter du moment de trouble où devait la jeter la lueur de l'incendie pour escalader les murailles, la saccager et la piller. Reste à savoir si Guise qui avait déjà soutenu tant de siéges et qui avait une organisation militaire complète et une milice exercée, se serait laissé ainsi brûler et saccager sans coup férir. Les uns disent que la ville se mit en devoir de se défendre sérieusement, et d'autres, qu'elle ne fit qu'une simple démonstration suffisante pour arrêter une troupe indisciplinée. Il est certain, néanmoins, qu'une collision était sur le point d'éclater, lorsque deux officiers en garnison dans chacune des deux villes et quelques personnes influentes dans le pays, parvinrent à ramener le calme dans les deux partis, qui paraissaient disposés à en venir aux dernières extrémités, et prévinrent toute effusion de sang.

Un procès-verbal de l'affaire de Guise fut envoyé à l'assemblée nationale par quatre députés, au nombre desquels se trouvait le fameux Jean Debry, vervinois, avocat et républicain exalté, qui durent lui dénoncer la ville de Guise, « comme coupable de lèze-nation, » et demander en même temps la mise à exécution immédiate de la décision prise par l'assemblée électorale du 4 juin, qui eut lieu, en effet, par décret du 16 du même mois, rendu par l'assemblée nationale, lequel fixait à Vervins les établissements du district. La proclamation du roi rendue sur le décret de l'assemblée fut publié dans cette ville le 4 juillet, et y causa une joie bien naturelle, qui se manifesta par des divertissements publics. Guise n'oublia pas sa défaite, et les deux villes contractèrent une rivalité qui éclata encore depuis en plusieurs circonstances, et que le temps seul put adoucir. En voici un exemple (1).

En 1790, une sédition ayant eu lieu à Vervins, dont un certain nombre d'habitants avaient arrêté un convoi de blé qui se dirigeait sur La Capelle, le capitaine d'une des compagnies de la garde nationale de la ville, nommé Joveneau, se jeta au milieu de l'émeute avec une dixaine de citoyens.

---

(1) *Hist. de Vervins*, p. 425 et suiv. — *Archives de Guise.*

Après avoir eu à subir des menaces et même des voies de fait, Joveneau parvint, par sa prudence et sa fermeté, à dégager ces braves gens dont la vie pouvait être fort compromise. Joveneau et ses compagnons n'en furent pas moins dénoncés au district composé en majeure partie de citoyens de Guise. Le district donna ordre de les arrêter quoiqu'ils n'eussent agi dans cette action courageuse que sur la réquisition de la municipalité de Vervins. La nuit, le domicile de Joveneau fut envahi par toute une escouade d'huissiers, de recors et d'officiers de la maréchaussée; mais celui-ci se mit en état de résistance. Le tribunal de Guise, saisi de l'affaire, maintint le décret de prise de corps, mais le directoire du département à qui Joveneau avait adressé une pétition, intervint et prit chaudement la défense de ce courageux citoyen et le décret de prise de corps fut suspendu provisoirement. En même temps le directoire supplia l'assemblée nationale de soustraire ce procès, au cas qu'il y eut lieu à inculpation, à la juridiction du tribunal de Guise, pour être renvoyé devant un autre tribunal, moins suspect de partialité. Cette affaire n'ayant heureusement pas eu de suite, il n'est guère possible de juger de quel côté était réellement le droit, parce que certaines particularités ont pu rester ignorées (1).

Guise se consola d'abord de la perte irrévocable du titre de chef-lieu, par l'espoir qu'on lui laisserait au moins les établissements judiciaires. On avait créé dans chacun des six districts du département des tribunaux civils qui connaissaient des appels les uns des autres. On fit donc d'actives

(1) Fleury, *Etudes révolutionnaires.* — *Annuaire de l'Aisne* de 1850, p. 16.

démarches pour lui assurer la possession de celui du district de Vervins, tandis que cette ville, de son côté, agissait dans le sens contraire. Elle avait envoyé, le 18 août, à Paris, pour soutenir ses nouvelles prétentions, son maire, M. Dupeuty, et M. Launoy, avocat, mais ces députés avaient été prévenus, malgré leur diligence : Guise l'avait emporté. En conséquence, la municipalité écrivit, en date du 21 août, à celle de Vervins, pour l'informer du décret de l'assemblée nationale qui fixait chez elle le siége de l'ordre judiciaire. Aussitôt la lecture de cette lettre, la municipalité de Vervins, considérant que l'établissement du tribunal à Guise n'était pas le résultat de l'élection ; bien plus, qu'il était contraire aux vœux manifestés dans une assemblée tenue à Marle, comprit qu'on pouvait en revenir et convoqua aussitôt les électeurs afin d'aviser avec eux au moyen de faire rapporter le décret de l'assemblée nationale. Il fut décidé, dans une autre réunion qui eut lieu le lendemain, qu'on enverrait une nouvelle députation à Paris pour s'opposer à la sanction du décret. D'un autre côté, Guise avait envoyé à l'assemblée de l'administration du département de l'Aisne, à Laon, une députation qui fut reçue dans la séance du 12 novembre, au sujet de la demande formée par Vervins pour que le département s'occupât du vœu émis par l'assemblée électorale de Marle, sur la fixation du tribunal (1). Ces démarches de Vervins n'eurent pas plus de succès que la première, et le tribunal civil du district s'installa à Guise et succéda au bailliage

---

(1) Dans la séance du 10 décembre, un membre fit à cette assemblée l'hommage d'un écrit manuscrit contenant des *Mémoires historiques sur la ville de Laon*, au nom de M. Crommelin, de Guise, dont nous avons déjà cité le nom. Ce travail fut reçu avec reconnaissance, et des remerciments furent adressés à cet estimable citoyen.

royal et ducal supprimé avec tous les bailliages, siéges présidiaux et parlements dans la réforme générale de la justice (1). L'installation des juges eut lieu le 16 janvier 1791. Le père de Camille Desmoulins avait été nommé président du nouveau tribunal. Guise ne resta pas en si beau chemin : on voulut joindre au tribunal civil un tribunal de commerce pour le district de Vervins, mais la demande que la municipalité adressa à ce sujet à l'assemblée nationale n'eut point de suite.

Les coups subits que l'assemblée nationale avait portés à la féodalité, au lieu de faire disparaître successivement et avec maturité les abus de l'ancien régime, n'avaient fait qu'augmenter les troubles causés par la disette et l'effervescence des esprits, dès les premiers jours de la révolution. Au mois de juin 1790, on vit redoubler les violences. Des bandes armées parcourent les environs de Guise, emportent et pillent les châteaux de Gercy, de Puisieux, de Le Hérie, de Sains, de Landifay, de Malzy, etc. Un notaire suivait chaque bande, et aussitôt après le pillage de la demeure seigneuriale, on amenait son propriétaire au milieu d'un club improvisé où on le forçait de signer des actes de renonciation à tous ses droits féodaux, dîmes, rentes, champarts. Quelquefois on l'obligeait à payer pour sa rançon des sommes considérables, enfin on se retirait après avoir tout brisé ou lacéré, tableaux, meubles, tapisseries. Tels sont les faits déplorables puisés par un historien dans les procès-verbaux de l'élection de Guise et dans une lettre adressée à l'administration par Desmoulins, lieutenant général du bailliage de Guise et membre du bureau de l'élection. Les antiques et

(1) *Archives de l'hôtel de ville;* — *Histoire de Vervins;* — *Procès-verbaux des séances de l'administration du département de l'Aisne*, année 1790, page 79.

superbes forêts de la Thiérache n'étaient pas plus épargnées par les nouveaux Vandales. On y commettait impunément de grands dégâts et chacun en enlevait tout ce qu'il trouvait à sa disposition (1).

Mais ce pillage de paysans égarés n'était rien auprès du pillage organisé, légal, qui s'exerçait sur les biens des églises et des monastères par suite des décrets de l'assemblée nationale. Cette assemblée, non contente d'avoir changé toutes les formes gouvernementales qui, depuis si longtemps, avaient régi l'Etat, voulut aussi changer la constitution de l'église, qui n'était pas de son domaine, et jeta ainsi entre les citoyens le germe des plus funestes divisions. De sa propre autorité, elle bouleversa la circonscription des diocèses, soumit les dignités ecclésiastiques au régime de l'élection populaire, abolit les ordres monastiques, les communautés, les chapitres, et déclara propriété de l'État les biens qu'ils avaient acquis pendant une longue suite de siècles, par les titres les plus légitimes. Tout prêtre qui se refusait à prêter serment à la nouvelle constitution, dite *constitution civile du clergé*, était appelé *prêtre réfractaire* ou *insermenté*. Au contraire, tout prêtre qui, manquant à sa conscience, prêtait le serment, s'appelait *prêtre constitutionnel* ou *assermenté*, et s'il occupait un évêché, une cure, *prêtre intrus*. L'assemblée avait donc divisé la France en deux camps, ranimé les querelles religieuses et ramené la persécution.

Guise suffira pour montrer, quoique dans un cercle restreint, les funestes effets des résolutions prises par l'assemblée nationale. Le décret qui déclarait propriété nationale

---

(1. *Vandales et Iconoclastes*, par M. Fleury, p. 7 et suiv.

tous les biens du clergé était du 10 octobre 1789, et celui qui mettait à la disposition de la nation le patrimoine des prêtres émigrés était du 5 janvier 1790. Un troisième décret des 19 et 20 mars, rendu pour l'exécution des deux premiers, amenait, le 30 avril, M. Viéville, maire de Guise, au couvent des minimes. Il se présenta, assisté de la municipalité et du procureur de la commune, P.-Arnould Leproux, à l'effet de procéder à l'inventaire du couvent. Il n'y avait dans cette maison que quatre religieux : le P. Cavennes, supérieur, âgé de cinquante-six ans, qui gérait depuis vingt ans; le P. Fourmy, âgé de soixante-treize ans ; le père Gourmault, âgé de trente-sept ans, et le frère de La Garde, âgé de quarante-neuf ans. Les revenus du couvent, en argent, sur les forêts du prince, les fermes de la Grosse-Tête, de Robbé, de Courcelles, sur les maladreries de Rumigny, de Guise, d'Hirson, de Montigny, et autres, s'élevaient à 4,337 livres 17 sous 4 deniers. Ceux en blé, sur les moulins de Guise, la ferme de Robbé, la maladrerie de Guise, etc., s'élevaient à sept cents jallois de blé. La bibliothèque, composée d'ouvrages d'histoire sacrée et profane, de philosophie, de jurisprudence ecclésiastique, de théologie, d'écriture sainte, de SS. Pères, de littérature, montait à mille cinq cent soixante-quinze volumes (1). Les objets d'arts consistaient principalement en huit grands tableaux. Le chapitre de Saint-Gervais, les religieuses de l'Enfant-Jésus eurent à subir de semblables inventaires, ainsi que toutes les abbayes qui ont joué un si grand rôle dans cette histoire. Après les inventaires ne tardèrent pas à venir la spoliation et le pillage.

(1) M. Tayon possède une faible partie de cette bibliothèque venant du P. Cavennes. On y remarque le *Grand dictionnaire de Bayle* et l'*Encyclopédie*.

Guise ayant perdu l'espoir de devenir chef-lieu de district, dut se contenter du titre plus modeste de chef-lieu de canton, et n'avait pas tardé à en exercer vivement les prérogatives. Le canton de Guise fut, dans son origine, divisé en trois sections. La première section formée par la ville s'appela section du Midi, les deux autres s'appelèrent première et deuxième sections du Nord, et formaient le *canton extérieur*. Les trois sections prétendirent avoir chacune un juge de paix. En effet, la seconde section du Nord ayant nommé, dès le 31 octobre 1790, M. de Martigny, avocat de Guise, pour son juge de paix, et la ville ayant nommé aux mêmes fonctions, pour sa section, M. Duchâteau, le 2 novembre, la première section du Nord protesta, demanda qu'il en fût nommé un troisième, et élut le sieur Nicolas Flocquet, cultivateur à Grougis. Cette affaire ayant été portée devant le directoire du département, cette assemblée, d'après l'avis du directoire du district de Vervins, formulé sur le procès-verbal de ses commissaires Fontaine et Floquet, décida, dans sa séance de 30 décembre, que les nominations de MM. de Martigny et Flocquet, aux fonctions de juges de paix, par les deux sections du canton extérieur, étaient nulles et illégales, aussi bien que les opérations électorales qui les avaient précédées ; leur défendant en conséquence d'en prendre les qualités et de s'immiscer en rien dans les fonctions attribuées à cet office. Le directoire départemental arrêta en outre que la nomination d'un ou plusieurs juges de paix demeurerait suspendue jusqu'à ce que l'assemblée constituante eût fait son travail sur la démarcation définitive des districts et des cantons du département (1). Il paraît

(1) *Procès-verb. des séances de l'admin. du dép. de l'Aisne*, année 1790, t. 2, p. 72.

néanmoins que le juge de paix de la section du Midi continua l'exercice de ses fonctions, car, ayant été obligé de donner sa démission l'année suivante, pour cause d'incompatibilité avec la charge d'avoué qu'il exerçait près du tribunal civil de Guise, on dut pourvoir à son remplacement par voie d'élection. Nous saisirons cette occasion pour donner une idée de la tenue d'une réunion électorale en 1790. Les *citoyens actifs*, c'est-à-dire ceux qui payaient une contribution équivalente à trois journées de travail, se réunissaient au canton pour élire leurs députés et leurs magistrats. Les citoyens actifs du canton désignaient les électeurs chargés de nommer les députés à l'assemblée nationale, les administrateurs de département, de district, les juges des tribunaux. L'assemblée qui se tint à Guise le dimanche 22 mai pour l'élection d'un juge de paix fut présidée par le citoyen Labeyrie, le plus ancien des électeurs présents à l'assemblée.

« Après l'appel de tous les citoyens actifs présents, à fur et mesure duquel chacun d'yceux a déposé son billet dans le vase à ce destiné, et personne ne s'étant plus présenté pour déposer son billet, M. le président a déclaré qu'il serait procédé au recensement, lequel fait, il s'est trouvé composé de 124 billets, nombre égal à celui des citoyens actifs qui les avaient déposés ; en conséquence, M. le président en a ordonné le dépouillement. » Le nom qui sortit de l'urne fut celui de Louis-César Violette, homme de loi et accusateur public près du tribunal de la ville. Il avait obtenu la majorité de 92 voix sur 124. Après avoir été proclamé juge de paix de Guise, M. Violette prêta serment en cette qualité, le 26 mai, devant le conseil général de la commune. Le 29, dans une assemblée primaire des citoyens actifs du canton, tenue dans l'église des minimes, sous la présidence de M. Barbier, de Wiège, M. de Martigny fut aussi proclamé de nouveau, juge de paix du canton et fit aussi son serment le 1er juin, devant le conseil de la commune (1).

Cependant le décret de l'assemblée nationale sur la propriété des biens du clergé recevait sa pleine exécution en même temps que la constitution civile, qui renversait toute la discipline ecclésiastique. Selon l'article 15 de la constitution civile du clergé, il ne devait y avoir qu'une seule paroisse dans les villes et bourgs au-dessous de six mille âmes. En conséquence, la cure de Saint-Pierre fut conservée, et toutes les autres églises, devenues propriétés nationales, durent être abandonnées. Les communautés religieuses ayant été abolies, il leur fallut évacuer leurs maisons et leurs couvents. Les frères des écoles chrétiennes, les sœurs de l'Enfant-Jésus durent quitter leurs écoles de la rue du Château et de la Poterne. Les sœurs se retirèrent dans les villages voisins, où elles firent tout le bien qui fut en leur pouvoir, pendant les années désastreuses de la révolution. L'antique chapitre de Saint-Gervais, comme tant d'autres institutions de ce genre, paraissait avoir conservé toute sa ferveur primitive. Les chanoines, à peu d'exceptions près, faisaient l'édification de toute la ville, qui les voyait tous les jours, quoique fort âgés pour la plupart, gravir péniblement, matin et soir, le chemin rapide du château pour se rendre à l'office canonial. C'était une habitude assez générale que les bourgeois allassent chaque dimanche entendre les vêpres

---

(1) *Procès-verbal de l'Assemblée* du 22 mai 1791. (*Archives de l'hôtel de ville*).

dans leur collégiale. Les minimes eurent le même sort que ces vénérables prêtres. Foigny, Bucilly, le Mont-Saint-Martin, Thenailles, Bohéries, disparurent sous le marteau révolutionnaire.

Bohéries venait à peine d'être achevé sur un plan tout moderne lorsqu'on y porta la dévastation et la ruine. Il avait été rebâti dans le cours du XVIIIe siècle, avec une magnificence dont on peut voir encore les tristes débris. Le couvent formait un vaste carré long renfermant le cloître. Il avait deux façades, l'une au midi, où s'ouvrait sur une terrasse la porte principale, l'autre à l'orient, vis-à-vis le côteau aride qui borde en cet endroit la vallée de l'Oise. Parallèlement à ce grand corps de logis était l'église, qui formait, dans la longueur, le côté de l'occident. On admirait autrefois à Bohéries la grande cour d'entrée, l'appartement des hôtes, ou les beaux salons d'aujourd'hui, l'église, dont le chevet reste figuré sur la partie correspondante du bâtiment, à l'extrémité nord de la grande aile, les lieux réguliers et le cloître, aux larges fenêtres cintrées, les jardins, les eaux, les moulins. L'édifice est encore debout, moins l'église, qui fut détruite quelques mois après la vente de l'abbaye (1). L'architecture, qui en est simple et même grandiose, offre partout ces lignes régulières qui caractérisent l'architecture moderne ; deux frontons, des pilastres à chapiteaux grecs, de nombreuses fenêtres, des portes surmontées d'écussons forment toute son ornementation. Bohéries rappelle le style Louis XV, époque de décadence dans les arts et dans les mœurs. Avec les cloîtres gothiques, les cellules voûtées, les magnifiques églises

---

(1) Quelques restes des superbes boiseries de l'église de Bohéries décorent la chapelle de la Vierge de l'église Saint-Pierre.

ogivales et toute cette architecture si grande, si religieuse, si poétique du moyen âge, s'en était allée, d'un grand nombre de couvents, l'antique et sévère discipline de la vie monastique. Quel contraste, en effet, entre la vie sévère et grave du religieux et ces édifices où l'on retrouvait tout le luxe coquet du siècle de la frivolité, de l'insouciance et de l'impiété. Aussi, les restes de Bohéries, même dans leur silencieux abandon, n'offrent-ils pas au voyageur cet intérêt immense, sérieux, qu'il trouve dans les ruines gothiques de nos vieilles abbayes, qui lui rappellent toutes les grandeurs, toutes les vertus du passé, avec ses arts, ses sciences et son esprit religieux.

Un des derniers abbés commendataires de Bohéries avait été Louis, prince de Salms et du Saint-Empire (1732). Dom Béguin en fut le dernier prieur. Les revenus de l'abbaye, en 1772, étaient de 20,000 livres, et sa taxe en cour de Rome, de 80 florins. Elle possédait un magnifique manuscrit in-folio contenant l'arpentage figuré des biens des deux menses. Bohéries au moment de la révolution n'était plus habité que par quelques religieux, qui y occupaient, au lieu de cellules, une douzaine d'appartements. Si l'on en croit la voix publique, ce couvent, au moment de sa ruine, était devenu un lieu de plaisir et de dissipation, et les enfants dégénérés de saint Bernard, vivant au milieu du luxe et des fêtes profanes, dissipaient le bien de l'église en folles dépenses. Parmi une foule d'anecdotes plus ou moins scandaleuses, dont le souvenir s'est malheureusement conservé dans le pays, il en est une qui montre assez quelle était l'opinion des gens du monde à l'égard du couvent, quoiqu'il soit difficile d'en garantir entièrement l'authenticité. Chose incroyable! Une réunion de plaisir devait avoir lieu à Bohéries et les notables bourgeois de Guise aussi bien que les officiers de la garnison y avaient été invités. Un de ces derniers imagina un rôle et un déguisement qui ne laissèrent pas que de produire un effet singulier sur ceux qu'il avait en vue, par suite des circonstances du lieu et des personnes. Il prit l'habit de saint Bernard et le costume d'abbé, et parut tout à coup au milieu de cette assemblée profane, dans un lieu si saint, en longue robe blanche, le capuchon rabaissé sur les yeux, la crosse de bois à la main, puis, empruntant la voix et l'autorité du saint fondateur, il se mit à frapper ces moines en leur reprochant leur corruption, leur demandant si de pareils divertissements étaient autorisés par la règle, et autres choses de ce genre. On laisse à juger l'effroi qui saisit tous les conviés ; officiers, bourgeois, chacun s'enfuit, les religieux surtout, qui croyaient avoir leur fondateur à leurs trousses, et qui sans doute n'étaient pas sans honte d'avoir reçu une pareille leçon de l'un de ceux à qui ils devaient donner l'exemple de la fuite du monde et des plaisirs (1). De ces faits et autres semblables, il faut conclure que l'assemblée constituante eut montré une grande sagesse en s'entendant avec l'autorité compétente, la cour de Rome, pour la suppression des maisons religieuses qui, par la suite des temps, s'étaient détournées de leur destination primitive, tandis qu'en enveloppant dans une ruine commune tant d'établissements qui faisaient la gloire de la France par leur ferveur, leur science et leur piété, elle fit preuve de la plus grande folie.

La plupart des édifices religieux et ceux des communautés

---

(1) Cette anecdote a été racontée plusieurs fois à l'auteur par M. Lesueur, doyen de Guise, qui l'avait apprise d'un témoin dont la véracité ne pouvait être mise en doute, M. Pruvôt, mort à l'âge de plus de quatre-vingts ans.

furent presque immédiatement livrés à des usages plus que profanes. Les églises magnifiques, les superbes abbayes qui ne tombèrent pas sous le marteau des démolisseurs, se transformèrent en granges, en magasins à fourrages, en écuries. « L'abomination de la désolation entra dans le sanctuaire. » Le couvent des minimes de Guise ayant été jugé très-propre à servir de caserne, une assemblée du conseil de la commune, du 7 avril 1791, décida que la ville en ferait l'acquisition et chargea de cette affaire le sieur Magnier, son secrétaire. En attendant, le conseil écrivit au comité ecclésiastique de l'assemblée nationale et au ministre de la guerre Duportail, pour solliciter l'abandon du couvent et de ses dépendances au profit de la ville. Le conseil où fut agitée cette question était présidé par M. Gulette et composé de MM. Longuet, Desforges, Dubois, Lothe, Palant, Saulce, Leproux, Rossignol, Violette de Bretagne et Duflot. Dans une autre assemblée présidée par M. Bourgeois et composée de MM. Desforges, Longuet, Lobry, Clin, officiers municipaux, et de MM. Rossignol, Cardot, Jean Gauchet, Louis Magnier, Guillaume Fontaine, Jean Dubois et Nicolas Gulette, notables, on put voir d'une manière officielle à quel état de pénurie la révolution avait réduit les finances municipales. Les anciens officiers municipaux ayant été invités à rendre leurs comptes de gestion, sur la requête du procureur de la commune, ceux-ci déclarèrent « que n'ayant rien touché, ils n'avaient aucun compte à rendre. »

Malgré cet état de choses, la ville n'en poursuivait pas moins l'acquisition du couvent, et MM. Desforges, Magnier, Leproux, Goffart, Carpentier et Gernel, commissaires nommés à cet effet, s'étant rendus à Vervins où cette maison avait été mise aux enchères, se la firent adjuger au prix de 8,800 livres, avec ses dépendances. Les communes ne pouvant acquérir sans une autorisation expresse du gouvernement, les commissaires avaient acheté le couvent en leur propre nom, sauf à en faire la remise à la ville lorsque celle-ci aurait obtenu l'autorisation nécessaire. Ils déclarèrent donc, dans l'assemblée du 1er juin, où ils rendirent compte de leur mission, qu'ils n'entendaient en tirer aucun profit, ce qui ne manqua pas de leur attirer les éloges réitérés du conseil général de la commune, qui leur décerna des remerciements et des éloges publics, pour le dévouement, le zèle et le patriotisme qu'ils avaient montrés pour les intérêts de la ville. Le citoyen Goffart, qui s'était donné beaucoup de mouvement dans cette affaire, fut l'objet d'une mention toute particulière. Pour utiliser sur-le-champ la nouvelle acquisition, on fit au ministre de la guerre la demande de la remise du couvent afin d'y établir des logements de troupes, pour un régiment entier de cavalerie avec son état-major. On avait d'autant plus d'espoir d'obtenir cette demande que la ville, dont la position militaire ne paraissait pas encore sans importance, fut classée par la loi du 10 juillet 1791 au nombre des places de deuxième classe, tandis que La Fère et Saint-Quentin ne venaient plus qu'au troisième rang.

A mesure que la constitution civile du clergé recevait son exécution, les troubles religieux allaient toujours croissant et se faisaient sentir jusque dans les moindres paroisses. Un seul diocèse embrassant toute l'étendue du département de l'Aisne, et M. de Bourdeilles ayant refusé de prêter serment à la constitution civile du clergé, le siège de Soissons avait été déclaré vacant. Le corps électoral de l'Aisne fut convoqué à Laon le 28 novembre, pour procéder au choix d'un autre évêque, et l'abbé Marolles, curé d'une des paroisses de Saint-Quentin et député du bailliage de cette ville pour le clergé, fut nommé évêque de l'Aisne. L'exemple des évêques fidèles fut suivi par un grand nombre de curés, qui refusèrent aussi de prêter serment à un décret rendu en dehors de toutes les règles canoniques, ou qui le rétractèrent après l'avoir prêté d'abord de bonne foi. Le directoire du département lança un arrêté qui enjoignait de pourvoir au remplacement *des fonctionnaires publics ecclésiastiques* dont les places se trouveraient vacantes par mort, démission, abandon des cures, refus de serment, rétractation de serment, refus de reconnaître l'évêque constitutionnel du département, et autres causes de déchéance prononcées par les lois (1). Plusieurs ecclésiastiques de Guise avaient eu l'honneur d'encourir l'indignation du directoire en demeurant fidèles à leurs devoirs. M. Leroux, curé de Guise, les curés d'Esquehéries, de Lavacqueresse, de Leschelles, de Monceau-sur-Oise, de Noyal, de Lesquielles, de Villers-lès-Guise, avaient refusé de reconnaître la juridiction usurpée de l'évêque Marolles. Ceux de Longchamps, de Malzy, de Wassigny, avaient rétracté leur serment. Ceux de Voulpaix, de Buironfosse, de Bernoville, de Marly, d'Autreppes, de Saint-Algis, de Luzoir, avaient prêté un serment inconstitutionnel. Ceux de Proisy, de Tupigny, de Boué et Bergues, d'Oisy, de Vadencourt, de Landifay, de Faty et Wiége, d'Aisonville, avaient imité l'exemple de leurs vénérables confrères. Tous furent frappés de dénonciation aux tribunaux et destitués. Le conseil général de

(1) Séance du 6 décembre au soir, p 257 et 259 du tom. 2.

l'Aisne, après avoir invité les fonctionnaires qui s'étaient écartés de ce qu'il appelle les vrais principes, à un prompt retour, leur fit souvenir que le terme qui leur était laissé pour manifester de meilleurs sentiments, expirait le 18 décembre, jour auquel il avait fixé les opérations électorales des districts. Enfin, il arrêta que l'évêque de l'Aisne serait invité à pourvoir au remplacement des sieurs Cordier, vicaire d'Esquehéries, Fricauteau et Destables, vicaires de Guise, qui refusaient de reconnaître la juridiction épiscopale de Marolles; des sieurs Bégny, vicaire de Leschelles, et Jennare, vicaire de Boué-Bergues, qui faisaient le même refus et avaient rétracté un serment qu'on leur avait comme arraché.

La plupart des ecclésiastiques et des seigneurs persécutés dans leurs paroisses par des peuples égarés par le fanatisme révolutionnaire, se retirèrent à Guise où le bon esprit de la population, de la municipalité et des bourgeois leur offrait un asile sûr. Dévoué à la patrie, Guise était une des villes de France qui lui fournissait le plus de soldats, eu égard à sa population : elle n'en avait pas moins conservé jusqu'alors un esprit droit et religieux. La classe élevée de la ville, composée des anciennes familles bourgeoises, des officiers du prince et des administrateurs du duché, y avait formé une société dont le goût se traduisait par la politesse du langage et un esprit de modération qui avait eu la plus heureuse influence sur le peuple, « lequel passait pour obligeant et spirituel (1). »

(1) Notes communiquées par M. Lefin, de Beaurain, chanoine de Soissons, et par M. Bégny, prêtre habitué à Lierval, ancien vicaire de Leschelles, et chapelain de la famille d'Hervilly, avec laquelle il se rendit au château de Guise en 1764. Ce respectable ecclésiastique, âgé de près de quatre-vingt-six ans, a été particulièrement connu de l'auteur.

Composé d'hommes sages sortis pour la plupart de l'ancienne magistrature du bailliage, le tribunal de Guise usa d'une noble circonspection dans l'exécution des décrets de l'assemblée à l'égard des ecclésiastiques qui lui avaient été dénoncés pour refus ou rétractation de serment. Son indulgence fut signalée comme un crime, au président de l'assemblée nationale, par une lettre de Colliette, de Saint-Quentin, président du directoire de Laon, sur le remplacement des curés réfractaires. « Guidé par les principes qui ont servi de bases au décret que vous venez de rendre contre les prêtres perturbateurs, écrivait-il ; convaincu que le temps est arrivé de n'avoir plus que des pasteurs amis de nos lois, de notre révolution; après l'expérience faite qu'un grand nombre de dénonciations faites au tribunal de Vervins séant à Guise, sont restées sans effet ; le conseil a arrêté le remplacement de tous ceux qui ont refusé ou rétracté leur serment, ainsi que de tous ceux qui n'ont pas voulu jusqu'à présent vivre dans la communion du nouvel évêque du département (1). »

Le conseil de la commune montrait le même esprit de droiture et d'humanité que le tribunal. Les frères des écoles chrétiennes étant tombés, par suite de la fermeture de leurs classes, dans une extrême indigence, il leur accorda un secours de 50 livres et de six jallois de grains. De plus on leur tint compte du payement de 30 autres livres d'arrérages sur le traitement annuel que leur faisait la ville. Le commissaire Fontaine lui ayant intimé l'ordre d'envoyer au district les vases sacrés, les ornements, les cloches des minimes, qui étaient restés au couvent, le conseil lui répondit par un refus.

---

(1) *Procès-verbaux des séances de Directoire*, etc., tom. 2, p. 344.

Fontaine le dénonça, et il fallut qu'une sommation du directoire de Vervins, du 9 novembre 1791, le forçât de remettre ces objets entre les mains du commissaire.

Cependant il fallait, conformément aux prescriptions de la constitution civile du clergé, pourvoir au remplacement de M. Leroux, curé réfractaire de Guise. Suivant l'article 30, l'élection des curés devait se faire le dimanche, dans la principale église du chef-lieu du district, à l'issue de la messe paroissiale à laquelle tous les électeurs étaient tenus d'assister. L'assemblée des électeurs pour la nomination aux cures vacantes se devait tenir tous les ans à l'époque de la formation des assemblées pour la nomination des membres de l'assemblée administrative de district. Le P. Cavennes, ancien supérieur des minimes, fut nommé par les électeurs de Vervins curé constitutionnel de Guise. Ce religieux avait donné dès les premiers jours de la révolution des gages de sa faiblesse. Il avait paru en embrasser les principes plutôt par peur que par conviction. Il prêta le serment et devint curé intrus de Guise. Il était resté seul dans son couvent désert où on lui avait accordé un logement provisoire. Il emporta la bibliothèque et l'argenterie. Voici les lettres d'institution que reçut le nouveau curé de Guise, de l'évêque constitutionnel de Soissons.

« Charles-Eustache-François Marolles, par la misericorde divine, l'élection du peuple et l'institution canonique, évêque du département de l'Aisne, uni de communion avec le saint-siège, à notre cher frère Charles-François Cavennes, prêtre de notre diocèse, salut et bénédiction. »

« Vu l'extrait du procès-verbal de l'assemblée du district de Vervins, du 20 décembre 1791,... par lequel il appert que vous avez été élu à la pluralité absolue des suffrages et ensuite proclamé curé de la paroisse de Guise ; après que vous avez été examiné en présence de notre conseil sur votre doctrine et sur vos mœurs, et que vous avez prêté serment de professer la religion catholique, apostolique et romaine, nous vous donnons l'institution canonique et nous vous envoyons pour exercer les fonctions curiales en ladite paroisse de Guise, aussitôt que vous aurez rempli les formalités préalables décrétés par l'assemblée nationale, acceptées et sanctionnées par le roi. »

« Fait et arrêté en conseil, en notre maison épiscopale à Soissons, et délivré sous notre sceau ordinaire, le 22 novembre 1791. »

Signé † C.-E.-F.,
Evêque du département de l'Aisne.

Contresigné L.-C. MEURIZET,
Secrétaire.

Et scellé en cire rouge.

Ayant obtenu cette institution conforme en tout aux prescriptions de la constitution civile du clergé sur la nomination aux bénéfices, le P. Cavennes, en exécution de l'article 38, et avant de remplir aucune fonction curiale, prêta, le premier dimanche de 1792, dans l'église de Saint-Pierre, avant la messe paroissiale, en présence des officiers municipaux, du peuple et du clergé, le serment de veiller avec soin sur les fidèles de la paroisse, d'être fidèle à la nation, à la loi et au roi, et de maintenir de tout son pouvoir la constitution décrétée par l'assemblée nationale et acceptée par le roi. Entré dans la voie du schisme, Cavennes ne s'y arrêta pas. Il en passa par tout ce qu'on voulut, prêta son nom à toutes les folies révolutionnaires, se maria, et devint, en l'an XI, caissier de la ville dont il avait été le curé.

L'assemblée nationale ayant terminé sa mission mêlée de bien et de mal, signalée par d'importantes réformes et par des actes de la plus haute imprudence, s'était retirée devant l'assemblée législative. La première avait ébranlé la monarchie : la seconde précipita sa chute. M. de Viefville des Essarts, qui s'était fait remarquer par d'importants travaux et surtout par une conduite sage et modérée en même temps que libérale, ne fut point réélu, ses membres ne pouvant faire partie de la nouvelle assemblée, qui se composa d'hommes nouveaux, sans expérience, mais imbus de toutes les idées révolutionnaires. Jean Debry, de Vervins, et Belin, cultivateur à Guise, furent envoyés à la législative où ils représentèrent la démocratie du pays.

Tandis que de nouveaux troubles éclatent à Paris, l'étranger se préparait à envahir nos frontières menacées au nord par les Autrichiens et à l'est par les Prussiens. L'assemblée législative proclame la *patrie en danger*, et le maréchal de Rochambeau, chargé de prendre le commandement de l'armée du Nord, partit pour Valenciennes, où il établit son quartier général. Il y était à peine arrivé, que le secrétaire de la municipalité de Guise lui portait, le 26 mars 1792, une pétition des citoyens, ayant pour but d'obtenir le départ du 2e bataillon de volontaires de la garde nationale de l'Orne, formant, avec un escadron du 3e de hussards, la garnison de Guise. Ces volontaires, sans discipline et animés de toutes les passions révolutionnaires, y avaient fait de leur séjour une véritable calamité. La position de la ville par rapport aux opérations de la frontière ne pouvant manquer de lui procurer une forte garnison, on se hâta d'approprier le couvent des minimes à sa nouvelle destination, c'est-à-dire qu'il fut entièrement dévasté. Dans le courant d'avril, on mit en vente par ordre de la commune, les boiseries, les objets d'art et de menuiserie, et tout ce qui restait du mobilier du couvent. L'église fut convertie en écurie pour les chevaux de

20.

la garnison, et M. Lesur fut député pour aller faire enlever, des abbayes de Foigny et de Bucilly, les auges et rateliers qui s'y trouvaient pour les placer dans cet édifice. Le 1er régiment de chasseurs vint bientôt se joindre aux troupes qui étaient déjà dans la place.

Son colonel, M. de Murat, pour prévenir tout désordre parmi ses soldats, commença par provoquer de la part de la commune un règlement sur la police de la ville, la fermeture des portes, l'heure de la retraite, la clôture des cafés et des cabarets, l'entrée des étrangers, la réception des gens sans aveu et l'examen des passeports de tous les voyageurs. Déjà on avait confié, le 29 janvier, par élection, au citoyen Babilot la fonction si importante dans ces temps de troubles de la garde du beffroi, à laquelle était annexée celle de fermer les portes de la ville, de sonner la cloche du tocsin en cas d'alarme ou d'incendie. Le beffroi, qui était placé sur l'ancienne porte aux Poissons fut démoli au mois de juillet et replacé avec l'horloge et la cloche d'alarme sur la porte du Grand-Pont.

Les premières opérations des Français contre la Belgique ayant été désastreuses, Lukner se rendit par Guise à Valenciennes pour s'y concerter avec les généraux Lafayette et Rochambeau sur les moyens de réparer ces échecs causés en grande partie par la désorganisation de l'armée. Des troupes commençaient déjà à se concentrer à Guise, où un camp s'était formé sur les vastes plaines qui l'avoisinent du côté du nord. Au mois de juillet, M. de Valencey, commissaire général de l'armée du maréchal Lukner, ordonnançait le payement d'une somme de 961 livres pour indemnité de bois de chauffage fourni aux troupes, et celle de 4,096 livres pour dédommagement des dégâts occasionnés pour l'assiette du camp, qui devaient être payées par le trésorier du district de Vervins. Au mois d'août, 100,000 Prussiens pénétrèrent au cœur de la Champagne et furent repoussés par Dumouriez, qui, après l'affaire de Valmy, vint avec son armée victorieuse, couvrir la frontière de Belgique où Lukner luttait contre les Autrichiens, qui déjà avaient pénétré jusqu'à Wiége et Faty et jusqu'à Wassigny et Prémontré.

Cinq jours après la fameuse journée du 10 août 1792, qui avait précipité Lous XVI du trône, et qu'on n'avait pas apprise à Guise sans le plus grand étonnement, une rixe violente éclata entre des citoyens de la ville et des volontaires destinés à fournir les cadres du 3ᵉ bataillon du département de Paris. Le conseil général après les avoir apaisés avec peine, craignant que de pareilles scènes ne se renouvelassent à l'occasion des assemblées primaires qui devaient avoir lieu le 26, à cause des grands rassemblements qu'elles amèneraient nécessairement, demanda au directoire du département la réunion de chacune des trois sections du canton extérieur dans celle de leurs municipalités qui en était la plus centrale, sauf aux présidents de chaque assemblée à se réunir ensuite à Guise pour y rapporter leurs procès-verbaux et composer de leur réunion le vote cantonal prescrit par la loi électorale. Afin de donner encore plus de poids à une demande dont l'acceptation était si nécessaire à la tranquillité de la ville, on allégua le manque de local suffisant pour recevoir le vote des trois sections, le temps de la moisson qui exigeait que les citoyens fussent rapprochés le plus possible de leur domicile et y pussent retourner le même jour, et cet autre motif qu'en divisant ainsi le canton par sections, outre que ce serait économiser le temps, les peines et la dépense, « cette mesure entretiendroit les sentimens d'union et de fraternité dont tous les citoyens de Guise seront toujours animés. »

Ces divers motifs ne laissaient pas que d'avoir chacun leur gravité, celui surtout qu'on tirait de la nécessité de ne point nuire aux travaux de la campagne par le déplacement des citoyens. Les perturbations jetées dans la propriété par la confiscation des biens du clergé avaient porté un nouveau coup à l'agriculture. Et non-seulement la vente de ces biens avait été presque sans profit pour l'État, mais elle avait été désastreuse pour beaucoup de localités qui vivaient à peu près sur ces domaines, maintenant tombés entre les mains de spéculateurs ou de bourgeois voraces et sans pitié pour ces pauvres que nourrissaient les abbayes et les communautés. Lorsque le 8 juin, la commune de Guise adressait une pétition au directoire du département pour obtenir un secours de 50 muids de blé, elle donnait pour cause de l'extrême pénurie à laquelle la ville se trouvait de nouveau réduite, la suppression du couvent des minimes qui la privait d'une rente de 3,000 jalois de blé qui lui étaient payés par le couvent. Le jour même de l'envoi de cette pétition dont on n'attendait peut-être pas un grand effet, les citoyens Longuet et Magnier, officiers municipaux partirent pour aller acheter du blé dans les communes du département qui se trouveraient en avoir une quantité plus que suffisante pour leur subsistance. Le 25 juin, ils étaient de retour avec une assez grande quantité de grains qui furent distribués aux citoyens par un bureau spécial. Quelque temps après, le directoire du département accorda à la commune pour servir à son approvisionnement un secours de

5,000 livres qu'elle s'engagea à rembourser avant le mois d'octobre suivant, tous les membres de l'assemblée municipale s'étant rendus cautions personnellement et solidairement avec une générosité au-dessus de tout éloge.

L'année 1792 ne devait pas s'écouler sans qu'un dernier coup ne fut porté à la prospérité de Guise, déjà si éprouvé depuis le commencement de la révolution. Vervins n'avait jamais abandonné l'espoir de lui ravir la possession du tribunal civil qui le dédommageait, en quelque sorte, de la perte de ses anciennes administrations. Ainsi qu'on l'a vu, les électeurs du district de Vervins avaient émis, dans deux assemblées électorales tenues pour la fixation du chef-lieu, le vœu que le tribunal fût placé auprès de l'administration du district, et arrêté que l'assemblée nationale serait priée de faire droit à cette réclamation. Le comité de constitution, après avoir décidé que le conseil général du département pouvait prendre préalablement des renseignements sur l'intérêt des justiciables et donner son avis, avait ensuite déclaré qu'il regardait le vœu émis par les électeurs comme ne pouvant avoir le moindre effet. Cependant le conseil général avant que de se prononcer sur la première décision du comité, la renvoya à ses comités de démarcation et d'administration réunis, pour avoir leur avis. La décision prise quelque temps auparavant, dans un cas semblable à l'égard de ceux de Chauny et basée sur les mêmes réclamations, l'intérêt des justiciables, ne pouvaient manquer de déterminer celle qu'on devait prendre à l'égard des électeurs de Vervins. Aussi, le rapport lu dans la séance du 12 novembre 1790, avait conclu à ce qu'on tint compte du vœu de ces derniers. « Ils ont, disait le rapporteur, comme ceux du district de

Chauny, pleinement exécuté le décret qui fixe le tribunal à Guise, ils l'ont exécuté avec cette soumission passive qui caractérise le vrai citoyen ; et c'est en se conformant scrupuleusement à ses dispositions qu'ils osent dire à leur législateur qu'il porte atteinte à l'intérêt général ; vous leur devez donc le même tribut de justice (1). »

En conséquence de ces conclusions, le conseil général appuya près de l'assemblée législative (an 1er de la République, 14 octobre 1792), le vœu du corps électoral du district de Vervins et la supplia de le prendre en considération. Ces demandes réitérées et les démarches des citoyens de Vervins furent couronnées d'un plein succès, et un décret de la convention nationale, du 10 octobre 1792, transféra le tribunal de Guise à Vervins. Le scellé fut apposé sur ses archives et l'ordre fut donné par une lettre du district, en date du 18 octobre, de les transporter sous deux jours à Vervins. La municipalité de Guise rédigea sur-le-champ une protestation qu'elle adressa à la convention, où siégeaient Belin et Camille Desmoulins, et que l'ancien juge de paix Duchâteau et l'avoué Dénisart furent chargés de présenter à l'assemblée. Les électeurs de la ville et du canton en avaient également rédigé une de concert qu'ils firent notifier à Vervins par un notaire, mais cet officier s'étant présenté à la porte de l'église pour remplir sa mission, l'entrée lui en fut refusée. Les démarches faites près de la convention furent également inutiles et le décret fut maintenu sans retour. En revanche, Guise reçut cette année l'établissement de foires franches qui devaient se tenir le 1er de chaque mois.

(1) *Procès-verbaux du directoire de l'Aisne*, t. 2, p. 82.

On était déjà dégoûté de la constitution donnée à la France par l'assemblée nationale et que l'assemblée législative devait faire appliquer. La convention fut convoquée pour en donner une nouvelle au peuple. La première n'avait pas été un an en vigueur. Tout le monde connaît les crimes dont se souilla cette troisième assemblée. Les proscriptions, les massacres, les confiscations, l'assassinat permanent, ont marqué son passage d'une trace sanglante. Dominée par les clubs et les comités composés d'hommes affreux, d'atroces cannibales, véritables buveurs de sang, elle se mit successivement au service de tous les partis, qui, pour récompense de ses faiblesses, la décimaient à chaque nouveau triomphe. Elle mit à l'ordre du jour la terreur et la mort, et se voua à l'exécration de la postérité. Déshonorant à jamais la liberté dont le nom retentissait sans cesse dans son enceinte, elle en fit l'instrument de la plus exécrable tyrannie qui régna jamais sur un peuple civilisé, et qui n'eut point d'analogue chez les nations sauvages. Elle inaugura son règne par les visites domiciliaires, par les emprisonnements, et bientôt par l'échafaud. Les nobles, les prêtres, tous ceux qui avaient témoigné quelque attachement à l'ancien régime, qui avaient occupé quelque place, étaient poursuivis comme ennemis de la patrie. L'émigration, qui dans l'origine avait peut-être été une faute, devint la seule ressource de ceux qui voulaient éviter la mort. Depuis quand est-ce un crime de quitter sa patrie pour échapper au fer de ceux qui l'oppriment! D'ailleurs il n'y eut bientôt plus de milieu entre la déportation et l'émigration pour les prêtres qui avaient refusé le serment à la constitution civile du clergé. Le décret du 26 août 1792, ne leur laissa que quinze jours de délai pour prendre une détermination. Il suffisait de la dénonciation de six révolutionnaires pour mettre en accusation un ecclésiastique non assermenté, et l'on décida que les déserts brûlants de la Guyane seraient le lieu d'exil de tous les prêtres qui refuseraient de se conformer aux lois constitutionnelles. On accorda seulement aux vieillards la triste faveur d'être remis au chef-lieu du département dans une maison commune choisie par la municipalité, le tout au nom de la liberté, de l'égalité et de la fraternité.

L'émigration commença à Guise dans le cours de l'année 1792. Les principaux émigrés du pays furent Philippe-François de Madrid, et sa femme, Bonaventure Demeaux, la veuve de La Plesnoye, Louis-Charles d'Hervilly fils, Louis Godefroi, Henri Launoy, les citoyens Démolon et Kuts. Les biens meubles et immeubles de ces derniers avaient été vendus et confisqués au profit de la république, ils furent plus tard maintenus sur la liste des émigrés avec défense à eux de rentrer sur son territoire. Le citoyen Pierre de Viefville, qui avait été inscrit sur une liste d'émigrés, était maintenu comme tel par l'administration centrale du département, le 1ᵉʳ pluviôse an VIII, sous la surveillance de l'administration municipale, jusqu'à l'obtention de sa radiation définitive ou des ordres du gouvernement. L'émigration des nobles fut bientôt suivie de celle du clergé.

Tous les prêtres de Guise et des environs partirent le même jour pour se rendre à Chimay, qu'ils avaient choisi pour lieu de rendez-vous commun. Tous avaient obtenu leurs passeports. Joseph Leroux, « ci-devant chanoine curé de Guise, » avait reçu le sien le 4 septembre 1792, après avoir fait la déclaration « qu'il partoit pour éviter la déportation à la Guyane françoise; qu'il entendoit sortir du royaume dans le délai proscrit par les décrets et se retirer à Chimay, en suivant la route de La Capelle, Trélon, etc. » Ce vénérable prêtre quitta sa patrie et son troupeau à l'âge de soixante ans, et prit le chemin de l'exil avec MM. de Viefville, curé de Villers-lès-Guise, Afflot, curé de Vénérolles, Hachon, curé de Chigny et Grupilly, âgé aussi de soixante ans, Guillaume, curé de Vadencourt, Bonneterre, curé de Noyal, Antoine Lesur, curé de Proisy, Lefèvre, curé de Le Hérie, Loth, curé de Saint-Germain, Nicolas Godard, prêtre habitué à Guise, Coutié, chanoine de Guise, âgé de cinquante-neuf ans, lequel avait fait des recherches historiques sur cette ville, Charles Bonneterre, curé de La Vacqueresse, Michaud, curé d'Audigny, Jean-Joseph Chevalier, curé de Verly, et plusieurs autres prêtres et vicaires de différentes paroisses.

Une fois parti pour l'exil, il n'y avait plus moyen pour l'émigré de rentrer dans sa patrie. Il était même privé de toute communication avec elle. Ce n'était qu'avec une peine infinie qu'on pouvait lui faire parvenir quelques secours et quelques nouvelles. La moindre imprudence à cet égard pouvait conduire à la mort. En voici un exemple lamentable digne de figurer dans les fastes révolutionnaires de notre cité. Guise eut aussi ses sans-culottes, ses dévastateurs d'églises, ses dénonciateurs, dont les noms voués à l'oubli ne doivent figurer ici que pour le mépris qu'ils inspirent : les Frédérik Félix, les Dézobel, les Thiébaut Keilmann, les Hazard. Ce dernier, surveillant de poste, ayant saisi une lettre écrite par M. d'Egrémont, émigré, à Mme Leproux, dans laquelle il lui disait que les affaires de l'émigration allaient bien, se hâta de la porter à l'hôtel de ville.

Mᵐᵉ Leproux fut arrêtée, quoique malade, pour être transportée au chef-lieu du district ; mais sur la déclaration d'un médecin, M. Dieu, que son état ne lui permettait pas de supporter le voyage, elle fut incarcérée avec d'autres personnes aussi en arrestation, dans une maison de la rue Chanteraine et conduite à Cambrai, où elle fut guillotinée. L'affreux Lebon était alors proconsul à Arras et Cambrai. La même lettre ayant été présentée à Mᵐᵉ d'Egremont, cette dame la reconnut pour être de son mari, mais l'ayant reniée comme telle à cause de sa qualification d'émigré, on lui fit grâce. Il ne lui fallut pas moins, pour prouver la vérité de ce qu'elle avançait, épouser M. Desforges des Essarts, son parent, arrêté également. Cependant comme ce mariage, fictif du reste, avait été le résultat de la crainte et de la violence, elle s'en sépara dès qu'elle put le faire sans être exposée à la mort.

Le serment qu'avait prêté le clergé constitutionnel ne le protégea pas contre les exigences toujours croissantes de la démagogie. La plupart des curés assermentés se marièrent et rentrèrent dans la vie civile. Après avoir porté atteinte à la discipline du culte catholique, la révolution finit par le supprimer. Les églises qui étaient encore affectées au culte furent pillées et fermées. On voulait ramener le peuple à la philosophie et à la raison, on le fit rétrograder jusqu'à l'état sauvage. La cloche d'alarme étant la seule qui devint utile, toutes les autres furent brisées pour faire du canon et de la monnaie, deux choses dont on avait le plus grand besoin. En septembre 1793, quatre cloches entières et des fragments de métal provenant de cloches brisées pesant ensemble 3,974 livres ayant cette nouvelle destination partaient de Guise pour Vervins. Il restait encore des vitres, des fers, à l'église Saint-Médard, le citoyen Cottenest, menuisier, les enlèva par ordre du commissaire des guerres Bertrand, son gendre. Plusieurs individus avaient reçu ou s'étaient arrogé la mission spéciale de dévaster les églises. C'étaient surtout les nommés Michaud, ancien jardinier, Remy Cottenest, et Parmentier, dit *Dragon*. Le premier s'était signalé par son audace et son impiété le jour où l'on avait chargé tous les ornements de l'église Saint-Pierre sur un chariot pour aller les brûler sur la place d'Armes. Il avait fait détacher, en prononçant d'affreux blasphèmes, le christ du calvaire du château, et s'était approprié un calice. Rentré chez lui le soir et s'étant fait servir à souper, il voulut boire dans le calice, mais au moment où il portait à la bouche le vase sacré, il tomba tout-à-coup à la renverse frappé de mort subite. Parmentier, dit *Dragon*, eut à peu près le même sort. Il s'était rendu le 4 décembre 1793, avec le maçon Cottenest dans la commune de Verly, escorté d'un détachement de hussards de la garnison. Les deux commissaires entrent dans l'église et se font dresser une échelle pour enlever une statue de Vierge qui était placée au-dessus du maître autel, et Parmentier y monte au milieu d'une rixe causée par la nature même de sa mission. Mais au moment où il enlève la statue, un coup de carabine part et l'atteint dans le dos. Un hussard du détachement pouvait seul avoir visé si juste le dévastateur d'église. Toutefois on ne sut jamais par qui avait été fait le coup, soit que le meurtrier se fût perdu dans la foule qui encombrait l'église, soit qu'il ne fût point trahi par ses compagnons. Le corps de Parmentier fut ramené à Guise. On devait l'enterrer au pied de l'arbre de la liberté, sur la place de Saint-Médard, vis-à-vis l'hôtel-Dieu, sans doute comme une victime du fanatisme et de la superstition ; mais comme il fallait pour cela l'autorisation de Saint-Just, en mission près de l'armée du Nord et alors absent, et que le cadavre tombait en putréfaction, il fallut porter au cimetière le héros révolutionnaire (1).

C'était ordinairement dans des clubs affiliés à ceux de la capitale que ces misérables allaient puiser un redoublement de fièvre révolutionnaire et qu'ils prenaient le mot d'ordre au milieu des déclamations les plus grossières et des motions les plus furibondes. Le club de Guise présentait la même physionomie que tous ceux qu'on vit s'élever dans presque toutes les communes de France. Des ouvriers, des artisans, de petits commerçants transformés tout à coup en orateurs, y venaient déclamer contre les aristocrates, la superstition et le fanatisme, c'est-à-dire contre les nobles, contre les prêtres et la religion catholique qu'on dénonçait à la vindicte des patriotes. Il suffisait souvent de quelques furieux pour en imposer, par la terreur, à toute une ville animée du meilleur esprit. Les meneurs de clubs étaient presque toujours des bourgeois anciens avocats ou procureurs. Un nommé Magnier, fils d'un greffier des administrations du duché de Guise se faisait remarquer dans la ville par ses exagérations démocratiques. Il avait changé son nom de baptême en celui de Brutus et fut auteur du pitoyable poëme intitulé le *Triomphe de Guise* où il essaya de traduire en vers burlesques le siége de 1650, qui avait fait tant d'honneur à ses compatriotes. Brutus Magnier était un des orateurs privilégiés du club guisard sur lequel il attira une

(1) Ces anecdotes ont été racontées à l'auteur par plusieurs personnes et avec les mêmes circonstances. — Fleury. *Vandales et iconoclastes*, p. 23.

assez fâcheuse affaire. Il y avait en garnison à Guise un capitaine de la légion de Lafayette nommé Barbier-Dufay, qui avait été blessé à la journée du 10 août : Brutus Magnier s'étant avisé de le dénoncer comme royaliste, le capitaine ne l'eut pas plutôt appris, qu'il prit avec lui quelques hommes de sa compagnie, s'en alla droit au club, mit les membres hors de leur salle et en ferma les portes. Honteux de cette expédition où le plus beau rôle n'avait pas été pour lui, Brutus Magnier devint l'ennemi personnel de Dufay. Il trouva moyen de former une commission révolutionnaire, composée irrégulièrement, qu'il présida et de faire condamner celui-ci aux fers; mais le 18 messidor an II, un arrêt de la convention cassa le prétendu jugement et envoya Dufay devant le tribunal de Brest qui l'acquitta et condamna un sous-officier qui l'avait compromis à six ans de fer et à la marque, tandis qu'une détention de six mois avait été la seule peine que lui avait infligée la prétendue commission présidée par Magnier (1). Le nom de Brutus Magnier figura plus tard, pour le département de l'Aisne, sur la liste des démocrates à adjoindre à la convention nouvelle que devait nommer le peuple, selon les plans du fameux conspirateur socialiste Babeuf (2).

Malgré les embarras qu'elle rencontrait de toutes parts la révolution n'en poursuivait pas moins le cours de ses succès. A l'assemblée législative avait succédé, en 1792, la conven-

---

(1) *Dictionn. biograph. des contemporains. Supplément* Art. Dufay.

(2) *Biographie de Babeuf*, par M. Fleury, p. 147. — Nous sommes fondé à croire que le Brutus Maignet dont parlent M. Fleury et l'auteur de l'article Dufay, n'est autre que Brutus Magnier, auteur du *Triomphe de Guise*. — Magnier, révolutionnaire forcené, fut l'un des séides de l'affreux Carrier de Nantes. Condamné à la déportation, en 1797, il mourut avant de subir sa peine.

tion. Les électeurs de Paris avaient envoyé Camille siéger dans la nouvelle assemblée, avec Danton et Robespierre, ses amis. Il y trouva Saint-Just. Camille occupa avec eux le sommet de la montagne et vota toutes les mesures révolutionnaires. Écrivain brillant, léger, fougueux, homme de conversation, il ne fut point orateur à la convention où il ne se fit remarquer que par ses interruptions et ses motions violentes.

L'assemblée constituante avait détrôné Louis XVI; l'assemblée législative l'avait fait prisonnier au Temple; la convention devait l'envoyer à l'échafaud, et mettre par ce forfait le comble à tous ses crimes. Lorsqu'il fut question de mettre en jugement cet infortuné monarque, des voix généreuses s'élevèrent de tous côtés pour arrêter le drame inouï qui se préparait. Guise fit d'abord entendre celle de M. Viefville des Essarts. Après l'événement de Varennes, ce courageux citoyen avait déjà, dans un écrit qu'il fit distribuer à ses collègues, réclamé le respect pour les principes constitutionnels, demandé la liberté de la famille royale et le maintien des droits que le monarque tenait de la constitution. Mais ces réclamations libérales s'étaient perdues comme tant d'autres dans les tumultueuses agitations de l'assemblée révolutionnaire. L'ex-député constituant osa encore rompre le silence qui couvrait sa vie privée, et de Guise où il s'était retiré loin des affaires politiques, il protesta contre le coup qui menaçait le malheureux prince. Dans une pétition qu'il adressa le 10 novembre 1792, au président de la convention, il ne craignit pas d'établir l'incompétence de l'assemblée dans le jugement inique qu'elle préparait, et de prédire la tache éternelle qui en rejaillirait sur tous ceux qui oseraient y prendre part.

Ce trait si digne d'éloge n'eut d'autre résultat que d'amener son auteur au tribunal révolutionnaire. Arrêté et incarcéré, c'est-à-dire condamné, il allait porter sa tête sur l'échafaud, lorsqu'une méprise causée par une similitude de nom le fit replonger dans sa prison. Il y attendait chaque jour l'heure où la charrette de mort viendrait le reprendre, lorsque le 9 thermidor le rendit à la liberté et à l'estime de ses concitoyens. Après la révolution, M. Viefville fut conservateur des forêts du vingt-sixième arrondissement, et président du conseil général de l'Aisne. Il fut nommé, par Napoléon, baron de l'empire en 1813, et mourut en 1820.

Une autre voix qui devait ce semble avoir plus de succès, s'éleva de Guise en faveur de Louis XVI : c'était celle de M. Desmoulins; elle s'adressait à Camille Desmoulins, son fils. Le 7 novembre, Camille avait voté la mise en accusation de Louis XVI, et le 10 décembre son père lui écrivait de Guise une lettre où la tendresse du père se joint à la haute sagesse du magistrat.

« Je serais inconsolable, mon fils, de trouver votre nom dans la liste de ceux qui voteront pour la mort de Louis XVI. Je ne présage dans ce jugement aucun bien pour la patrie; et j'en prévois au contraire les suites funestes et pour cette patrie et pour tous ceux qui auront voulu la mort du prince. Si la révolution est faite, comme je le présume, le sang de Louis XVI est inutile à sa consommation; le verser c'est avoir l'air de craindre qu'elle ne soit pas faite, ou c'est battre un ennemi à terre et désarmé, et renoncer à la générosité et à la dignité qui doivent caractériser le vrai républicain, le Français libre. »

« Vous avez un moyen juste et vrai, mon fils, de vous

épargner cette tache qui serait une perplexité pour moi: c'est de vous récuser vous-même, parce que vous êtes effectivement récusable, non-seulement aux yeux de Louis XVI, mais aux yeux de quiconque a les premiers principes de la justice. Vous avez dit votre avis comme journaliste avant le jugement. Entraîné soit par votre propre opinion, soit par une prévention étrangère, vous avez dénoncé Louis XVI dans un grand nombre de vos écrits, qui n'ont peut-être eu que trop d'influence, et vous l'avez traité en ennemi. Par cette double raison, soit d'avoir été son dénonciateur, soit d'avoir par anticipation proclamé votre avis, relativement à Louis XVI, vous ne pouvez demeurer un de ses juges, sans blesser l'impartialité, qui doit neutraliser quiconque est appelé à juger un autre homme capitalement. En vous récusant vous conservez cette réputation d'intégrité, de délicatesse et d'élévation qui sied si bien à l'auteur d'une révolution, à celui qui le premier a vu la possibilité d'ériger la France en république, et qui a peut-être le plus contribué à réaliser ce système restaurateur de la liberté. Vos preuves sont faites. Vous avez assez mérité de la patrie et par son érection en république et par l'abolition de la royauté. La mort de Louis XVI ne peut rien ajouter à votre triomphe, et peut même le flétrir dans l'opinion versatile de la multitude. »

« La précipitation avec laquelle on se propose de juger Louis XVI, d'après le décret du 7 de ce mois, qui m'est parvenu hier par vos feuilles, me fait frémir sur son sort et sur les crises qu'il doit éprouver cette semaine, et arrache l'avis que je crois devoir vous donner, à la seule sensibilité de mon cœur, à votre meilleur ami. »

« Votre exemple, que j'en crois un de sagesse, peut en entraîner d'autres et des plus effervescens à le suivre, et sauver la convention du reproche d'un jugement extrême et impolitique. »

Insensible aux traits d'une éloquence si touchante, Camille Desmoulins montra un acharnement déplorable dans tout le cours du procès du malheureux Louis XVI. Son père lui écrivit, en date du 10 janvier 1793, une seconde lettre encore plus pressante que la première.

« Mon fils, disait ce respectable magistrat, vous pouvez encore vous immortaliser, mais vous n'avez plus qu'un moment; c'est l'avis d'un père qui vous aime. Voici à peu près ce qu'en votre place je dirais : Je suis républicain et par le cœur et par les actions: j'ai fait mes preuves. J'ai été un des premiers et des plus ardens dénonciateurs ou accusateurs de Louis XVI, et par cela même, je me récuse. Je le dois à l'austérité de mes principes, je le dois à la dignité de la convention, je le dois à la gloire de la nation, je le dois à la justice de mes contemporains et de la postérité, en un mot, je le dois à la république, à Louis XVI et à moi-même. »

« Entre nous deux ceci, afin que tout le mérite en reste à vous seul ; je ne souhaite que d'avoir à en faire bientôt le commentaire à votre avantage et pour votre tranquillité et la mienne, car je suis votre meilleur ami. »

Rien ne put attendrir l'implacable Camille ; il s'opposa à l'appel au peuple et vota pour la mort du roi, sans sursis. Il motiva son vote en ces termes affreux, qui excitèrent les applaudissements des tribunes. « Manuel, dans son opinion du mois de novembre, a dit : Un roi mort, ce n'est pas un homme de moins. Je vote pour la mort, trop tard peut-être pour l'honneur de la convention nationale. » La plupart des députés de l'Aisne ses compatriotes, votèrent aussi la mort. Le député Belin, de Guise, eut cependant le courage de voter seulement pour la détention du roi avec appel au peuple et sursis.

Les partis qui s'étaient trouvés d'accord pour voter la mort du roi, se divisèrent après l'accomplissement du sacrifice. La guerre éclata entre les girondins et la montagne. Les plumes s'aiguisèrent ; ce fut d'abord une succession d'épigrammes et de dénonciations. L'*Histoire des Brissotins*, que Camille lança dans la mêlée, fut un coup de mort pour ceux-ci. C'est lui qui, avec le journaliste Mirande, avait imaginé cette dénomination de girondins et de brissotins, qui commença la ruine de ce parti. Il lut cette brochure à la tribune des jacobins, qui, séance tenante, en votèrent l'impression aux frais de la société et dont le succès fut énorme. Ce pamphlet ne resta pas néanmoins sans réponse. Marcandier, son compatriote et son ancien secrétaire, s'était complètement séparé de lui. Le 10 août et les massacres de septembre, en lui révélant les desseins secrets des prétendus patriotes, sans détruire ses convictions républicaines, avaient allumé en lui une indignation telle, que méprisant les dangers qu'il appelait sur sa tête, il osa publier contre les bourreaux une brochure intitulée *Histoire des hommes de proie, ou les crimes du comité révolutionnaire*, et la commencer par ces mots : *Verba volant, scripta manent*. Il voulait si bien que les monstres fussent voués à l'exécration de la postérité, qu'il alla jusqu'à désigner par leurs noms ceux que la clameur publique indiquait comme les auteurs de ces effroyables exécutions. Ils étaient alors au comble de la puissance, mais aucune considération ne l'avait arrêté. Il accusa formellement Danton, Camille Desmoulins, Fabre d'Églantine, Panis, Sergent, Manuel. Rien ne peut donner une idée de la hardiesse, de l'énergie que Marcandier déploya dans cette brochure. Il ne s'arrêta pas en si beau chemin. Lorsque Camille Desmoulins attaqua Brissot, Marcandier s'en prit à Marat, Danton, Robespierre, à toute la montagne, et voici le moyen qu'il employa pour se faire lire. Il commença par créer un journal auquel il donna un titre qui pût réveiller l'attention publique. Pour l'opposer à *l'Ami du peuple*, de Marat, et au *Père Duchêne*, d'Hébert, il l'intitula : *Le véritable ami du peuple, par un S... B... de sans-culotte qui ne se mouche pas du pied, f...., et qui le fera voir*. Poursuivant le plus noble but, la défense des opprimés, Marcandier, pour pouvoir lutter corps à corps avec Hébert et Marat, avait cru devoir leur emprunter le langage grossier qui leur attirait les applaudissements de la populace. *Le véritable ami du peuple* n'eut que douze numéros, dont le premier parut le 10 mai, et le dernier le 26 juillet 1793. Il l'imprimait lui-même avec une mauvaise presse et des caractères usés qu'il avait pu se procurer, afin de ménager ses faibles ressources. C'était sa femme elle-même, Marie Guarnot, qui allait la nuit placarder les feuilles au coin des rues. Qui eut osé acheter ou vendre ces écrits où débordaient à la fois l'indignation, le fiel, l'insulte; où il épuisait tout ce que peut suggérer de colère, l'infâmie des monstres qu'il attaquait! On trouvera de nombreux et curieux passages de Marcandier dans le spirituel auteur des *Études révolutionnaires*, qui, le premier, a fait connaître ce jeune homme courageux, dont le nom était resté enfoui dans les biographies (1).

(1) *Roch Marcandier*, par E. Fleury; — *Biographie universelle*.

Avec la publication du *Véritable ami du peuple* commencèrent pour Roch Marcandier les persécutions révolutionnaires. Craignant d'être arrêté s'il se chargeait de remplir lui-même les conditions obligées de dépôt et de déclaration de nom d'auteur requises pour la publication de tout journal nouveau, ce fut sa femme qui se chargea de remplir cette dangereuse mission. Lorsqu'elle chercha des crieurs publics pour la vente du journal, ceux-ci, dévoués ou vendus à Marat et à Hébert, l'arrêtèrent lorsqu'elle leur eut appris ce que contenait la nouvelle feuille. Enfermée d'abord au corps de garde du Théâtre-Français, elle fut ensuite dénoncée au comité révolutionnaire, qui la fit jeter en prison. A cette nouvelle, Marcandier courut chez Gorsas, directeur du journal girondin *le Courrier des départemens*, lequel voulut bien prendre sa défense et publier, le 11 mai, une lettre véhémente qu'il lui adressa. Soutenu par Gorsas et les girondins, encore en majorité dans les comités, il demanda à la convention la liberté de sa femme arbitrairement arrêtée, et le 16 mai, au début de la séance, le comité de législation fit présenter un rapport sur cette affaire. Charlier, député de la montagne, demanda l'ordre du jour, disant que c'était au tribunal de police à prononcer sur le sort de cette femme, qui serait sans doute élargie. Le girondin Doulcet s'y opposa vigoureusement, et la convention approuva le projet de décret du comité de législation, sur lequel la femme de Marcandier dut être mise sur-le-champ en liberté. Irrité de sa défaite, Marat chargea quelques brigands à sa solde de suivre partout Marcandier et de se défaire de lui. Un jour ceux-ci tombèrent sur un citoyen qui avait sans doute quelque ressemblance avec lui et le laissèrent pour mort, croyant avoir tué l'auteur du *Véritable ami du peuple*. Marcandier n'en continua pas moins de poursuivre Marat en l'attaquant de toutes les manières et en déversant sur lui le mépris, le sarcasme, le ridicule et l'ironie la plus amère.

Cette ardente polémique ne fit qu'animer de plus en plus les ressentiments de la montagne contre la gironde. La lutte s'engagea à la convention, où Camille eut l'audace de dire « que les sections de Paris devaient venir demander l'expulsion de vingt-deux membres de l'assemblée, » désignant ainsi les girondins. Cependant, voyant après deux mois de luttes acharnées, les deux partis prêts à s'entre-déchirer, Camille seconda avec ardeur, mais sans succès, les efforts que fit Danton pour les rapprocher, et la ruine des girondins fut consommée.

Ce fut lorsqu'il vit les girondins à peu près perdus que Camille parut revenir à des sentiments de modération. Il ne fut pas plutôt sorti du comité du salut public dont il avait fait partie, qu'il osa attaquer ses membres avec violence à la tribune de la convention, leur imputant les revers des armées et la prise du camp de Famars. C'est à cette occasion qu'il défendit avec courage le général Arthur Dillon, et reprocha au comité de vouloir s'ériger en chambre haute. Dillon ayant été arrêté et jeté dans la prison des Madelonnettes, écrivit à Camille, le 26 juillet, pour se plaindre de la lenteur que Fouquier-Tinville, son cousin, mettait à faire son rapport au tribunal révolutionnaire et le prier d'intercéder près de lui pour la prompte expédition de son affaire et sa mise en liberté. Dès le lendemain, Camille annonça sa brochure intitulée *Réponse de Camille Desmoulins, député de Paris à la convention, au général Dillon en prison aux Madelonnettes, etc...*, où il attaqua, avec la pointe acérée du ridicule, Legendre, Saint-Just, et d'autres terroristes qui ne le lui pardonnèrent pas. Cependant il ne craignit pas de prendre encore la défense du général aux jacobins, qui, pour ce fait si honorable à la mémoire de Camille, menacèrent de l'expulser de leur sein : mais Robespierre ayant appuyé son discours, son nom fut conservé sur le tableau des membres de la société.

A ces actes d'un véritable courage succédèrent pour Camille les plus tristes pressentiments. Il prévoit qu'il tombera victime de la lutte qu'il vient d'entreprendre. Une lettre qu'il écrivit à son père, le 10 août 1793, pour le consoler de la mort de ses deux frères, traduit en termes touchants les craintes qui agitaient son âme.

« Mon très-cher père, je suis bien fâché de vous avoir parlé de mon frère Sémery, mort en combattant pour la patrie. Je n'avais d'autre certitude d'une perte si affligeante pour vous que l'indice de son long silence, et je saisis avec avidité vos doutes sur sa mort pour y rattacher mes espérances. Puisse-t-il vous être rendu par les ennemis entre les mains desquels il est peut-être tombé prisonnier? J'ai éprouvé encore plus tout à l'heure, en voyant mon fils, combien ce coup avait dû être sensible à votre cœur. Ma femme et moi avons été touchés vivement de l'intérêt que vous témoignez pour cet enfant si aimable et que nous aimons tant, que j'ai une crainte horrible de le perdre. La vie est si mêlée de maux et de biens en proportion, et depuis quelques années le mal se déborde tellement autour de moi sans m'atteindre, qu'il semble toujours que mon tour va arriver d'en être submergé. »

« Je vous fais passer une brochure que je viens de publier

(la *Lettre au général Dillon*) ; son succès prodigieux depuis deux jours me fait craindre que je ne me sois trop vengé. J'ai besoin de descendre au fond de mon cœur et d'y trouver toujours le même patriotisme pour m'excuser à mes yeux, en voyant rire ainsi les aristocrates ; aussi, pourquoi m'attaquait-on avec cette indignité ! Je me redis avec Horace :

« *Si quis atrâ dente petiverit,*
   Inultus ut flebor puer. »

« On a dit qu'en tout pays absolu, c'était un grand moyen pour réussir que d'être médiocre. Je vois que cela peut être vrai aussi des pays républicains. Que m'importerait de réussir? mais je ne puis soutenir la vue des injustices, de l'ingratitude, des maux qui s'amoncèlent, Qu'est-ce que la peste? sinon une mortalité épouvantable. Que ne puis-je être aussi obscur que je suis connu ? *O ubi campi, Guisiaque.* Où est l'asile, le souterrain qui me cacherait à tous les regards avec ma femme, mon enfant et mes livres. Je ne saurais m'empêcher de penser sans cesse que ces hommes qu'on tue par milliers ont des enfants, ont aussi leurs pères. Au moins je n'ai aucun de ces meurtres à me reprocher, ni aucune de ces guerres contre lesquelles j'ai toujours opiné, ni cette multitude de maux, fruits de l'ignorance et de l'ambition aveugle, assises ensemble au gouvernail. Adieu, je vous embrasse; ménagez votre santé pour que je puisse vous serrer contre ma poitrine, si je dois survivre à cette révolution, quoiqu'il y ait des moments où je suis tenté de m'écrier comme le lord Falkland, et d'aller me faire tuer en Vendée ou aux frontières pour me délivrer du spectacle de tant de maux, et d'une révolution qui ne me paraît pas avoir amené le sens commun dans le conseil de ceux qui gouvernent la république, et dans laquelle je ne vois guère que l'ambition à la place de la cupidité. »

Ces terreurs, ces regrets, ces désirs d'une patrie qu'il a si souvent méprisée, prirent un nouvel accroissement lors du procès des girondins auquel il voulut assister. Il y vit siéger comme accusateur public son exécrable parent Fouquier-Tinville, et comme président, ce même Hermann qui devait l'envoyer bientôt à la mort à son tour. On raconte que Camille, qui était assis avec Villate sur le banc placé devant la table des jurés, s'étant avancé pour parler à Antonelle, qui rentrait de la salle des délibérations l'un des derniers, et que surpris de l'altération de sa figure, il lui dit assez haut: « Ah! mon Dieu! je te plains bien; ce sont des fonctions bien terribles; » puis entendant la déclaration du jury et se jetant tout à coup dans les bras de Villate avec une vive agitation: « Ah! mon Dieu! c'est moi qui les tue; c'est mon *Brissot dévoilé!* Ah! mon Dieu! c'est ce qui les tue. » A mesure que les accusés rentraient pour entendre leur jugement et l'accusateur public concluant à la peine de mort au milieu du silence profond qui régnait dans la salle, l'infortuné Camille, pâle, défait, perdant l'usage de ses sens, laissait échapper ces mots: « Je m'en vais, je veux m'en aller, » et il ne pouvait sortir. Les paroles de désespoir des accusés à ce mot fatal : la mort! leur appel à la justice du peuple qui restait immobile, leurs visages pâles, le suicide de Valazé qui s'était poignardé séance tenante, l'heure avancée de la nuit, la sombre lueur des flambeaux, la fatigue des juges et du public, tout donnait à cette scène un caractère sombre, imposant et terrible et produisait un effet effrayant sur l'impressionnable Camille, qui se trouvait de plus en plus mal, et qui souffrit une sorte d'agonie jusqu'à la fin de cette déplorable séance (1).

L'impression que Camille Desmoulins avait ressentie au procès des girondins fut encore augmentée lorsque ces hommes généreux, presque tous à la fleur de l'âge et du talent, marchèrent, le 31 octobre, à cet échafaud sur lequel étaient déjà tombées tant de têtes illustres, et il s'écria que le comité du salut public *mettait la convention en coupe réglée*. On dit que ce fut sur ces entrefaites que s'organisa la réaction appelée la conspiration de Danton, entre ce dernier, Camille Desmoulins, Lacroix et Hérault de Séchelles. S'étant trouvés réunis tous quatre à la même table avec quelques amis, Lucile et Mme Danton, on parla naturellement des événements du jour, des victimes nombreuses de la terreur organisée par Robespierre, Saint-Just et la montagne. Les femmes versent des pleurs, les hommes s'indignent, on parle de pitié, de clémence, et une généreuse conspiration est organisée contre les monstres qui dévoraient la France. Le rôle que Camille devait jouer dans cette ligue était tout tracé. Pour lui, écrire, déclamer, attaquer, c'était vivre : il publia le *Vieux cordelier*, feuille périodique où il attaqua les proscripteurs avec cette énergie que donnent à la fois la crainte, l'amour-propre violemment froissé, et le cri de l'humanité. Il ne demandait à mettre en lumière que dix numéros : au septième il fut sacrifié. Le premier parut le 5 décembre 1793. Il avait été obligé d'interrompre une histoire de la révolution qu'il composait alors, pour reprendre la plume de journaliste et de pamphlétaire. Le *Vieux cordelier* eut un grand

---

(1) Villate. *Les mystères de la Mère de Dieu dévoilés*, faisant suite au *Vieux cordelier*, p. 305 et 306; — Fleury. *Biographie de Camille Desmoulins*, p. 208.

succès, et fut tiré, dit-on, à cinquante mille exemplaires. Robespierre, qui était encore l'ami de Camille, étonné de la hardiesse qu'il y déployait, lui représenta le danger qu'il courait, et il fut convenu entre eux qu'il lui soumettrait ses numéros avant l'impression. Ces feuilles étaient dévorées par le public et avaient un immense retentissement. Avez-vous lu le *Vieux cordelier?* était la question de chacun.

Lors de la loi de Merlin de Douai sur les *suspects*, les trente prisons de Paris s'étaient encombrées au point que des rues entières étaient dépeuplées ; Camille, doué d'une imagination ardente et d'une âme sensible, peignit en traits de feu la tyrannie des Tibères et des Phalaris de son siècle; il osa dire dans un de ses numéros : « Voulez-vous que je reconnaisse la liberté, que je tombe à ses pieds, que je verse tout mon sang pour elle, ouvrez les prisons à ces deux cent mille citoyens que vous appelez suspects. » Il alla enfin jusqu'à proposer un tribunal de clémence, projet que le comité de salut public parut d'abord ne pas repousser afin de s'associer le *Vieux cordelier* dans l'attaque qu'il méditait contre la faction de la commune. « A ce mot de comité de clémence, écrivait-il, quel patriote ne se sent pas les entrailles émues ! Car le patriotisme est la plénitude de toutes les vertus et ne peut pas conséquemment exister là où il n'y a ni humanité, ni philanthropie, mais une âme aride et desséchée par l'égoïsme. O, mon cher Robespierre ! c'est à toi que j'adresse ici la parole; car j'ai vu le moment où Pitt n'avait plus que toi à vaincre; où, sans toi le navire Argo périssait, la république entrait dans le cahos, et la société des jacobins et la montagne devenaient une tour de Babel. O, mon vieux camarade de collége ! toi dont la postérité relira les discours éloquents, souviens-toi de ces leçons d'histoire et de philosophie : que l'amour est plus fort, plus durable que la crainte ; que l'admiration et la religion naquirent des bienfaits... »

Hélas ! celui qui voulait qu'on élevât des autels à la miséricorde, s'adressait à des âmes impitoyables, à des cœurs fermés, par la soif du pouvoir, à tout accès de la pitié. Attaqué par Barrère à la convention, pour son troisième numéro où il avait flétri la *loi des suspects*, il avait redoublé de vigueur dans le numéro suivant, où il flétrit la terreur et exalte la clémence. Cet appel à la clémence finit par blesser vivement Robespierre, et une haine sourde s'éleva dans son cœur contre son ancien ami. On dit qu'elle fut encore envenimée par une circonstance tout à fait étrangère à la politique. Camille fréquentait, dit-on, la maison du menuisier Duplay, où demeurait Robespierre. Duplay avait trois filles dont on a beaucoup vanté la beauté, les grâces et les talents, et qui avaient conçu pour le fameux dictateur des sentiments affectueux que celui-ci partageait. Desmoulins qui s'était senti quelque attrait pour la plus jeune des trois, nommée Elisabeth, lui aurait donné, un jour qu'il la trouva seule, comme moyen de séduction, un livre où il y avait des gravures obscènes, et qu'il lui recommanda de garder pour elle seule. La jeune fille l'ayant ouvert, sentit la rougeur lui monter au front et des larmes sortir de ses yeux. Robespierre étant rentré et lui ayant demandé la cause de sa tristesse, sut bientôt ce qui s'était passé. Il eut une explication avec Camille, qui ne reparut plus que rarement chez Duplay.

L'orage qui s'amoncelait sur la tête de Camille éclata le 21 décembre 1793. Il fut dénoncé aux jacobins par Hébert, lequel demanda qu'il fût expulsé de la société avec Bourdon, Philippeaux et Fabre d'Eglantine. Hébert leur avait reproché d'être la cause de la disette ; Camille se disculpa en accusant à son tour Hébert, comme dilapidateur des fonds publics, dans les sommes qu'il recevait pour son journal. Sa radiation aux jacobins ne fut point prononcée pour lors, mais il fut bientôt rayé du tableau du club des cordeliers, de celui du club des droits de l'homme. Camille se défendit contre ses accusateurs dans son cinquième numéro. Il y raconta les nombreux services qu'il avait rendus à la cause de la révolution, mais il eut la faiblesse de se disculper des sentiments dont on lui faisait un reproche et de laisser percer ses terreurs. Il parut enfin le 7 janvier 1794 à la tribune des jacobins pour répondre aux attaques réitérées dont il y avait été l'objet. Le but de Robespierre était atteint. Il avait rédigé lui-même en partie, les numéros du *Vieux cordelier* attaqués par les jacobins, mais pour ménager l'auteur, il feignit de prendre un vif intérêt à son sort, et alléguant avec perfidie qu'une erreur n'est pas un crime, il demanda grâce pour le rédacteur, et finit par dire qu'il fallait conserver Camille, mais que ses numéros fussent brûlés au sein de la société. « C'est fort bien dit, Robespierre, s'écria Camille, à qui tant d'outrages avaient rendu quelque verve. Mais je te répondrai comme Rousseau, brûler n'est pas répondre. » Alors le tyran qui se sentait blessé : « Comment ! oser encore justifier des ouvrages qui font les délices de l'aristocratie ! Apprends, Camille, que si tu n'étais pas Camille, on ne pourrait pas avoir autant d'indulgence pour toi. Tu as de mauvaises intentions.... Ta citation : brûler n'est pas répondre, doit-elle trouver ici son application ! » Camille à son tour: « Tu me condamnes ici ; mais n'ai-je pas été chez toi? Ne t'ai-je pas lu mes numéros, en te conjurant au nom de l'amitié de vouloir bien m'aider de tes conseils (Robespierre avait corrigé plusieurs feuilles de sa main). » « Tu ne m'as pas montré tous tes numéros ; je n'en ai vu qu'un ou deux, répliqua le dictateur ; comme je n'épouse aucune querelle, je n'ai pas voulu entendre les autres : on eut dit que je les avais dictés... Au surplus que les jacobins chassent ou non Camille, que m'importe ; ce n'est qu'un individu ; mais ce qui m'importe c'est que la liberté triomphe et que la vérité soit reconnue... » Le tyran hypocrite avait résolu la perte de Camille ; c'en était fait de lui. Les cordeliers déclarèrent quelques jours après qu'il avait perdu leur confiance et qu'ils le regardaient comme le chef du *modérantisme*; la société des droits de l'homme l'accusa de trahir la patrie, et les incessantes attaques de Robespierre amenèrent enfin les jacobins à prononcer sa radiation de leur liste. Néanmoins il fut réintégré dans les deux clubs. Sa ruine n'en devint pas moins imminente.

Il fut averti de plusieurs côtés du danger qui le menaçait. On tourmente, on vexe sa famille ; une perquisition est faite chez son beau-père. Lucile est agitée des plus sinistres pressentiments. Elle les communique à leur ami Fréron, en mission à Marseille, qui ne lui cache pas les siens. « La vie, lui disait-elle en terminant une de ses lettres, me devient un pesant fardeau : je ne sais plus penser... Bonheur si doux et si pur, hélas! j'en suis privée. Mes yeux se remplissent de larmes ; je renferme au fond de mon cœur cette douleur affreuse ; je montre à Camille un front serein ; j'affecte du courage pour qu'il continue d'en avoir. » Il y avait entre la famille de Desmoulins et le terrible proconsul du Midi les relations de l'intimité la plus charmante. Fréron allait souvent à Bourg-la-Reine, chez les Duplessis. Là, on oubliait au milieu des charmes de la nature, les agitations de la vie révolutionnaire. Fréron prenait tant de plaisir à s'amuser avec les lapins qu'on y élevait, que Lucile l'avait surnommé *Fréron Lapin,* lui de son côté, appelait Lucile *Rouleau,* et Camille *Bouliboula* ; madame Duplessis, c'était *Melpomène*, le petit Horace, *le Lapereau*, le futur maréchal Brune, *Patagon*, et Danton, *Marius*. Fréron, dans sa correspondance avec Lucile dont il faut au moins citer un fragment, lui rappelle ces heureux souvenirs de leur amitié. « Ce pauvre Lapin a eu bien des aventures ; il a parcouru furieusement de terriers et il a fait provision d'amples récits pour sa vieillesse. Il a souvent regretté le thym et le serpolet dont vos jolies mains à petits trous se plaisaient à le nourrir dans votre jardin du Bourg-de-l'Egalité... D'abord la patrie ; puis vous. Vous trouverez ce lapin romanesque, et il ne l'est pas mal. Il se souvient de vos idylles, de vos saules, de vos tombeaux, de vos éclats de rire. Il vous voit trottant dans votre chambre, courir sur le parquet, vous asseoir une minute à votre piano, des heures entières dans votre fauteuil, à rêver, à faire voyager votre imagination ; puis il vous voit faire le café à la chausse, vous démener comme un lutin et jurer comme un chat en montrant les dents... Je suis à presser l'exécrable Toulon. Je suis déterminé à périr sur les remparts ou à les escalader, la flamme à la main. La mort me sera douce et glorieuse, pourvu que vous me donniez une larme. »

« J'ai reçu avant-hier, lu, relu et dévoré votre lettre, écrit encore Fréron à Lucile, qu'elle m'a fait de plaisir !

Vous pensez donc à ce pauvre *Lapin*, qui, exilé loin de vos bruyères, de vos choux, de votre serpolet et du paternel logis, est consumé de chagrin de voir perdus ses plus constants efforts pour la gloire et l'affermissement de la république... Ne viens pas ici, aimable et chère Lucile! c'est un pays affreux, quoi qu'on en dise, un pays sauvage, quand on a vécu à Paris. Je n'ai point de cavernes à t'offrir, mais beaucoup de cyprès. Il y croit naturellement..... Adieu, adieu encore une fois, folle, cent fois folle *Rouleau* chérie, *Bouliboula* de mon cœur.... Je me rappelle ces phrases inintelligibles; je me rappelle ce piano, ces airs de tête, ce ton mélancolique, brusquement interrompu par des éclats de rire. Etre indéfinissable... Adieu! J'embrasse toute la garenne et toi, Lucile, avec tendresse et de toute mon âme. Ne m'oublie pas auprès de *Lapereau* et de sa belle grand'-maman *Melpomène*. »

« Le Lapin se désole, écrivait-il une autre fois, il pense à vous sans cesse ; il y pensait au milieu des bombes et des boulets.... Je m'aperçois avec douleur qu'on vous chagrine, puisque Camille est dénoncé par les mêmes hommes qui m'ont poursuivi aux jacobins. J'espère qu'il triomphera de ces attaques; j'ai reconnu sa touche originale dans quelques passages de son nouveau journal ; et moi aussi je suis un des vieux cordeliers... »

Les espérances de Fréron ne devaient point se réaliser. Une sorte de fatalité poussait Lucile et Camille à mépriser ou à braver tous les avertissements. Un jour, deux de ses camarades de collége, à l'un desquels il avait donné asile contre la persécution, vinrent tout effrayés le conjurer d'user de prudence, et de cesser la publication du *Vieux cordelier*, qu'il n'avait qu'interrompue, mais leurs supplications furent inutiles; son parti étant pris irrévocablement, il leur développa ses moyens, nomma ses prétendus appuis, parla de ses espérances, et ajouta : « S'il le faut, je soufflerai sur Robespierre; son orgueil m'est connu depuis longtemps; je renverserai son échafaudage de gloire et de postérité. » Madame Desmoulins qui avait invité les condisciples de son mari à un modeste déjeûner, excita encore l'enthousiasme de Camille et appuya sa résolution. « Laissez-le remplir sa mission, dit-elle avec toute l'impétuosité d'une colère naïve; il doit sauver son pays; ceux qui s'y opposeront n'auront pas de mon chocolat. »

Camille semblait même braver la mort qu'il voyait suspendue au-dessus de sa tête. « Et quand même, ce qui est impossible, écrivait-il dans son *Vieux cordelier* (n° 5), la calomnie et le crime pourraient avoir sur la vertu un moment de triomphe, croit-on que, même sur l'échafaud, soutenu de ce sentiment intime que j'ai aimé avec passion ma patrie et la république; soutenu par ce témoignage éternel des siècles; environné de l'estime et des regrets de tous les vrais républicains, je voulusse changer mon supplice contre la fortune du misérable Hébert qui, dans sa feuille, pousse au désespoir vingt classes de citoyens et plus de trois millions de Français auxquels il dit un anathème, et qu'il enveloppe en masse dans une proscription commune; qui, pour s'étourdir sur ses remords et ses calomnies a besoin de se procurer une ivresse plus forte que celle du vin, et de lécher sans cesse le sang au pied de la guillotine. Qu'est-ce donc que l'échafaud pour un patriote; sinon le piédestal des Sydney et des Witt? Qu'est-ce, dans un moment de guerre où j'ai vu mes deux frères mutilés et hachés pour la liberté, qu'est-ce que la guillotine, sinon un glorieux coup de sabre, et le plus glorieux de tous pour un député victime de son courage et de son républicanisme? » Non celui qui écrivait ces lignes n'était pas un révolutionnaire à la manière des Hébert, des Chaumette, des Saint-Just, des Collot-d'Herbois, des Robespierre!

Cependant on vint avertir Camille que sa vie et celle de Danton étaient menacées. Une accusation directe partie des jacobins ne lui laissait plus de doute à cet égard. Mais, ni les avertissements de l'amitié, ni les menaces ostensibles de leurs ennemis ne purent engager les vieux cordeliers à veiller à leur sûreté. Quelques jours avant son arrestation, Camille ayant rencontré son ancien maître de conférences : « Que portez-vous là, dit-il à Camille? » — « Des numéros de mon *Vieux cordelier*; en voulez-vous? » — « Non, non, ça brûle. » — « Peureux, répondit Camille, avez-vous oublié ce passage de l'écriture : *Edamus et bibamus cras enim moriemur*. Buvons et mangeons car nous mourrons demain. »
« Qu'on désespère de m'intimider, avait-il écrit dans le cinquième numéro du même journal, par les terreurs et les bruits de mon arrestation qu'on sème autour de moi! Nous savons que des scélérats méditent un 31 mai contre les hommes les plus énergiques de la montagne. »

Camille fut donc enveloppé dans ce qu'on appela *la faction des indulgents*, dont il avait la gloire d'être l'un des chefs. Le *Vieux cordelier* continuait en effet à prendre chaque jour une faveur nouvelle et les comités étaient assaillis de demandes de mises en liberté. Des femmes, des mères de détenus se présentaient même en foule à l'assemblée pour réclamer la liberté de leurs maris, de leurs enfants. Il était temps que les buveurs de sang arrêtassent ce mouvement. Robespierre, en renversant la faction des hébertistes, n'avait fait que le premier pas vers le grand coup qu'il méditait contre Danton, Camille et leurs amis ; mais Saint-Just, qui avait dénoncé Hébert et ses complices, avait déjà laissé entrevoir dans son rapport qu'il y avait encore d'autres victimes à immoler. Danton, qui ne pouvait se dissimuler que le coup ne fut dirigé contre lui, se réveillant enfin de sa longue léthargie, demanda qu'on l'entendît avec ses amis à la barre de l'assemblée. Des amis communs essayèrent en vain de le réconcilier avec Robespierre ; celui-ci demeura inflexible dans ses sinistres projets, et Saint-Just fut chargé du rapport de dénonciation. Danton et ceux de son parti se réunirent pour faire face au danger ou trouver moyen de l'éviter. On conseille la fuite à Camille, mais il répond qu'il veut partager le sort de Danton, qui persiste à rester.

Sur ces entrefaites, c'est-à-dire le 31 mars, Camille reçut de Guise la nouvelle de la mort de sa mère. « J'ai perdu la moitié de moi-même, écrivait à son fils M. Desmoulins. Ta mère n'est plus ! J'avais toujours espérance de la sauver, c'est ce qui m'a empêché de t'informer de sa maladie. Elle est décédée aujourd'hui, heure de midi. Elle est digne de tous nos regrets.... Elle t'aimait tendrement... J'embrasse bien affectueusement et bien tristement ta femme, ma chère belle-fille, et le petit Horace. Je pourrai demain t'écrire plus au long. Je suis toujours ton meilleur ami. »

Le même jour qu'il recevait cette triste nouvelle, les comités-réunis assemblés secrètement aux Tuileries entendaient une proposition de Saint-Just que celui-ci terminait par ces mots : « Je demande que Danton et ses principaux complices, Lacroix, Phélippeaux et Camille Desmoulins, soient arrêtés la nuit et traduits au tribunal révolutionnaire. » On demandera sans doute ici l'origine de la haine de Saint-Just contre Camille, presque son compatriote et son ami. Desmoulins aurait irrité Saint-Just, en disant de lui dans une lettre au général Dillon, qu'il avait fait imprimer et crier par les rues : « Dans la démarche et le maintien de Saint-Just, on voit qu'il regarde sa tête comme la pierre angulaire de la république et qu'il la porte sur ses épaules avec respect, comme un Saint-Sacrement, » puis il avait critiqué, avec sa verve ordinaire, un poëme épique de Saint-Just en vingt-quatre chants, intitulé *Organt*. « Je la lui ferai porter d'une autre manière » aurait dit Saint-Just. Il ne tint que trop parole. Quoi qu'il en soit, l'arrestation de Danton, de Camille, de Phélippeaux, de Lacroix, fut signée par Robespierre et ses complices en tyrannie et mise à exécution la nuit même.

On envahit leurs maisons. Camille allait se coucher, lorsque tout à coup, il entend le bruit des soldats qui viennent pour l'arrêter. Sur-le-champ il court au lit de Lucile qui dormait déjà, et s'écrie : « On vient m'arrêter. » Lucile effrayée le serre dans ses bras et le couvre de ses larmes; il embrasse son fils, et se livrant à l'agent du comité de salut public, il est conduit au Luxembourg. Le lendemain, Legendre, ami de Danton, se lève le premier au milieu de la convention frappée de stupeur, et demande que les députés arrêtés fussent entendus à la barre; mais Robespierre, qui redoutait l'éloquence de Danton, s'y opposa, puis on entendit le volumineux rapport de Saint-Just contre *la faction des indulgents*, où le mensonge le plus effronté le dispute avec la plus insigne perfidie. Il fut suivi du décret d'accusation, qui fut adopté à l'unanimité et au milieu des applaudissements par cette assemblée aussi lâche que sanguinaire.

Les prisonniers étaient séparés l'un de l'autre au Luxembourg, mais leurs chambres se touchaient. Camille avait emporté avec lui des livres, *les Nuits d'Young* et *les Méditations d'Hervey*. Il passait une partie de son temps à gémir, à écrire à Lucile, et à pleurer sur son sort. Celle-ci proposa à Mme Danton d'aller se jeter aux genoux de Robespierre pour lui demander la grâce des détenus; mais la femme de l'éloquent tribun refusa de s'abaisser à cette faiblesse. Elle courut au comité de salut public : on refusa de la recevoir; puis chez Robespierre, qui fut invisible. Dans son égarement, elle lui écrivit une lettre imprudente qu'elle consentit ensuite à ne lui point envoyer. Elle venait souvent se promener dans les jardins du Luxembourg, où elle avait autrefois rencontré Camille, cherchant des yeux la fenêtre de la cellule où il gémissait, puis se laissait tomber sur un banc, d'où sa mère ne pouvait l'arracher, elle fondait en larmes. Elle reçut de Camille plusieurs lettres déchirantes où le malheureux jeune homme se laissait aller à toutes les angoisses du désespoir, et où il faisait les plus tristes adieux à tout ce qui lui était cher, à Lucile, à son fils, à sa belle-mère, à son vieux père. La dernière était du 1er avril.

« Le sommeil bienfaisant, y écrivait-il à Lucile, a suspendu mes maux. On est libre quand on dort; on n'a point le sentiment de sa captivité; le ciel a eu pitié de moi. Il n'y a qu'un moment je te voyais en songe, je vous embrassais tour à tour, toi, Horace et *Daronne* (Mme Duplessis), qui était à la maison ; mais notre petit avait perdu un œil par une humeur qui venait de se jeter dessus, et la douleur de cet accident m'a réveillé. Je me suis retourné dans mon cachot. Il faisait un peu de jour. Ne pouvant plus te voir et entendre les réponses, car toi et ta mère vous me parliez, je me suis levé pour te parler et t'écrire; mais ouvrant mes fenêtres, la pensée de ma solitude, les affreux barreaux, les verrous qui me séparent de toi, ont vaincu toute ma fermeté d'âme. J'ai fondu en larmes ou plutôt j'ai sangloté en criant dans mon tombeau : Lucile! Lucile! ô ma chère Lucile, où es-tu?.. (*Ici on remarque la trace d'une larme*). Hier au soir, j'ai eu un pareil moment, et mon cœur s'est également fendu quand j'ai aperçu dans le jardin ta mère. Un mouvement machinal m'a jeté à genoux contre les barreaux ; j'ai joint les mains comme implorant sa pitié, elle qui gémit, j'en suis bien sûr, dans ton sein. J'ai vu hier sa douleur (*Ici encore une trace de larme*), à son mouchoir et à son voile qu'elle a baissé, ne pouvant tenir à ce spectacle. » Après avoir demandé instamment à Lucile son portrait et de ses cheveux : « On dit que l'innocence est calme et courageuse, continue-t-il, ah! ma chère Lucile! ma bien-aimée! souvent mon innocence est faible comme celle d'un mari, celle d'un père, celle d'un fils! Si c'était Pitt ou Cobourg qui me traitassent si durement ; mais, mes collègues! mais, Robespierre qui a signé l'ordre de mon cachot! mais, la république, après tout ce que j'ai fait pour elle! C'est là le prix que je reçois de tant de vertus et de sacrifices! En entrant ici, j'ai vu Hérault-Séchelles, Simon, Ferroux, Chaumette, Antonelle; ils sont moins malheureux, aucun n'est au secret..... Combien il est dur d'être séparé de toi! Le plus grand criminel serait trop puni s'il était arraché à une Lucile autrement que par la mort, qui ne fait sentir au moins qu'un moment la douleur d'une telle séparation; mais un coupable n'aurait point été ton époux, et tu ne m'as aimé que parce que je ne respirais que pour le bonheur de mes concitoyens... On m'appelle... Dans ce moment, les membres du tribunal révolutionnaire viennent de m'interroger. Il ne me fut fait que cette question : Si j'avais conspiré contre la république ? Quelle dérision ! et peut-on insulter ainsi au républicanisme le plus pur ! Je vois le sort qui m'attend. Adieu, ma Lucile, ma chère Lolotte, mon bon *loup;* dis adieu à mon père. Tu vois en moi un exemple de la barbarie et de l'ingratitude des hommes. Mes derniers moments ne te déshonoreront point..... Nous pouvons bien emporter avec nous ce témoignage, que nous périssons les derniers des républicains. Pardon, chère amie, ma véritable vie, que j'ai perdue, du moment qu'on nous a séparés, je m'occupe de ma mémoire. Je devrais bien plutôt m'occuper de te la faire oublier. Ma Lucile, mon bon Loulou ! ma poule à Cachant (1). Je t'en conjure, ne reste point sur la branche, ne m'appelle point par tes cris; ils me déchireraient au fond du tombeau. Va gratter pour ton petit, vis pour mon Horace, parle-lui de moi. Tu lui diras, ce qu'il ne peut pas entendre, que je l'aurais bien aimé ! Malgré mon supplice je crois qu'il y a un Dieu. Mon sang effacera mes fautes, les faiblesses de l'humanité ; et ce que j'ai eu de bon, mes vertus, mon amour de la liberté, Dieu le récompensera. Je te reverrai un jour, ô Lucile, ô Annette ! Sensible comme

(1) Allusion à une poule de Cachant, petit village sur le chemin de Paris à Bourg-la-Reine. Camille et Lucile avaient souvent remarqué que cette poule ayant perdu son coq était inconsolable, restait jour et nuit sur la même branche, refusait de prendre de la nourriture et poussait des cris déchirants (M. Matton).

je l'étais, la mort, qui me délivre de la vue de tant de crimes, est-elle un si grand malheur! Adieu Loulou, ma vie, mon âme, ma divinité sur la terre! je te laisse de bons amis, tout ce qu'il y a d'hommes vertueux et sensibles. Adieu Lucile! ma Lucile! ma chère Lucile! adieu, Horace, Annette, Adèle! adieu mon père! Je sens fuir devant moi le rivage de la vie. Je vois encore Lucile! je la vois, ma bien-aimée! ma Lucile! mes mains liées t'embrassent, et ma tête séparée repose encore sur toi ses yeux mourants! »

Tels étaient les adieux de Camille Desmoulins. Hélas l'infortuné accusait de son malheur l'ingratitude des hommes, et il oubliait que le sang et les larmes qu'il avait tant de fois fait verser par ses incessantes provocations, criaient vengeance contre lui, et demandaient sans doute au ciel de tristes représailles.

Sur de nouvelles dénonciations d'une prétendue conjuration des dantonistes au Luxembourg, les prisonniers furent transférés à la Conciergerie, le 1er avril, vers onze heures et demie du soir, et reçurent leur acte d'accusation signé de Fouquier-Tinville, le parent de Camille. Celui-ci en le parcourant tombait en fureur. « Je vais à l'échafaud, dit-il, pour avoir versé quelques larmes sur le sort des malheureux. Mon seul regret en mourant, c'est de n'avoir pu les servir. » Il parut, le 2 avril, au tribunal révolutionnaire, où Fouquier jouait le principal rôle. Dès le matin, une foule immense entourait le palais de justice. Tout le faubourg Saint-Antoine, où les noms de Camille et de Danton jouissaient d'une si grande popularité, était là, et n'attendait peut-être qu'un signal pour délivrer ses tribuns. A onze heures tout était prêt. Comme dans le procès des girondins, les jurés avaient été choisis. Les juges, l'accusateur public sont assis autour de leur table verte, et environnés des plus mortels ennemis des accusés. Ceux-ci sont introduits. Interrogé par le président Hermann, sur son âge, Camille répondit : « J'ai l'âge du sans-culotte Jésus-Christ, c'est-à-dire trente-trois ans, âge fatal aux révolutionnaires. » La vérité est que Camille avait trente-quatre ans, mais, même en ce moment suprême, il fit encore céder la vérité au plaisir d'employer ce langage révolutionnaire dont il avait tant abusé. Toutes les demandes que firent les accusés dans l'intérêt de leur cause, même celle de faire citer seize témoins à décharge, furent rejetées. Ils crient à la tyrannie, ils en appellent au peuple que la voix puissante de Danton semble électriser un instant. Hermann et Fouquier en réfèrent aux comités ; ceux-ci ont bientôt pris leur parti : ils annoncent à l'assemblée que la révolte des coupables a fait suspendre les débats. « Vous avez échappé, dit l'implacable Saint-Just, au plus grand danger qui ait encore menacé la liberté : la révolte des criminels aux pieds de la justice même. Les malheureux, ils avouent leurs crimes en résistant aux lois; *qu'ils soient mis hors des débats !* » Ce furent Voulant et Vadier qui se chargèrent de porter le décret au tribunal. On en fait lecture aux accusés; ils résistent; on leur répond en les condamnant à mort. Camille avait conservé d'abord assez de calme dans sa défense, mais lorsqu'on voulut le ramener en prison pour y attendre la décision des jurés, il se livra au désespoir et à la fureur. Il lutta contre ceux qui l'approchaient et il fallut employer la force pour lui faire quitter l'audience. Son âme, privée d'énergie, resta, jusqu'au moment du dernier supplice, en proie à la plus violente agitation. Condamné à mort, le 5 avril, comme ayant injurié le système révolutionnaire et voulu rétablir la monarchie, il fut exécuté le lendemain, avec Danton, Lacroix, Hérault de Séchelles, Chabot, Bazire, Phélippeaux, Westermann.

Pendant la fatale toilette, Camille se livra de nouveau à une fureur indigne de lui ; il monta l'avant-dernier sur le funèbre tombereau qui devait emporter les victimes à l'échafaud. Il était cinq heures et demie du soir. Une foule innombrable suivait le cortège et encombrait les abords de la guillotine. Des misérables payés pour insulter des hommes sans défense, hurlaient contre eux les plus dégoûtantes injures. A cette vue, Camille cédant à un mouvement violent d'indignation, voulut parler à la multitude, et il vomit contre le lâche et hypocrite Robespierre les plus véhémentes imprécations. Dans la violence de son action, il avait déchiré ses habits, et il arriva les épaules nues au pied de la guillotine. Il s'écria, en voyant l'instrument du supplice : « Voilà donc la récompense réservée au premier apôtre de la liberté! Les monstres qui m'assassinent ne me survivront pas longtemps. »

Il y avait trois charrettes : deux étaient déjà vides. On se mit en devoir d'en faire autant de la troisième. Danton, qui était demeuré impassible, voulut faire ses adieux à Camille, et comme il voulait l'embrasser, les aides les séparèrent. « Misérables ! s'écria-t-il, vous n'empêcherez pas nos deux têtes de s'embrasser dans le panier. » Camille fut exécuté en tenant une tresse des cheveux de Lucile. Ses dernières paroles furent pour elle : « O! ma bien-aimée... Je ne te verrai plus !.. »

Ainsi périt, à la fleur de l'âge, Camille Desmoulins, pour avoir voulu arrêter la révolution dans des excès où il n'avait contribué que trop à la précipiter. Sa mémoire fut vivement défendue au mois de septembre suivant, époque où fut renouvelé le comité de salut public. Il s'éleva dans le sein de la convention une discussion où les accusés et les accusateurs s'adressèrent des reproches réciproques sur sa mort. Tous convinrent qu'il était mort martyr de la liberté. Le 10 avril, Lucile s'asseyait au tribunal révolutionnaire, sur le même banc où cinq jours plutôt s'était assis son mari. Accusée par Saint-Just d'avoir touché 3,000 francs pour exécuter un mouvement, massacrer le tribunal révolutionnaire et délivrer son mari et ses complices, elle avait été comprise dans la conspiration dite des *prisons*. Lucile fut digne et calme devant ses juges pendant les trois jours que dura son procès. Elle fit en ces termes ses adieux à sa mère : « Bonsoir, chère maman. Une larme s'échappe de mes yeux ; elle est pour toi. Je vais m'endormir dans le calme de l'innocence. » A peine âgée de vingt-deux ans, cette courageuse jeune femme ne se débattit point contre la mort comme l'avait fait Camille. Elle la vit venir d'un œil serein, et prédit à ses juges avec beaucoup de calme et de dignité la fin déplorable qui les attendait quatre mois plus tard. Lucile monta à l'échafaud dans tout l'éclat de la jeunesse et de la beauté, et soutenue par l'espoir de rejoindre Camille.

Une triste fatalité semblait planer sur toute la famille de cet infortuné jeune homme. Camille et Lucile expirent sur l'échafaud à quelques jours l'un de l'autre ; M. Desmoulins meurt de chagrin à Guise ; M. Duplessis ne put survivre à la perte de sa fille ; le jeune Horace alla mourir en Amérique à la fleur de l'âge ; Mme Duplessis survécut seule à tant de désastres. Elle vivait encore il y a quelques années retirée à Vervins près de M. Matton, parent de Desmoulins, qui recueillit de sa bouche des souvenirs qui jettent tant d'intérêt sur la vie de Lucile et de Camille.

La ville qui a donné le jour à Camille Desmoulins, tout en regrettant la sauvage énergie de son caractère, qui le jeta dans les premiers excès de la révolution, se souviendra que vers la fin de sa vie, il montra des sentiments de modération, et que la défense des malheureux, qu'il osa entreprendre, a été la cause de sa mort. Si sa patrie doit couvrir du voile funèbre de l'oubli les actes du tribun révolutionnaire, du procureur-général de la lanterne, elle s'honorera néanmoins d'avoir donné le jour à l'un des hommes les plus éloquents, à « l'auteur le plus naïf de la révolution, » comme l'appelle un historien célèbre (1), à l'écrivain énergique et spirituel du *Vieux cordelier* (2).

Guise devait fournir une autre victime au tribunal révolutionnaire, l'ancien secrétaire de Camille, Roch Marcandier, journaliste républicain, dont toute la vie fut si pure de tout excès démagogique. Entraîné par le cours rapide des événements où Camille Desmoulins jouait un si grand rôle, nous avons laissé Marcandier luttant de toute l'énergie de son âme contre les chefs de la démagogie et dénonçant leurs crimes à la face du monde. Il est temps de le reprendre dans cette noble carrière. Tandis que Camille ménageait Marat et Robespierre, Marcandier n'avait pas plus de considération pour ces deux puissances du jour que pour l'infâme Hébert. Il semble même qu'il était dévoré du besoin d'en faire ses mortels ennemis, de s'attirer la haine de ces brigands. Cependant il comprit qu'il était temps enfin de protéger sa vie. Il s'enferma dans un petit grenier qui n'était connu que

(1) M. Thiers, *Hist. de la Révolution*.
(2) On montre encore à Guise l'emplacement de la maison où naquit Camille Desmoulins, occupé aujourd'hui par celle qui appartient à M. Leproux.

de sa femme, laquelle seule y pouvait pénétrer, et où il transporta son imprimerie, avec des provisions de guerre et de bouche. C'est dans ce réduit qu'il composa son quatrième numéro, daté « de son camp retranché au sixième étage et de l'imprimerie du grenier du *Véritable ami du peuple.* »

Marcandier se lassa bientôt de cette vie, qu'il avait choisie non par peur, mais pour dire librement au peuple la vérité. Il quitta donc ce réduit, où les nouvelles politiques ne lui arrivaient que par la voie des journaux que sa femme achetait dans la rue et qu'elle lui appportait secrètement le soir, et se mêla de nouveau aux mouvements de Paris. Deux fois il avait échappé aux recherches actives des agents des comités, qui avaient pénétré jusque dans sa demeure, mais cette fois il devint la victime de son imprudence. Comme la police rôdait autour de sa retraite, il fut bientôt reconnu par trois *happe-chair* de la municipalité (c'est ainsi qu'il appelait ces agents); ceux-ci le suivirent chez un libraire du Palais-Royal, où il entra; deux d'entre eux firent sentinelle à la porte tandis que le troisième courait au premier corps de garde pour requérir main-forte. Le poste, commandé par un modéré, ayant refusé de marcher, à moins d'avoir un mandat d'arrestation, l'agent de la police secrète courut à la municipalité pour s'en procurer un. Pendant ce temps, Marcandier fut averti par un citoyen qui assistait au débat élevé au corps de garde, et parvint à s'échapper. Marcandier, aussi résolu que Camille était pusillanime, et qui joignait à une grande force physique un caractère plein d'énergie, osa déclarer, après cette affaire, dans le onzième numéro du *Véritable ami du peuple*, du 20 juillet 1793, « qu'il mettrait à mort, par tous les moyens possibles, tout porteur de mandat qui tenterait de l'arrêter. » Aussi, avait-il toujours près de lui des armes toutes chargées pour défendre sa vie en désespéré.

Une simple citation donnera une idée du genre de ce courageux journaliste, lorsqu'il quitte le langage révolutionnaire qu'il avait adopté pour se faire lire. Il venait de parler dans un de ses numéros de la réforme des finances, de la défense militaire de Paris, « c'est par de pareils efforts, ajoutait-il, qu'on peut mériter le titre glorieux d'ami du peuple, et non en s'occupant d'affaires personnelles, d'intrigues; et non en s'occupant de la rédaction de plats journaux, de sanguinaires diatribes, ou de haines, de vengeances et d'attentats contre la représentation nationale... »

«... O mes concitoyens! » s'écrie-t-il ensuite, « combien les intrigants vous ont grandement et souvent trompés. Le travail, mais un travail utile et productif, peut seul fournir les moyens honnêtes de subsister honorablement; et l'on a dilapidé les capitaux qui pouvaient fonder solidement les moyens de ce travail utile, en vous en assurant à jamais les inestimables avantages. On a retiré de vos mains la bêche qui fertilise la terre. On vous a précipités dans la crapule et la débauche; au lieu d'organiser, et de fonder pour vous une instruction publique digne d'un peuple libre, les vautours qui vous dévorent n'ont su que pervertir l'esprit public et jeter partout les racines d'une profonde corruption, et par là, on vous a peut-être pour longtemps rendus inhabiles au travail.... Citoyens, ouvrez les yeux; distinguez vos amis d'avec ceux qui n'en eurent jamais que le nom sans l'avoir mérité; distinguez ceux dont les talents peuvent vous servir utilement; et préparez-vous désormais à faire des choix plus heureux que ceux qui ont jusqu'ici compromis votre salut et votre honneur. Vous gémirez longtemps sous les accablants fardeaux qu'ont accumulés sur vos mains inexpérimentées les cœurs cruels et les têtes vides de la plupart de vos mandataires. »

C'est en ces termes si pleins de patriotisme que parlait Marcandier tandis que la mort planait sur sa tête. Il ne lui restait plus pour combler la mesure de la haine amassée contre lui qu'à attaquer Saint-Just et la convention tout entière. Il le fit sans trembler. Il osa imprimer que le rapport de Saint-Just sur les girondins proscrits ou emprisonnés « n'était qu'un fatras dégoûtant de calomnies et d'impostures, donnant à son auteur des droits incontestables aux huées et aux crachats du public, » et que la convention « n'était plus qu'un moyen de sédition, un conciliabule d'anarchistes et de contre-révolutionnaires déguisés; que les séances de cette assemblée ne présentant pas cent cinquante membres, tandis que la constitution portait qu'il en fallait deux cents pour que les délibérations fussent légales, « la convention était dissoute. » Enfin, après une adresse aux Parisiens, pleine de force, de verve et d'audace, il eut le courage de faire la proposition : 1° De fermer le club des jacobins, « repaire infâme où se réunissent tous les prédicateurs d'anarchie et de pillage ; » 2° De détruire les quarante-huit comités *d'inquisition révolutionnaire* ; 3° De faire rigoureusement punir tout homme convaincu d'avoir lancé des mandats d'arrêt sans preuve de délit ; 4° D'abolir *le coupe-gorge révolutionnaire*, et frapper du glaive de la loi ses juges prévaricateurs; 5° De renouveler la municipalité et de mettre ses membres en arrestation jusqu'à ce qu'ils aient rendu leurs comptes ; 6° De faire aussi rendre les comptes au pouvoir exécutif depuis le 10 août ;

7° D'obliger le comité de septembre à publier une liste des procès-verbaux qu'il a reçus et mandats d'arrêt qu'il a lancés, afin que chacun pût réclamer vengeance des massacres et les objets précieux qui lui auront été enlevés ; 8° De demander à la convention la punition des assassins de septembre, et, sur son refus, d'en appeler au peuple français.

Après une pareille déclaration, qui atteignait en masse tous les hommes compromis dans les excès de la révolution, Marcandier n'avait plus qu'à se préparer à la mort. Les comités de surveillance et de salut public le décrétèrent d'arrestation lui et sa femme ; toutefois il parvint encore à échapper aux agents de la police qui trouvèrent son grenier vide. Ils se saisirent de ses papiers, des épreuves de son journal, de ses caractères d'imprimerie qu'ils dispersèrent, et de sa presse qui fut brisée. Il s'était réfugié chez une de ses sœurs, madame Mariot, mariée à Paris, et qui se retira plus tard à Guise, où elle mourut en 1849, dans un âge avancé. Pour donner le change à la police, Marcandier dut souvent changer d'asile. Il se sauva chez son frère aîné, qui se compromit pour lui et perdit son emploi au ci-devant collége de Louis-le-Grand, et chez d'autres amis. Le général Belair, commandant de l'armée de *Réunion-sur-Oise* (1), qui le connaissait, paraît l'avoir recueilli dans une maison qu'il avait à Montmartre. Belair avait même formé le projet de le faire passer pour son secrétaire, sous un nom supposé, de l'emmener ainsi à l'armée avec lui et de lui faire gagner la frontière. Ses parents de Guise firent aussi des démarches au-

---

(1) *Biographie portative des Contemporains.* — Cette *Biographie* dit seulement que Belair avait, en 1795, un emploi dans l'armée du Nord.

près de lui pour l'engager à quitter Paris, mais il refusa les bons offices de ses parents comme ceux du général et préféra errer de retraite en retraite jusqu'au mois de juin 1794.

Marcandier, las de cette vie pleine d'inquiétudes, eut enfin l'idée d'écrire une lettre au citoyen Legendre, pour l'apitoyer sur son sort. Legendre, qui avait déjà livré au comité de salut public la femme de Camille Desmoulins, son ancien ami, qui, elle aussi, lui avait écrit pour lui demander vengeance, trahit Marcandier. Le jour même où il avait reçu sa lettre, il courut le dénoncer au comité de sûreté générale. Ce misérable reçut avec bonté la femme de Marcandier lorsqu'elle se présenta chez lui le soir, mais lorsqu'il eut su d'elle la retraite de son mari, il la fit arrêter. Marcandier eut bientôt le même sort. Robespierre lui-même, le 1er juillet 1794, dénonça à la tribune des jacobins un nouveau complot girondin, le renouvellement de l'accusation de Louvet dans un acte trouvé parmi les papiers du secrétaire de Camille Desmoulins, ami du conspirateur Danton. Dix jours plus tard Marcandier et sa femme paraissaient devant le tribunal révolutionnaire, accusés par Fouquier-Tinville, et étaient condamnés à la peine de mort comme « convaincus de s'être rendus les ennemis du peuple en provoquant par des écrits la dissolition de l'assemblée nationale, en colportant et distribuant ces écrits. » Marcandier n'avait que vingt-sept ans et sa femme trente et un. C'est par leurs noms que s'ouvrait la liste funèbre de ce jour.

On a attribué à Marcandier une pièce de vers en forme de complainte, insérée dans un recueil intitulée *Carceriana*, qui parut en 1795, mais c'est à tort, si l'on en juge par les idées même qu'elle exprime. Cette pièce, quoique dénuée de poésie ne parcourut pas moins tout Paris après les événements de thermidor. Mme Mariot, la sœur de Marcandier, en avait retenu quelques couplets qu'elle se plaisait à redire dans sa vieillesse. Depuis elle a été retrouvée copiée en entier sur le livret d'un soldat républicain du camp de Guise, et resta ainsi dans le pays (1).

Dès le commencement de l'année 1793, la France avait eu à éprouver de nouveaux revers. Attaquée de toutes parts, la République ne laissa pas que de se défendre avec vigueur au milieu de difficultés de tous genres. Ce fut la sauvage énergie de la convention qui la sauva. Vers la fin d'août, une levée en masse est ordonnée ; on se sert des chevaux de selle pour remonter la cavalerie, et ceux de trait sont destinés au transport de l'artillerie. 8,000 hommes se détachent de l'armée de la Moselle et se rapprochent des sources de l'Oise pour observer l'ennemi qui débouche par les Ardennes et qui envahit la France. Le général Houchard, commandant en chef des armées du Nord, de la Moselle et des Ardennes, occupé du côté de Dunkerque, après avoir gagné la bataille d'Hondschoote, le 8 septembre, se replie sur le Quesnoy, Cambrai et Landrecies, frontières dégarnies par les mouvements de l'armée et exposées aux attaques journalières des divisions de Cobourg qui méditait l'investissement du Quesnoy. Il était temps, car la consternation s'était répandue dans tout le pays, et les populations poussaient des cris d'alarme. Après la prise de Valenciennes, l'ennemi avait pénétré jusque dans les districts de Vervins et de Saint-Quentin. Effrayés de ce progrès, les administrateurs de Ver-

---

(1) Cette pièce se trouve en entier dans la biographie de Marcandier, de M. Ed. Fleury. — Il y a une courte notice sur Marcandier dans la *Biographie universelle*.

vins s'étaient crus obligés de se retirer à Laon avec leurs archives. Bohain avait été pris et pillé le 1ᵉʳ septembre. Beaucoup d'hommes et de femmes des environs de Guise se réfugient dans la ville, qui les accueille et leur distribue des secours.

Cependant il fallait à tout prix empêcher l'ennemi d'aller plus avant et le rejeter sur la frontière. En conséquence de la réquisition, de nombreux approvisionnements se rassemblent à Guise, sur l'ordre du comité de salut public, et de nouvelles levées y arrivent de toutes parts. On voulait profiter de l'alarme que la défaite des Anglais à Honsdschoote avait dû jeter dans le camp des Autrichiens et contraindre ceux-ci à se retirer par l'apparition subite d'un nouveau corps d'armée. Mais ces levées ne pouvaient se faire sans le plus grand désordre. On en jugera par celle qui arriva de Laon. On avait envoyé dans cette ville l'ordre de faire partir sans retard pour se rendre à Guise tous les hommes en état de porter les armes qu'on pourrait réunir, en d'autres termes, de faire une levée en masse ; cet ordre était arrivé dans la nuit du 13 septembre, et le lendemain 1,200 Laonnais prenaient la route de Guise. Cette troupe, grossie en chemin d'une foule de paysans, pouvait former, à son arrivée à Guise, un effectif de 15,000 hommes, mais mal armés, mal commandés, sans habitude de la guerre, et tout au plus bons à piller et à affamer le pays, et incapables d'être employés à la moindre opération militaire (1).

Le corps d'armée qui se formait à Guise occupait, du côté

---

(1) Jomini, *Hist. des guerres de la révolution*, tom. 3, p. 174 ; — *Histoire de Laon*, et *Manuel historique*, par Devisme ; — *Hist. de Vervins*, par Piette, p. 133.

du nord, les villages et les plateaux voisins de la ville, qu'il couvrait de ses bivouacs. Il était aux ordres du général Balland, soldat de fortune, comme la plupart des généraux républicains. On le croit né à Laon le 27 août 1751. Il épousa une femme du peuple. Il était entré au service à l'âge de quinze ans, et était parvenu en peu de temps au grade de sous-lieutenant. La révolution accéléra son avancement, car il fut successivement nommé, dès les premières années, lieutenant, capitaine, et lieutenant-colonel. Par sa belle conduite à la brillante affaire de Jemmapes, il obtint sur le champ de bataille la conduite d'un régiment. Il continua de servir dans l'armée du Nord et parvint au grade élevé de général de division. C'est en cette qualité qu'il commandait celle qui se formait à Guise. Le séjour qu'il fit dans cette ville la lui fit aimer et il y revint finir ses jours. Les Laonnais ne lui furent pas d'un grand secours; car, à peine furent-ils arrivés qu'ils se dispersèrent. Au bout de quelques jours on renvoya les gens mariés, et, un mois après, on licencia les autres. Pour tout exploit, cette réunion inutile crut éterniser sa mémoire en changeant l'antique nom de Guise en celui de *Réunion-sur-Oise*.

La division de Guise faisait partie de l'armée du Nord, dont le général Jourdan venait de prendre le commandement supérieur après la destitution du général Houchard. Jourdan trouva cette armée dans un état complet de désorganisation et disséminée en plusieurs camps. Carnot, ministre de la guerre, accourut près de lui avec le plan du comité de salut public. Laissant 50,000 hommes dans les camps de Gravelle, Lille et Cassel, pour former son aile gauche et garantir les frontières de Flandre, il fit partir de ces divers cantonnements 40,000 combattants choisis parmi les troupes les mieux organisées et les plus aguerries, et les dirigea sur le camp de Guise en cinq colonnes. C'est à la tête de ce faible corps qu'il se chargea d'arrêter les 70,000 hommes du prince de Cobourg. Indépendamment de cette masse déjà organisée, il faisait enrégimenter en toute hâte toutes les levées provenant de la réquisition permanente. Il avait fixé à Guise le rendez-vous de toutes les recrues, mais elles étaient dans un tel désordre qu'il fallait des détachements de troupes de ligne pour les garder.

Pendant ce temps-là, les alliés nous enlèvent le camp de Famars, reprennent Valenciennes, Condé, Le Quesnoy, et les communications de Landrecies sont interceptées par le prince de Cobourg, qui pousse des reconnaissances sur les routes de Saint-Quentin et de Péronne, et qui, après avoir laissé 30,000 hommes pour resserrer Maubeuge et le camp qui le défendait, prit position à Dourlers et à Wattignies.

Ces revers effrayèrent le comité de salut public, aussi, cédant à l'avis de Carnot, qui avait opiné pour une bataille décisive, il envoya sur les lieux des commissaires, et Carnot lui-même à leur tête. Ceux-ci accoururent à Guise, où était le quartier-général de Jourdan, et se concentrèrent avec lui (1). Il fut résolu qu'on porterait le quartier-général à Avesnes, pour s'élancer de là sur l'ennemi. Jourdan se mit donc en marche sur cinq colonnes, et ses divisions faisant un long détour s'avancèrent de Guise par la route d'Avesnes. Cobourg l'attendait dans une position formidable sur les collines boisées de Dourlers, qu'il avait garnies de retranchements et d'artillerie. Cependant, au lieu d'attaquer Cobourg

---

(1) *Biographie universelle et portative des contemporains*, Art. Carnot.

sur le point le plus faible, sur Wattignies, il le fit attaquer sur quatre points à la fois, dans la crainte qu'en se portant exclusivement à Wattignies, il ne laissât ouverte la route d'Avesnes à Guise, sa base d'opération et le lieu de réunion de tous ses dépôts. A sa gauche, il détacha donc Fromentin, avec sa division, sur Saint-Vaast; Balland, avec plusieurs batteries, dut se placer au centre, en face de Dourlers, pour contenir Clairfayt par une forte canonnade; Duquesnoy s'avança avec la droite sur Wattignies et devait être secondé par la division Balland. Ces mouvements qui eurent lieu le 5 octobre n'eurent aucun succès. Carnot crut, contre l'avis de Jourdan, qu'il fallait porter un coup décisif sur Wattignies, centre des lignes ennemies, avec la division du centre commandée par Balland et forte de 13,000 hommes, laquelle s'était bornée jusque-là à canonner les troupes qui défendaient la route de Maubeuge. Cette division, animée par l'exemple du général en chef et celui de Balland, qui s'étaient mis à sa tête, fit d'incroyables efforts et perdit 15,000 hommes au milieu d'une forte artillerie. Carnot épouvanté, laissa Jourdan maître des opérations. Le lendemain, ce général fit canonner par Balland les hauteurs de Dourlers et renouvela l'attaque de Wattignies; nos troupes favorisées par un épais brouillard délogèrent l'ennemi de toutes ses positions. Cette victoire, appelée la victoire de Wattignies, fit lever le siége de Maubeuge et vint heureusement rassurer les esprits.

Toutefois, on ne tira pas du succès de Wattignies tous les avantages qu'on devait en attendre. Jourdan avait quitté avec une armée dénuée de tout les rives de la Sambre où Cobourg ne tarda pas à reparaître. Il repassa même cette rivière, suivit lentement la marche rétrograde de nos divisions et lança sur leur gauche quelques détachements de troupes légères. Le prince de Wirtemberg, qui commandait cette avant-garde, vint attaquer nos avant-postes près de Guise, mais il se fit écraser sous les murs de la place, le 8 novembre, et n'échappa que par la vitesse de ses chevaux à la poursuite ardente de nos hussards. Le prince de Cobourg le recueillit dans ses rangs, et, après avoir manœuvré quelques jours dans les plaines du Câtelet et de Saint-Quentin, rançonnant les bourgs et les villages ouverts, il mit ses troupes en quartier-d'hiver.

Jourdan, de son côté, rassuré par cette retraite, put accorder à son armée un repos dont elle avait grand besoin : il la cantonna sur les frontières, à Cambrai, Lille et Dunkerque, et s'occupa activement de réparer ses fatigues et de faire cesser l'état de denûment où elle se trouvait. Il demanda à la convention des vivres et des vêtements, mais le comité de salut public, emporté par une impétuosité intempestive, crut qu'il était temps de reprendre l'offensive et manda le général à Paris, pour lui donner des instructions. Jourdan combattit les plans du comité et objecta que les nouvelles levées étaient sans armes, sans habits, sans instruction, et qu'on ne pourrait espérer de succès qu'au printemps suivant. On suivit ses conseils, mais il fut remplacé par Pichegru, au mois de février 1794, dans le commandement de l'armée du Nord.

Jourdan n'en avait pas imposé au comité sur l'état de cette armée, qui était vraiment déplorable. Aussi les états-majors de Guise et de Cambrai signaient-ils réquisition sur réquisition sur les départements du nord, et notamment sur celui de l'Aisne. On ne voyait que convois de tout genre sur les chemins qui menaient à Guise. La ville avait sa bonne part dans les contributions de guerre. Outre un encombrement effroyable de troupes dans ses rues et sur ses places, elle était souvent mise la première à contribution. Les troupes étant mal payées, mal organisées, il en résultait un désordre difficile à décrire. Dès les premiers jours de germinal an II (1793), une descente avait été faite chez tous les marchands de la ville pour mettre en réquisition tout ce qui pouvait servir à l'équipement militaire. On cite la citoyenne Godard (Ursule), entre les autres, qui fut obligée de livrer soixante paires de bas de toutes couleurs, neuf douzaines et demie de gros boutons, neuf douzaines de petits, six paires de traits de chanvre. Une levée de chevaux ayant été ordonnée par toute la France, par un décret de la convention, le district de Vervins en dut fournir deux cent soixante-treize, dont soixante-treize pour le seul canton de Guise et la ville ; et, comme il les fallait tout équipés, le sieur Labbez, de Paris, fit confectionner pour Guise et son canton soixante-treize selles avec brides, bridons, chabraques, houssées et mors. Bientôt le général chef d'état-major de l'armée du Nord frappa la ville d'une réquisition de cinquante livres de chandelle et de toutes les couvertures que les habitants auraient d'excédant. Elle avait été précédée d'une autre réquisition de cochons, ordonnée par le comité de salut public. Il fallut ensuite fournir onze pionniers pour le siége de Maubeuge, sur les trois mille imposés à l'arrondissement, indépendamment des voitures pour le transport aux armées, des équipages militaires et des bois de chauffage. Le 22 novembre eut lieu une réquisition d'un autre genre, celle qui appelait sous les drapeaux de la république tous les jeunes gens de dix-huit à vingt-cinq ans. On ne fut pas plus épargné en 1794. Le 12 janvier, Guise fournit pour sa part vingt-quatre chevaux estimés 27,950 livres. Le 24 avril, vingt-huit chevaux, sept chariots, sept baches, sept charretiers, étaient frappés sur le canton, et par la loi du 7 du même mois, il fallut encore livrer un cheval sur vingt-quatre. Toutes ces contributions forcées n'empêchèrent pas la ville de se signaler encore par des offrandes d'argent, de souliers, de chemises, de linge, de lits, et d'ustensiles pour les casernes, et de faire les plus grands sacrifices pour les approvisionnements de grains. En 1793, une souscription volontaire qui avait produit un fonds de 16,970 livres, destinée aux approvisionnements de blé pour la commune, était versée entre les mains du citoyen Clin-Grouzelle ; mais, comme malgré des besoins si pressants la halle ne s'approvisionnait que fort difficilement, la municipalité ne craignit pas de rendre un jugement contre ceux qui se refuseraient d'y envoyer leurs grains.

Quoique l'organisation intérieure de l'armée du Nord fut sans cesse modifiée par de nouveaux changements, telle était à peu près sa disposition entre Guise et Landrecies, au commencement de la campagne de 1794, vers les premiers jours d'avril. La droite, commandée par Fromentin, était à Avesnes, et se composait de 15,600 hommes. La gauche, composée de 11,200 hommes aux ordres de Goguet, occupait Bohain. Balland formait le centre avec 36,100 hommes, vers Etreux, et s'appuyait sur Guise. Pichegru commandait en chef ces diverses masses stationnées sur les frontières de la Belgique. Il devait à la confiance de Robespierre et de Saint-Just, sa nomination à l'armée du Nord. Comme c'était sur cette frontière que devaient avoir lieu les plus grandes opérations, Saint-Just et Lebas avaient été envoyés à Guise pour ranimer l'énergie de l'armée.

Les deux représentants partirent de Paris vers le milieu de janvier 1794, et se rendirent avec Pichegru au quartier de Réunion-sur-Oise, où Ferrand, commandant en chef de la division, lequel était alors à Landrecies, vint les recevoir. Saint-Just parcourut la ligne immense que l'armée du Nord occupait, depuis Maubeuge jusqu'à Lille, afin de se rendre compte par lui-même de l'état des troupes, qu'il trouva des plus déplorables; mais son énergie révolutionnaire ne tarda pas à imprimer à tous les services de l'armée une vive activité. Réquisitions, emprunts forcés, proscriptions, sévérité outrée de la discipline militaire: tels sont les moyens qu'il met en œuvre pour arriver à une complète réorganisation. Le 28 janvier, on le voit à Lille, et le 31, il est au camp de Guise. A peine y est-il arrivé qu'il lance un arrêté de proscription contre des officiers ex-nobles du 56e régiment de ligne, dont il soupçonne le patriotisme; et, le même jour, 31 janvier, il écrivit de Guise au comité de salut public une lettre où il se plaint vivement du peu d'étendue qu'on a donné à l'armée du Nord pour arrondissement, puisqu'au lieu de 100,000 hommes qu'on avait calculés, il faudra compter sur 140,000; de la mauvaise direction donnée aux convois; de l'encombrement des voitures sur des routes et des chemins tellement impraticables, qu'il n'avait pu faire en poste que huit lieues par jour, depuis Douai jusqu'à Guise. « L'armée des Ardennes est peu considérable, écrivait-il encore de notre ville, à Massieu, son collègue; son arrondissement a été moins épuisé que tous les autres. L'armée du Nord augmente et ses ressources diminuent. Nous te prions de faire les plus grands efforts pour nous procurer des fourrages. Tu en as promis; il faut, s'il est possible, porter ce convoi à deux cent mille rations; le temps presse, la campagne va s'ouvrir, ce pays doit être le théâtre des principaux événements. » Saint-Just prit de nombreux arrêtés à Réunion-sur-Oise, expédia beaucoup d'affaires, quitta l'armée pour se rendre à Paris, et ne revint qu'à la fin d'avril au quartier-général de Guise, pour la reprise des hostilités, qui eut lieu vers le 4 de ce mois.

Tel était le plan adopté par Carnot et Pichegru : attaquer directement le centre de l'ennemi et le faire inquiéter sur les deux ailes. En conséquence, la masse principale qui était à Guise, devait agir sur le centre des coalisés, tandis que de fortes divisions, opérant, l'une sur la Lys, l'autre sur la Sambre, devaient faire une double diversion. Dès le 29 mars, une reconnaissance générale avait été poussée sur les principales forces de Cobourg et avait fait éprouver aux Français une perte de 800 hommes; ils avaient quitté leurs postes de Bohain, de Prémont, d'Etreux et de Vénérolles. Le projet de l'ennemi était évidemment d'attaquer Guise, mais les Français avaient dégagé cette ville par la reprise de ces quatre positions. Des pluies abondantes vinrent bientôt faire suspendre les opérations (1).

Cependant le prince de Cobourg, dans l'espoir de pénétrer en Picardie, avait rassemblé 90,000 hommes sur les hauteurs du Câteau, et n'attendait pour aller attaquer Landrecies que l'arrivée de l'empereur, qui devait se rendre incessamment au quartier-général. Outre cette armée, deux autres corps devaient agir sur les ailes ; à la gauche, le prince de Kaunitz,

(1) Jomini, tom. 5, p. 454 et suivantes. — *Manuel historique*, p. 140. — *Hist. des guerres de la révolution*, par G. Viennet, chef de bataillon du corps royal d'état-major. — *Hist. de la révolution*, par M. Thiers, tom. 6, p. 401, édit. 1826.

avec 18,000 hommes, et à la droite, Clerfayt, avec 25,000. Un pareil déploiement de forces n'était pas propre à nous rassurer, mais on ne tarda pas à voir diminuer les craintes qu'elles devaient faire concevoir, par la manière dont elles furent mises en mouvement.

Au lieu de tomber, avec toutes les troupes qu'ils avaient réunies au Câteau, sur les divisions françaises disséminées entre Guise, Avesnes et Landrecies, les alliés partagèrent leurs forces en huit colonnes, pour pousser sur autant de rayons divergents les troupes françaises qui leur étaient opposées. Une se dirigea par Fesmy et Oisy; une, où était le quartier-général de l'empereur d'Autriche, par Wassigny; une par Vaux et Bohain, et une par Prémont, etc. La troisième colonne arrivée sur les hauteurs du Grand-Blocus, rejeta les troupes du général Balland, qui avaient fait un mouvement en avant, jusque dans le village d'Etreux. Ne pouvant tenir contre des forces si considérables, les Français battirent en retraite, mais sans essuyer de grandes pertes, et, se repliant derrière le Noirieux, vinrent se reformer sur l'Oise. Ce demi-succès sembla encourager l'ennemi. Le prince d'Orange investit Landrecies avec un corps de Hollandais, mais la prise de cette ville n'était pas le but que les alliés se proposaient. Néanmoins, pour protéger le siége de cette place, les corps du prince de Cobourg et du duc d'York prirent des positions d'observation, celui de Cobourg à gauche, à l'abri de la rivière, contre Guise et Avesnes, et l'autre contre Cambrai; Clairfayt poussa une reconnaissance jusqu'à Hannapes (1).

Tandis que ces divers mouvements s'exécutaient, la terreur

---

(1) Jomini, *ibid.*; — *Manuel historique.*

s'était emparée de Guise, que le général Balland, en s'avançant au-delà d'Etreux, avait laissé à découvert et qui était dépourvu de garnison. Pour donner le change à l'ennemi et lui faire croire à la présence d'un corps de réserve autour de la ville, le commandant de la garde nationale, le citoyen Cardot, père, eut l'ingénieuse idée de rassembler la milice bourgeoise sur le Mont-Marlot, où il la fit longtemps manœuvrer en exécutant diverses évolutions, et où il fit allumer des feux pour simuler des feux de bivouac. Cette diversion simulée jointe à l'attitude que prit Balland en venant se remettre en position sur l'Oise, obligea l'ennemi de se tenir lui même à l'abri derrière le Noirieux.

Le mouvement opéré par les alliés en refoulant la division Balland, centre de l'armée française, et la trouée qu'ils venaient de faire sur le Nouvion, La Capelle, et Boué, par la prise de Preux-aux-Bois, sous les murs de Landrecies, n'en rendaient pas moins précaires et difficiles les communications de la droite avec les corps de Guise et de Cambrai; mais heureusement Cobourg ne sut pas profiter de cet avantage. Les généraux français de la droite voyant la difficulté de leur position, que néanmoins ils s'exagéraient, Maubeuge et Avesnes n'étant pas approvisionnés, on agita dans un conseil de guerre la question de se retirer sur Philippeville; mais un dessein moins pusillanime prévalut et l'on décida de porter la brigade de Duhesme sur La Capelle, pour la lier avec des troupes qui y marcheraient de la position qu'elles occupaient à Guise. Ce mouvement, mieux combiné, aurait eu, selon les hommes spéciaux en cette matière, des succès importants: mais à cause de la manière étroite dont il fut conçu, il n'eut que de faibles résultats.

En effet, au moment où le mouvement sur La Capelle se méditait à Maubeuge, le général Balland comprenant la position difficile de nos lignes, adressa de son chef, le 19 avril, aux divisions voisines, un plan d'attaque qui devait recevoir son exécution le lendemain. Le général Fromentin l'ayant reçu le premier, le transmit au commandant de l'aile droite qui l'approuva. Ainsi tout porte à croire que cette entreprise attribuée à Pichegru, qui ne paraît pas avoir mieux jugé que ses lieutenants, fut le résultat des craintes du général Balland, justement alarmé de la trouée que l'ennemi venait de faire dans le centre de nos lignes.

D'après les dispositions convenues, la brigade Duvigneau quitta ses positions de Guise, se dirigea par Vervins sur La Capelle et en chassa les avant-postes ennemis, qui se retirèrent dans la forêt du Nouvion, mais les colonnes du camp de Guise ne furent pas aussi heureuses. Celle de Cambrai ne fit qu'une démonstration sans résultat. La division Balland n'eut aucun engagement sérieux. Celle de Goguet au contraire fut accueillie chaudement par le général Bellegarde, vers le Grand-Blocus et les bois d'Arrouaise; mise en déroute, elle fut obligée de regagner le camp dans un grand désordre. Son général fut tué à Bohéries, par un soldat, comme il cherchait à rallier les fuyards, sans qu'on ait pu savoir la cause véritable de cette atroce exécution.

Le siége de Landrecies continuant toujours malgré ces mouvements, le centre de l'armée française dut renouveler ses tentatives pour le faire lever. Tandis que les autres corps devaient se concentrer sur cette place, chacun de leur côté, Balland partant de Guise, devait, après avoir délogé les postes du prince de Cobourg vers le Nouvion, se diriger sur

Barzy, à l'aide des troupes de l'ancienne division Goguet, ralliées sous Guise, et destinées à marcher sur Étreux. Mais notre centre ayant donné contre la masse des alliés, fut battu, et la division Balland rétrogradant à la vue du général Smerzing, laissa les colonnes de Duvigneau et de Duhesme en but aux coups de Bellegarde et d'Alvinzy, en sorte qu'elles furent repoussées aussi bien que celles de Montaigu. Les Français rentrèrent donc dans leurs anciennes positions, mais les alliés, inquiets du mouvement que l'aile gauche opérait en même temps sur la Flandre, ne tirèrent aucun fruit de leur victoire. Enhardi par le succès que celle-ci avait remporté à Courtrai, le général Ferrand combina une nouvelle tentative pour le 29 avril, cherchant cette fois à établir plus de concert dans l'action des colonnes qui devaient s'étendre vers la gauche, afin de pouvoir se rallier plus facilement à celles de Guise; mais elle eut le même sort que les précédentes, et Landrecies capitula le 30 avril (1). On raconte que le général Pichegru étant un jour à Guise, où il occupait avec son état-major la maison de M. Lesur-Romain, ayant appris par un journal des nouvelles défavorables au sujet de cette place, mit cette feuille en pièces dans un accès d'emportement.

Saint-Just était parti de Paris dans l'espoir d'assister à ces opérations, et il arriva à Guise le 2 mai. Il y apprit la capitulation de Landrecies, la prise de Menin et la défaite de Clerfayt par Pichegru. En même temps il y trouvait une lettre de Carnot, datée du 30 avril et adressée aux représentants du peuple Saint-Just et Lebas au quartier-général de

---

(1) Jomini, tom. 6, chap. 3, et Viennet.

Réunion-sur-Oise, où celui-ci lui dit qu'il lui envoie la collection des lois militaires, des cartes topographiques et un sabre ; où il blâme les mouvements opérés pour dégager Landrecies, mouvements faits sans ensemble et avec des forces disséminées; où enfin il lui apprend l'arrivée de Pichegru à la colonne du centre. La perte de Landrecies ne parut pas néanmoins trop affliger la convention. En effet, Carnot écrivit encore à Saint-Just le 2 mai, pour lui donner de nouvelles instructions. Il lui faisait craindre qu'une attaque de l'ennemi sur Cambrai ne fut un mouvement pour attirer nos forces de ce côté, nous faire abandonner Guise et ses communications avec Avesnes, et lui laisser le loisir d'investir cette place ou Maubeuge. Il lui annonce en même temps la marche prochaine de Jourdan vers la Belgique pour seconder les opérations de Pichegru. Le représentant du peuple avait écrit de son côté, au comité de salut public, une lettre en date du 3 mai, du quartier-général de Guise, où il attribue la prise de Landrecies au désordre de l'armée du Nord depuis Maubeuge jusqu'à Cambrai. Il s'y plaint amèrement de l'état de dénûment où se trouvent les soldats, du peu d'instruction des régiments de cavalerie, où les réquisitions ont été incorporées tard, de l'abattement des généraux qui n'ont aucun plan d'arrêté, ni de but déterminé; et demande des instructions décisives et immédiates.

Du reste, il est déjà à l'œuvre pour le rétablissement de la discipline. Les soldats quittent leurs postes et envahissent Guise où ils se livrent à la débauche: il force, par un arrêté du 2 mai, les femmes de mauvaise vie de quitter le camp sous peine de mort. Un soldat n'ayant obéi à cette injonction que deux jours après le délai fixé pour cette expulsion, fut fusillé.

Un autre arrêté du 3 mai interdit aux soldats l'entrée de la ville sous peine de mort : toute infraction à la discipline était punie de la même peine par le tribunal militaire de l'armée du Nord.

Pour rendre leur justice plus expéditive, Saint-Just et Lebas avaient ordonné à Guise, le 4 mai, la formation de ce tribunal militaire, ou commission spéciale, lequel devait condamner, sans aucune forme de procédure, à être fusillés en présence de l'armée : 1° tous les agents ou partisans de l'ennemi, qui peuvent se trouver, soit dans l'armée du Nord, soit dans les environs de cette armée ; 2° les agents prévaricateurs de la même armée ; 3° les déserteurs qu'il aura reconnus agents ou partisans de l'ennemi. Ces mesures sévères avaient été provoquées, à la vérité, par des faits incontestables de trahison, de concussion et de désertion. L'armée était affamée et pillée par les fournisseurs ; un agent français était venu de l'armée ennemie embaucher des grenadiers d'élite jusques au milieu de Guise et de Landrecies ; un complot avait été formé à Maubeuge pour livrer la ville ; des officiers avaient passé à l'ennemi avec des détachements entiers ; le cri de *sauve qui peut* avait souvent jeté la panique et la terreur dans nos troupes, qui s'enfuyaient à la débandade. Ce dernier fait avait été dénoncé à la convention, le 3 avril 1794, par Barrère, qui rappelait en même temps l'assassinat du général Goguet, *par un scélérat masqué en militaire*, lorsqu'il essayait de rallier les troupes et de les ramener à l'ennemi. Le général Ferrand écrivait également de son côté que la malveillance de l'étranger jetait parmi les troupes des hommes qui, dans chaque combat, répandaient la terreur et causaient les plus grands désordres dans nos rangs. Un officier qui avait poussé le cri *sauve qui peut* fut le premier livré à la commission militaire et fusillé devant les troupes. Un assez grand nombre de déserteurs subirent la même peine. Elle fut aussi appliquée à des fuyards. Quelques volontaires arrivés nouvellement au camp de Guise et encore mal aguerris ayant été placés le long d'un ruisseau pour en défendre le passage, n'avaient pu tenir devant des dragons et des tirailleurs habitués à la charge et au feu, et s'étaient dispersés dans la plaine ; le détachement fut décimé et les survivants exposés, le derrière de la tête rasée, aux moqueries de l'armée.

Saint-Just poursuivit aussi sans pitié les munitionnaires, qui furent tous arrêtés et remplacés par des habitants du pays, lesquels durent, sur l'ordre du représentant, s'en tirer comme ils le pourraient. L'un de ces derniers n'ayant pu, faute d'expérience bien pardonnable, remplir son nouvel emploi, ne dut son salut qu'à la fuite et à une longue disparition. Impatient du moindre retard dans l'exécution de ses ordres, Saint-Just prit un arrêté par lequel il était enjoint au commissaire-ordonnateur de faire parvenir avant quatre heures du matin, dans les magasins de Saint-Germain, les fourrages et l'avoine nécessaires, et faire en sorte qu'il y ait toujours dans les magasins au moins pour un jour d'avance. L'accusateur public devait faire parcourir, dès cinq heures du matin, les divers quartiers par des commissaires, pour vérifier l'exécution de ces ordres sévères. Saint-Just n'en dut pas moins défendre plusieurs fois devant la convention, contre des accusations de concussion, Gateau et Thuillier, ses amis et ses protégés, tous deux administrateurs des vivres à l'armée de Guise, dont il avait peut-être toléré les écarts, malgré sa réputation de sévère probité et son horreur pour la concussion.

Guise fut un instant sous l'impression de la terreur que portaient avec eux les représentants du peuple dans les pays où ils étaient envoyés en mission, car quoique absorbé par les soins de l'armée du Nord, Saint-Just n'en jetait pas moins ses regards sur les pays qu'elle occupait. Il avait, au mois de janvier, ordonné l'arrestation de tous les nobles des départements de l'Aisne, du Nord, de la Somme et du Pas-de-Calais. A son retour à Guise il s'enquit de l'exécution de ses ordres et s'irrita du petit nombre des détenus dont il lut les noms sur les listes envoyées par les administrations départementales. Un de ses anciens condisciples au collége des oratoriens de Soissons, qui servait à l'armée de Guise en qualité de capitaine d'artillerie, et si connu depuis sous le nom de général Foy, faillit devenir victime de la sévérité républicaine de Saint-Just. Foy s'étant fait remarquer par son ardeur contre-révolutionnaire, fut arrêté sur un ordre de sa part et consigné dans la maison qu'il habitait à Guise, en attendant d'être prochainement traduit devant la commission militaire. Le capitaine dut son salut à son hôte. Le logis où il était gardé à vue avoisinait l'Oise, dont il n'était séparé que par une seule maison. Un mur mitoyen fut percé, et par une fenêtre du bâtiment riverain, Foy gagna la rivière et s'échappa. Il put ensuite se mettre en sûreté dans une retraite, d'où il rejoignit son régiment cantonné sur un autre point de la frontière (1).

Après la reddition de Landrecies, Pichegru prit de nou-

Biographie de Saint-Just, par E. Fleury, tom. 2, p. 248.

velles dispositions pour agir en Flandre, qui était le point décisif. Il commença par diviser son centre. Le général Ferrand resta sous Guise avec 20 à 25,000 hommes tirés en partie des garnisons et en partie des divisions Goguet et Balland. Ferrand, quoiqu'on lui eût retiré des troupes, continua d'observer Landrecies et la forêt de Mormal, pendant les mouvements opérés sur la Sambre par Pichegru, lequel ayant tourné l'armée des alliés, alla déconcerter l'ennemi par la rapidité de ses manœuvres et le battit à Cassel, à Courtrai et à Menin; ainsi, il avait rompu une ligne jusque-là impénétrable. Ferrand n'en resta pas moins à Guise jusqu'au 30 mai. Saint-Just était d'avis qu'il ne fallait pas y demeurer dans l'inaction. Il voulait que l'armée de Guise poussât de son côté une pointe sur l'ennemi et il y était autorisé par une lettre du comité de salut public, qui, en cas de succès, ordonnait d'employer les 25,000 hommes de Guise, désormais inutiles, à chasser l'ennemi de la trouée où il s'était maintenu, tandis qu'on le presserait de l'autre; ou, si l'on n'en avait plus besoin sur ce point, de les envoyer bloquer Namur et seconder Jourdan, qui devait opérer sa jonction sous peu de jours. Un second passage de la Sambre fut donc tenté le 20 mai sans succès; on revint une troisième et une quatrième fois à la charge, et telle était l'opiniâtreté de Saint-Just, qu'on y revint encore une cinquième fois. Le 29 mai, la Sambre fut passée et Charleroi bloqué et bombardé, néanmoins il fallut encore se retirer derrière la rivière. Enfin le général Jourdan, que ses talents militaires avaient fait remettre en activité, acheva de donner une nouvelle face aux affaires. Au moment où les alliés faisaient replier toutes leurs troupes répandues dans la forêt de

Mormal, il réunit à l'armée de la Moselle, qu'il commandait, l'armée des Ardennes, ainsi que la majeure partie des trois divisions de l'armée du Nord restées au centre, depuis Guise jusqu'à Thuin, qui prirent ensuite le nom d'armée de *Sambre-et-Meuse*; puis il s'achemina avec une grande partie de ses forces vers Mons, où il supposait que Pichegru viendrait bientôt le rejoindre. Il passa la Sambre le lendemain de la capitulation de Charleroi, et le 26 juin, il gagna la bataille de Fleurus.

Un soldat de fortune illustra Guise, sa patrie, dans cette mémorable affaire. C'était Antoine Dubois, qui était déjà parvenu au grade de lieutenant général par le mérite qu'il avait déployé dans les premières guerres de la révolution. A Fleurus, la division qu'il commandait fit éprouver de grandes pertes à l'ennemi, et il contribua ensuite aux divers avantages qui furent le résultat de cette journée. Dubois était un soldat plein d'ardeur et de courage; entraîné par son impétuosité, il s'engagea un jour trop avant dans les lignes des Autrichiens. Ce fut entre lui et le général en chef, Jourdan, le sujet d'une vive contestation, à la suite de laquelle Dubois demanda à quitter l'armée de Sambre-et-Meuse. Il ne resta pas pour cela dans l'inaction et il alla se signaler à Paris, dans une guerre d'un autre genre. Cette capitale était toujours en proie aux factions démagogiques et se trouvait alors en pleine insurrection. Les faubourgs Saint-Antoine et Saint-Marceau avaient battu la générale, sonné le tocsin, et, réunis aux débris du jacobinisme, s'étaient portés contre la convention, l'accusant de n'avoir fait mourir Robespierre que pour mieux exercer la tyrannie et réduire le peuple à la misère. Les femmes inondent les tribunes et couvrent la voix des orateurs par ce cri de ralliement de la journée : « Du pain ! du pain ! La constitution de 93. » Le plus grand désordre règne dans la ville et au milieu de l'assemblée. Forcée d'évacuer celle-ci, la foule s'était réunie autour de la maison commune et les révoltés s'étaient déclarés convention nationale du peuple souverain. C'est alors que Dubois proposa de se mettre à la tête de la cavalerie parisienne et de diriger contre les insurgés les sections demeurées fidèles. Ce mouvement fut exécuté et l'insurrection d'abord si formidable s'apaisa sans la moindre effusion de sang. Dubois suivit Bonaparte en Italie et servit d'une manière brillante à la fameuse campagne de 1796. Atteint d'un coup mortel à la bataille de Rovérédo, les dernières paroles de ce brave furent reçues par le général en chef. « Je mourrai content, lui dit-il, si j'ai le bonheur de voir la fuite de nos ennemis; » et il rendit les derniers soupirs au milieu des cris de victoire des Français. Le général Balland fit aussi cette glorieuse campagne et répara dans les événements de Vérone, au mois d'avril 1797, la conduite assez peu militaire qu'il avait déployée aux environs de Guise. Depuis cette époque, Balland fut mis à la retraite, se retira sans fortune, ce qui ne fut pas sans mérite sous un gouvernement dilapidateur, et vint se fixer à Guise où il avait séjourné assez longtemps avec son état-major. La considération dont il jouissait lui fit confier plus tard la charge de premier magistrat de la ville, qu'il administra jusqu'en 1822, époque de sa mort (1).

Le départ des dernières colonnes de l'armée du Nord, qui avaient si longtemps stationné à ses portes, procurèrent à

---

(1) *Biographie des contemporains;* — *Manuel historiq.*, par Devismes, p. 229.

Guise un repos dont il avait grand besoin. La présence de tant de troupes en avait fait un véritable camp et y avait entretenu une alarme continuelle. Il y avait eu à l'hôpital un tel encombrement de militaires que l'administration fut obligée de demander au citoyen Besson, commissaire des guerres, un supplément de 32,876 francs 20 centimes pour le surcroît de dépenses qu'ils y avaient occasionnées. La garnison redevint ce qu'elle était en 1793, c'est-à-dire qu'elle resta composée d'un bataillon d'invalides et d'un régiment de cavalerie, dont l'état-major demeurait dans la place, et dont deux escadrons avaient leurs cantonnements à Lesquielles et à Origny.

Cependant la chute de Robespierre avait entraîné celle de ses amis Couthon, Saint-Just, Lebas, et autres ultra-révolutionnaires. La réaction thermidorienne se fit sentir à Guise contre ces deux derniers, tandis que, d'un autre côté, elle ouvrait à M. de Viefville et à tant d'autres victimes de la terreur les portes de la prison. Saint-Just et Lebas ayant été chargés à la fin de floréal (mai) 1794, d'une mission à l'armée du Nord, avaient habité Guise, et par leurs actes révolutionnaires, y avaient laissé d'assez tristes souvenirs, au moins de leurs intentions. Ils avaient été exécutés le 9 thermidor, et, le 19 du même mois, les citoyens Alphonse Dobignie et Tranchard s'étaient rendus à Réunion-sur-Oise, en vertu d'un arrêté du district de Vervins, pour rechercher, de concert avec le conseil général de la commune, dans les maisons qu'avaient occupées *les conspirateurs Saint-Just et Lebas*, s'il ne se trouverait pas quelque renseignement sur *l'affreuse trame qu'ils avaient ourdie.* Le conseil déclara aux commissaires, qui s'étaient rendus dans son sein, que

Saint-Just et Lebas avaient logé chez le citoyen Lesur-Romain ; que deux fois, en différentes circonstances, ils avaient fait mander la municipalité ; que, la première fois que celle-ci s'était rendue près des deux commissaires, Saint-Just, après leur avoir parlé de la loi du *maximum*, les avait entretenus sur les détenus de la commune, et que sur l'observation des officiers municipaux, que les prisons regorgeaient de soldats et qu'il serait urgent que le tribunal militaire de l'armée du Nord arrivât promptement pour les juger, il leur avait dit *d'un ton fort impérieux* « qu'il serait à désirer que les cimetières regorgeassent plutôt que les prisons (1), » ajoutant à propos de la loi du *maximum* « qu'il avait fait raser en quelques endroits les maisons de ceux qui avaient enfreint cette loi. » Le conseil déclara qu'au surplus Saint-Just et Lebas n'étant venus, d'après leur dire, que relativement aux armées, ils n'avaient pas eu d'autre rapport avec lui, ni lui avec aucun citoyen de la commune. L'interrogation des deux commissaires du district fut poussée jusque sur la fourniture de meubles, vases, linge, et autres objets, faite *aux deux conspirateurs* d'après leurs ordres (19 floréal), par le citoyen Ledbuy qui en était dépositaire. Le conseil répondit qu'il ignorait et la quantité de meubles fournis et si la remise en avait été faite à ceux à qui ils appartenaient. On remit cependant aux commissaires « la voiture à quatre roues, avec sa vache, déposée en la commune, dont s'étaient servis les traîtres Saint-Just et Lebas. » L'on voit par ces seuls détails jusqu'où était portée la passion réactionnaire contre ces affreux tyrans qui, naguère, étaient l'épouvante de la France entière (2).

(1) *Archives de l'hôtel de ville.*
(2) *Ibid.*

Après le régime de la terreur, la convention parut un instant revenir à un système moins oppressif et moins intolérant sur la liberté des cultes. Déjà même, par suite de deux décrets rendus en février et en mai 1795, qui reconnaissaient aux citoyens le droit d'exercer leur culte, droit qu'il n'était pas besoin de reconnaître, et qui autorisaient la réouverture des églises non aliénées, un certain nombre de prêtres sortirent des prisons et les fidèles purent se réunir dans les temples dévastés et profanés. Néanmoins, avant la fin de sa session, l'assemblée sanguinaire était revenue à des sentiments qui lui étaient naturels, ceux de la proscription et de la tyranie. Le 25 octobre, elle faisait revivre l'horrible législation de 1792 et de 1793, contre les prêtres sujets à la déportation ou à la réclusion. Il leur fallut donc rentrer dans les cachots ou repartir pour l'exil. C'est par ces actes d'inhumanité et d'intolérance sauvage que la convention termina son effroyable mission. Le 24 août 1795 (an VI), elle avait proposé une nouvelle constitution à l'acceptation du peuple, et le 28 octobre, un Directoire composé de cinq membres inaugurait, une nouvelle forme de gouvernement. Le pouvoir législatif se composait de deux conseils, celui des Anciens et celui des Cinq-Cents. Deux Guisards, les citoyens Dénizart et Belin, entrèrent, le premier au conseil des Cinq-Cents où il siégea jusqu'en 1799, et le second, qui avait fait partie des deux dernières législatures, au conseil des Anciens où il resta jusqu'en 1797.

Le Directoire fut d'abord fidèle à l'esprit de la convention, et les agents dont il fit choix étaient tous d'ardents et fanatiques révolutionnaires à qui il donnait les instructions suivantes à l'égard des prêtres : « Désolez leur patience, environnez-les de votre surveillance, qu'elle les inquiète le jour, qu'elle les inquiète la nuit ; ne leur donnez pas un moment de relâche. » Peut-on rien de plus froidement atroce ! Le conseil des Cinq-Cents renouvelé par plusieurs élections, qui y avaient envoyé des hommes étrangers aux excès de la révolution, rejeta plusieurs propositions que le Directoire avait proposées contre les prêtres, et de nombreuses pétitions en leur faveur étant arrivées aux deux conseils, ceux-ci les accueillirent. Aussitôt, beaucoup de prêtres déportés se disposèrent encore à rentrer en France, mais la révolution du 18 fructidor ayant donné gain de cause au Directoire dans sa lutte avec les conseils, on ramena le clergé à la législation de 93, et la déportation à Cayenne recommença, en même temps que les fureurs révolutionnaires jetèrent un dernier cri de rage. L'an VII de la république, on célébra à Guise, le 2 pluviôse, la *fête anniversaire de la juste punition du dernier roi des Français*. En ce jour, que la France a depuis couvert d'un voile de deuil, un magistrat, le juge de paix Fontaine, n'eut pas honte de prononcer un discours furibond empreint de toutes les exagérations de la plus folle démagogie. Plusieurs citoyens signèrent cet acte de démence, les uns par faiblesse, les autres par un reste d'exaltation révolutionnaire, notamment plusieurs ministres du culte catholique, c'est-à-dire assermentés, qui voulaient sans doute se faire pardonner leur apostasie par l'excès de leur zèle anti-chrétien, et justifier les rigueurs qu'on exerçait envers leurs confrères exilés. Enfin, le Directoire, qui s'était rendu odieux au-dedans et méprisable au-dehors par ses exactions, sa tyrannie et sa faiblesse, fut renversé par un coup d'Etat. Son règne finit le 18 brumaire (9 novembre 1799), et Bonaparte qui venait d'immortaliser son nom dans les campagnes d'Italie et d'Egypte, fonda le gouvernement consulaire sur la ruine de la représentation nationale.

L'alternative de déceptions et d'espérances que donnaient aux prêtres exilés ces divers événements, la misère à laquelle ils étaient réduits loin de leur patrie, nous sont peintes sous les couleurs les plus touchantes par le vénérable abbé Leroux, curé de Guise, dans sa correspondance avec son troupeau, au milieu duquel il avait laissé de nombreux amis. Il écrivait à l'un d'eux les lettres les plus naïves et les plus tendres, où il leur prodigue tous les encouragements avec les plus douces expressions de l'amitié, où il raconte toutes ses douleurs, ses espérances, son dénûment, tous les regrets de la patrie absente. Celui à qui il s'adressait était un de ces hommes du peuple chez qui le dévouement sans bornes s'unit à la plus vive affection. C'était un serrurrier nommé Picard ; de crainte de le compromettre, il l'appelait *Eloi* dans ses lettres, et lui-même signait *Saint-Pierre*. Une pauvre messagère exposait sa vie en portant la correspondance de l'amitié.

« .... Notre pénitence se prolonge, disait-il, avec une noble résignation : nous l'avons méritée ; souffrons avec courage et persévérance. Le Seigneur est à la fois infiniment bon et infiniment miséricordieux. Ainsi, toujours à lui, comme il est tout à nous... J'embrasse toutes nos brebis fidèles ; elles sont sans cesse présentes à mon esprit, le jour et la nuit, dans les bois et à l'autel quand je peux offrir le saint sacrifice. Courage, mes chères sœurs, courage ; au revoir, adieu peut-être, mes larmes qui trempent ce papier me forcent de finir.... »

« Toujours errant et fugitif, disait-il, dans une autre lettre où il peint sa détresse, tantôt à la campagne, tantôt au village, ici dans une hutte, là dans une maison à l'écart, quelquefois tout dégouttant de sueur, quelquefois tout transi de froid, il (Saint-Pierre) jouit d'une parfaite santé, gros et gras comme un des cinq membres dirigeant (allusion au directoire). Il seroit à souhaiter que son équipage fut en aussi bon état que son corps; mais, qu'il est délabré!.. Des trois habits qu'il a reçus, il n'en reste plus qu'un qui pourra passer l'été tout au plus... Son comptoir est encore dans une plus déplorable situation : entièrement vide... » Puis, aspirant vers des jours meilleurs et emporté par l'ardeur de sa foi : « Jour heureux, disait-il, temps favorable, venez essuyer nos larmes, nous rendre, nous conserver, nous perpétuer, je ne dis pas nos biens, mais notre sainte religion; elle seule sera notre consolation, notre félicité dans le temps et dans l'éternité; elle seule récompensera toutes les peines qu'Eloi s'est données pour celui qui sera à jamais Saint-Pierre, aujourd'hui *in vinculis*, demain *in cathedrâ*, et un jour, comme je l'espère, *in gloriâ*. Éloi, ajoutait-il, n'oubliez aucuns de nos vrais amis, voyez-les tous et chacun en particulier, assurez-les de mes sincères sentimens de reconnoissance. Peut-être qu'un jour les larmes aux yeux et les larmes dans le cœur, j'aurai le plaisir de les leur témoigner moi-même. »

On faisait parvenir aux malheureux émigrés tous les secours possibles, en argent, en habits, en linge, en messes, ce qui n'empêchait pas qu'ils ne souffrissent toutes sortes de privations; mais au milieu de leurs peines, la gaîté ne les abandonnait pas, comme on va le voir... « Saint-Pierre a d'autres besoins très-urgens, ses fonds sont épuisés et tout son équipage est délabré. Il est rentré au port pour radouber son vaisseau fracassé depuis la proue jusqu'à la poupe ; il espère qu'étant réparé, il pourra se remettre encore en mer jusqu'à ce que Bonaparte ait forcé les Anglais à demander la paix.... Ayez la bonté de fournir à la dépense, la caisse sans doute n'est pas remplie, mais le patriotisme parvenu à sa pleine vigueur vaut mieux que tous les trésors des Indes. Courage donc, Eloi, courage, vous touchez au moment désiré! En attendant, nous adressons, non dans la plaine de Mars, mais dans les secrets et l'horreur des forêts, nos vœux et nos saints sacrifices au chef suprême de la patrie ; il nous demande mille privations : nous les lui offrons de tout notre cœur. Qu'on est heureux quand on souffre, non pour une patrie qui nous abandonne et que nous serons forcés un jour d'abandonner, mais pour un royaume éternel (Quel mot! à la guillotine !.....) qui commencera et qui ne finira jamais..... Le dernier volcan qui a détruit toutes nos espérances, disait-il ailleurs (lettre du 14 octobre 1797), n'a pas encore poussé ses laves jusqu'à nous ; nous commençons à espérer qu'elles n'y parviendront pas ; mais quand, mais comment, par qui finiront nos peines ? Dieu seul le sait : soumettons-nous toujours à ses décrets adorables. »

M. Leroux s'occupait dans son exil du travail des mains. Il aimait surtout à cultiver et à semer sous un ciel étranger les plantes et les graines qui lui venaient de la patrie. Avec quelle reconnaissance il recevait toutes celles qu'on lui envoyait de Guise par l'entremise de *mademoiselle Thérèse*, la fidèle et courageuse messagère, et avec quelle touchante simplicité il en demandait de nouvelles: « Remerciez *le brave*

Louis, écrivait-il à Eloi, des graines de chiccrées, de laitues, qu'il nous a envoyées.... Que le brave Louis ait encore la bonté de procurer à notre courtil de la graine d'oignons, de carottes, de laitues, de gros et de petits radis... Je lui promets de bénir de loin, cette année, toutes ses couches, tous ses parcs, le jour de la Saint-Marc et des trois Rogations (2 avril et 5 juillet 1800). »

Le moment si désiré arriva enfin. Le concordat conclu entre le saint-siége et la république mit fin au schisme et aux persécutions qui avaient désolé si longtemps l'église de France. Les prêtres émigrés rentrèrent en France, les paroisses se réorganisèrent, les temples furent ouverts. Ceux-ci se trouvaient dans un état de dévastation déplorable. La conservation de l'église de Saint-Pierre étant indispensable, on évalua ses réparations les plus urgentes à la somme de 2,400 francs. Celles de Saint-Médard à 2,000 francs. Quant à la collégiale de Saint-Gervais, dont on avait fait un magasin pour l'artillerie, la suppression du chapitre la rendant inutile, sa démolition fut arrêtée. Quelle ne dut pas être la tristesse des pasteurs revenus de l'exil en contemplant toutes ces ruines ! Mais aussi quelle ne dut pas être leur joie de revoir en sortir triomphante cette religion qu'on avait cru anéantie pour jamais !

Un nouveau serment était prescrit par l'article 7 du concordat et devait être prêté entre les mains des autorités civiles désignées par le gouvernement. Le dimanche 30 prairial an XI (1802) fut à Guise un jour de grande solennité. Le culte catholique y reprenait sa position officielle. Tous les curés et vicaires du canton et des communes environnantes s'étaient rendus à l'église de Saint-Pierre pour la prestation du serment. C'étaient MM. Crinon, curé d'Aisonville-et-Bernoville, Ravaux, curé d'Audigny, Raulin, curé de Bernot, Loth, curé de Beaurain, Hauët, curé d'Iron, Duplessis, curé de Lesquielles, Tellier, curé de Macquigny, Lancier, curé de Malzy, Willot, curé de Marly, Bonneterre, curé de Noyal, Defremont, curé de Proisy-et-Romery, Lebrun, curé de Vadencourt, Compagnie, curé de Villers-lès-Guise, Hachon, curé de Chigny, Clouard, curé de Landifay, Broutin, curé de Le Hérie, Duflot, curé de Monceau-sur-Oise, Pillon, curé du Sourd, Gérard, curé de Puisieux, Saladin, curé de Faty-et-Wiége, Leroy, vicaire de Sains, Paris, curé d'Hannapes, Mariage, curé de Mennevret, Thiébaut, curé de Tupigny, Noiron, curé de Vaux-en-Arrouaise, Neveu, curé de Verly. Ils avaient à leur tête le vénérable abbé Leroux, accompagné de son vicaire, le spirituel abbé Destables (1), qui comme lui avait préféré l'exil à l'apostasie. Une partie de l'église était occupée par les autorités civiles et militaires, par les divers fonctionnaires de la ville, par un détachement de la garde nationale et des vétérans de la garnison : le reste était envahi par la foule. Une messe fut célébrée par M. Leroux, nommé de nouveau à la cure de Guise, avec toute la solennité que put permettre une église en ruine, et au milieu des larmes des assistants. Après l'évangile, deux discours furent prononcés, l'un par M. Leroux, lui-même, et l'autre par M. Hennet, adjoint de la ville, délégué par le sous-préfet pour cette cérémonie ; ensuite, les curés s'avancèrent les uns après les autres, et prêtèrent le serment dans la formule suivante, qui cette fois n'avait rien que de conforme aux rè-

---

(1) L'abbé Destables avait du talent pour la poésie ; il composa des couplets pleins d'à-propos et d'originalité.

gles de la conscience : « Je jure et promets à Dieu, sur les saints évangiles, de garder obéissance et fidélité au gouvernement établi par la constitution de la république française. Je promets aussi de n'avoir aucune intelligence, de n'assister à aucun conseil, de n'entretenir aucune ligue, soit au dedans, soit au-dehors, qui soit contraire à la tranquillité publique ; et si, dans les communes que je dessers et ailleurs, j'apprends qu'il se trame quelque chose au préjudice de l'Etat, je le ferai savoir au gouvernement. » Après la prestation du serment, M. Leroux fut mis solennellement en possession de la cure de Guise, et en jouit jusqu'en 1809, époque de sa mort.

La restauration du culte catholique à Guise avait été précédée par la rentrée de la communauté des sœurs de Saint-Maur, dite aujourd'hui du Saint-Enfant-Jésus. Les institutrices qui les avaient remplacées n'avaient pas fait oublier les services qu'elles avaient rendus à l'éducation. Ce fut la municipalité elle-même qui provoqua leur retour dès le 28 pluviôse an IX (1800), et les remit en possession de leur ancienne maison de la rue du château, après que les institutrices se furent retirées à Saint-Quentin (1). Depuis cette époque, cette communauté n'a pas cessé de se rendre utile au

(1) La ville ayant depuis revendiqué la possession de cette maison, les dames religieuses furent obligées, par suite des difficultés qu'on leur suscita, de se transporter avec leur pensionnat dans les bâtiments de l'ancien *Hôtel de l'Europe*, qu'elles avaient fait rétablir à leurs frais et augmenter d'une chapelle et de plusieurs corps de logis. Elles prirent possession de leur nouvelle maison le 17 septembre 1859, et la chapelle fut bénie, le 14 janvier de la même année, par M. Lesueur, curé de Guise, délégué par monseigneur de Simony, évêque de Soissons. La communauté se compose de douze religieuses, et est actuellement gouvernée par madame Brouillot (en religion sœur Saint-Louis), qui en est la supérieure depuis près de trente ans.

pays en travaillant en même temps et avec le même zèle à l'éducation des filles du peuple et de celles de la bourgeoisie.

Tandis que tout se réorganise de toutes parts sous la main puissante de Napoléon, et que la victoire à ses ordres couronne toutes nos entreprises en Italie, en Egypte, sur les bords du Rhin, en Allemagne, l'industrie se relève ou prend un nouvel essor, surtout dans le nord de la France. La Thiérache se couvre de fabriques; on en établit à Voulpaix, au Nouvion, à Aubenton. En 1806, le couvent de Bohéries est transformé en filature de coton par M. Houël-Paulet; la fabrique de Saint-Michel, fondée en 1808 par M. Raux, riche propriétaire de forges, expédie bientôt d'immenses produits sur Saint-Quentin et Guise. Deux ans après, Guise vit naître le premier établissement industriel considérable du pays. Par décret daté du palais des Tuileries, le 29 décembre 1810, Napoléon avait autorisé le maire de la ville à concéder au nom de la commune, à la compagnie Cornu et Gay de Versieux, l'ancien couvent des minimes pour y établir une filature de coton destinée à occuper la classe ouvrière. Cette concession ne produisit pas d'abord tout l'effet qu'on en attendait. On éleva les immenses bâtiments qu'on y voit aujourd'hui, des métiers furent montés, mais diverses circonstances s'opposèrent à leur mise en activité et ce ne fut guère qu'en 1817 que les machines furent mises en mouvement (1).

En même temps que l'industrie prend un nouvel essor, que le culte se réorganise, les établissements de bienfaisance

---

(1) *Recueil d'actes de la préfecture du département de l'Aisne*; — Annuaires de 1837 et de 1839; — *Statistique de l'Aisne*, tom. 2, p. 300.

acquièrent de nouvelles ressources que des legs pieux et charitables viennent sans cesse augmenter. Le zèle des donateurs est d'autant plus louable que la faiblesse des moyens est plus grande et les entraves plus multipliées. En 1807, un bureau de bienfaisance embrasse tout le canton de Guise, et se compose de MM. Balland, maire de la ville, Duplaquet, maire de Lesquielles, Dersu, propriétaire, et Fontaine, ancien juge de paix. Il distribue de nombreux secours. En 1809, M. Leroux, le vénérable curé de Saint-Pierre, laisse par son testament une somme à la fabrique de cette église, pour ses pauvres et ses besoins les plus pressants, donation approuvée par décret de Napoléon, du 19 mars. Quelques mois après, M. Augustin Carlier imite cet exemple et laisse une somme pareille à l'hôpital (1). Cinq ans plus tard, Mme Baron, née Groulard (de Douai), épouse de M. Baron, médecin de l'hôpital, fondait par son testament (1814) dans cet établissement, une salle spéciale de huit lits pour huit vieillards, quatre curables et quatre incurables, des communes de Wassigny et de Neuville-lèz-Dorengt. Cette fondation, qui rappelle celle de mademoiselle de Guise, ne put être mise à exécution qu'après la mort de son mari, c'est-à-dire après l'année 1844. La nouvelle salle a été construite avec une véritable magnificence, et appelée *Salle Groulard*, du nom de la fondatrice. Enfin, la bienfaisance trouva un nouvel aliment pendant l'année 1812, qui fut signalée par les désastres de nos armées en Russie, et en France, par la disette. Un grand nombre de pauvres furent secourus tant dans la ville que dans le canton. Guise n'en

---

(1) *Recueil d'Actes de la préfecture de l'Aisne*, septembre 1807 et décembre 1812.

envoya pas moins de nouveaux secours à Hirson, en 1813, pour subvenir aux dépenses des militaires malades ou blessés que nos guerres continuelles accumulaient sur les frontières.

Mais ces malades et ces blessés n'étaient eux-mêmes que les tristes avant-coureurs des plus grandes calamités. Napoléon arrivé à l'apogée de sa gloire a vu pâlir son étoile à Moscou : il la verra bientôt s'éteindre à Waterloo. Maintenant que nos armes ont perdu leur prestige, l'Europe entière se ligue contre la France.....!

Sept cent mille soldats ébranlés par elle franchissent nos frontières sur tous les points. Napoléon lutte avec un génie surhumain contre ces forces colossales. La campagne de 1814, si désastreuse pour la France, fut peut-être sa plus belle campagne. Tandis que ses généraux contiennent avec peine la marche des divers corps envahissants, lui, porte les plus grands coups sur les deux armées de Bohême et de Silésie, commandées par les généraux Schwartzemberg et Blücher. Il ne peut opposer à ces masses que 70,000 hommes, le reste de ses troupes étant occupé ailleurs ; néanmoins il les bat à Montmirail, à Champaubert, à Montereau ; mais la fatale reddition de Soissons, qui eut une si grande influence sur le reste de la campagne, l'empêcha de détruire Blücher. Tandis que Napoléon battait les alliés en Champagne, le général Woronzoff, après la conquête de la Belgique, avait franchi la frontière et se dirigeait sur l'Aisne avec plusieurs divisions russes et prussiennes, en suivant la route de Vervins et de Laon. Il n'était que l'avant-garde de corps plus considérables commandés par Bulow et Vintzingerode, qui suivaient à quelques marches de distance. Ce fut le 10 février que les Cosaques apparurent à Guise, vers quatre heures de l'après-midi. Il n'y eut pas même un essai de résistance; la ville et le château se trouvaient sans garnison. Un escadron du 9e lanciers était parti le matin, et les portes étaient ouvertes à l'ennemi. Un escadron russe fit son entrée en ville et fut suivi, deux heures après, d'un corps de 3,000 hommes. Le corps-de-garde du Grand-Pont composé de gardes nationaux se contenta de les reconnaître. C'était tout ce qu'il pouvait faire. Les étrangers bivouaquèrent toute la nuit sur le pavé, et séjournèrent jusqu'au lendemain. A dix heures du matin, ils se dirigèrent sur Laon. Dans ce court espace de temps, ceux qui s'appelaient *nos alliés* traitèrent la ville en pays ennemi et se livrèrent à des actes d'une sauvage brutalité envers quelques femmes. On raconte que le commandant de ce détachement était tellement gros qu'il ne pouvait monter à cheval et qu'il était obligé de se faire mener sur une sorte de voiture en forme de selle. M. Violette avait eu l'honneur de loger sa corpulence. Le 12, l'ennemi entra à Laon par capitulation, le 14 à Soissons, où périt le général Rusca en voulant défendre la ville, le 26 à Chauny, et le 27 à La Fère. Cependant les deux généraux Bulow et Vintzingerode évacuent bientôt Soissons où vient commander le général Moreau; et Napoléon, qui était parvenu à acculer Blücher contre l'Aisne, ne pouvait manquer de l'écraser, si Soissons ne lui avait ouvert ses portes et donné passage pour opérer sa jonction avec les deux généraux. L'empereur alla les battre à Craonne; mais il échoua contre Laon, défendu par 100,000 hommes. Il rentra en Champagne, mais malgré d'héroïques efforts, il ne put empêcher sa capitole de tomber, le 31 mars, aux mains de l'ennemi, et lui-même abdiquant la couronne, fut obligé de se retirer à l'île d'Elbe, que les alliés lui avaient laissée pour retraite.

Napoléon ne resta dans cette île que le temps nécessaire pour mûrir de nouveaux projets, et, le 21 mars 1815, à neuf heures du soir, il était rentré aux Tuileries; mais bientôt il fallut marcher à l'ennemi, qui allait de nouveau franchir nos frontières. Il partit de Paris, le 12 juin, à trois heures et demie du matin, visita les fortifications de Soissons, et vint coucher le soir à Laon, dont il visita également les ouvrages de défense; le 13, il était à Avesnes. Toutes les troupes destinées à faire cette malheureuse campagne achevaient de se concentrer en avant d'Avesnes, entre Maubeuge et Philippeville. Le général Simmer, qui, à Waterloo, commanda la 19e division, forte de 3,500 hommes du 6e corps commandé par le comte Lobau, quitta Guise avec cette division pour se rendre sous Avesnes. Le 14 au matin, toute l'armée était campée à Philippeville, Beaumont et Maubeuge. Tout le monde connaît l'issue de l'effroyable bataille de Waterloo. L'armée française forte de 60,000 hommes, avait eu à combattre trois armées ennemies, qui en comptaient ensemble 160,000. On avait vu en ligne quatre cents pièces de canon. Jamais peut-être la France n'acquit plus de gloire que dans cette affreuse journée qui a pesé sur elle comme une destinée fatale. Elle laissa sur le champ de Waterloo 28,850 héros et 7,000 prisonniers, et les alliés n'y perdirent pas moins de 60,000 hommes.

Après la déroute, l'empereur ordonna aux différents corps débandés de se diriger sur Guise, La Fère et Laon, où toute l'armée devait se trouver réunie. Le 1er régiment de chasseurs, seul, arriva à Guise en assez bon ordre quoique décimé.

Napoléon entra à Laon où il tint conseil, et d'où il envoya le général de Flahaut à Avesnes pour obtenir des renseignements précis sur ce qui se passait de ce côté, et le général Dejean à Guise pour examiner l'état de la place et rallier les détachements qui auraient pris cette direction. Ce général, aide-de-camp de l'empereur, était fils du lieutenant général du génie Dejean. Napoléon partit pour Paris, d'où il comptait bientôt rejoindre l'armée sous Laon. Le 22 juin, il était forcé d'abdiquer malgré les nouvelles assez rassurantes qui étaient arrivées de Guise, d'Avesnes et de Laon, où, disaient les généraux envoyés dans ces villes, les troupes se réunissaient. On affectait, à Paris, de prendre ces nouvelles, pour des fables, afin de tromper l'opinion. Trahi ou abandonné par tous, Napoléon ne put même tenter un effort désespéré pour sauver la France (1).

Cependant les alliés étonnés eux-mêmes de leur victoire, franchirent nos frontières et entrèrent bientôt dans le département de l'Aisne. Le 21, néanmoins, l'armée prussienne fit peu de mouvement en avant. Le général Ziethen, commandant du 1er corps de l'armée prussienne, de 32,000 hommes avant la bataille, marcha sur Avesnes, que la 3e division investit et bombarda avec dix obusiers et huit pièces de douze. Le 4e corps, aux ordres de Bulow, de 36,000 hommes avant Waterloo, s'avança entre Maubeuge et Landrecies, que la cavalerie investit. Le commandant d'Avesnes ayant été obligé de capituler par suite de l'explosion d'un magasin à poudre, et l'armée prussienne achevant de se concentrer, le corps de Ziethen s'avança jusqu'à

---

(1) *Histoire des deux Restaurations*, par Vaulabelle, tom. 2, p. 415 et 418.

Etrœungt, poussant une division jusqu'à La Capelle et de la cavalerie à Etréaupont, où il y eut un léger engagement avec la cavalerie de la garde impériale. Pendant ce temps-là, Bulow occupe Fesmy et envoie sa cavalerie à Hannapes. Le 22, l'armée prussienne se trouve donc concentrée à Avesnes, Etrœungt et Fesmy. Le duc de Wellington, qui, avec l'armée anglo-batave avait pris la direction du Câteau, se rendit de sa personne dans cette ville, où il reçut Louis XVIII, et où ce prince lança, le 22 juin, sa première proclamation à la France (1). La veille, les Prussiens s'étaient portés sur l'Oise et, le jour même, l'avant-garde de Ziethen s'était présentée devant Guise. Ce général ne soupçonnant pas la moindre résistance, envoya une division à Origny et de la cavalerie vers Crécy-sur-Serre. Pendant ce temps-là, le corps de Thiélemann occupait le Nouvion et envoyait des partis vers Hirson et Vervins, pour s'assurer des mouvements de Grouchy, qui avait joué un rôle inexplicable à Waterloo. D'un autre côté, Bulow s'avançait jusqu'à Aisonville, ayant son avant-garde à Fontaine-Notre-Dame et des partis devant Saint-Quentin. La cavalerie de Ziethen eut un engagement à Marle avec celle du général Colbert, qui se retirait sur Laon par la route de Maubeuge. Le général prussien ne comptait même pas s'arrêter à Guise, qui n'avait qu'une faible garnison, laquelle s'était retirée dans le fort. Elle se composait en grande partie de gardes nationaux sans uniformes auxquels s'étaient joints quelques habitants. Le commandant Deslon (1)

(1) *Hist. des campagnes de 1814 et 1815 en France*, par le général Vaudoncourt, tom. 4.

(2) Un chef de bataillon Deslon figura le 6 avril 1816 comme rapporteur dans le procès du général Drouot, l'un de nos généraux les plus distingués et compagnon d'exil de Napoléon à l'île d'Elbe. C'est peut-être le même qui commandait la place de Guise en 1815.

forma néanmoins une sorte d'état-major et voulut essayer de se défendre. Parmi les bourgeois qui étaient montés au château, lorsque la nouvelle de l'arrivée des Prussiens s'était répandue dans la ville, il y avait un mécanicien nommé Allain *Jambe-de-bois*, homme plein d'adresse et de courage. Ce fut lui qui tira le premier coup de canon contre une trentaine de Prussiens qui débouchaient au galop sur la route de Landrecies. Le canon pointé par lui fut si bien ajusté que le boulet passa entre les rangs serrés des Prussiens. Ceux-ci entrèrent sans obstacle dans la ville, qui leur était ouverte. Quelques royalistes même les reçurent avec faveur et une dame leur présenta elle-même de l'eau-de-vie. Croyant entrer dans le château aussi facilement que dans la ville, ils s'y portèrent au galop, mais ayant été accueillis, dans la rue rapide qui y conduit, par quelques coups de fusils, ils tournèrent bride. Un prêtre, M. Viéville, faillit être tué sur la porte de sa maison par une balle qui vint frapper au-dessus de sa tête.

Le général Ziethen, à la nouvelle de l'accueil fait à son avant-garde, envoya immédiatement un parlementaire au commandant du fort pour lui offrir une capitulation, mais celui-ci, résolu de se défendre, ne voulut pas même le recevoir. A quatre heures de l'après-midi, le parlementaire vint chercher le maire de la ville, le général Balland, pour le conduire comme otage à Saint-Germain où le général prussien avait établi son quartier général, chez M. Baudrez. Ziethen se mit aussitôt en devoir d'assiéger le château, espérant bientôt le réduire à cause de la faiblesse de la garnison, qui d'ailleurs ne pouvait faire une longue résistance vu les circonstances où l'on se trouvait. Il fit placer deux batteries, l'une derrière le faubourg de Landrecies sur les *Coutures*, et l'autre sur le *Mont-Marlot*. Le conseil municipal craignant pour la ville les effets d'une résistance qu'il jugeait inutile, avait envoyé une députation au commandant Deslon pour l'engager à ne pas se défendre. Celui-ci avait répondu qu'il n'y aurait qu'un coup de tiré pour la reconnaissance. Le feu n'en commença pas moins de part et d'autre dès deux heures du matin et fut poussé avec vigueur du côté des Prussiens. Cependant la batterie des Coutures ne fit que peu d'effet ; les canons ne portant pas jusqu'au château, les boulets tombèrent sur la ville et traversèrent, à plusieurs reprises, les bâtiments de la grande filature qui avait remplacé le couvent des minimes, et ceux qui allaient plus loin frappaient les rochers de Chanteraine. Au contraire, les canons de la batterie du Mont-Marlot ayant une trop longue portée, leurs projectiles dépassaient le château, et décrivant une courbe au-dessus de ses remparts, allaient bombarder le faubourg de la Poterne où ils mirent le feu à douze maisons au dernier coup qui fut tiré, vers quatre heures du matin, et qui était le cent vingt-cinquième. Le feu cessa de ce côté parce que la batterie française établie près de l'*arbre de la Vierge* ayant tiré dès le petit jour, avait complètement démonté la batterie prussienne.

Cependant à la vue de l'incendie du faubourg, la consternation redoubla dans la ville, et les principaux habitants s'étant réunis en conseil, il fut décidé qu'une députation serait envoyée au général prussien pour le prier de faire cesser le feu. Elle était composée de MM. Rousseau, Warnesson, qui entendait l'allemand, Clein, Grouseilles, Mayeux, etc. Ces députés rendirent, depuis, cette justice au général prussien, qu'il les accueillit avec beaucoup d'égards. Comme ils lui demandaient instamment d'épargner la ville qui avait fait sa soumission, il leur répondit : « Je sais que la garnison est peu nombreuse, mais je ne veux pas que l'entêtement du commandant du fort soit cause des dommages de la ville. Dites-lui que je pars pour Saint-Quentin par Vadencourt et Origny, mais qu'il fasse ses dispositions pour se rendre à discrétion au général Bulow, qui arrive demain avec un corps d'armée de 40,000 hommes. » Etant en effet entré à Guise après quatre heures du matin, il déclara qu'on ne tirerait plus et partit immédiatement. Le lendemain Bulow entrait en ville où il logea chez le banquier Hennequierre. A la vue de cette nouvelle armée qui allait peut-être réduire en poudre le château, la garnison commença à se débander et le commandant Deslon fut obligé de rendre la place par capitulation, le 25. Cet officier mérite d'autant plus d'éloges pour la résolution qu'il déploya dans les tristes circonstances où l'on se trouvait, que l'ennemi avait pris un des moyens les plus propres pour l'engager à trahir son devoir ; il s'était emparé de sa femme, qui était restée dans la ville, et il l'avait emmenée comme otage, dans l'espérance que son mari pour la délivrer ne tarderait pas à se rendre.

Le général prussien reçut chez M. Hennequierre la garnison prisonnière de guerre, et la fit transporter en Prusse, d'où elle revint peu de temps après. Elle eut néanmoins beaucoup à souffrir en ce pays étranger. Le capitaine du génie, Vincelot, racontait à son retour, qu'il avait eu à éprouver mille vexations de la part des Prussiens et qu'on avait même poussé l'insulte jusqu'à lui cracher au visage. Au reste, c'est un fait constant que, lors de l'invasion, ce fut de la part des troupes de cette nation que nos populations eurent le plus à souffrir.

Guise ne gagna rien à n'avoir pas essayé une défense inutile. On y fit réquisitions sur réquisitions pour les troupes ennemies et les divers employés des armées prussiennes. Quant au château, il fut complètement dépouillé. On s'empara de tout son matériel de guerre, qui était considérable et composé de canons de beau calibre. Les Prussiens vendirent jusqu'aux palissades des fortifications. La perte fut évaluée à un million.

Sur la nouvelle de l'abdication de l'empereur, les deux généraux Blücher et Wellington étaient convenus dans un conseil tenu au Câtelet, que les deux armées marcheraient de concert sur Paris, par la rive droite de l'Oise, pour tourner l'armée française qui était à Laon et à Soissons. Saint-Quentin qui était dépourvu de tout moyen de défense, ayant ouvert ses portes, le 24, l'armée prussienne donna plus de vivacité à son mouvement. Le 26 au soir, le corps de Ziethen arrivé à Cérisy, envoyait une division devant La Fère, le corps de Bulow qui avait quitté Guise s'était avancé à Essigny et à Jussy, et celui de Thiélemann, entre Saint-Quentin et Origny. Continuant leur mouvement en avant, toutes ces troupes étrangères arrivèrent à Paris sans qu'on eût fait aucun effort sérieux pour les arrêter (1).

Après les divisions de Ziethen et de Bulow, divers corps prussiens de landwer qui les suivaient passèrent successivement à Guise, et y laissèrent une garnison dont la ville

---

(1) *Hist. des campagnes de 1814 et 1815 en France*, par le général Vaudoncourt, tom. 4; — Renseignements fournis par M. Fouan.

eut beaucoup à souffrir, et qui semblait prendre à tâche de vexer les bourgeois par des demandes réitérées de fournitures de toutes les sortes, depuis le 23 juin jusqu'au 31 décembre. Une ambulance avait été établie dans la grande manufacture et ne contribua pas peu à augmenter les charges. Dans ces circonstances difficiles, le général Balland, maire de la ville, déploya autant de fermeté et de courage que d'activité. Il restait constamment à l'hôtel de ville pour répondre par lui-même aux exigences des officiers étrangers, qui ne cessaient de demander de nouvelles réquisitions. Ce ne fut qu'à force d'argent et de sacrifices de tous genres que l'on put obtenir un peu de tranquillité. Du reste, tout l'arrondissement de Vervins avait eu aussi horriblement à souffrir de l'invasion des armées étrangères, auxquelles il fallait fournir des sommes considérables en argent et les denrées nécessaires, et qui enlevèrent tout ce qui était à leur disposition, mobilier, chevaux, voitures, bestiaux, et portèrent souvent le pillage et l'incendie sur leur passage. Il fallut, en outre, subir pendant six mois un cantonnement de 8,000 hommes. Les pertes éprouvées par l'arrondissement, depuis le 22 juin jusqu'au 31 décembre 1815, ne s'élevèrent pas à moins de cinq millions ; aussi fut-il exempté avec celui de Saint-Quentin de l'occupation étrangère. Pour comble de malheur, les récoltes manquèrent en 1816 et 1817, et la France eut à essuyer une disette non moins désastreuse que celle de 1812. On vit reparaître de ces bandes de mendiants, qui, traversant les campagnes, inspirent la terreur plus qu'ils n'excitent la pitié, à cause de leur attitude menaçante (1).

(1) *Hist. de Vervins*; — Mallon, *Annuaire historique.*, p. 88.

Ce fut néanmoins dans ces deux années que Guise fit revivre et poursuivit avec une nouvelle ardeur ses prétentions au titre de chef-lieu d'arrondissement, qu'il n'avait jamais désespéré d'enlever à Vervins. La lutte s'engagea donc une seconde fois entre les deux villes rivales. Tandis que Guise s'appuyait sur la faveur du prince de Condé, qui était rentré en possession d'une grande partie des bois de l'ancien duché, Vervins acquit la protection de M. de Coigny, gouverneur des Invalides, en qui elle voyait un descendant de ses anciens seigneurs. M. de Coigny se donna beaucoup de mouvement dans cette affaire et soutint de tous ses efforts les démarches de MM. Beuret, d'Hirson, et Piette-Jouette, que Vervins avait envoyés à Paris pour défendre ses intérêts; et il parvint à faire maintenir à cette ville les établissements dont elle était en possession depuis déjà un certain nombre d'années. Cette nouvelle défaite de Guise fut suivie, comme celle qui lui fit perdre le tribunal, de la concession, en 1818, par ordonnance royale, de quatre foires trimestrielles, les 7 de janvier, d'avril, de juillet et d'octobre de chaque année (1).

Malgré le peu d'importance que Guise semble conserver aujourd'hui sous le rapport militaire, le gouvernement a toujours maintenu le château comme place de guerre. Par l'ordonnance du 1ᵉʳ août 1821, il fut rangé, avec Laon et La Fère, parmi les places de première et de deuxième classes, tandis que la ville même ne fut rangée que parmi celles de troisième classe. Les frontières de France ayant été, pen-

---

(1) Vallon, *Annuaire historique de l'Aisne*, p. 54.

dant la révolution et l'empire, reculées jusqu'au Rhin, le gouvernement avait abandonné ses fortifications, qui se réduisaient, en 1824, à un simple mur d'enceinte dont une partie avait même été démolie. Elle ne conservait d'établissements militaires que les écuries pour la cavalerie, bâties au xviii° siècle.

Quant au château, il fut toujours entretenu, quoiqu'un spéculateur eut offert une somme considérable des débris qui proviendraient de sa démolition, qu'il proposait d'opérer à ses frais. Sa gloire historique (il ne comptait qu'une seule reddition avant 1815), ses vastes magasins pour l'artillerie, ses casernes, sa position militaire, l'ont défendu suffisamment contre de pareils actes de vandalisme. Il n'en a pas moins perdu, à proprement parler, son gouvernement militaire. A ses anciens gouverneurs, qui étaient toujours des officiers de haut grade, succédèrent d'abord des commandants de place, dont l'un fut le marquis Bagnast de Sept-Fontaines, puis de simples capitaines du génie et d'artillerie, qui en remplissent les fonctions sans en avoir le titre (1).

Sous le gouvernement de Louis XVIII, la France goûtait avidement les loisirs d'une paix si chèrement achetée, et voyait de jour en jour ses plaies les plus profondes se cicatriser. L'avènement de Charles X au trône lui parut comme un nouveau gage de prospérité. Ce prince se vit d'abord entouré d'une véritable popularité et le sacre laissa entrevoir des espérances qui ne se réalisèrent pas. Il n'est personne qui ne connaisse le coup d'Etat qui détermina la révolution de 1830. En trois jours, la monarchie fut

(1) *Statistique de l'Aisne* et *Annuaire historique*.

renversée au cri de *Vive la charte*, et les députés de l'opposition, après avoir nommé le duc d'Orléans lieutenant-général du royaume, s'arrogèrent le droit de lui donner la couronne. Charrié par toutes les diligences qui sillonnent le royaume, le drapeau tricolore fut reçu avec enthousiasme par les populations, qu'on avait préparées à cet événement, au moyen de la presse et des bruits sinistres répandus à dessein par le parti libéral. Il est inutile de dire que Guise l'accueillit avec une sorte d'élan, comme le signe du salut de la patrie et l'inauguration d'une ère toute nouvelle. On y croyait, comme ailleurs, à la prétendue conspiration des nobles et des prêtres, au retour des dîmes et de l'ancien régime et autres vieilleries dont les libéraux avaient su exploiter l'épouvantail aux yeux d'un peuple facile à égarer. Aux premières nouvelles des événements de Paris, la garde nationale s'était réorganisée pour résister à des ennemis qui n'existaient pas, pour arrêter de prétendus conspirateurs, et on monta la garde aux portes de la ville, comme si on allait l'assiéger. C'était dans toute la France la comédie renouvelée des brigands imaginaires de 1789, qui étaient partout et qu'on ne voyait nulle part. Ce n'étaient que vociférations contre les carlistes, les prêtres, les nobles, le monarque déchu et ses ministres.

Commencée dans le sens républicain, mais préparée par la bourgeoisie, la révolution de 1830 fut exploitée par elle. Ce fut elle qui, par l'organe de ses représentants, fit tomber sur la tête de Louis-Philippe cette couronne qui devait lui échapper en quelques heures dix-huit ans après. Les fils du nouveau roi, les ducs d'Orléans et de Nemours, visitèrent Guise plusieurs fois dans leurs voyages. Ils y furent reçus avec le plus vif enthousiasme dans le cours de l'année 1831. La mort tragique du dernier Condé avait fait passer à leur jeune frère, le duc d'Aumale, que le prince avait institué son héritier, les biens qui lui restaient de l'ancien duché de Guise.

Si les révolutions font disparaître certains personnages de la scène politique c'est pour y en ramener d'autres. Celle de 1830 rappela à la vie publique M. Viefville des Essarts, fils de M. Viefville, membre de l'assemblée constituante, et conservateur des forêts sous la restauration. Jean-Louis-Rieul Viefville des Essarts, était né à Guise le 1er novembre 1781. Destiné à parcourir la carrière administrative, il fut nommé, en 1811, sous-préfet d'Orange. Il n'avait que trente ans lorsqu'il passa à la préfecture d'un des quatre départements formés de la Catalogne. Les choses ayant changé de face en Espagne, il fut rappelé en France et nommé, en 1813, préfet de la Mayenne. Attaché à la fortune de l'empereur, il fut entraîné dans sa disgrâce et reparut aux affaires pendant les cent jours, ayant été appelé par Napoléon à l'administration du département du Mont-Blanc. Il les quitta de nouveau pendant la seconde restauration, et s'enrôla dans le parti libéral. Il fut aimé de deux des hommes les plus influents de ce parti, le général Foy et Labbey de Pompières, tous deux députés du département de l'Aisne. M. Viefville vit avec bonheur le triomphe de sa cause en 1830, et fut nommé, cette année même, à la préfecture de la Côte-d'Or, qu'il quitta par suite de désaccord avec le ministre de l'intérieur. Il mourut à Paris le 21 août 1837.

L'histoire locale, frappée de stérilité sous l'empire, n'a guère qu'à glaner pendant la restauration et sous la période qui forme le règne de Louis-Philippe. Absorbées dans une immense centralisation politique et administrative, les villes n'ont pour ainsi dire plus de vie propre. Leur population, leur commerce, leur industrie, qui font désormais tout leur intérêt, sont d'une mince ressource pour l'histoire ; toutefois, il n'est peut-être pas inutile de les considérer même sous ce rapport.

Guise, par suite du changement administratif qui lui avait enlevé ses établissements, avait vu décroître rapidement sa population, qui, de 4,000 habitants qu'elle était avant la révolution, était tombée à 2,729, en 1820. Il fallait que l'industrie vînt lui donner ce mouvement qui devait la porter, en 1851, jusqu'au nombre de 4,060 âmes, chiffre qu'elle n'avait pas encore atteint. Tandis que toute la Thiérache, désormais en sûreté à l'abri des nombreuses places fortes qui couvrent nos frontières, sent redoubler son activité ; qu'Aubenton s'enrichit de manufactures d'étoffes de Reims ; que la fabrique de Saint-Michel prend une plus grande extension, Guise voit s'élever dans ses murs de nouveaux établissements qui peuvent rivaliser avec ceux du premier rang. Quatre s'y construisent en peu d'années et viennent jeter dans la ville une grande activité. La première fabrique créée en 1819, était dirigée par M. Cornu; la seconde, établie en 1822, appartenait à M. Lesquilbet; la troisième, à M. Fouan, fut mise en activité en 1823. Ces trois dernières, mues alors par un manége, occupaient ensemble 300 ouvriers et consommaient annuellement de 70 à 80,000 kilogrammes de coton filé, dans les numéros inférieurs, pour la fabrication des calicots. Leurs produits trouvaient leur emploi dans le département. Celle qui avait été élevée sur l'emplacement du couvent des minimes, la plus importante de toutes, que dirigeait en 1825 M. Forster-Grant, était mue par une machine hydraulique sur le canal de l'Oise, qui la traverse. On y comptait cent métiers, dont quarante-deux continus et cinquante-cinq mul-jennys, non compris les métiers pour la préparation. Elle consommait par an 90,000 kilogrammes environ de coton brut, et occupait, indépendamment des tisserands, près de trois cents individus. Les cotons filés ou tissés par les ouvriers qui étaient employés par cet établissement, dans les environs de la ville, étaient échangés contre des calicots que lui apportaient des contre-maîtres tisserands. Le surplus des produits qui n'avait pas cette destination était expédié pour la fabrique de Saint-Quentin. Ce bel établissement fut incendié en 1830. Ce sinistre, qui privait de travail un grand nombre d'ouvriers, engagea le conseil général à réduire, à cette occasion, de 2,561 francs la matière imposable de la ville (1).

La vapeur ayant remplacé les autres forces motrices, Guise vit bientôt s'élever, comme Saint-Quentin, quoique dans des proportions moindres, ces hautes cheminées pyramidales, symbole de l'industrie, et le mouvement s'activer dans ses divers quartiers. La grande filature devint une vaste manufacture de papiers qui concourut à alimenter la presse périodique de Paris. MM. Fouan, Lesquilbet, Bernoville, donnèrent de l'extension à leurs établissements. La filature de La Bussière, fondée par la maison Joly, de Saint-Quentin, vint exciter une nouvelle émulation dans le pays et vit en peu d'années un village tout entier s'élever à son ombre. M. Dezaux-Lacour obtint aux expositions publiques de l'industrie française des médailles d'honneur en argent et en

(1) *Statistique de l'Aisne*, tom. 1er, p. 982.

bronze pour la perfection des produits sortis de ses vastes ateliers de tannerie et de corroierie, qui devaient plus tard lui valoir une récompense honorable à celle de Londres (1851). Enfin M. Godin, par la fondation d'une fonderie considérable, ajouta son nom à ceux des honorables industriels du pays.

L'agriculture à laquelle on avait essayé, avant la révolution, de donner une nouvelle impulsion, ne resta pas en arrière dans ce grand mouvement imprimé à l'industrie. Ces deux sources de la prospérité publique se donnèrent bientôt un mutuel appui. Dès 1824, le canton de Guise avait commencé de former des pâtures grasses. La culture de la betterave devint à son tour l'objet de vastes spéculations agricoles, et des fabriques destinées à en extraire ce sucre précieux qui lutte aujourd'hui avec celui des colonies, s'élevèrent sur les plaines de Guise, de Villers-lès-Guise, de Wiége, etc. L'agriculture intelligente est depuis longtemps représentée à Guise par MM. Auguste et Charles Besson, le premier, membre correspondant du conseil d'agriculture pour l'arrondissement de Vervins, et membre titulaire de plusieurs sociétés agricoles; et le second, membre correspondant de la société académique de Saint-Quentin (section d'agriculture); par MM. Roch-Gantier, de la Mothe-lès-Guise, et Duflot, de Saint-Germain.

Un comice agricole se forma dans l'arrondissement de Vervins et se tient tantôt à Vervins, tantôt à Guise. On y récompense les plus humbles efforts, le maître et le serviteur, la tête et les bras, l'intelligence et la fidélité. Des prix sont accordés à titre de récompense et d'encouragement pour des instruments aratoires perfectionnés, pour les animaux *de la plus belle venue*. En 1849, M. Grain, habile mécanicien de Guise, et M. Charles Besson, y remportèrent chacun une médaille d'argent, le premier pour un *double brabant* en fer perfectionné, et le second pour une charrue Guislain-Dupont (1). La même année, MM. Duflot et Brauquette remportent des prix aux courses départementales, où s'était déjà signalé plusieurs fois M. Roch-Gantier. Le nom de M. Duflot figura encore au congrès des agriculteurs du Nord de la France, tenu à Compiègne le 16 juillet 1849, où il remporta avec MM. Sohier, de Grandlup, et Mahieux, d'Origny, les six plus belles primes dans le concours de la race chevaline (2). M. Lesur, maire de la ville, essaya de rétablir à Guise le marché aux grains dont on a vu l'importance pendant les troubles de la révolution, mais ses efforts ne furent pas couronnés de succès, et il lui fallut renoncer à l'un des plus utiles projets de son administration.

Offrir des débouchés à l'agriculture et à l'industrie est le plus sûr moyen d'en activer les productions. De là, la multiplication des canaux et des routes sur tous les points de la France. Guise vit en quelques années s'ajouter, aux routes depuis longtemps ouvertes de Landrecies, de Marle, d'Avesnes, de Saint-Quentin, qui y aboutissent comme à un centre, celles de Vervins, de Bohain, et enfin celle de La Fère, destinée à faciliter le passage des troupes et à établir des communications nouvelles entre les cantons industriels de Chauny, de Noyon et l'arrondissement de Vervins, et à desservir la riche et populeuse vallée de l'Oise. Le canal de la Sambre à l'Oise

---

(1) *Journal de l'Aisne*, 9 juillet 1849.

(2) *Journal de l'Aisne*, 16 juillet 1849.

exécuté en 1835, tout en augmentant le mouvement commercial du pays, ne fut pour Guise que d'une utilité secondaire, puisqu'il ne put être compris dans sa ligne. Aussi, à l'exécution de ce canal se rattacha l'idée d'un canal de dérivation de Vadencourt à Guise. Un projet fut présenté par M. Cordier, directeur du canal de jonction, et le conseil municipal de Guise, qui en comprenait l'extrême importance pour la ville, vota une somme de 52,282 francs en faveur des concessionnaires. A ce projet s'en joignit un autre, la canalisation de l'Oise et du Ton, qui devait prolonger le canal de dérivation jusqu'à la Meuse et porter ainsi le mouvement et la vie dans toute l'étendue de la Thiérache, en lui donnant une grande facilité pour l'écoulement de ses produits. De plus, ce canal devait être favorable à l'agriculture et à la défense de la frontière. Le vœu que la ligne entière fut mise à l'étude et qu'une subvention fut accordée, à titre d'encouragement, à la compagnie qui proposait l'ouverture du canal d'embranchement de Guise à Vadencourt, fut émis en 1835, par le conseil général de l'Aisne, et renouvelé l'année suivante (1).

Quoique tout se fut borné à des projets et à des vœux, un nouvel effort fut tenté en 1838. Le directeur des ponts-et-chaussées invita le conseil général à voter une forte allocation qui serait ajoutée à celle déjà offerte par Guise et l'arrondissement de Vervins, pour concourir à l'ouverture de ce canal. La commission des routes et canaux ne crut pas devoir accéder à cette demande, et, pensant que l'adjudication pourrait être tentée avec succès, sous les conditions modi-

(1) *Annuaire* de 1837, p. 8.

fiées par l'ingénieur en chef, en ce qui regarde le péage et les indemnités pour chômage et réduction de force des usines placées en aval de cette dérivation. Enfin, elle engagea à avoir recours au gouvernement pour lui demander une forte subvention qu'on joindrait aux sommes offertes par les localités pour la prompte exécution de ce canal. Cette demande fut tentée, mais resta sans effet, et le projet fut complètement abandonné. Le conseil général pour suppléer autant que possible au manque de canal de dérivation, décida qu'on activerait les travaux de la route de Guise à Bohain, à commencer par Guise, afin de donner dans le moindre délai possible à l'arrondissement de Vervins, un débouché sur le canal de la Sambre. Ce fut dans le même dessein que le chemin de Guise à Lugny, qui relie à notre ville les localités importantes d'Audigny, de Puisieux, Sains, Chevennes, Marfontaine et Voharies, fut ouvert (1).

Vers le milieu du règne de Louis-Philippe, des sinistres effrayants vinrent jeter à deux reprises différentes la consternation dans la population de Guise. Le 25 mars 1836, une trombe y causa assez de ravages pour qu'on dût avoir recours à une souscription en faveur de ceux qui avaient le plus souffert. Un phénomène du même genre se manifesta le 13 juin 1844, mais avec des circonstances bien plus effrayantes. Vers onze heures du matin, par un temps admirable et une chaleur étouffante, on vit s'élever lentement sur l'horizon, du côté du nord-est, un gros nuage noir. Tout le monde y remarqua avec étonnement un petit point blanc qui en occupait le centre. Peu à peu le nuage s'avance

---

(1) *Annuaire de l'Aisne*, année 1859.

vers la ville, et, tout à coup, on entend un coup de vent effrayant accompagné d'éclairs livides et d'un sourd roulement de tonnerre. Cependant la trombe marche rapidement, emportant dans son mouvement de rotation concentrique la poussière des routes, arrive sur la ville qu'elle couvre de profondes ténèbres et enlève des toits de paille et d'ardoises ; des paratonnerres sont pliés et des vitres volent en éclats. Un bâtiment entier de la fabrique de corroierie est renversé et les cuirs transportés au loin. Une partie des toits de celle de papier est emportée avec des paniers entiers de papiers qui s'en vont tomber sur la Haute-Ville, pêle-mêle avec des chevrons et des poutrelles. La consternation est partout, chacun s'écrie, chacun se précipite pour chercher un asile contre les coups de l'affreux ouragan ; plusieurs se croient à la fin du monde et près de paraître devant le souverain juge. Il y eut un homme de tué, lequel voulant assurer un volet agité par l'ouragan eut la tête brisée contre le mur. Par un bonheur tout providentiel, ce fut la seule victime de cet étonnant sinistre. Il serait curieux sans doute de rechercher les causes locales de ces phénomènes météorologiques qui se sont renouvelés plusieurs fois à Guise depuis deux siècles.

Le passage et le séjour du duc d'Aumale, à Guise, en 1847, doit être regardé comme un événement intéressant pour la ville et le pays, dans un temps où l'histoire locale trouve à peine à glaner au milieu des grands événements qui agitèrent la France et l'Europe tout entière. Ce jeune prince revenant de Bruxelles, traversa la partie nord et est de l'arrondissement de Vervins, où il possédait de grandes forêts, riches débris de l'ancien domaine du duché de Guise, que lui avait légués le prince de Condé, en 1830. Il fut reçu avec de grandes marques de bienveillance et de sympathie de la part des populations de la Thiérache et il y parut sensible. Ce fut par Guise, où il avait le receveur de ses domaines, qu'il entra dans l'arrondissement. Les autorités civiles et militaires, la garde nationale et la garnison allèrent à sa rencontre et le reçurent au faubourg de Landrecies, où une courte allocution lui fut adressée par M. Fouan, premier adjoint et maire de la ville par *intérim*. Le duc fit à ce magistrat une réponse bienveillante et *pleine de goût*, puis il parcourut au milieu des rangs de la garde nationale une partie de la ville jusqu'à la place d'Armes, où le défilé eut lieu en sa présence. A sept heures du soir, le prince reçut, à l'hôtel de *la Couronne* où il était descendu, les membres du conseil municipal, les officiers de la garde nationale et ceux de la garnison. Le soir, toute la ville fut spontanément illuminée. Le lendemain, le duc accompagné du maire par *intérim*, visita l'hôtel-Dieu, où l'attendaient les membres de la commission administrative et témoigna aux dames de Saint-Vincent-de-Paul sa satisfaction sur la propreté et la bonne tenue de l'établissement. Cette visite terminée, il partit pour La Capelle, d'où il alla visiter ses belles forêts du Regnaval et du Nouvion.

Il revint à Guise quelques jours après, et la ville lui offrit un banquet à l'hôtel de ville, pendant lequel il s'entretint de la situation de la ville et de son industrie. On raconte qu'un habitant de Saint-Quentin, la ville industrielle par excellence, ayant été présenté au prince, lui exprima le regret de ne point le voir visiter cette cité si rapprochée de Guise, et dans laquelle il ne pouvait être reçu qu'avec la plus grande sympathie. « Je sais, répondit le duc, combien votre ville est importante, et l'intérêt qui doit s'attacher à sa brillante industrie; j'aurais visité avec le plus vif intérêt ses manufactures et ses ateliers, j'aurais désiré voir cette classe ouvrière dont on m'a fait un si bel éloge, mais je n'ai reçu aucune invitation. » Le prince quitta Guise avec les marques de la plus vive satisfaction (1).

Le souvenir de ce voyage ne s'effaça pas de sa mémoire, car Mme la duchesse d'Aumale étant accouchée d'un prince, au palais de Saint-Cloud, le 11 septembre 1847, il voulut qu'il portât le titre de duc de Guise. En effet, il reçut le lendemain les noms de Henri-Léopold-Philippe-Marie d'Orléans, duc de Guise. C'était à la fois un souvenir qu'il accordait à la ville et un hommage qu'il rendait à une race d'hommes si éminents ensevelie maintenant dans la poussière du tombeau, mais vivante dans les fastes de l'histoire. Elle venait de s'éteindre dans la duchesse de Lorraine-Guise, née comtesse de Granville, morte à Vienne en 1845 (2). Le dimanche 12 septembre, tous les ministres, le chancelier Pasquier, le grand-référendaire, MM. de Broglie et Barthe se rendirent à Saint-Cloud, tous en uniforme. Après le dîner, M. Pasquier dressa l'acte de naissance du nouveau duc de Guise suivant le protocole. L'ambassadeur de Naples, le prince de Joinville, le duc d'Aumale, le duc de Montpensier, Mme Adélaïde et toutes les princesses de la famille royale, à l'exception du duc et de la duchesse de Nemours

---

(1) *Argus soissonnais*, 13 juillet 1847.

(2) *Univers*, 1er novembre 1845.

alors au camp de Compiègne, assistèrent à cette cérémonie qui se prolongea jusqu'à dix heures du soir (1).

La nouvelle de l'heureuse délivrance de la duchesse d'Aumale et de la naissance d'un prince qui devait porter le titre de duc de Guise, fut annoncée dans la ville par une salve d'artillerie de vingt et un coups de canon tirée par les artilleurs de la garde nationale. Cet événement qui devait marquer dans les annales de la cité fut célébré au milieu de la joie populaire par une sérénade donnée par la musique, et par une illumination spontanée. Le lendemain, le conseil municipal ayant à se réunir, saisit cette occasion pour envoyer au duc d'Aumale ses félicitations au nom de la ville, dans une adresse où l'on a remarqué ce paragraphe : « Prince, vous
« avez entendu nos vœux ; vous venez de donner un pro-
« tecteur à cette ville et de faire revivre un nom célèbre
« dans l'histoire. Nous nous en félicitons, surtout dans la
« confiance qu'avec les leçons et l'exemple de son noble
« père, le nouveau duc de Guise rendra ce nom plus illustre
« et plus grand, par les services et les vertus que le siècle et
« le pays attendent de ceux que la fortune a élevés à ce
« haut degré (2). » Ces espérances furent trompées, car le jeune prince ne vécut que peu de temps. Le 12 janvier 1852, on écrivait de Naples devenu le lieu d'exil de la duchesse d'Aumale. « Madame la duchesse d'Aumale, cousine du roi,
« est heureusement accouchée hier au soir, à huit heures,
« d'un prince qui a reçu le nom de duc de Guise. Il doit être
« baptisé aujourd'hui. Le roi de Naples sera son parrain, et la

---

(1) *Univers*, 15 et 16 septembre 1847.

(2) *Argus soissonnais*, 28 septembre 1847.

« duchesse douairière de Salerne, sa marraine. » Ce second duc de Guise ne devait pas fournir une carrière plus longue que son aîné : il mourut trois mois après, le 15 avril, au château de Claremont, autre lieu d'exil de la branche cadette (1).

Guise était à peine remis de l'enthousiasme que lui avait causé le voyage du duc d'Aumale et la naissance du duc de Guise, quand tout à coup la révolution de février 1848 et la proclamation de la république y vinrent jeter l'étonnement, et même une véritable terreur parmi ceux qui ne pouvaient séparer l'idée de la république de celle de l'anarchie et du pillage ; mais lorsque les premières craintes furent passées, chacun se hâta, comme ailleurs, de se faire républicain de la veille ou du lendemain, et la tranquillité régna dans la ville, malgré l'exaltation qu'y avait d'abord causée la première nouvelle des événements.

Mais, la crise financière, compagne ordinaire des révolutions, ne tarda pas à se faire sentir dans toutes les villes industrielles. Le crédit ruiné, les fabriques se ralentirent ou se fermèrent et les ouvriers restèrent sans ouvrage. L'augmentation du salaire et la réduction des heures du travail ordonnées par le gouvernement provisoire, qui avait voulu favoriser les classes ouvrières, ne firent qu'augmenter les difficultés, en mettant le maître dans la nécessité de se ruiner ou de fermer ses ateliers dont il ne peut plus écouler les produits. Dans ces graves circonstances, la ville trouva d'abord d'heureuses ressources dans la caisse municipale, où M. Lesur avait su, par une administration sage et

(1) l'Univers du 23 Janvier 1852.

prudente, amasser d'assez fortes sommes, et dans les sacrifices extraordinaires qu'elle s'imposa en levant une contribution pour venir au secours des malheureux. Moyennant ces ressources, Guise put entretenir la paix dans ses murs, et l'esprit pacifique de la population, son bon sens naturel, ne tardèrent pas à lui faire voir, dans la république, autre chose que le partage des biens, le pillage et l'anarchie.

Quelques esprits remuants et plutôt égarés que pervertis essayèrent bien quelques tentatives en ce genre, mais le ridicule sut bientôt faire justice et des principes et de ceux qui voulaient en faire l'application. Toutefois, si les doctrines socialistes auxquelles on avait essayé d'initier la classe ouvrière dans les clubs de Guise, n'avaient trouvé chez elle, que de faibles sympathies, le danger de ces prédications se fit sentir au dehors. Quelques-unes des paroles d'un disciple de Fourier, mal interprétées sans doute, s'étant répandues aux environs de la ville, portèrent l'exaltation parmi les populations des campagnes. « Si nous sommes égaux, disaient certains habitants de Bernoville, plus de distinctions de riches et de pauvres, partage égal des biens. » Comme conséquence de ce raisonnement, de braves paysans se répandent sur le riche terroir de la commune, armés de chaînes et de jalons, afin de partager entre eux, non toutes les terres sans distinction, mais celles de M. Hennet, le plus riche propriétaire de la commune, et non sans de grandes difficultés causées par les exigences de chacun. Ensuite ils se transportent au château, lequel se refusant, de sa nature, au partage général et convenant d'ailleurs à chacun en particulier, allait devenir une pomme de discorde et une occasion de rixe entre les frères, lorsque l'autorité municipale vint rappeler à nos *partageux* qu'ils étaient tous égaux en effet, mais devant la loi.

Le village de Lesquielles eut aussi sa révolution, qui eut assez de retentissement alors pour pouvoir figurer dans cette histoire. Des ouvriers de cette commune, profitant des troubles qui agitaient le pays, saisirent cette occasion pour faire revivre d'anciennes querelles éteintes et se mirent en tête d'abord de remplacer le curé de la paroisse et de lui substituer l'un d'entre eux dans les fonctions de pasteur, à la manière protestante. La gendarmerie de Guise mit bientôt fin à cette grossière et stupide plaisanterie. Toutefois, une plainte en forme fut adressée au citoyen Mennesson, commissaire du gouvernement pour le département de l'Aisne. Celui-ci, en vertu des *pouvoirs illimités* que donnait aux commissaires la fameuse circulaire du ministre de l'intérieur Ledru-Rollin, se crut en droit, contre les lois divines et humaines, d'intervenir dans la querelle, et, chose inouïe dans les annales de la justice et du bon sens, eut l'idée ingénieuse de suspendre le curé, par un arrêté qui est un véritable monument de folie et d'omnipotence administrative. Voici cette pièce curieuse, accompagnée des réflexions qu'y a ajoutées l'*Univers*, journal dévoué à la défense de la liberté religieuse.

« UN COMMISSAIRE DE M. LEDRU-ROLLIN, QUI SE FAIT ÉVÊQUE. »

« Le commissaire du département de l'Aisne, convaincu que les *pouvoirs illimités* dont il est investi lui confèrent tout droit dans l'ordre spirituel comme dans l'ordre temporel, a jugé à propos de prendre l'arrêté qui suit : »

« Le commissaire du département de l'Aisne, considérant que

« depuis plusieurs années, des dissensions se sont élevées dans la
« commune de Lesquielles-Saint-Germain, par suite de l'interven-
« tion du desservant dans les affaires temporelles de la commune; »

« Considérant que par suite de ses menées, le conseil municipal
« a été deux fois dissous, et que trois maires ont dû donner leur
« démission ; »

« Que nos représentations auprès de l'évêque n'ont eu aucun
« succès ; »

« Que la tranquillité publique est menacée si le desservant est
« maintenu ; »

« En attendant que le ministre de l'instruction publique et des
« cultes ait définitivement statué ; »

« Arrête : »

« Le desservant Marest est suspendu de ses fonctions. »

« Fait à Laon, le 11 avril 1848. »

« MENNESSON. »

« Ainsi, M. C. Mennesson croit avoir le pouvoir, sauf recours à M. Carnot, de suspendre de leurs fonctions les prêtres catholiques, c'est-à-dire qu'il se croit évêque, et qu'il le regarde comme le souverain patriarche de l'église de France. Nous ne ferons pas à M. le ministre des cultes l'injure de supposer qu'il puisse un instant accepter cette idée bouffonne, et nous nous contentons d'enregistrer les arrêtés épiscopaux du commissaire de l'Aisne, certains qu'une pareille usurpation de pouvoir, qu'un tel attentat à la liberté religieuse ne demeurera pas impuni. Ce n'est qu'une extravagance, sans doute, mais nous vivons en un temps où la folie est contagieuse, et puis il ne faut pas qu'aux yeux des populations catholiques, la république puisse accepter la responsabilité de pareils actes (1). »

Poussé par nous ne savons quel esprit de vertige, le commissaire Mennesson lança un arrêté semblable contre le curé

---

(1) *L'Univers* du 15 avril 1848.

de Pierrepont, un ancien vicaire de Guise, pour avoir refusé de donner la sépulture ecclésiastique à un suicidé. Il était donc temps de mettre fin à cette comédie. Un plaisant s'en chargea. Il imagina de faire prendre aussi à monseigneur de Garsignies, évêque de Soissons, un arrêté prétendu dans lequel le prélat, considérant en substance que le citoyen Mennesson ayant commis un abus de pouvoir en empiétant sur ses droits d'évêque et en s'ingérant dans les affaires spirituelles de son diocèse, déclara à son tour le commissaire Mennesson suspendu de ses fonctions. Par cette saillie pleine d'à-propos, chacun put voir que s'il eut été ridicule à un évêque d'intervenir dans les affaires civiles et administratives, en suspendant un fonctionnaire public, il ne l'était pas moins de voir un commissaire s'ingérer dans les matières spirituelles au point de suspendre un curé qui ne doit compte de son ministère qu'à son évêque.

Cependant un fait aussi inusité ne pouvait passer sans de sérieuses réclamations, et la lettre suivante fut adressée au ministre des cultes par monseigneur de Prilly, évêque de Châlons.

« Châlons, 10 avril 1848. »

« Monsieur le ministre, »

« Je suis informé par monseigneur l'évêque de Soissons, que le citoyen Mennesson, commissaire du gouvernement provisoire dans le département de l'Aisne, vient d'interdire ou de destituer de son chef deux curés de ce diocèse : l'un parce qu'il déplaît à quelques-uns, l'autre parce qu'il a refusé la sépulture à un malheureux suicidé. Je m'abstiens de faire là-dessus aucune réflexion ; mais la France, mais le monde entier seront effrayés de ces attentats de M. le commissaire ; un cri d'indignation va s'élever de toutes parts quand on en apprendra la nouvelle. »

« De tels hommes chargés du pouvoir, font à la république le plus grand tort ; leur présence dans un pays y est un fléau, et je ne m'étonne pas qu'ils en soient honteusement chassés, comme on la vu en quelques contrées. Je m'unis, Monsieur le ministre, à tous les évêques pour protester de toutes mes forces contre de tels abus de pouvoir, qui, jusqu'ici, étaient sans exemples. Celui-ci est le comble de l'extravagance et de l'impiété ; on y a dépassé toutes les bornes, et tout mon diocèse demande que justice soit rendue. »

« Recevez, je vous prie, Monsieur le ministre, etc. »

« † J.-M. Evêque de Châlons. »

Cette lettre fit sensation ; le ministre Carnot demanda un rapport spécial au directeur général de l'administration des cultes, sur la lettre du prélat. « Ce rapport, digne de tous points d'être rédigé par les anciens ministres Martin, (du Nord) et Hébert, ces autres ennemis de la liberté religieuse et de toutes les libertés conquises en février, conclut à infliger pour flétrissure à l'évêque de Châlons l'insertion au *Moniteur*, de sa lettre, monument de force épiscopale et de liberté généreuse, et du rapport du directeur, monument de la clémence de M. Carnot, et de l'injustice de ces hommes qui, ministres de la république, ont osé invoquer les lois des monarchies qu'ils ont renversées (1). »

Quoi qu'il en soit, les deux arrêtés du citoyen Mennesson, furent cassés par le ministre Carnot, de par qui les curés de Lesquielles et de Pierrepont purent continuer de remplir les fonctions de leur ministère, et les choses rentrèrent dans leur état normal.

A Guise, comme dans toutes les villes de la France, on se remua beaucoup pour les élections qui devaient envoyer à

(1) *Univers* du 3 mai 1848.

l'assemblée nationale des représentants chargés de rédiger une constitution. Le citoyen Quinette, ancien député de la dernière législature pour l'arrondissement de Vervins, s'y étant rendu, dans sa tournée électorale, fut reçu avec un véritable enthousiasme. Le jour de l'élection faillit devenir une occasion de troubles. Toutes les communes si populeuses du canton s'étant rendues à Guise, le jour même de Pâques, les maires et les curés en tête, il y avait dans la ville une grande affluence d'électeurs qu'on essaya d'entraîner dans un sens contraire à l'esprit qui avait d'abord présidé à la révolution. Une rixe s'en suivit, entre des exaltés et quelques hommes d'ordre, mais n'eut point de résultat funeste. Cependant le bruit courut que l'un d'eux allait se mettre à la tête des ouvriers de La Bussière, pour venir se venger de l'affront qu'il avait reçu, en pillant la ville. Quelque exagérées que fussent ces rumeurs, la garnison eut ordre de se tenir prête au premier signal, et l'on était si peu rassuré, qu'une nuit, un tambour ivre ayant battu la générale, toute la ville fut en émoi et crut avoir l'ennemi à ses portes. On en fut quitte pour la peur.

La fête qu'on célébra avec beaucoup de pompe et d'enthousiasme, le 4 mai (1848), acheva de rassurer les esprits. La troupe fraternisa avec le peuple dans un banquet offert à la ligne par la garde nationale. Les tables avaient été dressées en plein air sous une allée de maronniers et ne réunirent pas moins de quatre cent cinquante convives. Des chants républicains et nationaux s'y firent entendre et furent vivement applaudis. Un officier du 45e de ligne porta un toast à la garde nationale de Guise, concluant à l'union et à la fraternité de tous les membres de la république. M. Lépine, commandant de la garde nationale, depuis un grand nombre d'années, en porta un autre à l'union de l'armée et de la garde nationale. Un hymne patriotique composé par un citoyen de la ville, M. Godin-Lemaire, et décoré du titre de *La Guisienne*, y fut chanté pour la première fois sur l'air du chœur des *Girondins*, qui retentissait alors par toute la France (1).

Le jour même de cet appel à l'union des citoyens, les ouvriers de La Bussière justifièrent les craintes qu'avait fait concevoir l'esprit qui les animait. MM. Joly frères, de Saint-Quentin, possesseurs de cette magnifique usine, avaient été forcés par menaces de céder aux exigences de leurs ouvriers de La Bussière, et M. Joly (Amédée) avait été amené à signer un engagement d'augmenter ses prix de façon. Le citoyen Droz, sous-commissaire du gouvernement provisoire, mandé par eux dans la journée du jeudi 4 mai, se fit remettre l'écrit déposé à la mairie de Flavigny. Dans la nuit du jeudi au vendredi, des attroupements menaçants se forment, quatre à cinq cents ouvriers se portent à la fabrique et ne parlent de rien moins que d'y mettre le feu. Eveillé par les cris des émeutiers, le commissaire se présente dans les groupes, cherchant à les rappeler à l'ordre, mais il emploie en vain les plus sages exhortations, la foule ne voulut rien entendre, son autorité fut méconnue, on se porta même contre lui à des violences qui faillirent mettre ses jours en danger; il eut la figure déchirée et meurtrie par des coups de pioche. On le transporta à la mairie et les ouvriers refusèrent de le rendre à MM. Joly, qui le réclamaient énergiquement pour lui donner les soins nécessités

(1) *Argus soissonnais*, 11 mai 1848.

par son état. Il fallut payer une rançon de 900 francs en argent pour obtenir qu'on le laissât transporter à Saint-Quentin où des soins empressés mirent hors de danger cet énergique défenseur de l'ordre et de la propriété (1).

Cependant l'insurrection s'organisait à Paris sur une bien plus grande échelle et préparait les sinistres journées de juin. Le samedi 24, à dix heures, les courriers n'avaient point paru à Guise ; à midi pas de dépêches. Aussitôt l'alarme se répand dans la population. Les bruits les plus sinistres commencent à circuler : la république est renversée, l'assemblée est massacrée, Paris est en cendres, l'empire est proclamé, avec Napoléon pour chef. Des groupes se forment, la peur se communique à la pensée d'une affreuse guerre civile. Les nouvelles les plus vagues arrivent jusqu'au soir de Saint-Quentin. Le lendemain 25, aucune nouvelle de Paris. Une seule feuille, le *Journal de Saint-Quentin*, donne quelques détails sur les commencements de l'insurrection. La terreur devient plus forte que jamais et cette fois les craintes n'étaient pas exagérées. C'est alors que se fit entendre ce cri généreux : Allons à Paris défendre le parti de l'ordre, la France, nos familles, nos droits menacés ! On délibère et il est résolu qu'on marchera sur Paris. Un registre est ouvert à la mairie pour recevoir les noms des volontaires, dont le nombre, il faut l'avouer, fut assez restreint pour qu'on dût faire un nouvel appel au patriotisme. A cinq heures du soir, on bat le rappel, la garde nationale se rassemble et forme un carré où se place le maire, qui parvient, par une chaleureuse allocution, à enflammer les cœurs. Aussitôt cinquante-huit vo-

(1) Journaux de Saint-Quentin ; — *Argus soissonnais* du 9 mai 1848.

lontaires sortent des rangs et s'offrent d'aller donner à Paris, la preuve de leur dévouement à la république. On les passe en revue, ils s'en vont élire des chefs et sont décidés à partir le lendemain. Toutefois, leur ardeur fut ralentie par l'autorité municipale, qui les engagea à rester en repos jusqu'à ce qu'on eut reçu des ordres de la préfecture. Ces ordres arrivent ; ils engagent nos volontaires à rester dans leurs foyers. On se contenta d'organiser un service d'estafettes de Saint-Quentin à Guise, qui fut rempli par l'artillerie de la garde nationale avec un patriotisme digne d'une meilleure occasion. Le 26, des ordres du ministre de la guerre appelaient en toute hâte à Paris, la garnison du fort composée de deux compagnies du 48e de ligne, qui laissèrent presque tous les leurs sur le pavé des rues de la capitale. Enfin la nouvelle de la défaite de l'insurrection sur tous les points vint rassurer les esprits et la ville retomba dans son calme habituel.

Elle ne tarda pas néanmoins à en sortir de nouveau : pour effrayer les esprits et jeter la terreur dans les provinces, on renouvela le stratagème employé en 1789, pour faire lever toute la France en armes. On fit courir le bruit que les insurgés ont quitté Paris et se répandent dans les départements voisins de cette capitale. Ces prétendus brigands altérés de vengeance, de pillage et de sang, sont tantôt ici, tantôt là, et, cependant, nulle part on ne les rencontre. Ils sont à Chauny, ils sont à Saint-Quentin, bientôt ils marchent sur Guise. Le vendredi 30, à dix heures du soir, le courrier rapporte un billet écrit au crayon qu'un inconnu lui a donné et portant cette effrayante nouvelle. On se réveille en sursaut on se répand dans les rues, toute la ville est en émoi. Le conseil municipal se rassemble en toute hâte ; on délibère en tremblant, on fait la motion de renfermer, comme on l'avait tant de fois pratiqué en temps de siége, les femmes, les enfants et ce qu'on a de plus précieux dans les souterrains du château, et d'attendre vaillamment les insurgés, à l'abri des remparts où l'on se disposera à mourir s'il le fallait Néanmoins, cette motion fut écartée et l'on expédia à la garde mobile des cinquante-huit volontaires l'ordre de se rassembler. On leur distribue des fusils en mauvais état et sans munitions, ils se mettent sur deux rangs et sont passés en revue, aux flambeaux, par les autorités de la ville; il était onze heures du soir: on ne tarda pas à voir l'inutilité de ces préparatifs de défense, les brigands ne parurent pas. Seulement une femme de Beaurain étant accourue à Guise, en criant qu'il y avait dans ce village un insurgé qui veut soulever le pays, qu'il lui a montré un pistolet, et qu'il lui a fait une foule de questions insidieuses, dix-huit hommes du château, la deuxième compagnie de la garde nationale et un détachement d'artillerie urbaine à cheval partirent pour Beaurain, fouillèrent ce village, La Bussière, Monceau, et s'en revinrent sans avoir fait la moindre découverte qui pût justifier les craintes excitées par la malveillance.

Quelles que soient les accusations qu'on puisse soulever contre la révolution de 1848, et les malheurs qu'on pourra lui reprocher, malheurs inséparables, du reste, de toutes les grandes commotions politiques, la postérité, du moins, lui rendra cette justice, qu'elle a fait ouvrir les yeux sur la profondeur de nos plaies sociales. Le temps était arrivé où il fallait s'occuper du soin des classes indigentes, et ces mots *liberté, égalité, fraternité*, qui retentirent d'un bout de la France à l'autre, la religion les remplaça bien vite par le mot *charité*, qui seul les représente véritablement et seul sait aussi en tirer des prodiges. L'impartialité que nous nous sommes efforcé de prendre pour guide dans la composition de cet ouvrage nous mettra, nous en avons la conviction, à l'abri de tout soupçon de flatterie, lorsque nous dirons qu'il n'est peut-être pas de ville qui ait fait autant d'efforts pour pratiquer cette vertu sublime que celle de Guise, surtout depuis 1848. Aux sacrifices énormes qu'elle s'était imposés dès cette année, pour procurer aux pauvres du travail et du pain, il fallait en joindre de nouveaux pour leur procurer des vêtements ; ce fut l'association qui, cette fois, s'en chargea, et une nouvelle institution de bienfaisance vint, en 1849, réjouir tous les amis de l'humanité, l'*Association de bienfaisance des dames de Guise*. Formée sous le patronage des autorités civiles et ecclésiastiques, cette association a pour but de fournir des vêtements et du linge aux familles nécessiteuses et de les faire visiter, à domiciles, par les dames elles-mêmes, pour leur assurer une distribution équitable des objets confectionnés. Cent dix dames souscrivirent, dès le premier abord, aux conditions de l'association, dont les principales sont : une souscription annuelle de 15 francs au moins, et le travail en commun, un jour de chaque semaine, dans une des salles de l'hôtel de ville, sous peine d'amende en cas d'absence. Bientôt de jeunes personnes, quoique non associées, voulurent s'assujettir au travail ou à l'amende, des hommes même voulurent aussi prendre part à l'œuvre par des souscriptions pécuniaires (1).

(1) *Journal de l'Aisne*, 29 décembre 1849.

Le premier magistrat du département, M. H. Corbin, fut si touché de ces efforts si spontanés de la bienfaisance, qu'il crut devoir adresser aux juges de paix, aux maires et aux présidents des bureaux de bienfaisance du département une circulaire pour en faire l'éloge et provoquer l'établissement de pareilles institutions, sur le modèle de celle de Guise, « à la création de laquelle, disait-il, tous les amis de l'humanité applaudiront et qu'ils s'efforceront de faire imiter partout où ils trouveront des pauvres à secourir. »

On ne peut guère douter que cette association ait sinon provoqué, du moins déterminé deux fondations non moins importantes pour la ville, l'établissement d'une salle d'asile et celui d'un ouvroir pour les jeunes filles. Le premier eut pour auteur l'ancien maire de la ville, M. Lesur, l'écrivain politique, l'homme bienfaisant qui naguère encore faisait son orgueil, et dont la biographie doit terminer l'*Histoire de Guise* (1).

Charles-Louis Lesur naquit à Guise, le 24 août 1770. Il était fils de Charles-Eustache Lesur, greffier en chef des juridictions royales, de l'élection et grenier à sel de Guise, lequel devint ensuite membre de l'administration du département de l'Aisne, et de Martine-Cécile Pigneau, d'Origny-en-Thiérache, sœur de l'évêque d'Adran. La famille de Lesur, jouissait de cette honnête aisance qui était alors

---

(1) Les ouvrages que nous avons consultés pour composer la biographie de M. Lesur, sont : la *Biographie des contemporains*, par MM. Arnault, Jay et Jouy, etc.; — la *Biographie universelle et portative des contemporains*, de MM. Rabb, Vieilh de Boisjolin et Sainte-Preuve ; — la *Biographie de M. Lesur*, par Fabien Pillet, qui a paru au *Moniteur* en 1849; — les ouvrages de M. Lesur, sa notice sur Legrand de Laleu ; le discours manuscrit prononcé sur sa tombe, par M. Besson, maire de Guise. — En outre, Mme Lesur a bien voulu nous communiquer plusieurs lettres et papiers, et nous faire part de ses souvenirs.

l'apanage de la magistrature. Sa première éducation qui eut lieu sous les yeux de sa mère, femme d'une angélique piété, fut soignée et eut une heureuse influence sur tout le reste de sa vie. Un frère des écoles chrétiennes lui apprit à lire et à écrire; puis il entra au collége de Guise, et termina ses études à celui de Laon. Inutile de dire que le jeune Lesur se distingua dans ces deux établissements par d'éclatants succès et une aptitude merveilleuse pour le travail. Ses humanités terminées, il alla, comme la plupart des jeunes gens sortis de la magistrature du pays, faire son droit à Paris où il eut dans la suite pour maître de conférences l'abbé de Frayssinous, depuis évêque d'Hermopolis, grand maître de l'université et ministre des affaires étrangères.

Lesur n'avait pas encore achevé son éducation, lorsqu'il vit à Guise son oncle maternel, Pigneau de Behaigne, évêque d'Adran (*in partibus*), missionnaire en Cochinchine, qu'il importe de faire connaître. Pigneau de Behaigne était un homme sage, prudent et lettré. Il jouissait d'un grand crédit auprès du monarque cochinchinois, qui en avait fait son ami et son premier ministre, et qui lui avait confié l'éducation de son fils aîné. Des révolutions ayant agité ce pays lointain et le monarque ayant été détrôné, il l'aida puissamment à recouvrer une partie de ses États et courut lui-même les plus grands dangers. Pigneau ayant donné au prince l'espoir d'être secouru par la France, celui-ci lui confia son fils pour lors âgé de six ans, sur la promesse de le conduire à Versailles pour réclamer l'appui de cette cour. L'évêque partit muni de pleins pouvoirs, arriva à Lorient avec son jeune élève et se rendit à Versailles. On les y reçut avec honneur, et on négocia un traité dont la France pouvait retirer de grands avantages pour son commerce, et qui fut signé le 28 novembre 1787 par le comte de Montmorin au nom du roi Louis XVI, et par l'évêque d'Adran au nom du roi de Cochinchine. Le prélat, nommé par le monarque français ministre plénipotentiaire auprès du roi indien, fut chargé de lui remettre son portrait, reçut pour lui-même de riches présents, et se rembarqua en décembre 1787 (1).

Pigneau n'avait pas perdu l'espoir de revoir la France; il nourrissait même le désir de venir se retirer à Guise, dans le domaine de Beauval où son frère Eustache Lesur se proposait dès lors de bâtir une maison de campagne, projet que son fils devait réaliser, et à laquelle il devait donner plus tard une si noble destination; mais il mourut en Cochinchine en 1799.

Avant son départ de France, le prélat frappé des belles qualités qu'il avait remarquées dans son neveu, lui avait conseillé d'entrer dans l'état ecclésiastique. Quoique les esprits commençassent déjà à s'agiter, on était loin de prévoir alors les grandes catastrophes qui devaient bouleverser l'église de France; ce conseil semblait donc naturel dans la bouche d'un évêque. Quoi qu'il en soit, Lesur se sentant des goûts opposés à cette vocation, ne crut pas devoir accéder au désir de son vénérable parent. Issu d'une famille de magistrats, il devait préférer l'étude de la jurisprudence; mais comme il avait annoncé de bonne heure des dispositions pour la poésie, tout en pâlissant sur les *Pandectes* et le *Code Justinien*, il continua de s'y livrer avec ardeur. Néanmoins

(1) Lesur et Lefèvre, neveux du prélat, ont fourni une partie des matériaux employés dans l'article consacré à leur oncle dans la *Biographie universelle*, de Michaud.

Mme Lesur possède encore le portrait de l'évêque d'Adran et celui du jeune prince son élève, en costume cochinchinois.

les premiers opuscules sortis de sa veine poétique et qui n'étaient, à la vérité, que des essais, n'osèrent affronter le jour de la publicité. Après avoir été ainsi incertain et flottant entre les diverses carrières offertes à ses jeunes talents, il parut choisir de préférence celle des armes; mais par suite des graves événements qui survinrent, il devint homme de lettres et publiciste.

Lesur n'avait que dix-neuf ans lorsque la révolution éclata. Ainsi que ses compatriotes Camille Desmoulins et Marcandier, il était à Paris au commencement de nos premiers troubles (1). Doué d'une imagination vive et ardente, ayant une âme pure et droite, il ne pouvait manquer d'embrasser, comme eux et comme tant d'autres jeunes gens, les principes d'une révolution qui, paraissant marcher uniquement à la réforme des abus, promettait de faire le bonheur de la France; mais lorsqu'il la vit tomber dans les plus déplorables excès de la démagogie, il eut le courage de lutter contre elle selon la mesure de ses forces et de son talent.

Son goût pour les belles-lettres l'ayant donc retenu dans la capitale, il résolut de s'y fixer, mais il demeura étranger à toutes les factions de la révolution, « dont à peine sorti du collége, j'ai eu, dit-il, à combattre les excès, où je n'ai guère eu à louer que les exploits de nos guerriers, et dans le cours de laquelle j'étais trop jeune, trop franc, trop fier, trop peu courtisan pour parvenir... »

Un événement tragique qui eut alors un grand retentissement, en fournissant à sa verve un sujet de composition plein d'actualité, était venu en effet lui donner l'occasion de

(1) M. Lesur n'eut à Paris avec Camille Desmoulins, son compatriote, que quelques rapports de politesse; il a souvent dit depuis que le genre d'esprit de Lucile, ne lui plaisait pas.

flétrir, en plein Théâtre-Français, les folles doctrines et les exécutions sanguinaires auxquelles il fait ici allusion (1).

On était en 1792. Les Prussiens avaient pénétré jusqu'au cœur de la France. Le chef de bataillon Beaurepaire, commandant de Verdun, n'ayant pu réussir à inspirer son courage aux soldats et aux bourgeois pour la défense de cette place, et préférant la mort à une capitulation honteuse, se brûla la cervelle le 5 septembre. Ce trait héroïque au point de vue des idées du temps, mais déplorable aux yeux de la raison, enflamma le génie poétique du jeune Lesur, alors âgé seulement de vingt-deux ans, et le 21 novembre suivant, il donnait à la Comédie-Française l'*Apothéose de Beaurepaire*, pièce en un acte et en vers, qu'il n'avait mis que deux mois à composer.

La scène principale de l'apothéose où l'auteur avait épanché toute la sensibilité de son âme, et qui « parut traitée avec beaucoup de chaleur, fut prodigieusement applaudie (2). » Le jeune poëte fut littéralement couvert de fleurs. Une autre cause tirée des événements du jour vint encore contribuer au succès de cette pièce. Dans ces temps de rapines et de spoliations où l'on avait jeté en proie à la rapacité des révolutionnaires les biens de la noblesse et du clergé, il avait été question de la loi agraire ou partage des biens, que quelques têtes exaltées commençaient à réclamer. Lesur ayant su insérer avec art dans son drame une peinture aussi vraie que courageuse des dangers d'une pareille mesure, avait emporté les suffrages de tous les amis de l'ordre,

---

(1) Pillet, *Biographie de M. Lesur.*

(2) Pillet, *Biographie de M. Lesur.*

et de tous ceux qui avaient conservé quelque reste de droiture et de probité.

Ce premier succès fut pour Lesur un puissant motif d'encouragement dans la carrière dramatique. Un an après, il donnait la *Veuve du républicain* ou le *Calomniateur*, comédie en trois actes et en vers. Ce nouveau sujet patriotique sur lequel il sut répandre les couleurs du temps, fut accueillie du public avec la même faveur que l'*Apothéose*, et eut un succès soutenu. Les sentiments démocratiques y sont exprimés avec une énergie qui ne pouvait manquer de plaire à une multitude toute livrée à l'exaltation des passions politiques ; mais on doit rendre cette justice à l'auteur que, loin de s'abaisser jusqu'à mendier des applaudissements, il s'y élevait éloquemment contre ces hommes exaltés qui, sous prétexte de se faire justice à eux-mêmes et sous prétexte de patriotisme, se livraient aux plus exécrables forfaits.

Quand on pense que c'était après les massacres de septembre et en 1793, que Lesur osait se livrer à cette hardiesse, on ne peut trop louer son courage et la noble indignation dont son âme sensible était saisie à la vue du régime affreux qui pesait déjà sur la France.

Cependant, il ne pouvait poursuivre longtemps cette route, sans exposer inutilement sa vie, et il paraît dès lors avoir renoncé au genre dramatique pour prendre une autre direction. Atteint par la première réquisition, il fit valoir sa qualité d'*homme de lettres*, et obtint la faveur de rester à Paris comme chef du bureau du comité des finances de la convention, au commencement de 1794. Il passa sans interruption au secrétariat du ministère des finances lors de la réorganisation, le 1ᵉʳ frimaire an IV (1796), et y resta jusqu'au 3 nivôse de la même année.

Dans les différents postes qu'il occupa dans les comités du gouvernement, Lesur sut toujours, par son aménité, sa droiture et la sagesse de sa conduite, se concilier l'estime de tous ceux qui se trouvaient en rapport avec lui. Il traversa ainsi la *terreur*, qui conduisit à l'échafaud ses deux compatriotes, Camille Desmoulins, Roch Marcandier, et tant d'autres victimes du despotisme révolutionnaire. Un jour néanmoins, il courut, à ce qu'il paraît, le plus grand risque d'y porter aussi sa tête. Robespierre, impatienté de la lenteur qu'on avait mise à apporter au comité du salut public des pièces concernant la conspiration dite des *prisons*, vint dans les bureaux, et, s'adressant à Lesur, il se plaignit avec violence de cette prétendue négligence. « Citoyen, répondit Lesur, il fallait bien prendre le temps d'examiner, n'y eut-il qu'un innocent...! » « Vous croyez donc qu'il y en a, » interrompit brusquement le tyran en lui tournant le dos, et en disant à l'un des chefs : « Mais c'est un modéré que vous avez là (1)...! » Lesur se crut perdu. Ce fut le citoyen Lejeune, de Soissons, qui le sauva. Celui-ci avec lequel il était en relation avait été placé par Saint-Just, dont il était connu, au comité de sûreté générale, dans une position où il pouvait être utile à ses amis. Lesur ayant donc été appelé à ce comité sous l'inculpation de *modérantisme*, Lejeune fit son éloge, dit qu'il répondait de lui sur sa tête, et il ne fut plus inquiété.

Le directoire ayant succédé à la convention, Génissieux,

---

(1) Cette réponse de Robespierre est la même qu'il fit à Danton, dans une entrevue qu'on avait ménagée pour opérer un rapprochement entre eux, et où Danton lui avait dit : « qu'il ne fallait pas confondre les innocents avec les coupables. »

révolutionnaire fougueux, qui s'était distingué par son assiduité dans les comités de cette dernière assemblée, fut nommé ministre de la justice, le 3 janvier 1796. Du comité des finances, Lesur passa au bureau particulier comme secrétaire du ministre, qui, sans doute, avait eu l'occasion de le voir dans les anciens comités. Enfin, il obtint la place importante de chef de bureau de l'organisation judiciaire. Quoique Génissieux n'eût gardé que trois mois ses importantes fonctions, qu'il remplit, il est juste de le dire, avec droiture et habileté, ce fut chez ce ministre que Lesur rencontra Merlin de Douai, qui avait aussi beaucoup travaillé dans les comités révolutionnaires, et qui a attaché son nom à l'affreuse loi des *suspects*. Tel est l'ascendant de la vertu, que le jeune chef de bureau acquit l'estime de cet homme qui, dit un biographe, « par ambition et lâcheté, s'efforça de mettre son âme glacée et flétrie au niveau de la cruelle énergie de l'époque, et fut l'un des plus dégoûtants d'entre les terroristes qui n'avaient pas pour eux l'excuse de l'exaltation démagogique et d'une irrésistible conviction... » Aujourd'hui, on fuirait à tout prix la rencontre de tels hommes; ils occupaient alors les plus hautes fonctions du gouvernement.

Devenu à son tour ministre de la justice, Merlin de Douai conçut l'idée d'une *police générale* organisée en ministère, et remania à cet effet le personnel de son administration. Lesur perdit sa place de chef de bureau, et n'eut plus que celle d'adjoint dans la nouvelle organisation. Merlin lui écrivit lui-même le jour complémentaire de l'an IV (1796), pour l'assurer que ce déplacement n'était pas une disgrâce, mais la conséquence forcée des mesures prises par le gouvernement pour diminuer les dépenses de son administration. Il terminait ainsi sa lettre : « J'espère que vous ne verrez dans ce changement devenu indispensable rien de fâcheux pour vous. Le vrai républicain sait servir son pays dans tous les postes. »

« Salut et fraternité. »

« MERLIN. »

La dernière position que Lesur avait occupée au bureau de l'organisation judiciaire mettait alors, par son importance, celui qui l'occupait en rapport immédiat avec les ministres. C'était donc un moyen naturel d'arriver à la faveur, et une mine féconde de places lucratives qui ne demandait, ce semble, qu'à être exploitée. Néanmoins, Lesur n'en tira aucun parti pour lui-même. Son caractère se refusait à tout ce qui pouvait sentir l'intrigue ou la bassesse. Il se contentait de remplir consciencieusement ses fonctions.

Cependant M. de Talleyrand ayant été nommé ministre des relations extérieures, il fut attaché par lui à son ministère; et enfin, lors de la création de la *loterie nationale*, il fut nommé par le directoire inspecteur pour Paris, emploi qu'il conserva jusqu'à sa réforme en 1824. « C'est une bague qu'on vous met au doigt, lui dit l'un des directeurs, en lui apprenant sa nomination. » C'était plutôt la juste récompense de services rendus.

Ce fut aussi sur ces entrefaites qu'il fut proposé pour remplir les importantes fonctions de secrétaire d'ambassade près de Joseph Bonaparte, nommé ambassadeur à Rome en 1797; mais ce poste important lui échappa pour des raisons que nous ignorons. Lesur conçut un véritable chagrin de ce revers de fortune qui fut peut-être le résultat d'une injustice, mais non pas tant pour l'élévation même de ce poste, que parce qu'il le trouvait conforme à ses goûts, et qu'il l'eût conduit au milieu des chefs-d'œuvre de la capitale du monde, dans la terre classique des beaux-arts, de la poésie et de l'éloquence.

Il se consola de cette infidélité de la fortune, en reprenant ses travaux littéraires pour lesquels il se sentait un attrait irrésistible et qui le rendait peu propre à passer sa vie dans un bureau, ainsi qu'il s'en exprimait lui-même. Il n'avait pas perdu le souvenir de cette muse gracieuse à laquelle il avait sacrifié avec succès dans les premières années de sa jeunesse ; il revint donc à elle. Entraîné par l'enthousiasme général qui avait saisi toute la France à la nouvelle des rapides et prodigieux succès du jeune vainqueur de l'Italie, il conçut l'idée d'un poëme héroïque en dix chants, qu'il intitula *Les Francs*, où il célébra notre gloire. Nous nous contenterons de rapporter ici le jugement qu'a porté sur ce poëme son biographe Pillet. « Nous ne nous arrêterons pas, dit-il, sur le poëme des *Francs*, que M. Lesur publia prématurément en 1797. Cet ouvrage, composé avec trop de précipitation, subit alors de justes critiques. Il est permis de dire cependant que parmi une foule de vers durs et d'un goût hasardé, on y remarque des récits, des descriptions, des harangues militaires pleines de verve et d'imagination. »

Ce poëme valut à son auteur l'honneur d'être présenté au directoire le même jour que Bessières, commandant des guides de Bonaparte, et depuis maréchal de l'empire et duc d'Istrie, lorsque celui-ci vint apporter aux chefs du gouvernement les drapeaux conquis en Italie sur les Autrichiens.

Lesur offrit son poëme, en même temps que Bessières ses glorieux trophées. N'est-il pas juste que la poésie accompagne la gloire dont elle chante les triomphes ! Il jouit des mêmes honneurs que Bessières, et assista aux fêtes données à cette occasion. Cet officier qui ne resta que quelques jours à Paris, mais avec lequel il était naturellement entré en relations, lui proposa de le suivre en Italie, sur l'assurance que le jeune vainqueur accueillerait favorablement celui qui avait chanté nos victoires. Lesur n'était pas éloigné de profiter d'une occasion aussi favorable; mais avant d'accueillir la proposition de Bessières, il crut devoir consulter sa famille qui ne parut pas favorable à ce projet. Il remercia donc le futur maréchal de l'empire avec lequel il conserva quelques rapports et demeura en France, où il ne tarda pas à recevoir du gouvernement un nouvel emploi.

Le directoire, cherchant les moyens d'abaisser la puissance de l'Angleterre, avait rassemblé sur les côtes de l'Océan une armée destinée à agir contre elle. Bonaparte ayant terminé sa campagne d'Italie, on lui en donna le commandement, moins pour mettre en œuvre ses talents militaires que pour l'éloigner des affaires politiques auxquelles on pressentait qu'il ne demeurerait pas étranger. Cependant avant de tenter une entreprise décisive, on fonda le journal anglais l'*Argus*, destiné à combattre l'influence anti-française de notre puissante voisine. Lesur entra dans la rédaction de cette feuille dont le ministère faisait les frais, et à laquelle travaillaient aussi Barrère, Goldsmitz et André d'Arbelles, ami de Lesur, que nous devons faire connaître avant de nous occuper d'un point de critique littéraire élevé au sujet de ces deux auteurs.

André d'Arbelles, rentré en France en 1798, après avoir servi comme émigré dans l'armée du prince de Condé, avait été attaché ainsi que Lesur par M. de Talleyrand au ministère des relations extérieures, et chargé également de différents travaux politiques et littéraires. Il concourut non-seulement à la rédaction de l'*Argus*, mais aussi à celle du *Messager du soir*. Lesur et d'Arbelles travaillèrent longtemps soit ensemble, soit séparément, à la composition de différentes brochures de circonstance qui furent publiées sans nom d'auteur et même quelquefois sans nom d'imprimeur, et qu'on attribua tantôt à l'un, tantôt à l'autre. Se trouvant adjoint à Lesur, d'Arbelles avait dit à celui-ci : « Vous serez la tête, et moi, je serai les pieds. » Faisant ainsi allusion à la part active mais purement matérielle qu'il prendrait dans la collaboration, tandis que Lesur ferait la véritable besogne. Toutefois, aussi ami de l'intrigue qu'il était ennemi du travail du cabinet, d'Arbelles, dans l'intérêt de son avancement, ne s'attribua pas moins la plus large part dans la collaboration.

D'où il arriva qu'on lui attribua longtemps les ouvrages suivants : 1° *Mémoires sur la révolution de Pologne trouvés à Berlin* (avec un *Avertissement*), 1805; — 2° *Réponse au manifeste du roi de Prusse*, 1806; — 3° *Que veut l'Autriche ?* 1809; — 4° *Mémoire sur la conduite de la France à l'égard des Neutres*, 1810; — 5° *Tableau historique de la politique de la cour de Rome, depuis l'origine de sa puissance temporelle jusqu'à nos jours*, 1810.

Ce que nous avons dit du caractère de d'Arbelles ne suffirait pas pour lui enlever toute espèce de coopération à quelques-uns de ces ouvrages, quand même on s'appuierait de l'autorité du bibliographe Barbier, qui dit, dans son *Dictionnaire des Anonymes*, que d'après de nouveaux renseignements, il paraît que ces divers ouvrages ont été rédigés par Lesur. En effet, l'auteur de l'article *d'Arbelles*, dans la *Biographie universelle* de Michaud, prétend que des renseignements plus certains ne lui permettent pas de douter que cet auteur n'en ait composé une grande partie.

Nous ignorons la nature de ces renseignements, ce qui nous empêche de décider entre les deux critiques ; mais ce qui nous ferait douter de l'exactitude de ceux du biographe de d'Arbelles, c'est qu'il lui attribue l'ouvrage *de la Politique et des Progrès de la puissance Russe* (1807), qui fut, dit-il, dirigé contre la Russie et retiré de la circulation à la nouvelle du traité de Tilsitt, ainsi que celui intitulé : *Que veut l'Autriche*, (1809)? après la paix de Vienne. Nous croyons qu'on confond ici cet ouvrage avec celui *des Progrès de la Puissance Russe* (1812), que Lesur signe des initiales de son nom, ainsi qu'il l'avait toujours fait jusque-là, mais dont il s'avoua hautement l'auteur dans un autre ouvrage (1), « Non pas, dit-il, que je veuille tirer vanité d'un succès littéraire, mais parce qu'il importe maintenant de faire connaître qu'il n'y a rien dans ma conduite ni dans mes écrits où, malgré l'influence des révolutions, on ne puisse reconnaître le caractère d'un honnête homme et d'un bon Français. »

La déloyale conduite de d'Arbelles à l'égard de son collègue dont il connaissait la délicatesse et la loyauté, fut payée comme elle méritait de l'être. Ce fut à l'occasion du *Mémoire des Neutres*. Champagny, duc de Cadore, ayant

---

(1) *Histoire des Cosaques*. Avis au lecteur.

remplacé, en 1807, M. de Talleyrand, qui avait encouru la disgrâce de l'empereur, ce ministre, qui était toujours disposé à seconder les vues ambitieuses du conquérant en se montrant partout l'ennemi déclaré de l'influence anglaise, demanda ce Mémoire aux historiographes du ministère. Il fut convenu que Lesur le composerait, mais qu'il paraîtrait comme le produit de la collaboration. D'Arbelles n'en prit pas moins le manuscrit pour le porter au ministre, comme venant de sa plume. Mais le ministre ayant su que le bruit courait au ministère que c'était Lesur qui l'avait composé, il le fit venir, et voulant juger par lui-même de la vérité de ce qu'on disait, le pria de composer dans son cabinet même et sur-le-champ la conclusion du Mémoire. Le ministre l'ayant lue avec attention et l'ayant comparée au reste de l'ouvrage, lui dit : « M. Lesur, vous êtes l'homme du ministère, et vous l'êtes seul; vous n'êtes pas adjoint à d'autres..! »

D'Arbelles ayant su ce qui se passait vint conjurer Lesur de ne pas le perdre; il employa même près de lui l'intermédiaire de Mme Lesur, dont il connaissait l'indulgence et la bonté de cœur; celui-ci se contenta de lui reprocher sa mauvaise foi, et lui promit de demeurer étranger à cette affaire. D'Arbelles avait été nommé vers cette époque historiographe du ministère des relations extérieures. Attaché ensuite à M. de Talleyrand, il le seconda dans la restauration des Bourbons, refusa de prêter serment à Napoléon en 1815, et perdit son emploi. Ayant été nommé par Louis XVIII préfet de la Mayenne, il fut révoqué sous le ministère Decaze par ordonnance du roi; mais après la chute de celui-ci, il devint préfet de la Sarthe, et mourut au Mans par accident en 1825.

La place que Lesur occupait au ministère lui indiquait assez que le genre de travail auquel il devait désormais se livrer était l'étude de la politique et de l'histoire ; aussi passa-t-il dans cette étude, dans celle surtout de la politique extérieure, la plus belle partie de sa vie, ainsi qu'il le dit lui-même (1).

Toutefois, il n'avait pas encore signalé son talent par une œuvre de longue haleine, et il n'était connu dans le monde littéraire que par deux pièces de théâtre et des mémoires politiques. La grande prépondérance que prenait la Russie dans les affaires de l'Europe, et la guerre de 1812 qui se préparait, lui fournirent l'occasion d'écrire son livre *des progrès de la puissance Russe, depuis son origine jusqu'au commencement du* XVIIIe *siècle*. Cet ouvrage remarquable parut en octobre 1812, pendant cette campagne mémorable de Russie où devait s'engloutir la grande armée. La victoire alors nous avait encore conservé ses faveurs, et Lesur, après avoir dépeint les progrès de la puissance du colosse du Nord, arrivé au terme de son travail, pouvait dire : « L'aigle française a déployé ses ailes sur les flèches dorées du palais des czars. On ne verra plus les farouches enfants du Nord menacer nos campagnes, nos cités et nos arts ; déjà ils ont fui la terre fertile qu'ils avaient désolée. Bientôt ils maudiront l'alliance d'Albion ; elle n'empêchera point qu'ils ne reconnaissent enfin les barrières que leur orgueil n'osera plus franchir, et je pose la plume aux acclamations de la victoire. » Nous savons, hélas ! comment ces espérances d'un cœur français se sont réalisées : l'étendard russe a flotté à son tour

---

(1) *La France et les Français en 1817.*

sur le palais du grand empereur, et les barbares ont couvert de leurs hordes sauvages la France abattue et désolée !

Le livre *des Progrès de la puissance Russe* eut deux éditions. Il était écrit avec une impartialité telle et une si parfaite observation des convenances, qu'il valut à son auteur une double approbation, celle de l'empereur Alexandre, et celle de l'empereur Napoléon. Celui-ci en fit imprimer un grand nombre d'exemplaires sur papier très-fin, en petit format, qu'il fit venir de Paris, et qui tombèrent aux mains des Russes pendant la retraite de Moscou. L'empereur Alexandre, qui avait agréé l'hommage de ce livre, en fit témoigner toute sa satisfaction à l'auteur.

Il était à peine terminé, lorsque le gouvernement impérial lui demanda, au commencement de 1813, l'*Histoire des Cosaques*. Lesur était comme préparé à la composition de cet ouvrage par les recherches nombreuses que lui avaient demandées les *Progrès de la puissance Russe*. Composée pendant l'invasion, l'*Histoire des Cosaques* ne parut qu'à la paix, c'est-à-dire en 1814. Il offrit ce nouveau livre à Alexandre, mais seulement lorsque notre territoire fut délivré de la présence de nos ennemis. C'est lui-même qui nous l'apprend. « J'aurais pu, dit-il, hasarder d'en faire hommage à l'empereur Alexandre, si je n'avais craint qu'on ne vît dans cette démarche une apparence de palinodie, de flatterie ou d'intrigue qui répugnent également à mon caractère. Maintenant que nous sommes délivrés du malheur d'avoir les Cosaques pour hôtes ou pour ennemis, leur éloignement m'a rendu toute ma liberté (1). »

(1) *Histoire des Cosaques*. Avis au lecteur, page 5.

Alexandre agréa ce nouvel hommage de l'auteur français, et lorsque de nouveau les alliés se furent établis à Paris, en 1815, deux officiers russes vinrent de *la part de l'empereur, leur maître*, se présenter chez lui, pour lui remettre une lettre (1) par laquelle il était invité à se rendre le lendemain chez son ambassadeur; et le 16 juillet 1816, il lui fit envoyer, par M. Pozzo di Borgo, son ambassadeur à la cour de France, une bague en diamant, en témoignage de la satisfaction que lui avaient causée ses deux ouvrages. Lesur conserva toute sa vie le souvenir de ce suffrage de l'empereur Alexandre, dont on a su apprécier en France la générosité. « Quand j'osai, dit-il, adresser à un grand monarque l'hommage d'un ouvrage historique qu'il était dans mes fonctions de faire pendant la guerre de Russie, ce prince daigna laisser tomber sur moi un regard qui m'a consolé de bien des injustices (2). »

Lesur se rattacha avec conviction à la monarchie constitutionnelle où il voyait le salut de la France et la plus sûre garantie d'une sage liberté. Tout despotisme lui déplaisait, celui de Napoléon comme celui de la convention. Il avait un amour profond pour son pays, dont il savait apprécier les grandeurs, les fautes et les ressources. C'est dans cet amour qu'il faut aller chercher l'origine de son ouvrage de *la France et les Français en* 1817, qui lui assure un rang distingué parmi nos publicistes. Ce livre qui parut lorsque l'occupation étrangère pesait encore sur la France, et au sortir des épouvantables désastres de 1814 et de 1815, eut un

---

(1) Lettre de M. Pozzo di Borgo à M. Lesur, citée au *Moniteur* du 25 octobre 1816.

(2) *La France et les Français en* 1817.

grand succès. Presque tous les journaux de l'époque en parlèrent avec éloge. Il eut deux éditions et fut traduit en italien. Il méritait l'accueil qu'il reçut du public, non-seulement à cause de son actualité, mais parce que l'auteur a su s'y élever à la hauteur de l'écrivain politique. Toutes les parties constitutives de l'État, tout ce qui fait la force ou la gloire de la France y est passé en revue. La population, l'agriculture, l'industrie, le commerce, le clergé, la noblesse, les savants, les artistes, les gens de lettres, l'armée, les opinions, les mœurs, le gouvernement représentatif et ses trois pouvoirs, la magistrature, l'administration, les finances, la force publique, l'équilibre européen, telles sont les nombreuses et hautes questions qui sont traitées par Lesur, avec toute la sagacité d'un homme d'État et tout le charme d'un écrivain plein de goût.

On remarque en effet dans *la France et les Français* une connaissance étendue de l'économie politique et de la science sociale, une appréciation toujours juste des grands événements qui avaient passé sous les yeux de l'auteur pendant la révolution et l'empire, et, ce qui est plus rare encore, un esprit d'équité et d'impartialité qui ne se dément jamais. Il semble qu'il écrit un siècle après les événements, tant il les voit de haut, tant il sait se dégager des influences du moment, influences au milieu desquelles il vivait, et qui semblaient devoir, ce semble, peser sur lui d'un si grand poids. Sacrifices généreux et réciproques de l'intérêt particulier à l'intérêt général du pays, fusion de tous les partis dans l'amour de la France par l'oubli de trop longues dissidences, voilà où Lesur faisait trouver la guérison de nos plaies morales et politiques.

Quiconque voudra connaître cette époque de transition qui nous conduisit du régime impérial au régime constitutionnel, étudier l'état des esprits et des institutions dans un ordre de choses si nouveau pour le pays, devra lire *la France et les Français en* 1817. Ce n'est qu'après avoir lu cet intéressant ouvrage qu'il rendra toute la justice qu'il mérite à un gouvernement qui eut tant d'intérêts à ménager, tant d'opinions à concilier ou à rapprocher, tant de plaies si profondes à cicatriser, tant de préventions à faire taire, tant de préjugés à vaincre; qui sut, à force de sacrifices et souvent de fermeté, nous réconcilier avec l'Europe, et nous faire remonter au rang que nous avions perdu, par de si déplorables revers, de la première nation du monde.

Versé profondément dans la science de l'antiquité et nourri de l'étude des auteurs classiques où il avait puisé les règles du goût à leur source même, Lesur n'était étranger à aucune des connaissances qui font les savants. Toutes ses compositions littéraires se distinguent par un style facile, correct, élégant. Il s'y montre à la fois homme de lettres, homme d'état et homme du monde. Le seul reproche fondé qu'on puisse peut-être lui adresser, c'est d'avoir poussé trop loin les rapprochements, les analogies entre les peuples anciens et les peuples modernes, leurs lois, leurs gouvernements, leurs révolutions, et d'avoir proposé les premiers comme modèles aux seconds, tandis qu'ils seront toujours séparés par des différences si profondes de climats, de religion, de mœurs, de génie même qui ont tant d'influence sur les formes politiques. Mais si Rome, Sparte, Athènes, villes de grande et poétique mémoire, reviennent si souvent sous sa plume facile, c'est un tribut qu'il devait payer à son siècle qui s'était enthousiasmé outre mesure pour les héros de l'antiquité.

Lesur composa *la France et les Français*, sous le ministère du duc de Richelieu. Voici une anecdote qui montre le cas que le ministre faisait de cet ouvrage. L'ayant fait imprimer chez Henri Nicole, frère de l'abbé Charles Nicole, qui fut plus tard recteur de l'académie de Paris, ce fut pour celui-ci une occasion de lire l'ouvrage, alors sous presse. Il en fut si content qu'il le présenta au duc de Richelieu, lequel le lut à son tour avec étonnement, et déclara que depuis longtemps aucun des livres parus à cette époque ne lui avait fait autant de plaisir. Le ministre ne s'en tint pas là, et pour se procurer le plaisir de voir l'auteur, il l'invita à déjeuner. Lorsqu'il le vit entrer dans le salon : « Ah ! c'est vous, M. Lesur, dit-il avec cette grâce charmante qui caractérisait l'ancienne noblesse, je vous tiens, je ne puis vous quitter. » Il tenait en effet l'ouvrage de Lesur à la main. — « Mais, Monseigneur, lui répondit celui-ci, mon livre n'est pas même corrigé. » — « N'importe, répliqua le ministre, je le « garde tel qu'il est. Ce fut à cette occasion qu'il fut nommé *historiographe* du ministère des affaires étrangères, dont il remplissait depuis longtemps les fonctions. Le général Dessoles ayant remplacé le duc de Richelieu comme président du conseil des ministres, Lesur entra naturellement en relation avec lui. Le nouveau ministre lui fit le même accueil que son prédécesseur ; bien plus, il aimait à s'entretenir avec lui intimement sur des matières qu'il déclarait avec simplicité lui être étrangères.

Cependant Lesur nourrissait depuis longtemps un projet

qui devait mettre le sceau à sa gloire littéraire, c'était de fonder un *Annuaire historique* sur le modèle de l'*Annual register* des Anglais. Il en avait conçu la première idée sous le régime impérial, mais la crainte de donner de l'ombrage à un gouvernement soupçonneux et despotique, par la sincérité qu'exigeait un ouvrage de ce genre, lui en fit différer l'exécution jusqu'après les catastrophes de 1814 et 1815. Touché de l'intérêt que lui avait témoigné le duc de Richelieu, il lui avait développé le plan de ce recueil. Le ministre l'encouragea vivement, et lui déclara que pour lui, il regardait cette fondation comme un service important qu'il rendrait à son pays. Une difficulté se présentait : une pareille entreprise devait créer à son auteur une charge assez lourde, en nécessitant des avances de fonds considérables, soit à cause des nombreux documents qu'il faudrait se procurer, soit même sous le rapport de l'exécution typographique. Il ne dissimula pas son embarras au ministre, qui lui fit allouer des fonds sur son ministère.

Mais la mort du duc de Richelieu étant survenue avant la publication du deuxième volume, il résolut de marcher sur ses propres ressources, et ne recula devant aucun sacrifice. Il sentait d'ailleurs la nécessité de garder toute son indépendance dans la rédaction d'une œuvre où il ne devait avoir d'autre guide que la vérité. Il ne tarda pas à sentir qu'il avait bien jugé. Le baron de Damas, qui était passé par un effet de la toute puissance de M. de Villèle, au département des affaires étrangères d'où l'on venait d'expulser M. de Chateaubriand, s'étant plaint à Lesur de sa rédaction concernant l'affaire des gardes-du-corps, celui-ci fit au ministre une réponse qui lui montra qu'il n'y avait que la vérité à attendre de l'historien, et qui lui concilia l'estime de ce ministre.

Lesur montra toujours la même élévation d'idées et de caractère sous les divers ministres qui se succédèrent aux affaires étrangères. « Monseigneur, dit-il au prince de Polignac, en lui présentant son livre, voici mon ouvrage; je le fais avec toute l'indépendance de l'historien. Si je ne puis garder cette indépendance, je me retire. » Il repoussait toutes les faveurs qui semblaient s'offrir comme d'elles-mêmes à lui et toujours dans les mêmes vues. M. de la Cloperie des gardes-du-corps lui ayant offert ses services auprès du roi: « Je n'ai besoin que de sécurité, lui répondit-il. Si j'éprouvais quelque injustice, j'aurais recours à vous. »

Il suffit de jeter un coup-d'œil sur un volume de l'*Annuaire historique* pour comprendre quel intérêt on pouvait avoir à gagner son auteur à un parti ou à une opinion. Conçu sur un plan beaucoup plus vaste que l'*Annual register*, et beaucoup plus intéressant que le recueil anglais, l'*Annuaire historique* contient les actes publics, traités, notes diplomatiques, tableaux statistiques, financiers, administratifs, judiciaires, documents historiques, officiels et non officiels, et un article *Variétés* renfermant la chronique des événements remarquables, des travaux publics, des lettres, des sciences, des arts, et des notes bibliographiques et nécrologiques.

On retrouve dans l'*Annuaire* ce style facile, correct et élégant qui distingue son auteur. Ses appréciations littéraires sont pleines de justesse et de goût, et ses considérations philosophiques et politiques, pleines d'élévation. On admirait surtout ses résumés si lumineux des travaux législatifs et des débats parlementaires. Dès le premier volume, il se montra, dans son coup-d'œil sur la *Littérature française en 1818*, le défenseur des bonnes traditions littéraires contre les envahissements du romantisme allemand qui devait, quelques années après, inonder la France de ses étranges productions. Etranger à tout esprit de parti, il écrivait ce livre « avec franchise, avec modération, avec droiture, comme en présence de la postérité, pour tous les lieux, pour tous les temps, » ainsi qu'il l'a déclaré dans la préface de son volume de 1820.

Aussi, dès la seconde année de son existence, l'*Annuaire* eut-il le plus grand succès en France et à l'étranger, méritait l'estime des critiques, et se trouvait bientôt dans le cabinet de tous les hommes d'Etat. Les deux premiers volumes eurent deux éditions. Aujourd'hui, il est trop connu pour qu'on en fasse un plus long éloge, et « l'on s'accorde à le regarder généralement comme le recueil le plus complet des faits politiques, littéraires, scientifiques et autres qui se sont passés depuis trente ans, non-seulement en France et en Europe, mais dans toutes les parties du globe (1). » Quoiqu'il eût cessé d'y travailler dans les dernières années de sa vie, il continue de porter le nom de son fondateur, et de fournir de précieux documents à ceux qui se proposent d'écrire l'histoire contemporaine.

Lesur travaillait seul à l'*Annuaire*, et sut longtemps se suffire à lui-même dans cette rude besogne qu'on a peine à concevoir. Il lui fallait lire, outre une grande quantité de livres, tous les journaux français et étrangers, notamment

(1) *Univers* du 8 novembre 1849.

les journaux anglais, qui, dès cette époque, avaient atteint d'immenses proportions sous le rapport du format. On les lui apportait tous les jours du ministère des affaires étrangères. De plus, il fallait faire les extraits, comparer les récits, copier la partie officielle, analyser les discussions; et enfin coordonner les divers produits de ce grand travail, et en former, chaque année, un gros et compacte volume in-8°. C'est ce qui faisait dire de lui par M. Villemain, étonné qu'il pût suffire seul à une pareille tâche : « Mais, c'est donc une tête de fer que M. Lesur. » Aussi ne peut-on guère expliquer cette espèce de prodige que par la grande facilité d'analyse qu'il avait acquise dans la rédaction des nombreux mémoires qu'il lui avait fallu faire pour le ministère, par des talents naturels peu communs, et surtout par une ardeur indomptable pour le travail.

En effet, comprenant l'importance du temps dans la vie de l'écrivain, Lesur était avare du sien, et il ne livrait à la société que les moments qu'il ne pouvait lui dérober. Dès le grand matin, il s'enfermait dans son cabinet où il était invisible pour tout le monde, et souvent ses veilles se prolongeaient fort avant dans la nuit. Il n'allait dans le monde que pour se délasser de ses travaux, ce qui ne l'empêchait pas d'y porter cette gaîté charmante et ce commerce facile qu'il conserva jusqu'à ses derniers jours. On ne comprenait pas qu'un homme, occupé habituellement de travaux si sérieux, pût néanmoins se montrer si aimable.

C'est ici le lieu d'entrer dans quelques détails sur les mœurs et les opinions de Lesur, et sur sa conduite personnelle qui fut toujours si digne d'éloge. Entré dans la vie vers la fin d'un siècle léger, frondeur, sceptique, licencieux, et terminé par une effroyable révolution qu'il vit dans son foyer même, où toutes les passions cupides et féroces se déchaînèrent avec une furie sans exemple, il sut se conserver pur de tout excès. L'éducation qu'il avait reçue préserva ses mœurs et ses principes de toute atteinte. Guidé par son cœur, il fit une alliance digne de lui et qui devait faire le bonheur et le charme de sa vie. S'élevant au-dessus des partis, il fut, dans sa conduite et dans ses écrits, plein de respect pour cette religion dont il avait vu souiller les autels par les orgies dégoûtantes du culte de la Raison. Il reconnaissait hautement tout ce que le progrès social devait au catholicisme, et sa part légitime d'influence dans les affaires du monde. Mais il ne s'en tenait pas à ce côté humain de la religion; il regardait son institution comme divine, il admirait l'élévation de ses dogmes et l'incomparable pureté de sa morale. Toutes les fois qu'il eut à parler du clergé dans ses écrits, il le fit toujours avec une droiture et une convenance qu'on pourrait appeler touchante, tant elle est rare. Il savait respecter son lecteur comme il se respectait lui-même.

La plus belle récompense que puisse ambitionner un auteur, c'est moins la gloire en elle-même que l'estime de ses contemporains et la vogue de ses ouvrages. Lesur se la vit accorder. Il n'avait pas tardé d'apprendre le cas qu'on faisait de son *Annuaire* dans les cours étrangères. Un de ses parents qui l'avait entendu louer à Berlin et ailleurs, s'était fait un devoir de lui rapporter les paroles flatteuses qu'il y avait entendues sur le mérite de cet ouvrage. Enfin la croix de la Légion-d'Honneur vint couronner à son tour les longs services qu'il avait rendus au gouvernement.

Cette décoration lui arriva par le canal de M. de la Féronnays, qui, après avoir été attaché au ministère des affaires étrangères, avait remplacé, en 1828, M. de Villèle. ministre de ce département. Le comte, qui avait eu par là occasion de connaître Lesur, avait beaucoup d'estime pour celui-ci qui, à son tour, professait pour le comte beaucoup d'attachement. « Vous n'avez pas encore reçu la décoration ? lui dit un jour le ministre. » — « Monseigneur, repondit Lesur, cette distinction n'est pas encore venue jusqu'à moi. » Alors, le ministre lui ayant fait entendre qu'il aurait dû se mettre sur les rangs pour l'obtenir : « La croix d'honneur, répondit Lesur, se reçoit avec reconnaissance, mais on ne la sollicite pas. » Le comte la demanda pour lui au roi et l'obtint.

Les travaux littéraires de Lesur l'avaient naturellement mis en rapport avec plusieurs personnages illustres de son temps. Il était lié avec Michaud, le célèbre historien des Croisades, avec Esménard, auteur du poème *de la Navigation*, qui avait été rédacteur de plusieurs journaux, et qui périt d'une manière tragique en revenant d'Italie. Il allait souvent chez le comte d'Hauterive, publiciste et conseiller d'État qui réunissait dans ses salons toute la diplomatie. Il envoyait son *Annuaire historique* aux Richelieu, aux Mathieu de Montmorency, aux Chateaubriand, qui lui écrivaient les lettres les plus flatteuses. « J'ai reçu l'*Annuaire historique* pour 1818 que vous avez eu la bonté de m'envoyer, lui disait le duc de Richelieu dans une lettre datée du 15 août 1819, je vous remercie de ne m'avoir point oublié. L'utilité de cet ouvrage est incontestable, et si, comme je n'en doute pas, l'impartialité vous a toujours guidé, j'y trouverai le talent et l'instruction réunis. »

Lesur entretenait des relations d'amitié avec Legrand de Laleu, son compatriote, originaire du Nouvion, et qui tenait par sa mère à la famille des Pigneau, qui a produit l'évêque d'Adran. Legrand de Laleu cultiva les muses, et se livra à l'étude du droit et de la jurisprudence. Oublié aujourd'hui, il s'était rendu célèbre dans le temps par sa belle défense des accusés Bradier, Simare et Lardoise, en faveur desquels il publia le fameux *Mémoire justificatif*, et qu'il eut la gloire d'arracher à l'infamie d'une condamnation. Après le 10 août, il avait eu l'envie d'aller en Cochinchine retrouver son cousin, l'évêque d'Adran, et de porter dans les contrées orientales des institutions dont la France allait faire un si cruel abus. Ce projet qu'il avait conçu lors du voyage du prélat en France, n'avait pas eu de suite. Lors de la réorganisation des tribunaux, Legrand de Laleu avait été nommé président du tribunal criminel de l'Aisne, d'où il alla occuper la chaire de législation à l'école centrale de Soissons. Appelé plus tard à la cour impériale d'Amiens, il vint plusieurs fois présider les assises de Laon qu'il avait choisi pour domicile. Il avait épousé en deuxièmes noces une demoiselle Desforges, issue d'une famille bourgeoise, ennoblie au siége de Guise, petite-nièce du recteur Coffin, et alliée aux Condorcet, de Ribemont, et même à la famille de Boileau. Retiré à Laon, Legrand de Laleu y passa les dernières années de sa vie, s'occupant principalement de poésie, et y mourut en 1819. Outre ses *Recherches sur l'administration de la justice criminelle en France*, ouvrage qui lui fit beaucoup d'honneur, et que Lesur a enrichi d'une curieuse notice sur la vie et les écrits de l'auteur, Laleu composa des odes, des épîtres qui respirent la gaîté et la folie, mais où les mœurs ne sont pas toujours aussi respectées qu'il convenait à un magistrat.

Un ouvrage de la nature de l'*Annuaire historique* était susceptible de recevoir de nouveaux perfectionnements. Lesur lui donna toutes les améliorations que le temps et la saine critique demandaient, et il s'efforça d'année en année de le rendre plus digne du public. Souvent des malheurs de famille, des affaires domestiques venaient interrompre ses travaux ; il aimait mieux en différer la publication de quelques mois que de manquer à ce qu'on attendait de lui. Ce fut ainsi qu'il parvint à composer seul et sans aucun secours étranger, toute la première série qui comprend la restauration ; la seconde fut publiée sous sa surveillance. Rien n'égalait le soin qu'il prenait pour arriver à se procurer tous les moyens d'arriver à la vérité dans les affaires les plus compliquées de la diplomatie européenne. Une lettre que lui écrivit, en 1826, M. Hyde de Neuville, ambassadeur de France en Portugal, et depuis ministre de la marine, après les troubles qui avaient agité cette province de 1820 à 1826, donnera au lecteur une idée de la considération dont jouissait Lesur, et de l'importance qu'il mettait à s'entourer de toutes les lumières qui pouvaient éclairer ses récits.

« Depuis la lettre que vous m'avez fait l'honneur de m'écrire, Monsieur, j'ai pensé qu'il fallait remettre à l'année prochaine l'exposé des faits dont je vous ai parlé. D'ici là beaucoup d'événements viendront constater que la raison, je dirai le sens commun, est du côté de ceux qui veulent que des libertés sages soient accordées par les souverains, et qu'ils ne se laissent pas prendre ce qu'ils peuvent donner. Quand les peuples prennent, ils prennent trop ; quand ils reçoivent, ils se contentent du nécessaire, et souvent ils ne l'ont pas qu'ils sont encore satisfaits. »

« J'attends, Monsieur, avec impatience votre compte-rendu ; ce que j'ai pu vous dire, ce que votre esprit sage et éclairé vous a fait entrevoir, a dû suffire en effet pour vous faire toucher du doigt la vérité. Croyez bien que les Anglais ont été fort contrariés au 30 avril. Jean VI était trop sage, et les aimait trop peu pour pouvoir leur convenir. Aussi, M. Canning a-t-il destitué le bon et respectable chevalier Tornton, ministre de Londres à Lisbonne, parce qu'il m'avait noblement secondé. Lord Béresford, au contraire, a été comblé d'éloges par son gouvernement, pour s'être opposé à la démarche du corps diplomatique, pour avoir enfin secondé le parti des fous et des factieux. Votre note de l'annuaire de 1824, page 468, est donc à rectifier. Lord Béresford ne se joignit point en cette circonstance au corps diplomatique, il ne cessa de le contrecarrer. Le roi m'a répété souvent que lord Béresford était le principal auteur de la conjuration ; j'en doute encore, bien que *je sache qu'il a été au moment d'être condamné*, par suite de la procédure qui a été instruite secrètement. Ce que je crois, ou plutôt ce que je sais, c'est qu'il a voulu profiter d'un événement qui pouvait lever beaucoup de difficultés pour le cabinet de Londres. Jean VI voulait donner des institutions sages à ses peuples ; or, les Anglais ne veulent dans la Péninsule que le despotisme le plus cru ou des chartes démocratiques convenant peu aux mœurs des habitants. La raison en est simple : l'anarchie et le despotisme mènent aux mêmes résultats de faiblesse et d'impuissance. L'Espagne bien gouvernée deviendrait forte, et sa force ne ferait qu'ajouter à la nôtre. —

Veuillez bien peser, Monsieur, toutes ces considérations, et vous donnerez dans cet *Annuaire* des regrets à Jean VI ; il ne fallait que le seconder. Je ne puis que vous remercier de nouveau, Monsieur, de toute votre obligeance. J'ai été sensible à la franchise de votre démarche. Je compte sur votre impartialité scrupuleuse, et vous prie de recevoir les nouvelles assurances de ma considération la plus distinguée et de mes sentiments dévoués (1). »

Nous croyons devoir citer encore ici quelques fragments d'une lettre que l'amiral Roussin, ambassadeur à Constantinople, lui écrivit de cette capitale, pour lui donner des détails sur l'expédition du Tage en 1831, où il avait joué le principal rôle.

« Je suis un des lecteurs de l'*Annuaire historique*, lui disait l'amiral ; je puis donc apprécier la sagacité et l'exactitude avec laquelle vous y rapportez les événements contemporains, et je ne puis qu'applaudir au récit que vous faites de ceux dont j'ai été témoin. » Après s'être plaint avec amertume du peu de cas que le gouvernement avait fait de cette expédition rapide et brillante dont il s'efforce de relever la gloire, le baron Roussin termine sa longue lettre par les paroles les plus flatteuses pour l'auteur de l'*Annuaire*, et les plus acerbes pour le gouvernement. « Il ne fut pas dit un mot de tout cela dans le *Moniteur*, ajoutait-il. Les prises portugaises restèrent à pourrir à Brest, et leurs pavillons adressés du Tage au ministre de la marine par l'amiral sont demeurés dans un grenier du ministère, où probablement on les a crus mieux placés qu'à l'hôtel des Invalides. »

(1) Cette lettre dont Mme Lesur possède l'original a été écrite de Létang, près Sancerre, à la date du 14 septembre 1826.

« Voilà, Monsieur, un exemple de la manière dont nous traitons l'histoire chez nous. »

« Mais il y a toujours de la ressource dans un pays où se trouvent des écrivains tels que vous. Vos consciencieux travaux sauveront de l'oubli tout ce qui mérite de vivre, et je suis sûr de n'avoir rien à désirer dans l'intérêt de l'escadre que j'ai conduite à Lisbonne, si vous voulez bien vous charger d'être son historien. »

« Déjà j'ai trouvé dans l'*Annuaire* le récit le plus exact des opérations que j'ai dirigées au Brésil en 1825 et de leur résultat ; il en sera de même de la manière dont vous rendrez compte de celle-ci (1). »

Lorsque Lesur reçut la lettre de l'amiral, il avait quitté la rédaction de l'*Annuaire*. En 1830, il s'était adjoint M. Davenne, puis, en 1831, M. Ulysse de Tencé, avocat à la cour royale de Paris, qui eut pendant sept ans la direction supérieure de l'ouvrage, et à qui succédèrent, depuis 1839, MM. V. Rosenwald et Henri Déprez, et enfin M. Fouquier. Lesur aida tous ces écrivains de sa vieille expérience. « Quoique son talent, écrivait-il dans sa préface de 1831 en parlant de M. Tencé, et son aptitude au travail suffisent assurément à la tâche qu'il entreprend, je ne l'abandonnerai pas dans cette carrière laborieuse ; je le suivrai, comme le vieillard de Virgile, de la voix et du geste. »

Ce ne fut donc que peu à peu qu'il abandonna la rédaction, puis la surveillance de l'*Annuaire*; mais enfin son âge déjà avancé, une santé affaiblie par tant de travaux littéraires, des affaires multipliées, un besoin impérieux de

---

(1) Cette lettre, comme la précédente, est entre les mains de Mme Lesur.

repos, lui firent sentir qu'il fallait chercher une retraite. Il la trouva au milieu de ses concitoyens, au lieu de son berceau.

Dès 1825, il avait commencé à mettre à exécution le projet formé par son père et par son oncle, l'évêque d'Adran, en se créant dans le domaine de Beauval, sur les bords de l'Oise, à l'extrémité d'un des faubourgs de Guise, une charmante habitation; mais les soins qu'exigeait la composition de l'*Annuaire* nécessitant sa présence à Paris, ce ne fut qu'en 1832 qu'il vint s'y fixer définitivement. Encore promit-il à l'éditeur de venir chaque année passer quelques jours dans cette capitale pour surveiller les travaux des nouveaux rédacteurs.

Après avoir travaillé à sa propre gloire, il était juste que Lesur s'occupât des intérêts de son pays natal. Une nouvelle carrière, la carrière administrative s'ouvrit donc devant lui. Il fut nommé, le 26 juin, premier magistrat de la ville, et deux fois les électeurs du canton de Guise l'envoyèrent siéger au conseil général de l'Aisne. Il y faisait partie des commissions de l'instruction publique sur laquelle il fit des rapports du plus haut intérêt.

Dans sa retraite de Beauval qu'il se plaisait à embellir, il partageait son temps entre la culture des lettres, qui avait fait le bonheur de sa vie, et l'administration municipale. Il fournissait encore des articles à la *Gazette de France* et au *Journal des Débats*. En 1834, il fut nommé membre titulaire de la *Société française de statistique universelle*.

Quoiqu'il ne négligeât aucune des améliorations réclamées par le temps et les circonstances, son administration fut toute d'économie. Il laissa à la ville des ressources considérables qui lui furent de la plus grande utilité après les événements de février, pour subvenir aux besoins de la classe indigente. Il aimait ses administrés comme ses enfants, et l'on a dit avec raison « que les réunions du conseil municipal étaient pour lui comme des réunions de famille (1). »

Il avait, dit-on, conçu la pensée d'écrire l'histoire de sa ville natale. Certes, une plume aussi exercée que la sienne n'eut pas manqué de jeter un vif intérêt sur un sujet que nul n'eut mieux connu que lui. C'est à lui qu'on doit l'interprétation de la charte de franchises données à Guise, par Jean de Châtillon, qu'il fit faire à l'école des chartes. Tirée ainsi de la poudre des archives municipales, cette charte est arrivée à la connaissance d'Augustin Thierry qui la cite dans ses *Considérations sur l'histoire de France*, et de Louis Blanc, qui en tire, dans son *Histoire de la révolution*, une induction importante pour l'éclaircissement du problème historique du régime municipal en France.

Lesur avait épousé à Paris, dans sa jeunesse, Mlle Folley, qui avait su lui former un intérieur plein de charme, où il se retirait toujours avec délices après ses heures de travail. Mlle Folley était fille de M. Antoine Folley, avocat au parlement et issu d'une famille noble du duché de Lorraine, laquelle avait vu cinq de ses membres, tous frères, occuper les charges de lieutenant et de capitaine dans les armées du roi, sous les règnes de Louis XIV et de Louis XV (2). Cette

(1) Discours de M. Aug. Besson.

(2) Lettres signées et scellées à Nancy, le 15 mars 1783, par plusieurs gentilshommes, avec visa du procureur-général, conseiller du roi en la cour des comptes de Lorraine, apposé à Nancy le 15 mars 1783. — Ordonnance datée de Salins le 30 novembre 1673, adressée au capitaine Folley, commandant au château de Chuvisey.

aimable femme était pour lui un conseiller plein de goût et un censeur intelligent. Il la consultait sur ses ouvrages, qu'il lui lisait à haute voix avant de les livrer à l'impression, et lorsqu'elle se hasardait à lui alléguer son peu de connaissance des hautes matières qu'il traitait, il aimait à lui dire en riant : « Molière consultait bien sa servante! » faisant allusion à l'habitude qu'avait, dit-on, le célèbre comique de lire ses pièces à sa ménagère.

Lesur avait une organisation forte et riche qui lui procura la plus belle vieillesse. Homme aimable, il avait cette politesse exquise et simple qui concilie l'estime et l'affection de tous. Il était d'ailleurs « doué de l'esprit le plus vif et le plus pénétrant, et la facilité avec laquelle il laissait couler sa plume ne nuisit jamais ni à la solidité de ses fragments, ni à la correction de son style. » L'injustice le révoltait, et il portait dans les affaires un esprit de paix et de conciliation. Sa sensibilité était extrême, et il parlait rarement en public sans que des larmes d'attendrissement coulassent de ses yeux. Sa modestie surpassait encore ses talents, et c'est un trait admirable de sa vie qu'il ne parlait jamais de ses ouvrages, et qu'il n'aimait pas qu'on lui en parlât, si ce n'est dans l'intimité. Le titre modeste d'*homme de lettres* était le seul qu'il aimât à se donner.

Il avait vu sa carrière s'ouvrir au début d'une révolution; une révolution l'avait partagée; elle se termina avec une révolution. Les événements inattendus de février vinrent le surprendre au milieu de ses paisibles travaux; mais ce ne fut que lorsque la première effervescence se fut calmée qu'il quitta ses fonctions municipales. Déjà travaillé par la maladie qui le conduisit au tombeau, il alla chercher à Paris un soulagement à ses douleurs ; mais voyant que les remèdes demeuraient impuissants contre un mal invétéré, il se prépara à la mort en chrétien et fit ses dispositions testamentaires.

La création d'œuvres de bienfaisance avait été comme le rêve de toute sa vie administrative, mais la crainte d'augmenter les charges de ses concitoyens et de trop engager un avenir qu'il voyait s'envelopper de nuages, l'avait obligé d'ajourner ses philanthropiques projets. Il dut se contenter d'améliorer celles qui existaient déjà ; mais quand il se fut agi de régler ses dernières volontés, il les mit au premier rang dans ses dispositions testamentaires. Le bureau de bienfaisance, la fabrique de l'église Saint-Pierre, l'hôpital, reçurent des legs qui témoignaient de sa généreuse piété, à la seule charge pour ces deux derniers établissements de faire célébrer des services funèbres pour le repos de son âme et des âmes de ses père et mère, de sa femme et de sa sœur ; et pour le bureau de bienfaisance, de donner des secours particuliers à trois familles jugées les plus dignes par leurs besoins et leurs bonnes mœurs, à titre d'encouragement et de récompense pour la moralisation de l'indigence.

Enfin, pénétré de cette idée que c'est par une éducation sage et chrétienne qui prendrait l'enfant dès le berceau, qu'on parviendrait à améliorer les générations futures, il s'entendit avec sa femme qui entrait dans toutes ses vues généreuses, pour léguer à la ville, après leur décès, leur belle habitation de Beauval avec toutes ses dépendances, sous la clause expresse qu'elle serait vendue, et que le produit en serait destiné à la salle d'asile des deux sexes, dans l'intérêt de la classe pauvre et laborieuse. La seule charge qu'il imposa à cette donation fut la concession à perpétuité pour lui et sa famille d'une place étroite dans le cimetière communal où il put reposer au milieu de ses concitoyens. Il ne devait pas tarder à venir l'occuper, car il mourut le 1er octobre 1849, à l'âge de soixante-dix-neuf ans.

Quand les faits parlent aussi haut, tout éloge doit cesser; il devient superflu. Estimé et aimé pendant sa vie, Lesur fut surtout apprécié après sa mort, car telle est, hélas ! la marche ordinaire des choses humaines. Guise comprit qu'un nouveau nom venait de s'inscrire sur la longue liste des hommes remarquables qui l'ont illustré, et que la république des lettres venait de perdre un de ses plus honorables citoyens. Sa dépouille mortelle fut reçue dans les murs de la cité en deuil, au milieu des regrets de toute la population. Une foule immense le conduisait à sa dernière demeure.

M. Auguste Besson, successeur et ami de l'illustre défunt, qu'il avait comme désigné au suffrage de ses concitoyens, et qui perpétue, dans l'administration d'une cité à laquelle il est tout dévoué, les bonnes traditions qu'il en avait reçues, prononça sur sa tombe un discours empreint de cette éloquence du cœur, la seule qui puisse honorer dignement la cendre des morts. Il y rappela la haute considération que Lesur avait acquise dans le monde politique par ses œuvres littéraires dans la première période de sa vie, et cette administration paternelle et bienfaisante qui avait rempli la seconde. Passant ensuite à sa vie privée, il sut le montrer avec une simplicité touchante, ami sincère, excellent mari, et bon citoyen.

« Adieu, dit l'orateur, en terminant ce rapide éloge, adieu excellent homme ! adieu, mon vieil et digne ami ! Reçois par mon organe l'expression bien vive des regrets unanimes et de la profonde reconnaissance de tous les habitants de cette ville que tu as tant aimée, et qui a été l'objet de ta continuelle sollicitude ! »

Mais on ne se borna pas à des éloges, à de sincères, mais passagers regrets. Guise voulut éterniser sa reconnaissance envers l'écrivain distingué, l'homme bienfaisant qu'il pleurait. Une rue et une place de la ville reçurent le nom de Lesur, et un superbe monument en marbre blanc fut élevé, à ses frais, sur sa tombe. On y grava, auprès de ses titres de gloire, cette simple inscription qui vaut à elle seule tout un éloge:

« A Charles-Louis LESUR,
La ville de Guise reconnaissante. »

Heureuse de ces soins rendus à la mémoire d'un époux qui lui fut cher à tant de titres, Mme Lesur les reconnut par un nouveau bienfait ; elle donna à la ville sa bibliothèque qui est celle d'un savant et d'un homme de goût.

La bienfaisance de M. Lesur trouva une digne imitatrice dans la personne de Mme Colin, née Parmentier. Un ouvroir pour les jeunes filles avait été établi à l'hôpital par la supérieure de cet établissement, secondée par les dames de l'*association de la Providence*, mais l'avenir de cette institution, dont l'utilité est incontestable surtout dans les pays manufacturiers, n'avait pas tardé à être compromis par suite de l'épuisement des ressources, lorsqu'un legs considérable fait à la ville par Mme Colin, vint offrir les moyens de l'assurer. Cette dame ayant, dans le cours d'une maladie qu'elle savait devoir être mortelle, exprimé le désir de faire à la ville un don de cent mille francs pour être employé en œuvres de bienfaisance, sa famille, qu'elle avait laissée dépositaire de ses volontés et à qui elle avait donné toute latitude pour la manière dont ce legs généreux devait être réalisé, mit immédiatement une somme de dix mille francs à la disposition des dames de l'association pour être appliquée à l'ouvroir des jeunes filles. C'était bien interpréter la pensée de la testatrice, qui avait d'ailleurs contribué puissamment à cette fondation. Les pauvres de Wiége, lieu de naissance de Mme Colin, furent appelés par elle à participer à la plupart des avantages assurés à ceux de Guise sur le reste considérable du legs.

Au moment où nous décrivons ces prodiges de la charité privée, les feuilles publiques nous apportent les désastres causés par les inondations du Rhin et du Rhône et nous remettent en mémoire celle qui eut lieu à Guise le 17 août 1850. Bien souvent après les longues pluies d'hiver et la fonte des neiges amoncelées dans les bois de la Thiérache, l'Oise avait franchi ses rives; mais, de mémoire d'homme on n'avait vu aucune inondation comparable à celle-ci. Elle commença le 16, à dix heures du soir, et en moins d'une heure, les eaux arrivèrent avec la violence d'un torrent immense entraînant avec lui tout ce qu'il rencontre sur son passage. Des arbres déracinés, des pièces de bois, des barques, viennent frapper contre les piles du Grand-Pont. Avant minuit la vallée ne formait plus qu'un grand fleuve se précipitant avec un bruit affreux. Dans toute la partie basse de la ville, les eaux ne s'élevaient pas à moins d'un mètre de hauteur; elles entraient avec violence dans les maisons, enlevant les meubles et les brisant contre les parois des murailles. A l'hôpital il fallut transporter les malades du rez-de-chaussée à l'étage supérieur. L'établissement Dezaux fut également envahi. Des murailles furent enlevées. Le tablier du Grand-Pont était soulevé par la violence du courant et on craignait à tout moment de le voir emporter. On attendit le jour dans la plus vive anxiété. Vers sept heures du matin la place d'Armes et les rues adjacentes formaient autant de torrents rapides et les communications étaient devenues impraticables. Si les eaux eussent augmenté de quelques pouces, le pont eut été entraîné. Celui de la Bussières ayant été rompu en partie, on s'attendait que ses débris en venant frapper contre les piles de celui de Guise, n'achevassent sa ruine, mais ils s'étaient dispersés dans les prairies. Les eaux restèrent à peu près au même niveau jusqu'à midi et bientôt elles entrèrent dans leur phase de décroissance; à cette heure la place était dégagée et le dimanche, toute la ville, entièrement libre. L'inondation ayant été rapide, les dégâts furent moins grands qu'on ne se l'était d'abord imaginé, et bientôt l'on s'assura que tous les chevaux, les hommes, les voitures qu'on avait cru voir passer la nuit sous les arches du pont n'avaient existé que dans l'imagination des spectateurs effrayés. L'eau s'était élevée du côté du mur du jardin de l'hôtel-Dieu, de six centimètres plus haut qu'en 1764, ainsi qu'on a pu le constater par une inscription qui y a été gravée à cette époque. Les remparts qui existaient alors avaient, en partie, préservé la ville contre l'envahissement des eaux.

Quelque regrettable que soit la destruction de ces antiques murailles, soit sous ce rapport, soit sous le rapport historique, les embellissements nombreux qu'a reçus la ville depuis leur renversement rendra leur perte moins fâcheuse. De vastes promenades s'étendent déjà sur les terrains occupés par les bastions des ducs de Guise. Un pont élégant a remplacé les lourds madriers du Petit-Pont. Des trottoirs ornent les rues principales, comme dans les villes importantes. D'autres projets d'utilité publique, ou sont déjà exécutés, ou sont en voie d'exécution (1). Quant à nous, arrivé à la fin de notre tâche, il ne nous reste plus qu'à faire des vœux pour la prospérité matérielle et morale d'une ville qui porte un nom si glorieux dans l'histoire, qui a produit tant d'hommes éminents, qui dans des temps désastreux a déployé un courage héroïque pour la défense de la patrie, et qui s'est signalée par tant d'actes de justice, de désintéressement et de bienfaisance.

---

(1) En démolissant un reste de l'ancien rempart attenant au Petit-Pont, on a trouvé une bombarde (pièce d'artillerie grosse et courte), d'un pied et demi environ de longueur, qu'on croit remonter au XIIIᵉ siècle. Elle a été réclamée par l'administration des ponts-et-chaussées, et envoyée au musée d'artillerie à Paris. On a découvert au même endroit des pièces de monnaie des XIIIᵉ, XIVᵉ et XVᵉ siècles. Des travaux de maçonnerie ayant obligé de faire baisser les eaux de l'Oise, on vit les restes d'une tour au milieu de la rivière dont le lit avait sans doute subi des changements, et l'on trouva sous le Grand-Pont, dans deux piles renversées, des boulets dont l'un partagé en deux avait au moins six pouces de diamètre.

FIN.

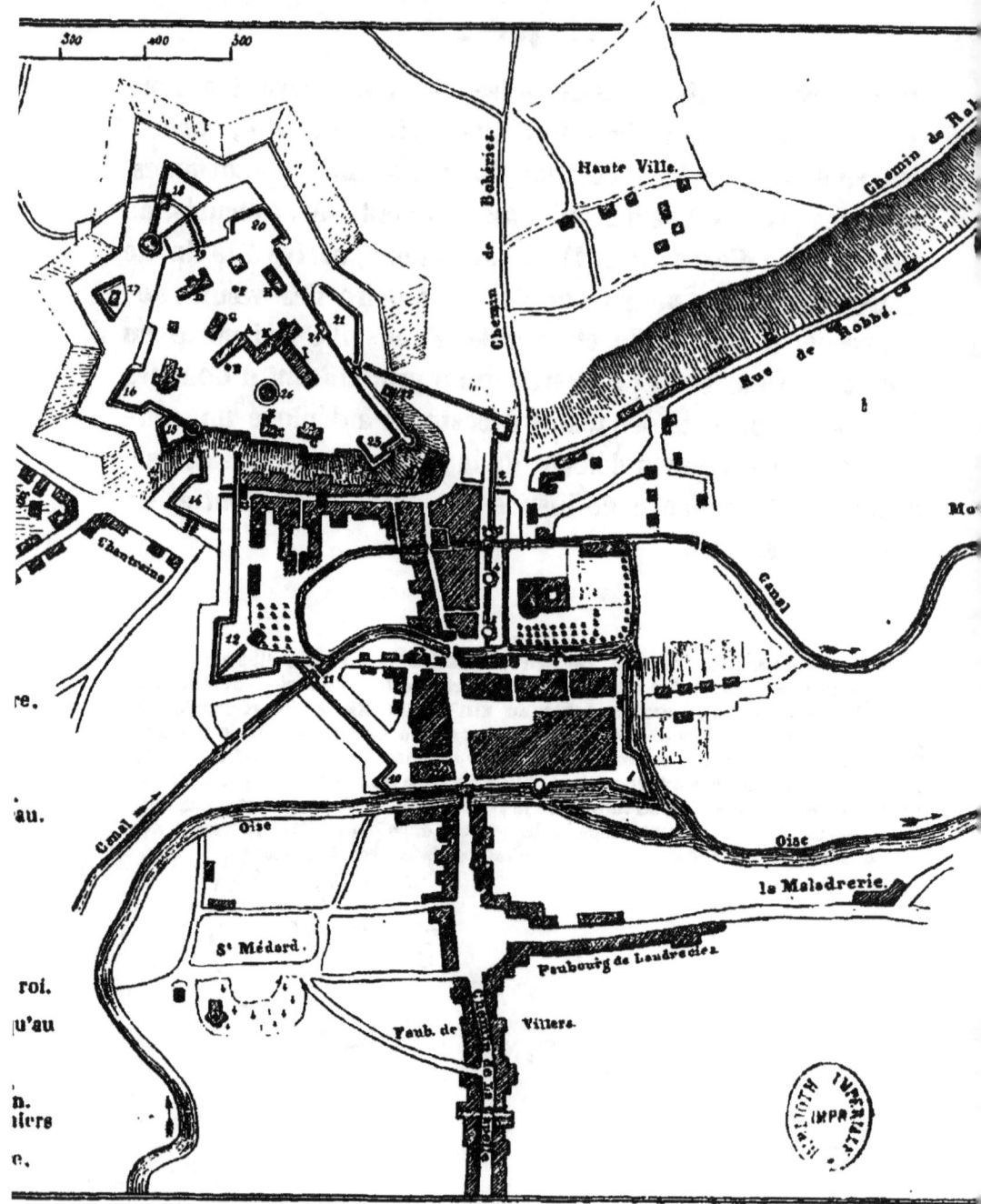

TABLE DES CHAPITRES

DU DEUXIÈME VOLUME.

                                                      Pages.

CHAPITRE VIe. — Guise sous les seigneurs de la maison de Lorraine, duc de Guise. — 5e race. — Suite.   1.

CHAPITRE VIIe. — Guise sous les seigneurs de la maison de Condé. — 6e race.   172.

CHAPITRE VIIIe. — Guise depuis la révolution jusqu'à nos jours.   212.

FIN DE LA TABLE DU DEUXIÈME ET DERNIER VOLUME.

LISTE DES SOUSCRIPTEURS.

VILLE DE GUISE

MM. Bailly-Delaby, négociant.
Bauchard-Bocquet, marchand.
Baudet père, propriétaire.
Benoit, propriétaire.
Bernard, fils, maître de pension.
Bertrand (Alfred).
Bertrand-Robiquet, banquier.
Besson (Auguste), maire de la ville.
Besson (Charles), cultivateur.
Bisson aîné, négociant.
Bocquet, greffier de la justice de paix.
Boncourt, fils.
Borgnon, notaire.
Bruillot (Mmes), supérieure du pensionnat du St. Enfant-Jésus.
Caron et Guyenne, vicaires.
Chenest, membre du conseil général.
Chevalier (Auguste), cafetier.
Clément, hôtelier.
Clin (Zéphirin), rentier.
Colin, ancien notaire.
Conseil, peintre.

MM. Copigneaux-Coroze, négociant.
Day, professeur.
Lesquilbet-Lepage, filateur.
Dauthuille (Mlle), maîtresse de pension.
Decrespy, bijoutier.
Déchappe-Meurisse, commissionnaire de roulage.
Déchappe (Mlle), professeur de piano.
Delacourt, clerc de notaire.
Delabarre, huissier.
Degois-Gilliard, boucher.
Delaunay, entrepreneur.
Déprez, notaire.
Dequin, contrôleur.
Devraine, pharmacien.
Dezaux, juge de paix.
Dezaux-Lacour, tanneur.
Dodman, garde d'artillerie.
Dollez, médecin.
Drut, propriétaire.
Duplessis, tailleur.
Flamant, notaire et adjoint.
Fontenelle (de), propriétaire.
Fouan, filateur.
Garbe (Ed.), secrétaire de la mairie.
Gauchet, notaire.
Geispitz-Bailliat, mercier.
Gervais (Louis), entrepreneur de messageries.
Gilliard-Turquin, boucher.
Gobinet Lépine, propriétaire.
Godet, père.   Id.
Godet (Henri), fils.   Id.
Godet-Hugot, cultivateur.
Grain-Lemaire, serrurier.
Gros-Duclos, ébéniste.
Hennequierre (Alexis), banquier.
Hutin-Urbain, négociant.

MM. Laisnez-Carlier, marchand de nouveautés.
Laurent-Legay, maçon.
Lefèvre (Mlle Elisa), modiste.
Legrand-Legrand, négociant.
Lemoine-Naus, boulanger.
Le Proux, ancien notaire.
Lesur de Beauval (Mme veuve), propriétaire.
Louis (Louis), serrurier.
Mahieux, commis de banque.
Maillet, cultivateur.
Maron (Mme veuve), propriétaire.
Martin, médecin.
Martin-Legrand (Mme).
Mascret-Pruvost, négociant.
Merlin-Cropet (Mme veuve).
Monard fils, pharmacien.
Mouret, propriétaire.
Néré (Henri), sellier.
Paquot-Duchesne, bijoutier.
Parmentier-Dubois, négociant.
Pizieux, libraire.
Poulle (Mlle Louise).
Poulle-Damoisy, propriétaire.
Pruvost-Viéville, négociant.
Pudepièce, menuisier.
Robert-Cardot, négociant.
Rocq fils, propriétaire.
Rolin (Mme veuve), propriétaire.
Rouillier, professeur.
Rousseau-Saulce, propriétaire.
Servel, garde du génie.
Tabary, curé-doyen.
Taffin-Baillot, tailleur.
Tayou, maître de pension.
Tétart-Olivier, négociant.
Judas-Filard, tailleur.

MM. Vandermonde, percepteur.
Vilart-Lesur, négociant.
Warnesson, brasseur.
Wateau (Célestin), propriétaire.
Willier, instituteur.

MM. Alavoine, (l'abbé) d'Hannapes.
Aubert, cultivateur à Bertaignemont.
Bauchart, conseiller d'État à Paris.
Boidoux, pharmacien à Paris.
Boulogne, meunier à Hannappes.
Bridieu (le comte de), propriétaire à Paris.
Bridieu (de), propriétaire à Paris.
Bridieu (de), membre du conseil général d'Indre-et-Loire.
Brunot, négociant à Paris.
Buissart, propriétaire à Bucilly.
Bussières (de), maire de la ville de Soissons.
Cambacérès, (de) député de l'Aisne, à Paris.
Clouet, propriétaire à Vic-sur-Aisne.
Colombet, employé à la recette des finances de Vervins.
Daras (l'abbé), sous-directeur de l'institut des sourds-et-muets de Saint-Médard-lès-Soissons.
Debrun, propriétaire à Lesquielles.
Debrotonne, député au corps législatif, à Paris.
Delahaigue, curé à Vic-sur-Aisne.
Delaigle, curé à Presles-Thierny.
De La Fons, propriétaire à Cambrai.
De la Vallette de Viefville, à Paris.
Derlon, pharmacien à Paris.
Dersu, juge à Laon.
Devailly-Leleu, à Verly.

MM. De Viefville-des-Essarts, à Montdidier.
Duflot, maire à Lesquielles.
Flamant, meunier à Noyal.
François, curé à Athies.
Gauchet, rentier à Senlis.
Gendre (l'abbé), de Tupigny.
Godelle, conseiller d'État, à Paris.
Gilquin (l'abbé), directeur du pensionnat de Saint-Charles, à Chauny.
Guerbé, curé à Festieux.
Guiard, dit *Latour*, propriétaire à Audigny.
Hébert, député de l'Aisne.
Hoquet (Mme Charles), à Quivières (Somme).
Hugot (Louis), cultivateur à Puizieux.
Ladague, curé à Cuisy-en-Almont.
Ladevèze (de), député de l'Aisne.
Lauriston (général de), à Paris.
Leclerck de la Prairie, président de la société historique et archéologique de Soissons.
Lefebvre, propriétaire à Voyenne.
Le Proux, propriétaire à Vervins.
Le Proux (Jules), propriétaire à Saint-Quentin.
Lépine, jurisconsulte à Renwez (Ardennes).
Lesur, Benjamin-Aimé-Henri, à Paris.
Leroux-Tupigny, propriétaire à Iron.
Lherbette, député de l'Aisne.
Mérode (le comte de), propriétaire à Trélon (Nord).
Monneuse-Prudhommeau père, à Hannapes.
Oblet, cultivateur à Lesquielles.
Palant, curé à Cilly-sous-Marle.
Paillet.
Pequereau, capitaine-trésorer à Béziers.
Périn, juge à Soissons.
Péronne, professeur au grand séminaire de Soissons.
Pocquet, secrétaire de la société historique et archéologique de Soissons.

MM. Piette (Amédée), contrôleur des contributions directes à Laon.
Rivocet (Mme de), propriétaire à Fontenoy.
Siéyès (Mme Paul), née de Rivocet, propriétaire à Paris.
Tordeux, à Paris.
Tourneux (l'abbé), directeur du collège de Vervins.

Vervins. — Imp. de PAPILLON, Lith.

www.ingramcontent.com/pod-product-compliance
Lightning Source LLC
Chambersburg PA
CBHW070201240426
43671CB00007B/507